Neues großes
TIERLEXIKON
für Kinder

Feryal Kanbay

Sonderseiten unter Mitarbeit
von Isabel Liebers und
Dr. Verena Liebers

compact via ist ein Imprint der Compact Verlag GmbH

© 2011 Compact Verlag München

Text: Feryal Kanbay (Sonderseiten unter Mitarbeit von Isabel Liebers und Dr. Verena Liebers)
Redaktion: Elena Bruns
Produktion: Johannes Buchmann
Abbildungen: siehe Bildnachweis S. 351
Titelabbildungen: www.fotolia.de: elimare; Flippo, Michael; Fourie, Chris; Gomez, Laura;
Hardholt, Robert; Isselée, Eric; Kozlov, Oleg; Richter, Stefan
Gestaltung: Regina Rechter
Umschlaggestaltung: Regina Rechter

ISBN 978-3-8174-6727-3
2011 2012 2013 2014 2015   10 9 8 7 6 5 4 3 2

www.compact-via.de

LIEBE LESERIN, LIEBER LESER!

In diesem Buch erfahrt ihr viele interessante Dinge über die Tiere unserer Erde. Wolltet ihr schon immer wissen, was für ein seltsames Geschöpf das Schnabeltier ist, woher der Dornenteufel und der Hirschkäfer ihre Namen haben und zu welchen Tieren die Fledermäuse gehören? Interessiert es euch, dass der Tiger vom Aussterben bedroht ist, dass der Bandwurm 20 Meter lang werden kann und im Darm des Menschen lebt oder dass Rattenkängurus mit unseren Ratten gar nicht verwandt sind?

Dieses Lexikon der Tiere gibt Antworten auf all diese Fragen. Hier lernt ihr die wichtigsten Eigenschaften und Merkmale sowie einige erstaunliche Dinge über 400 Tiere kennen, die auf unserer Erde leben – ob im Wasser, an Land oder in der Luft. Über 500 weitere Tiere werden in den einzelnen Tierartikeln erwähnt – ob als nahe Verwandte, wegen ihres ähnlichen Aussehens oder wegen einer Besonderheit.

Das Tierlexikon ist leicht verständlich und übersichtlich aufgebaut. Es vermittelt nicht nur Wissen, sondern macht auch Spaß beim Blättern und Schmökern. Und nun viel Spaß und gute Unterhaltung auf der Entdeckungsreise durch die bunte und spannende Welt der Tiere!

SO BENUTZT IHR DIESES BUCH!

In diesem Buch findet ihr von A bis Z viele Informationen zu den Tieren dieser Welt. In den Texten erfahrt ihr wichtige Einzelheiten über die Eigenschaften und Merkmale des jeweiligen Tieres. Erstaunliches und verblüffendes Zusatzwissen steht in der Randspalte. In den Infokästen sind die wichtigsten Daten zu Farbe, Verbreitung, Familie sowie zur Größe des Tieres zusammengefasst. Bei Säugetieren ist immer die Kopf-Rumpf-Länge angegeben; darunter versteht man die Länge von der Nasenspitze bis zum Po!

Auf über 40 Sonderseiten findet ihr außerdem spannende Informationen zur Einteilung der Tierwelt in verschiedene Gruppen, zu typischen Verhaltensweisen und zu Lebensräumen wie Wiesen und Felder, Meere, Urwälder oder Wüsten, denen sich die Bewohner perfekt angepasst haben. Darüber hinaus beantworten eine Tierärztin, der Leiter eines Tierheims und der Direktor des Berliner Zoos in Interviews Fragen, die ihr ihnen vielleicht auch gestellt hättet. Bemerkenswertes und Unglaubliches gibt es bei den Tierrekorden zu erfahren. Und schließlich könnt ihr bei einem Quiz euer Wissen prüfen. Die Antworten zu den einzelnen Fragen findet ihr im Lösungsteil.

Solltet ihr ein bestimmtes Tier suchen, zu dem es keinen eigenen Eintrag gibt, könnt ihr es im alphabetischen Stichwortverzeichnis am Ende dieses Buchs nachschlagen.

INHALT

SONDERSEITEN

Admiral

Der Admiral ist einer unserer schönsten Schmetterlinge, der heute leider selten geworden ist. Wenn du Glück hast, kannst du ihn im Sommer im Garten, in den Parks und in lichten Wäldern antreffen.

Mit seinen samtschwarzen Flügeln, die leuchtend rote Binden tragen, ist der Admiral kaum zu verwechseln. Er gehört zu den Wanderfaltern, die den Winter bei uns nicht überstehen können. So fliegen sie im Herbst nach Südeuropa oder Nordafrika, wo es viel wärmer ist als bei uns. Erst ab Mai wandern diese Falter wieder ein. Der Admiral besucht Blüten und saugt auch gerne an ausfließendem Baumsaft und Fallobst. Das Weibchen legt seine Eier im Frühjahr einzeln an Brennnesseln ab. Daraus entwickeln sich schwarze, grüne oder gelbbraune Raupen, die sich von den Blätter dieser Pflanze ernähren. Später verpuppen sie sich und werden zu wunderschönen Schmetterlingen.

Der Admiral zählt zu den Edelfaltern.

Flügelspannweite: 5–6 cm
Verbreitung: Europa, Nordafrika, Vorderasien, Nord- und Südamerika
Farbe: schwarz, rot
Familie: Edelfalter

Aga-Kröte

Die Aga-Kröte nennt man auch Riesenkröte, weil sie eine der größten Kröten der Welt ist.

Sie ist eine Amphibie, auch Lurch genannt. Das Besondere an Amphibien ist, dass sie als Larven ausschließlich im Wasser, später als ausgewachsene Tiere meist an Land und im Wasser oder in Gewässernähe leben. Die Aga-Kröte war ursprünglich in Amerika beheimatet, ist aber inzwischen weltweit verbreitet. Da sie außerhalb ihrer Heimat keine natürlichen Feinde hat, konnte sie sich so stark vermehren, dass sie in vielen Gebieten zum Feind der heimischen Amphibienwelt wurde. Das Weibchen legt seine Eier im Wasser ab und drei Tage später schlüpfen die Larven aus, die man, wie bei Fröschen auch, Kaulquappen nennt. Es dauert sechs bis acht Wochen, bis sich daraus junge Aga-Kröten entwickeln. Die

Aga-Kröte lebt räuberisch und ernährt sich von Insek-ten, Schnecken oder kleinen Säugetieren.

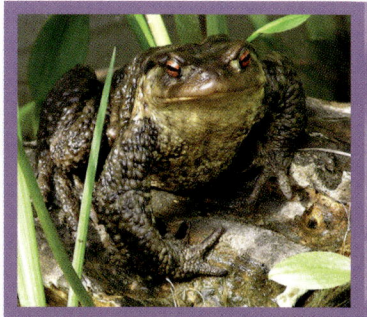

Die Aga-Kröte zählt zu den größten Kröten.

Größe: Weibchen bis 22 cm, Männchen 15–18 cm
Verbreitung: ursprünglich Nord- und Südamerika
Farbe: graubraun bis grünlich
Familie: Kröten

Albatrosse

Albatrosse sind eine Familie der Seevögel. Sie leben hauptsächlich über den großen Ozeanen der südlichen Hälfte der Erde und segeln dort mit den Schiffen um die Wette.

Diese großen Seevögel – der Wanderalbatros hat mit etwa 3,5 Metern die größte Flügelspannweite unter den Vögeln – haben sehr lange und schmale Flügel, mit denen sie segelnd sehr große Strecken zurücklegen können. Selbst in starken Stürmen können sie hervorragend manövrieren. Probleme haben sie aber beim Start und bei der Landung. Zum Abheben benötigen sie einen langen Anlauf und bei der Landung überschlagen sie sich manchmal, weil sie oft eine zu hohe Geschwindigkeit haben. Ähnliche Schwierigkeiten hat ein Albatros, wenn er seine Beute an der Wasseroberfläche fliegend fangen will. So hält er erst Ausschau nach Tintenfischen, Fischen und Krebstieren. Hat er etwas entdeckt, lässt er sich auf dem Wasser nieder, packt mit seinem kräftigen Schnabel zu und genießt seine Mahlzeit schwimmend.

Größe: 1,1–1,4 m
Verbreitung: Antarktis, Südsee
Farbe: weiß
Familie: Albatrosse

SCHON GEWUSST?
Albatrosse können das Salz, das sie beim Trinken von Meerwasser aufnehmen, durch zwei Röhren auf dem Schnabel wieder ausscheiden.

Albatrosse gehören zu den Seevögeln.

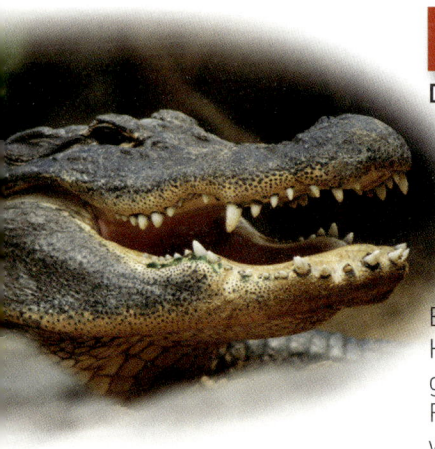

Ein Mississippi-Alligator

Alligatoren

Die Alligatoren, die zu den Reptilien zählen, sind eine Familie der Krokodile, die die Unterfamilien der Echten Alligatoren und der Kaimane zusammenfasst.

Echte Alligatoren wie der Hecht- oder Mississippi-Alligator leben in den Seen und Flüssen im Südosten der USA, während der China-Alligator nur in China zu finden ist. In Mittel- und Südamerika kommen überwiegend Kaimane, zum Beispiel der Brillenkaiman, der Krokodilkaiman und der Breitschnauzenkaiman vor. Den Unterschied zwischen den beiden Unterfamilien kann man wohl am deutlichsten an den Skeletten erkennen. Bei Echten Alligatoren ist die Nasengrube der Länge nach mit einer Knochenspange geteilt. Außerdem sind bei ihnen die Hornplatten an der Bauchseite nicht oder kaum mit darunterliegenden Hautverknöcherungen verstärkt. Alligatorenweibchen legen Eier, die sie etwa zehn Wochen lang bebrüten. Die 20 Zentimeter langen Babys werden nach dem Ausschlüpfen von der Mutter ins Wasser getragen.

Alligatoren leben in Seen und Flüssen.

Größe: 2,2–6 m
Verbreitung: Amerika, China
Farbe: olivgrau
Familie: Alligatoren

Alpensalamander

Der Alpensalamander ist eine Amphibie und gehört zu den Schwanzlurchen. Wie der Name sagt, kommt er in den Alpen und anderen Gebirgen bis in 3000 Meter Höhe vor.

Diese urtümlich aussehenden Tiere haben einen lackschwarzen Körper. Nur die Unterart Aurora-Alpensalamander ist auf dem Rücken schmutzig gelb gefärbt. Damit sie nicht von Vögeln gefressen werden, verstecken sie sich zwischen Baumspalten, unter Wurzeln und im feuchten Laub. Eine Besonderheit des Alpensalamanders ist, dass die Weibchen keine Eier im Wasser ablegen, aus denen später Larven und Jungtiere hervorgehen. Ganz im Gegensatz zu anderen Amphibien entwickeln sich bei ihnen die Eier im Bauch der Mutter. Aus nur zwei Eiern schlüpfen Larven. Diese wachsen – immer noch im Bauch der Mutter – zu Jungtieren heran, die nach etwa zwei Jahren geboren werden.

Der Alpensalamander lebt in Gebirgen.

Größe: bis 16 cm
Verbreitung: Europa, Asien, Nordafrika
Farbe: schwarz
Familie: Echte Salamander

Ameisenbär

Trotz seines Namens hat dieses merkwürdig aussehende Säugetier mit Bären nichts zu tun. Der Große Ameisenbär bildet mit den Tamanduas und dem Zwergameisenbär die Familie der Ameisenbären.

Ameisenbären ernähren sich ausschließlich von Ameisen und Termiten. Mit seiner langen Nase spürt er Ameisenbauten und Termitenhügel auf. Mit den scharfen Krallen seiner Vorderfüße reißt er die Bauten auf und steckt seine wurmförmige, klebrige Zunge hinein. Ameisen und Termiten kleben an der Zunge, die übrigens mit winzigen Stacheln besetzt ist, fest. Er schluckt die Insekten sofort hinunter, denn in seiner röhrenartigen Schnauze sind keine Zähne! Da er seine Nahrung nicht kauen kann, werden die Tierchen an den Magenwänden zerrieben und können so leichter verdaut werden. Der Große Ameisenbär hat ein struppiges Fell und einen buschigen Schwanz. Er kann nicht sehr gut sehen und hören, aber dafür ausgezeichnet riechen.

Ein Ameisenbär auf der Suche nach Ameisen

Kopf-Rumpf-Länge: 100–130 cm
Schwanz: 90 cm
Verbreitung: Süd- und Mittelamerika
Farbe: dunkelbraun
Familie: Ameisenbären

Ameisenjungfer

Die Gewöhnliche Ameisenjungfer ähnelt einer Libelle, ist aber mit ihr nicht verwandt, sondern gehört zu den Netzflüglern.

Sie hat durchsichtige Flügel und unterscheidet sich von den Libellen vor allem durch die dicken, keulenförmigen Fühler am Kopf. Die Ameisenjungfer ist dämmerungs- und nachtaktiv und ruht tagsüber mit dachförmig zusammengelegten Flügeln. Daher kann man die erwachsenen Tiere selten beim Flug beobachten.

Sie leben nur wenige Tage und ernähren sich hauptsächlich von kleinen Raupen und Insekten sowie von Pollen. Viel bekannter sind hingegen die Larven der Ameisenjungfer, die bis zu 1,7 Zentimeter langen „Ameisenlöwen". Sie sitzen in ihren meist in Sandboden gebauten Trichterfallen und lauern geduldig auf hineinstürzende Beuteinsekten – überwiegend Ameisen. Der Ameisenlöwe packt diese mit den großen Saugzangen, die er am Kopf trägt, spritzt eine giftige Flüssigkeit ein und saugt das Opfer aus – guten Appetit!

Ameisenjungfern haben durchsichtige Flügel.

Größe: 3,5 cm
Flügelspannweite: 6–8 cm
Verbreitung: Europa
Farbe: dunkelbraun
Familie: Ameisenjungfern

Amsel

Die Amsel lebte ursprünglich nur in den Wäldern, wanderte aber im Laufe der Zeit ab und fand in den Grünanlagen der Städte einen neuen Lebensraum. Heute ist dieser Singvogel aus unseren Gärten nicht mehr wegzudenken.

Du kannst Männchen und Weibchen leicht voneinander unterscheiden: Die männlichen Vögel sind schwarz und haben einen gelben Schnabel. Die Weibchen sind braun. Die Amsel baut ihr Nest aus Grashalmen und Wurzeln in Sträuchern und Bäumen, aber auch auf Balkonen oder Fenstersimsen. Darin legt das Weibchen vier bis sechs Eier und brütet etwa zwei Wochen, dann schlüpfen die Jungvögel. In der Stadt sind Hunde, Katzen und Menschen ihre größten Feinde, im Wald müssen sie sich vor Habichten, Sperbern und Falken in Acht nehmen.

Die Amsel frisst am liebsten Würmer, Schnecken und Insekten, aber auch Beeren und andere Früchte. Bei der Nahrungssuche kannst du sie oft am Boden hüpfen sehen.

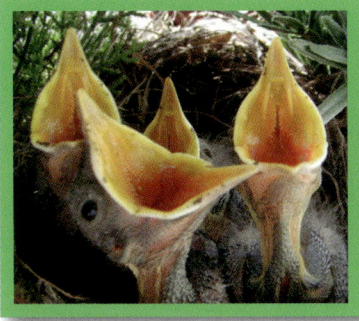

Amseljunge im Nest warten auf ihre Eltern.

**Größe: 25 cm
Verbreitung: Europa, Nordwestafrika, Asien
Farbe: schwarz, braun
Familie: Drosseln**

Anakonda

Die Anakonda ist ein Reptil und eine der längsten Schlangen der Welt. Sie ist zwar nicht giftig, aber dennoch gefährlich. Denn diese Riesenschlange kann sogar große Säugetiere im Ganzen verschlingen.

Die Anakonda verbringt viel Zeit an langsam fließenden Gewässern und Sümpfen tropischer Gebiete Südamerikas. Durch ihre Färbung gut getarnt liegt sie regungslos im seichten Wasser und hält nach Beute Ausschau. Wenn ein Tier ans Ufer kommt, um zu trinken, packt sie die Beute und umschlingt sie, bis diese erstickt. Dann verschlingt sie das Opfer mit dem Kopf voran. Am liebsten verspeist die Anakonda Vögel, Fische, Amphibien und Säugetiere wie Kaninchen, Meerschweinchen und Wasserschweine. Sie kann gut klettern und flieht vor Feinden auf Bäume. Anakondas sind lebend gebärend. Das bedeutet, dass die Weibchen bis zu 40 lebende Junge zur Welt bringen, die jeweils 70 Zentimeter lang sind. Diese benötigen drei bis vier Jahre, um ihre volle Größe zu erreichen.

SCHON GEWUSST?
Die Anakonda kann in der freien Natur bis zu 20 Jahre alt werden. In Gefangenschaft und bei guter Haltung kann sie sogar ein Alter von mehr als 30 Jahren erreichen.

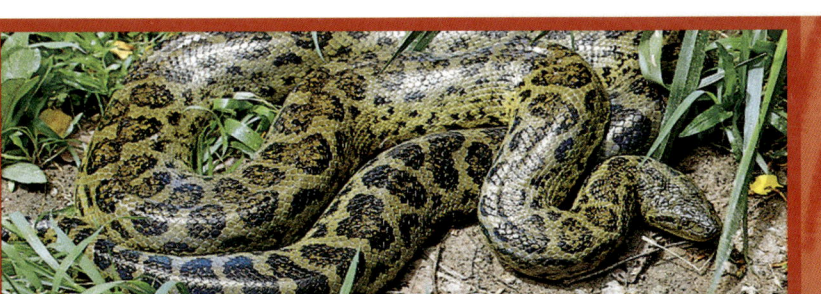

Die Anakonda ist eine der längsten Schlangen der Welt.

**Größe: 8–9 m
Verbreitung: Südamerika
Farbe: olivgrün
Familie: Riesenschlangen**

Apollofalter

Der Apollofalter ist ein wunderschöner Schmetterling, der in ganz Europa in gebirgigen Gebieten heimisch ist. Leider ist dieser Tagfalter heute stark gefährdet, da sein Lebensraum zerstört wird. Deshalb trifft man ihn immer seltener an.

Besonders beliebt ist der Apollofalter wegen seiner schönen Farben. Die Schuppen auf seinen Flügeln bilden prächtige Farbmuster, die zum Teil wie bunte Augen aussehen. Deshalb nennt man den Apollo auch „Großer Augenfleck". Die erwachsenen Tiere ernähren sich von Blütenstaub und besuchen gerne Pflanzen mit roten und violetten Blüten (zum Beispiel Disteln und Flockenblumen). Die Weibchen legen aber ihre Eier nur an der Weißen Fetthenne, einer Dickblattpflanze, ab. Denn die samtschwarzen Raupen, die mit blauen Warzen und orangeroten Flecken versehen sind, ernähren sich von den Blättern dieser Pflanze. Nach einigen Wochen verwandeln sie sich in Puppen, aus denen später fertige Schmetterlinge schlüpfen.

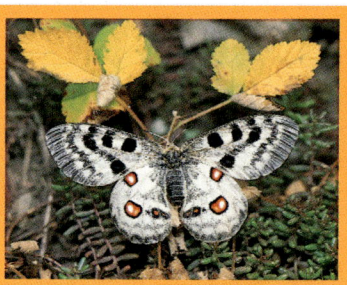

Der Apollofalter ist vom Aussterben bedroht.

Flügelspannweite: 6–9 cm
Verbreitung: Europa, Asien
Farbe: weiß, schwarze und rote Flecke
Familie: Ritterfalter

Aras

Aras sind auffällig gefärbte Vögel und gehören zur Familie der Papageien. Mit ihrem bunten Gefieder zählen sie zu den prächtigsten Bewohnern der tropischen Regenwälder Mittel- und Südamerikas.

Es gibt zahlreiche Ara-Arten, die alle ein buntes, leuchtendes Federkleid tragen. Der größte unter ihnen ist der Hyazinth-Ara, der in den Urwäldern Brasiliens lebt und etwa einen Meter groß wird. Seinen Namen verdankt er der leuchtenden blauen Farbe seiner Federn, die den gleichen blauen Farbton wie die Hyazinthe haben, eine Blume, die im Frühjahr blüht. Die bekannteste Ara-Art ist jedoch der Hellrote Ara, der so bunt ist wie eine Farbpalette. Seine Federn sind rot, gelb, blau und grün. Die Schwanzfedern des

Hellroten Aras können – wie auch beim Grünflügelara und beim Gelbbrustara – bis zu 60 Zentimeter lang werden. Alle Aras besitzen einen sehr starken Schnabel, mit dem sie sogar besonders dickschalige Nüsse aufbrechen können. Außerdem haben sie eine sehr laute Stimme und können menschliche Laute täuschend ähnlich nachahmen.

Hyazinth-Aras haben ein blaues Federkleid.

Größe: 50–100 cm
Schwanzfedern: bis 60 cm
Verbreitung: Mittel- und Südamerika
Farbe: bunt
Familie: Eigentliche Papageien

Asseln

Man glaubt es kaum, aber die Asseln sind eine Ordnung der Krebstiere, die im Wasser und an Land vorkommen.

Alle Asseln haben einen abgeflachten Körper und besitzen neben sieben Beinpaaren Kiemen, die hinter den Beinen liegen, und Lungen zum Atmen. Die meisten Arten (zum Beispiel die Wasserassel) sind Wasserbewohner, einige leben auch an Land. Am bekanntesten ist die Kellerassel, die man in Kellern, Gewächshäusern und Komposthaufen oft antrifft. Hier kannst du auch die Mauerassel finden, die ihrem Verwandten sehr ähnelt und wie er Feuchtigkeit braucht. Mehr Trockenheit verträgt die Rollassel, die sich zu einer richtigen Kugel rollen kann und daher ihren Namen hat. Sie ist etwas kleiner und lebt an trockenen Waldrändern unter Steinen. Die Ameisenassel hält sich gerne in Ameisennestern auf. Alle Asseln ernähren sich von zerfallenden Pflanzenresten. Ein Asselweibchen kann bis zu 100 Junge im Jahr bekommen. Es legt seine Eier direkt in seine Brusttasche, die unter dem Körper liegt. Dort entwickeln sich die Jungtiere, bis sie schließlich schlüpfen und ihre Mutter verlassen.

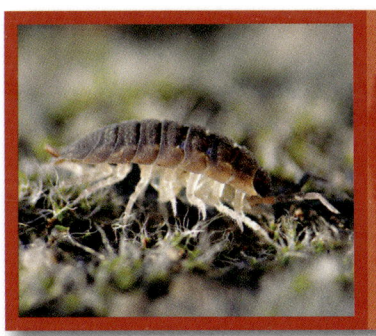

Eine Kellerassel in Aktion

Größe: 0,5–1,8 cm
Verbreitung: weltweit
Farbe: dunkelbraun
Ordnung: Asseln

Atlasspinner

Dieser farbenfrohe Schmetterling ist ein Nachtfalter subtropischer und tropischer Wälder. Er zählt zu den größten Schmetterlingen der Welt.

Der Atlasspinner trägt rotbraune, großflächige Flügel mit auffallenden dreieckigen Augenflecken. Diese Flecke sind in Wirklichkeit durchsichtige schuppenfreie Flächen, die uns weiß erscheinen. Mit den federartigen Antennen am Kopf empfangen die Männchen die Geruchsignale der Weibchen, die einen Partner suchen. Unmittelbar nach dem Schlüpfen der Schmetterlinge beginnt der Hochzeitsflug. Die Männchen sterben bald danach, die Weibchen erst nach der Eiablage. Da sie während ihres kurzen Lebens keine Nahrung aufnehmen, sind ihre Mundwerkzeuge nicht richtig ausgebildet. Aus den Eiern entwickeln sich blaugrüne Raupen, die bis zu elf Zentimeter lang werden. Sie verpuppen sich in einem spindelförmigen Kokon, einem Gehäuse, das sie selbst spinnen. Ein weiterer Riese unter den Schmetterlingen ist übrigens der Herkulesspinner aus Neuguinea.

Raupe des Atlasspinners

Der Atlasspinner zählt zu den größten Schmetterlingen.

Flügelspannweite: bis 25 cm
Verbreitung: Südchina, Himalaja, Indien
Farbe: rotbraun, bunte Flecke
Familie: Pfauenspinner

SCHON GEWUSST?
In Deutschland ist das Auerhuhn streng geschützt und steht als vom Aussterben bedrohte Vogelart auf der Roten Liste.

Auerhuhn

Einst hatte das Auerhuhn ein sehr großes Verbreitungsgebiet, heute ist es jedoch sehr selten geworden. Sein Lebensraum sind alle mit Laub- und Mischwald bewachsenen Gebirge, vom Norden Europas und Asiens ausgehend bis in die Pyrenäen und Alpen.

Das Auerhuhn, einer der größten Hühnervögel, ist sehr scheu und lebt zurückgezogen. Jeder Hahn hat sein eigenes Revier, das er bis aufs Blut verteidigt. Die Männchen sind dunkelgrau, schwarz und braun und haben einen grün schillernden Brustfleck. Die Weibchen dagegen tragen einen rostfarbenen Brustfleck und zudem ein wesentlich

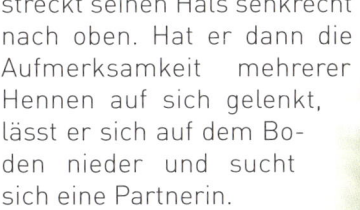

kürzeres Schwanzgefieder. Sehr eindrucksvoll ist der Balztanz der Auerhähne. Der beginnt auf dicken Ästen hoher Bäume. Dabei spreizt der Hahn sein Schwanzgefieder zu einem schönen Fächer und streckt seinen Hals senkrecht nach oben. Hat er dann die Aufmerksamkeit mehrerer Hennen auf sich gelenkt, lässt er sich auf dem Boden nieder und sucht sich eine Partnerin.

Auerhühner sind scheue Tiere.

Größe: 60–90 cm
Verbreitung: Nordeuropa, Asien
Farbe: braun, schwarz
Familie: Fasanenartige

Das Auerhuhn ist vom Aussterben bedroht.

Auerochse

Der Auerochse oder Ur ist die Stammform aller europäischen Hausrinder sowie des Zebus oder Buckelrinds, das in Afrika und Asien verbreitet ist. Er ist in Europa bereits im 17. Jahrhundert, in Asien im 18. Jahrhundert ausgestorben.

Das Aussehen des Auerochsen konnten die Wissenschaftler anhand von Knochenfunden, früheren Beschreibungen und Abbildungen nachbilden. Dieses Wildrind war mit einer Schulterhöhe von bis zu 1,9 Metern und einem Gewicht von bis zu einer Tonne bis in die Neuzeit das größte Landtier Europas. Das Fell war bei Kühen dunkelrotbraun mit rotbraunem Aalstrich, bei Stieren fast schwarz mit grauweißem Aalstrich. Beide Geschlechter trugen eindrucksvolle Hörner, die lang, schlank und nach oben geschwungen waren. Die Tiere lebten in kleinen Herden, die aus einem Bullen und einigen Kühen und Kälbern bestand. Sie bewohnten die lichten Auwälder von Westeuropa bis Vorderasien und Nordafrika und ernährten sich hauptsächlich von Gras, Eicheln, Kräutern und Laub.

Der Auerochse ist die Urform unserer heutigen Rinder.

Kopf-Rumpf-Länge: über 3 m
Verbreitung: Europa, Vorderasien, Nordafrika
Farbe: dunkelrotbraun bis schwarzbraun
Familie: Hornträger

Auster

Die Europäische Auster kann in felsigen Gegenden in Massen vorkommen und sogenannte Austernbänke bilden. Natürliche Austernbänke sind heute im Mittelmeer, im Atlantik und in der Nordsee selten zu finden. Da ihr Fleisch als Delikatesse gilt, werden diese Muscheln in Austerngärten gezüchtet.

Die Europäische Auster hat eine rundliche, ovale Schale von schmutzig weißer bis grauer Farbe. Sie zählt zu den Weichtieren. Da sie festsitzend ist, hat sich der Fuß, mit dem sich die meisten Muscheln fortbewegen können, zurückgebildet. Austern werden mit zwei Jahren geschlechtsreif. Abgelaicht wird meist bei Springflut und einer Wassertemperatur von 15 Grad Celsius. Ein einziges Tier kann bis zu einer Million Eier abgeben. Die aus den Eiern schlüpfenden Larven leben eine bis zwei Wochen frei schwimmend, setzen sich dann aber zeitlebens auf hartem Untergrund fest. Austern ernähren sich von im Wasser treibenden kleinen Algen.

Austern gelten als Delikatesse.

Größe: 8–10 cm
Verbreitung: an allen Küsten Europas
Farbe: graubraun
Familie: Austern

Austernfischer

Der Austernfischer ist einer der Charaktervögel der Nord- und Ostseeküste. Am häufigsten ist dieser Watvogel im Wattenmeer anzutreffen, wo man ihn scherzhaft „Halligstorch" nennt.

Durch sein schwarz-weißes Federkleid und den langen, orangeroten Schnabel kann man den Austernfischer mit keinem anderen Vogel verwechseln. Seine Beine und Füße sowie die Augen sind ebenfalls rot. Sein lautes „Kliep-kliep" ist sogar aus großer Entfernung zu hören. Austernfischer sind Teilzieher, das bedeutet, dass der Großteil von ihnen bis nach Nordwestafrika fliegt, während ein anderer Teil an der dänischen Küste überwintert. Als Nest dient eine flache, mit Steinen und Muschelschalen ausgelegte Mulde. Das Gelege besteht aus vier Eiern, die 26 bis 28 Tage von beiden Elterntei-len bebrütet werden. Austernfischer ernähren sich hauptsächlich von Muscheln, Schnecken, Wattwürmern und kleinen Krebsen.

Der Austernfischer heißt auch „Halligstorch".

Größe: 40–45 cm
Verbreitung: Europa, Nordafrika, Asien
Farbe: schwarz-weiß
Familie: Austernfischer

Bachstelze

Die Bachstelze ist die häufigste Stelze unserer Heimat. Der anspruchslose Vogel hält sich sehr gerne in der Nähe von Gewässern auf. Als typischer Kulturfolger kann man ihn aber auch häufig auf Feldern, sowie in Dörfern und Städten antreffen.

Dieser Vogel trägt ein auffälliges schwarz-weiß-graues Federkleid. Du kannst ihn auch an seinem trippelnden Lauf erkennen. Außerdem wippt er ständig mit dem langen Schwanz. Die Bachstelze ist ein Teilzieher, gehört also zu den Vögeln, von denen manche in den Süden ziehen, andere aber in ihrem Brutgebiet bleiben. Sie baut ihr Nest in einer Höhe von einem halben bis drei Metern. Am liebsten platziert sie es dabei in Spalten und Nischen von Gebäuden und Felsen, aber auch in Baumhöhlen. Es gibt zwei Bruten im Jahr mit jeweils vier bis sechs Eiern, aus denen nach zwölf bis 14 Tagen Jungvögel schlüpfen. Die Bachstelze verspeist am liebsten Insekten und Spinnen.

SCHON GEWUSST?
Das nicht besonders laute Gezwitscher der Bachstelze hört man nur äußerst selten.

Die Bachstelze frisst am liebsten Insekten.

Größe: etwa 18 cm
Verbreitung: Europa, Asien, Nordwestafrika
Farbe: schwarz, weiß, grau
Familie: Stelzen

Bandwürmer

Bandwürmer, zum Beispiel der Hundebandwurm oder der Fuchsbandwurm, gehören zu den Plattwürmern, die alle einen abgeplatteten Körper haben. Sie sind Parasiten, das bedeutet, dass sie im Darm von Wirtstieren leben.

Sie haben weder einen Mund noch einen Darm und ernähren sich von ihrem jeweiligen Wirt. Der flache, lange, weißliche Körper eines Bandwurms besteht aus zahlreichen Gliedern. Der Kopf ist kugelig verdickt und trägt Haftorgane, mit denen er sich am Darm des Wirtes festhält. Er hat eine merkwürdige Art sich fortzupflanzen: In jedem Glied reifen vom Kopf bis zum hinteren Teil des Körpers zunächst die männlichen, dann die weiblichen Fortpflanzungsorgane. Die hinteren weiblichen Glieder werden von den vorderen männlichen befruchtet. Wenn im letzten Körperglied die Eier herangereift sind, wird dieses abgetrennt und mit dem Kot des Wirtstiers ausgeschieden. Die Eier müssen nun von einem entsprechenden Tier, dem Zwischenwirt, aufgenommen werden, in dem sich die Bandwurmlarven weiter entwickeln. Wenn nun das Wirtstier den Zwischenwirt verspeist, gelangen die Larven wieder in dessen Körper und entwickeln sich dort im Darm zum ausgewachsenen Bandwurm.

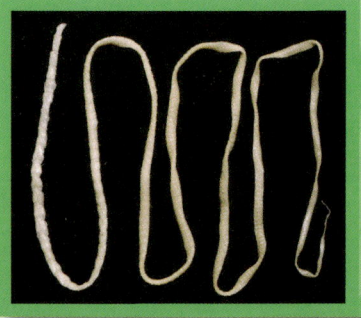

Bandwürmer sind Parasiten.

Größe: 3 mm–20 m
Verbreitung: weltweit
Farbe: weiß
Klasse: Plattwürmer

Bartgeier

Der Bartgeier, ein Greifvogel, ernährt sich wie alle Geier fast ausschließlich von Aas. Das heißt, er frisst nur tote Tiere. Deswegen nennt man die Geier in der Natur auch „Gesundheitspolizei"!

Seinen Namen verdankt der Bartgeier den schwarzen Federn, die ihm über den Schnabel hängen. Mit seinen großen Schwingen kreist der Gebirgsbewohner stundenlang in der Luft und hält dabei nach Beute Ausschau. Sein Leibgericht sind Knochen von toten Tieren. So frisst er zum Beispiel Teile von Schafen, Gämsen und Steinböcken, die im Gebirge abgestürzt sind. Kleine Knochen schluckt er ganz hinunter, schwieriger wird es mit großen und schweren Knochen. Dafür nutzt der Bartgeier sogenannte Knochenschmieden. Das sind große Felsplatten in seinem Revier.

Er fliegt mit dem Knochen in den Klauen 50 bis 100 Meter hoch, dann lässt er ihn so lange auf eine Felsplatte fallen, bis er zerbricht. Der Bartgeier baut seinen Horst in Felsnischen und bebrütet darin zwei Eier, wobei meist nur einer der Jungvögel überlebt. Nach etwa sechs Jahren ist dieser schließlich ausgewachsen.

Der Bartgeier hat einen Federbart.

Größe: 90–125 cm
Flügelspannweite: 2,8 m
Verbreitung: Europa, Asien, Afrika
Farbe: weiß bis rostrot, grauschwarze Flügel
Familie: Habichtartige

Beo

Der Beo kann zwar „sprechen" wie ein Papagei, ist aber mit ihm nicht verwandt, sondern gehört zu den Staren. Er ahmt viele Geräusche nach und kann sogar ganze Sätze sprechen.

Er lebt in den Urwäldern Indiens und Indonesiens in kleinen Schwärmen, tobt dort mit lauten Pfiffen und Rufen über die Baumwipfel hinweg und sucht nach Früchten, Nektar und Insekten. Besonders in den frühen Morgenstunden und in der Abenddämmerung ist er ausgesprochen munter. Der Beo trägt ein schwarzes Federkleid, das im Licht des Urwalds manchmal grünlich schillert. Besonders auffällig ist sein orangefarbener Schnabel und der gelbe fleischige Hautlappen an beiden Kopfseiten, der jeweils bis zum Hinterkopf reicht. Da Beos sehr lustige und gesellige Vögel sind, werden sie gerne als Haustiere gehalten. Sie brauchen aber viel Bewegung. Daher sollten sie nicht die ganze Zeit im Käfig sitzen, sondern müssen frei herumflattern dürfen.

SCHON GEWUSST?
Beos können 15, manchmal sogar 20 Jahre alt werden.

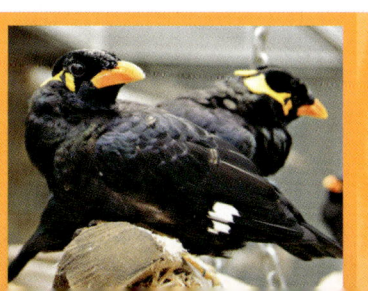

Beos sind äußerst sprechbegabte Vögel.

Größe: 26–35 cm
Verbreitung: Indien, Indonesien
Farbe: schwarz
Familie: Stare

Bergmolch

Der Bergmolch oder Alpenmolch gehört zu den Salamandern, hat aber einen seitlich abgeflachten Schwanz. Wie alle Amphibien oder Lurche verbringt er seine Kindheit im Wasser, lebt aber als erwachsenes Tier auch an Land oder an feuchten Ufern.

Im Frühjahr zieht es die Bergmolche zu Tümpeln und Teichen, denn die Männchen suchen Weibchen, um sich mit ihnen zu paaren. Die Werbung und Paarung finden im Wasser statt. Dazu bekommt das Männchen seine Hochzeitstracht: einen blauen Rücken mit einem hellgelb und schwarz quer gebänderten niedrigen Rückenkamm. Nach der Paarung legt das Weibchen bis zu 250 Eier an Wasserpflanzen ab, aus denen Larven ausschlüpfen, die im Wasser leben und wie Fische über Kiemen atmen. Nach etwa drei Monaten verwandeln sie sich in einen erwachsenen Molch und gehen an Land. An Land ist der Bergmolch nachtaktiv und geht auf Jagd nach Würmern, Schnecken und Käfern. Tagsüber versteckt er sich am liebsten unter Steinen oder Holz, um sich auszuruhen.

Der Bergmolch ist nachtaktiv.

Größe: 8–12 cm
Verbreitung: Europa, Asien, Nordafrika
Farbe: blau, schwarz, orangefarbener Bauch
Familie: Echte Salamander

SCHON GEWUSST?
Ein einzelnes Horn eines alten Bergschaf-Männchens kann fast 15 Kilogramm wiegen.

Bergschaf

Das Bergschaf ist ein Säugetier mit einem dicken, wolligen Fell. Dieses gebirgsbewohnende Wildschaf heißt auch Dickhornschaf, weil es besonders dicke, gebogene Hörner trägt.

Die Hörner der erwachsenen Männchen drehen sich nach hinten, während sie wachsen. Die Hörner der Weibchen hingegen sehen wie Säbel aus und sind nicht gerollt. Trotz seiner mächtigen Hörner bewegt sich das Dickhornschaf sehr geschickt im Gebirge. Mit seinen scharfen, paarigen Hufen erklimmt es Felsvorsprünge von nur fünf Zentimetern Breite. Das Bergschaf ist auch ein sehr guter Springer und erreicht mit einem einzigen Sprung bis zu sechs Meter entfernt liegende Felsvorsprünge. Im Frühjahr sucht das Männchen ein Weibchen, um das es mit anderen Männchen heftig kämpfen muss. Manchmal dauern die Auseinandersetzungen bis zu 24 Stunden! Fünf bis sechs Monate nach der Paarung bringt das Weibchen ein Lamm zur Welt. Das Bergschaf ist ein Pflanzenfresser und ernährt sich von Gräsern und Kräutern.

Das Bergschaf hat gebogene Hörner und ist ein sehr geschickter Kletterer.

Das Bergschaf heißt auch Dickhornschaf.

Kopf-Rumpf-Länge: 1,5–1,8 m
Schwanz: bis 15 cm
Verbreitung: Alaska, Kanada, westliche USA, Mexiko
Farbe: weiß oder braun
Familie: Hornträger

Beutelteufel

Der Beutelteufel, auch Tasmanischer Teufel genannt, verdankt diesen Namen seinem schwarzen Fell und seinen Ohren, die sich rot färben, wenn er erregt ist. Außerdem hat er einen scheußlichen Geruch, wenn er sich aufregt, und kreischt fürchterlich laut.

Dieses mit geöffnetem Maul ziemlich furchterregend aussehende Tier gehört zu den Beuteltieren wie das Känguru auch. Das bedeutet, dass das winzige Beuteltierbaby nach seiner Geburt zum Brustbeutel der Mutter kriecht und sich an den Zitzen festsaugt, um Muttermilch zu trinken. Erst nach etwa fünf Monaten verlässt es den Beutel das erste Mal. Die ausgewachsenen Beutelteufel fressen hauptsächlich Insekten, Reptilien, Vögel und kleine Säugetiere, gehen aber selbst wenig auf die Jagd, sondern bevorzugen Aas. Ein Beutelteufel hat einen so kräftigen Kiefer, dass er die Knochen der Beutetiere einfach zermalmen kann. Er lebt ausschließlich in den Wäldern Tasmaniens, einer Insel südöstlich von Australien, und ist nachts aktiv. Tagsüber ruht er gut versteckt und geschützt in einer Erdhöhle oder im Dickicht.

Der Beutelteufel trägt seinen Namen zu Recht.

Kopf-Rumpf-Länge: 60–70 cm
Schwanz: etwa 25 cm
Verbreitung: Tasmanien
Farbe: schwarz
Familie: Raubbeutler

Biber

Der Europäische Biber ist wie sein Vetter, der Kanadabiber, auch ein großer Baumeister. Er baut Burgen und Dämme und staut Bäche auf. Die Baumstämme für seine Bauwerke fällt er natürlich selbst. Dazu hat er seine besonderen Nagezähne.

Seine starken Schneidezähne sind bis zu 3,5 Zentimeter lang, acht Millimeter breit und an der Spitze wie ein Meißel zugeschliffen. Seine berühmten Dammbauten schützen nicht nur den unter Wasser liegenden Eingang seines Baus, der Biberburg, sie regulieren gleichzeitig den Wasserstand seines Wohngewässers. Biberdämme sind etwa einen Meter hoch und können bis zu 100 Meter lang sein. Seine Nagezähne braucht der Biber auch zum Fressen von Blättern, Rinde und Zweigen. Sein Leben verbringt er immer im Wasser, wo er ein eleganter Schwimmer und Taucher ist. An Land watschelt er dagegen ziemlich unbeholfen. Die Biberjungen bleiben im ersten Jahr bei der Mutter, lernen dann aber schwimmen und tauchen und müssen bei der Pflege der Burgen und Dämme mithelfen.

Biber sind begabte Baumeister.

Kopf-Rumpf-Länge: 80–100 cm
Schwanz: 20–30 cm
Verbreitung: Eurasien
Farbe: braun
Familie: Biber

Bienen

Weißt du, woher der Honig auf deinem Frühstückstisch kommt? Die Honigbiene fliegt im Sommer fleißig von Blüte zur Blüte und sammelt Pollen, aus dem später Honig wird. Bei dieser Arbeit bestäubt sie gleichzeitig die Blüten, sodass diese Samen für neue Blumen bilden können.

Es gibt über 20.000 Bienenarten auf der Erde. Sie alle haben zwei Paar Flügel und ihr Körper ist mit winzigen Härchen bedeckt. Manche von ihnen, wie die Wildbienen, leben allein und bauen ein eigenes Nest für ihre Jungen. Andere wie die Honigbienen wohnen in großen Staaten, die sich aus Tausenden von Tieren zusammensetzen. Nur diese Arten

stellen Honig her. Jeder Staat hat eine Königin. Sie ist größer als die anderen Bienen und nur sie legt Eier. Die anderen Bienen nennt man Arbeiterinnen. Sie kümmern sich um den Nachwuchs, bauen das Nest, halten es instand und sammeln Nahrung. Männchen werden im Bienenstaat nur zu bestimmten Zeiten geboren. Ihre einzige Aufgabe ist es, sich mit der Königin zu paaren.

Bienen fliegen fleißig von Blume zu Blume.

Größe: 0,5–1,2 cm
Verbreitung: weltweit
Farbe: schwarz, gelb
Familie: Bienen

Bienenfresser

Der Bienenfresser ist ein farbenprächtiger Vogel, der am liebsten Bienen, Wespen und Hummeln verspeist.

Damit ihm diese stechfreudigen Flügeltiere nicht gefährlich werden, hat er eine besondere Methode entwickelt. Der Bienenfresser fängt die Insekten im Flug ein und schluckt sie nicht gleich herunter. Er hält seine Beute mit dem Schnabel fest und schlägt sie mehrmals auf einen Stein oder den harten Boden, bis das Gift entfernt ist und der Stachel sich nicht mehr bewegt. Dann wirft er die Nahrung in die Luft, fängt sie auf und verschluckt sie. Das Gefieder des Männchens ist besonders prächtig gefärbt: Sein Rücken ist kastanienbraun, der Bauch leuchtend blaugrün. Die Kehle ist gelb und durch ein schwarzes Band vom Bauch abgegrenzt – der reinste Regenbogen! Die Weibchen haben ein etwas blasseres Federkleid. Zum Brüten graben beide Elternteile eine Höhle. Die Eier werden später abwechselnd vom Männchen und vom Weibchen ausgebrütet.

SCHON GEWUSST?
Bienenfresser müssen nur ganz wenig Wasser trinken. Meist reicht ihnen die Flüssigkeit, die sie mit ihren Beutetieren zu sich nehmen.

Bienenfresser sind farbenprächtige Vögel.

Größe: 28 cm
Verbreitung: Europa, Asien, Afrika
Farbe: bunt
Familie: Bienenfresser

Bisamratten stammen ursprünglich aus Nordamerika.

Bisamratte

Die Bisamratte verdankt ihren deutschen Namen einem Sekret, das stark nach Bisam oder Moschus duftet. Die Männchen sondern es ab, um ihr Revier zu markieren.

Die Bisamratte ist eine plumpe, gedrungene Wühlmaus von Kaninchengröße. Sie hält sich meistens im Wasser auf, kann ausgezeichnet schwimmen und bis zu zehn Minuten lang tauchen. An Land sieht sie dagegen eher unbeholfen aus. Charakteristisch ist ihr rötliches, glänzendes Fell und der seit-lich zusammengedrückte Ruderschwanz, der beschuppt ist. An den Zehen der Hinterfüße befindet sich ein dichter Schwimmborstensaum. Die Bisamratte stammt ursprünglich aus Nordamerika und wurde wegen ihres wertvollen Pelzes zu Beginn des 20. Jahrhunderts in Europa eingebürgert. Das dämmerungs- und nachtaktive Tier gräbt Wohnhöhlen in Uferböschungen oder errichtet in flachen Gewässern kegelförmige „Burgen" aus Schilf. Es ernährt sich vor allem von Wasser- und Uferpflanzen, frisst aber auch Muscheln und Krebse.

Bisamratten halten sich meist im oder am Wasser auf.

Kopf-Rumpf-Länge: 35 cm
Schwanz: 20 cm
Verbreitung: Nordamerika, Europa, Asien
Farbe: rötlich braun
Familie: Wühler

Das Bison ist das größte Säugetier Amerikas.

Bison

Wenn du schon einmal im Zoo warst, wird dir vielleicht die große Ähnlichkeit zwischen dem amerikanischen Bison und dem eurasischen Wisent aufgefallen sein.

Das liegt daran, dass die beiden nahe Verwandte sind.

Der Bison ist das größte Säugetier Amerikas, wird bis zu 1,9 Meter hoch und 1000 Kilogramm schwer. Sein Körper ist massig, sein Kopf tief angesetzt und die Rückenlinie abfallend. Er trägt ein dickes, teils sehr langes Haarkleid, wobei die Haare bis zu 50 Zentimeter lang werden können. Früher zogen über 60 Millionen Bisons in riesigen Herden durch die Prärien. Die Indianer jagten sie wegen ihres Fleisches, Leders und Fells – daher auch der Name Indianerbüffel. Im 19. Jahrhundert töteten jedoch die weißen Siedler so viele von ihnen, dass es heute nur noch etwa 50.000 Bisons in verschiedenen Nationalparks und Reservaten gibt. Kleinere Unterarten sind der Waldbison und der Präriebison.

Heute gibt es nur noch wenige Bisons.

Größe: 3,8 m
Schwanz: 90 cm
Verbreitung: Nordamerika
Farbe: braun
Familie: Hornträger

Blaufußtölpel

Dieser etwas seltsam aussehende Vogel verdankt seinen Namen seinen leuchtend blauen Füßen und seiner Unbeholfenheit an Land. Dafür ist er ein toller Flieger und ein geschickter Taucher.

Der Blaufußtölpel segelt elegant durch die Lüfte und hält Ausschau nach Fischen, die er am liebsten frisst. Hat er sie erspäht, legt er die Flügel an und stürzt wie ein Pfeil bis zu 30 Meter tief ins Wasser, um sie beim Auftauchen zu fangen. Eine weitere Besonderheit dieses Vogels ist die Art, wie er seinen Nachwuchs versorgt: Er schluckt zunächst selbst eine ordentliche Portion Fisch und verdaut diesen etwas vor. Dann fliegt er zum Nest, wo die hungrigen Jungen sofort das Futter aus seinem Schlund holen. Dazu stecken sie ihren Schnabel samt Kopf weit in den Rachen der Elternvögel. Der Blaufußtölpel hat übrigens nicht nur blaue Füße mit lederartigen Schwimmhäuten, sondern auch einen auffälligen graugrünen Schnabel.

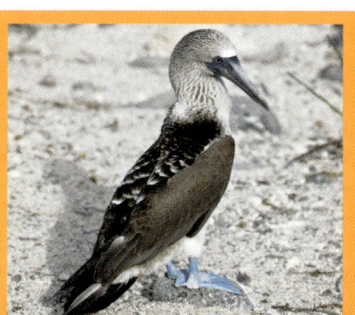

Der Blaufußtölpel hat blaue Füße.

Größe: etwa 80 cm
Verbreitung: Südafrika, Südamerika, Australien
Farbe: grau, weiß, blaue Füße
Familie: Tölpel

Blaumeise

Neben der Kohlmeise ist die Blaumeise die häufigste Meisenart bei uns. Im Winter, wenn in der Natur Nahrung knapp wird, kommt sie gern an die Futterstellen in den Gärten und freut sich über Futternetze mit Nüssen und Meisenknödel.

Die Blaumeise ist ein winziger, sehr bunter Waldvogel mit einem unverkennbar gefärbten Federkleid: Sie hat einen hellblauen Kopf, einen gelben Bauch, einen grünlich blauen Rücken, weiße Wangen und eine weiße Stirn sowie einen schwarzen Augenstreif und einen schwarzen Kehlfleck. In Laub- und Mischwäldern, Gärten

und Parkanlagen fühlt sie sich am wohlsten. Ihr Nest baut die Blaumeise in Höhlen oder Nischen von Bäumen und Mauern, nimmt aber auch Nistkästen in Gärten an. Dort legt das Weibchen bis zu 15 winzige rosarote Eier. Die kleinen Blaumeisen schlüpfen nach etwa 15 Tagen. Sie bleiben erst einmal im Nest und werden von ihren Eltern gefüttert. Nach 20 Tagen fliegen sie davon. Im Sommer frisst der Vogel Insekten und deren Larven sowie Spinnen; im Herbst verspeist er Beeren und Samen, im Winter neben Insekten vor allem Sämereien.

Blaumeisen haben ein buntes Federkleid.

Größe: etwa 12 cm
Verbreitung: Europa, Vorderasien
Farbe: blau, gelb, grünblau, weiß, schwarz-weiß
Familie: Meisen

Blauwal

Der Blauwal lebt im Meer, ist aber trotz seiner Körperform kein Fisch, sondern ein Säugetier, das zur Familie der Furchenwale gehört. Deshalb muss er gelegentlich an die Wasseroberfläche, um Luft zu holen.

Den Blauwal kann man auf hoher See an seinem sehr hohen

Blas erkennen; das ist die Wasserdampffontäne, die beim Ausatmen entsteht. Er kann 50 Minuten lang tauchen, bis er wieder Luft holen muss. Sein stromlinienförmiger Körper ist dunkelblaugrau mit helleren Flecken. Auf der Körperunterseite hat er Furchen, die der Familie (Furchenwale) ihren Namen geben. An diesem Tier ist alles riesig: Es wird bis zu 35 Meter lang und kann 135

Tonnen (etwa so viel wie 160 Menschen!) schwer werden. Allein sein Herz wiegt fast eine Tonne. Deshalb muss es täglich einige Tonnen Krill verspeisen – das sind winzige, garnelenartige Krebse. Dieses schwimmende Futter wird mit 300 bis 400 großen bürstenartigen Leisten am Oberkiefer, den Barten, aus dem Wasser gesiebt. Der Blauwal lebt meist allein oder in kleinen Familiengruppen.

Die Schwanzflosse eines Blauwals

Größe: bis 35 m
Verbreitung: alle Ozeane
Farbe: blaugrau mit helleren Flecken
Familie: Furchenwale

Blesshuhn

Seinen Namen hat das Blesshuhn von dem weißen Fleck auf seiner Stirn, der „Blesse", die eigentlich ein Hornschild ist. So kann man diesen Vogel mit keinem anderen verwechseln.

Dieser Wasservogel trägt ein schwarzes Federkleid und einen weißen Schnabel. Der gute Schwimmer hat grüne Beine und breite Schwimmlappen an den Zehen. Er lebt an flachen Teichen und Seen sowie an langsam fließenden Gewässern, wo es reichlich Wasserpflanzen und einen Schilfgürtel gibt, in dem der Vogel sein Nest bauen kann. Darin werden sieben bis zehn Eier ausgebrütet. Die Jungvögel haben am Kopf rote Flaumfedern und einen roten Schnabel mit weißer Spitze. Erst nach vielen Wochen werden sie ihren Eltern immer ähnlicher. Blesshühner ernähren sich hauptsächlich von Pflanzen im und am Wasser, fressen darüber hinaus aber auch gerne Insekten, Schnecken und Muscheln. Sie sind keine besonders geschickten Flieger, sondern laufen eher flügelschlagend über das Wasser.

Blesshuhn mit Jungen

Größe: 36–40 cm
Verbreitung: Europa, Asien, Nordafrika, Australien
Farbe: schwarz, weiß
Familie: Rallenvögel

SCHON GEWUSST?
*Die Blindschleiche hat
eine vorgebildete Bruch-
stelle am Schwanz.
Bei Gefahr kann sie den
Schwanz dort abtrennen.*

Blindschleiche

Eine Blindschleiche sieht auf den ersten Blick wie eine Schlange aus, aber eigentlich ist sie eine Echse ohne Beine. Sie ist auch nicht blind, wie der Name vermuten lässt.

Der Name „Blindschleiche" leitet sich nämlich von dem althochdeutschen Wort „plint-slicho" ab, das in etwa „blendender Schleicher" bedeutet. Wahrscheinlich wurde ihr der Name aufgrund ihrer glatten Schuppenhaut verliehen, die besonders glänzt. Die Beine der Blindschleiche haben sich im Laufe der Entwicklungsgeschichte zurückgebildet, daher bewegt sie sich schlängelnd fort. Das tag- bis dämmerungsaktive Tier hält sich gerne in Laubwäldern mit viel Unterholz, auf Feuchtwiesen, in Gärten und in Parkanlagen auf. Es ernährt sich von Nacktschnecken, Würmern, Insekten, Spinnen und Asseln. Das Weibchen bringt lebende Junge zur Welt. Sie sind bei der Geburt von einer dünnen, durchsichtigen Eihülle umgeben, die sofort danach zerreißt. Die Blindschleiche überwintert in Kältestarre; dazu bohrt sie oft lange unterirdische Gänge in die Erde, in denen sie die kalte Jahreszeit verbringt.

Blindschleichen sind keine Schlangen.

**Größe: 40–50 cm
Verbreitung: Europa, Südwestasien
Farbe: graubraun oder kupferbraun
Familie: Schleichen**

Blutegel

Der Medizinische Blutegel wird seit Jahrhunderten in der Medizin zur Behandlung bestimmter Krankheiten (zum Beispiel bei Rheuma) verwendet. Dafür werden heute nur Blutegel eingesetzt, die im Labor gezüchtet wurden.

Am vorderen und hinteren Körperende befindet sich je ein Saugnapf. Mit dem hinteren hält sich der Blutegel an der Haut fest, mit dem vorderen sucht er eine geeignete Stelle zum Zubeißen. Im vorderen Saugnapf befindet sich der Mund mit etwa 80 Kalkzähnchen. Beim Saugen gibt das Tier verschiedene körper-

eigene Stoffe in die Wunde ab, die die Blutgerinnung hemmen, Entzündungen bekämpfen und Schmerzen lindern. Blutegel sind Parasiten, das heißt, sie ernähren sich vom Blut anderer Tiere. Sie können das gesaugte Blut über lange Zeit in ihrem Magen speichern und kommen bis zu einem Jahr ohne Nahrungsaufnahme aus. Blutegel sind Zwitter. Jedes Tier hat also gleichzeitig männliche und weibliche Geschlechtsorgane. So können sich zwei Blutegel meist gegenseitig befruchten. Alle Arten leben in Gewässern.

Blutegel werden oft zur Behandlung bestimmter Krankheiten eingesetzt.

Blutegel verfügen über Saugnäpfe.

Größe: 10–15 cm
Verbreitung: weltweit
Farbe: schwarz, grün
Familie: Hirudinidae

Braunbär

Braunbären sehen mit ihrem runden Kopf, der langen Schnauze und den kleinen Ohren kuschelig wie Teddybären aus. Sie sind aber gefährliche Raubtiere, denen man nicht zu nahe kommen sollte.

Je nachdem, wo sie leben, werden sie unterschiedlich groß. Die kleinsten Braunbären trifft man in Alpenregionen an, die größten findet man in Nordamerika und Asien – der Grizzlybär und der Kodiakbär leben in Nordamerika, der Kamtschatkabär in Nordostasien. Auch die Farbe ihres dicken Fells unterscheidet sich stark – von Beige über Zimtbraun bis fast Schwarz ist alles vertreten. Alle Braunbären haben kurze, kräftige Beine mit Riesentatzen und langen Krallen, die sie nicht einziehen können. Braunbären fühlen sich in großen Laub- und Nadelwäldern am wohlsten, wo sie als Einzelgänger leben. Obwohl sie Raubtiere sind, fressen sie alles, was sie finden: Fische (am liebsten Lachse), Vögel, Frösche, Früchte, Beeren, junge Triebe und Wurzeln, Vogeleier und Honig – richtige Schleckermäuler!

SCHON GEWUSST?
Braunbären halten keinen Winterschlaf, sondern Winterruhe, wobei der Herzschlag und die Atmung zurückgehen. Man kann sie leicht aufwecken.

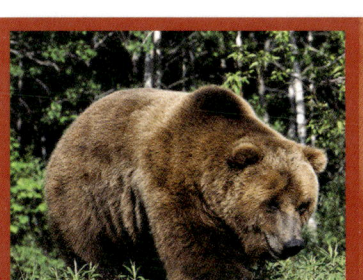

Braunbären fühlen sich in Wäldern am wohlsten.

Kopf-Rumpf-Länge: 1,7–3 m
Verbreitung: Europa, Nordafrika, Nordasien und Nordamerika
Farbe: beige; zimtbraun; schwarz
Familie: Bären

Brillenvögel

Brillenvögel bilden eine Familie der Singvögel und gehören zu den Sperlingsvögeln. Ihren Namen haben sie von den weißen Federringen um die Augen.

Diese kleinen Vögel sind ziemlich unauffällig und graubraun bis olivgrün gefärbt. Der Bauch ist weiß, gelblich oder grau. Weibchen und Männchen sehen äußerlich gleich aus. Brillenvögel leben gesellig in großen Scharen. Zur Brutzeit bauen sie Nester auf Astgabeln oder in Büschen die aus Grashalmen geflochten sind. Darin werden zwei bis fünf Eier ausgebrütet. Die schlechten Flieger ernähren sich hauptsächlich von Insekten, Beeren und Früchten. Mit ihrer am Ende gespaltenen Zunge können sie jedoch auch gut den leckeren Nektar aus Blüten aufnehmen. Dazu stecken sie den kurzen Schnabel tief in die Blüte. Die verschiedenen Arten sind sich im Aussehen und in der Lebensweise so ähnlich, dass man sie schwer voneinander unterscheiden kann.

Brillenvögel haben weiße Ringe um die Augen.

Größe: 10–14 cm
Verbreitung: Tropen von Afrika, Asien bis Australien
Farbe: grau bis olivgrün, Bauch weiß bis grau
Familie: Brillenvögel

SCHON GEWUSST?
Während junge Buchfinken-Männchen und die Weibchen im Winter in wärmere Gebiete ziehen, überwintern alte Männchen bei uns.

Buchfink

Der Buchfink ist einer der häufigsten Vögel Mitteleuropas. Du kannst ihn in Gärten, Parks und überall da antreffen, wo es Bäume und Sträucher gibt.

Das Gefieder des Männchens ist leuchtend bunt gefärbt. Es hat einen blaugrauen Oberkopf, rötlich braune Kopfseiten und eine ebenso farbige Brust sowie einen braunen Rücken. Das Weibchen ist dagegen unscheinbar graubraun. Beide tragen zwei auffällige weiße Streifen auf den Flügeln. Sehr bekannt ist auch der Gesang des Buchfinken, der sogenannte Finkenschlag, mit dem er die Weibchen anlocken will. Das Weibchen baut ein napfförmiges Nest und brütet vier bis sechs Eier aus, aus denen nach 13 Tagen Jungvögel schlüpfen. Diese werden nur mit Insekten gefüttert, während die Erwachsenen sich auch von Sämereien und Früchten ernähren. Buchfin- ken laufen trippelnd auf dem Boden herum. Typisch ist das ruckartige Kopfnicken.

Der Buchfink kommt bei uns häufig vor.

Größe: 15 cm
Verbreitung: Europa, Afrika, Westasien
Farbe: blaugrau, rötlich braun, braun, weiß
Familie: Finken

Buckelwal

Der Buckelwal ist ein echter Weltenbummler. Er unternimmt große Wanderungen in den Ozeanen der Erde. Im Winter hält er sich in den warmen subtropischen Gewässern auf und im Frühling begibt er sich in die kalten polaren Gebiete.

Das auffälligstes Merkmal dieses Meeressäugers sind wohl seine langen Brustflossen, die man auch Flipper nennt. Seine Haut ist stark vernarbt und mit Seepocken überzogen. Seepocken sind kleine Krebstiere, die sich meist auf Felsen, aber auch auf Muscheln oder eben auf Buckelwalen festsetzen. Der Buckelwal gehört zu den Furchenwalen. Deshalb hat er bis zu 20 Kehlfurchen, die vom Kinn bis zum Bauch reichen. Diese Furchen dehnen sich aus, wenn der Wal sein Maul öffnet. Dadurch vergrößert sich seine Mundöffnung erheblich und er kann mehr Nahrung aufnehmen. Berühmt ist der Buckelwal für seinen Gesang. Er singt oft stundenlang und unterhält sich so mit seinen Artgenossen. Buckelwale ernähren sich hauptsächlich von Krill (kleinen Krebsen) und auch von Fischen. Davon muss er täglich eine Menge fressen.

SCHON GEWUSST?
Buckelwale führen akrobatische Sprünge aus und springen dabei mit dem gesamten Körper aus dem Wasser.

Buckelwal unternehmen große Wanderungen.

Größe: 13–18 m
Verbreitung: alle Ozeane
Farbe: blaugrau
Familie: Furchenwale

Buschschwein

Das Buschschwein ist mit unseren Schweinen verwandt, aber viel bunter gefärbt als diese. Mit den knubbeligen warzenartigen Auswüchsen im Gesicht sehen vor allem die Männchen etwas merkwürdig aus.

Das Buschschwein hat ein ziemlich langes, zottiges Fell, das rotbraun bis fast schwarz sein kann, und eine heller gefärbte Rückenmähne. Außerdem besitzt es einen langen unbehaarten Schwanz mit einer Quaste am Ende. Beide Geschlechter tragen verlängerte Eckzähne. Diese in Afrika heimischen Schweine halten sich nur im Dickicht oder in hohem Gras auf, wo sie sich tagsüber gut verstecken können. Erst in der Nacht werden sie munter. Buschschweine leben in kleinen Gruppen von zwei bis zwölf Tieren unter der Führung eines Männchens. Die Weibchen bringen in einer Erdhöhle pro Wurf ein bis vier Junge zur Welt. Buschschweine ernähren sich von Gräsern und Kräutern, Wurzeln, Pilzen, Insekten und anderen Kleintieren. In West- und Zentralafrika lebt eine verwandte Art, die auffällige Haarbüschel an den Ohren trägt. Man nennt sie deshalb Pinselohrschwein.

Pinselohrschweine zählen zu den Buschschweinen.

Kopf-Rumpf-Länge: 100–150 cm
Verbreitung: Ost- bis Südafrika
Farbe: rotbraun bis fast schwarz
Familie: Echte Schweine

Cayenne-Klippenvogel

Der Cayenne-Klippenvogel oder Guyana-Klippenvogel gehört mit seinem leuchtend orangeroten Federkleid und dem fächerförmigen Schopf zu den ungewöhnlichsten und exotischsten Vögeln der Erde.

So auffällig sind jedoch nur die Männchen gefärbt. Die Weibchen sind dunkelolivgrau und tragen einen kleineren Schopf. Trotzdem müssen sich die Männchen anstrengen, um den Weibchen zu gefallen. Deshalb führen sie Tänze auf, bei denen sie in die Luft hüpfen, laut rufen und mit ihren Flügeln schlagen. Nach der Paarung bauen die Vögel in Felsspalten flache, napfförmige Nester aus Zweigen und Lehm, die sie außen mit Blättern verkleiden. Das Weibchen legt zwei Eier, die es allein bebrütet. Klippenvögel, die man auch Felsenhähne nennt, leben in den tropischen Urwäldern Südamerikas. Neben dem Cayenne-Klippenvogel oder dem Orangefarbenen Felsenhahn gibt es noch eine Art namens Andenklippen-Vogel mit rotem Gefieder, der auch Roter Felsenhahn heißt.

Die Männchen der Klippenvögel sind auffällig gefärbt.

Größe: 30–35 cm
Verbreitung: Südamerika
Farbe: hellorange, Flügel schwarz-weiß
Familie: Schmuckvögel

Chamäleons

Chamäleons sind die wahren Verwandlungskünstler unter den Reptilien. Je nach Stimmung oder Umgebung können sie ihre Farbe ändern.

Weltweit gibt es etwa 80 Chamäleonarten von unterschiedlicher Größe und Farbe. Die bekannteste unter ihnen ist das Gewöhnliche Chamäleon, das auch als Einziges in Europa vorkommt. Es hat einen lang gestreckten Körper, vier Beine und einen langen Greifschwanz, der sich um die Äste wickeln kann und so zum Festhalten dient. Das Gewöhnliche Chamäleon trägt auf dem Rücken einen niedrigen Kamm und auf dem Hinterkopf einen helmartigen Fortsatz. Die Zehen sind miteinander verwachsen und zu Greifzangen umgebildet, damit sich das Tier an den Bäumen gut festhalten kann. Das Chamäleon ist normalerweise hell- oder olivgrün, kann aber schnell grau, schwärzlich oder braun werden. Chamäleons ernähren sich von Insekten. Diese fangen sie mit ihrer langen, an der Spitze klebrigen Zunge. Sobald sich ein Opfer nähert, können sie diese in Bruchteilen von Sekunden herausschleudern.

SCHON GEWUSST?
Chamäleons können ihre Augen unabhängig voneinander bewegen und so ihre ganze Umgebung gleichzeitig wahrnehmen.

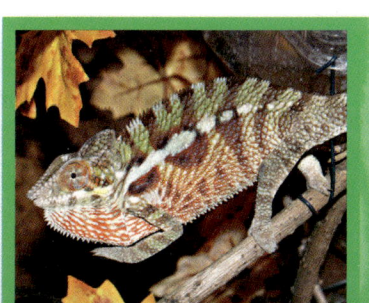

Chamäleons sind wahre Verwandlungskünstler.

Größe: 20–30 cm, davon 10–12 cm Schwanz
Verbreitung: Südeuropa
Farbe: hell- oder olivgrün
Familie: Chamäleons

Chinchillas

Chinchillas sind in Südamerika heimische Nagetiere, die früher wegen ihres kuscheligen Fells gejagt und beinahe ausgerottet wurden. Heute werden sie als Pelz- und Haustiere in besonderen Farmen gezüchtet. In der freien Natur sind sie jedoch stark gefährdet.

Chinchillas haben auffällig große Ohren und Augen und einen langen, buschigen Schwanz. Ihr flauschiger Pelz schützt sie vor Kälte und vor Wärme. Es gibt zwei Arten: das Langschwanz-Chinchilla und das Kurzschwanz-Chinchilla. Sie unterscheiden sich durch die Länge ihres Schwanzes und die Größe ihrer Ohren. Chinchillas, die bei uns gehalten werden, sind meist eine Kreuzung aus beiden Arten. Sie sind Pflanzenfresser und ernähren sich von Gräsern, Blättern, Früchten und der Rinde von Sträuchern. Die Weibchen, die größer werden als die Männchen, bekommen zweimal jährlich Nachwuchs mit jeweils bis zu sechs Jungen.

Chinchillas haben ein flauschiges Fell.

Größe: 25–35 cm
Schwanz: 15–20 cm
Verbreitung: Südamerika
Farbe: grau
Familie: Chinchillas

Clownfisch

Der Clownfisch ist ein sehr bekannter Bewohner der Korallenriffe in tropischen Meeren. Seinen lustigen Namen verdankt er seinen orange-weiß-schwarzen Streifen an dem seitlich zusammengedrückten Körper. Je nach nachdem, wo der Fisch heimisch ist, können die Streifen unterschiedlich breit sein.

Man nennt den Clownfisch auch Orange-Anemonenfisch, da er zwischen den Fangarmen der Seeanemonen lebt. Die giftigen Nesselkapseln in den Fangarmen, die bei Berührung für andere Fische tödlich sind, können dem Clownfisch nichts anhaben. Er ist nämlich durch einen besonderen Stoff davor geschützt. So leben beide friedlich miteinander: Die Anemone bietet dem Clownfisch Schutz vor Feinden,

der Clownfisch liefert ihr durch seine Nahrungsreste Futter und entfernt den Abfall und Schmutz von ihren Fangar-men. Der Clownfisch ernährt sich von im Wasser schweben-den Kleinstlebewesen (Plank-ton), Algen und Fischbrut.

Clownfische leben zwischen den Fangarmen von Anemonen.

Größe: 6–8 cm
Verbreitung: Korallenriffe tropischer Gewässer
Farbe: orangerot, schwarz-weiß gestreift
Familie: Riffbarsche

Dachs

Da der Dachs nur nachts munter und ein sehr scheues Raubtier ist, bekommt man ihn in der Natur selten zu sehen. Lediglich an seinem Bau, einer in die Erde gegrabene Höhle, weiß man, dass er in der Nähe sein muss.

Aber wenn man einmal einen Dachs trifft, dann erkennt man ihn sofort an seiner lustigen schwarz-weißen Gesichts-maske. Seine schwarzen Ohren sind ziemlich klein und haben einen weißen Rand. Sein massiger Körper ruht auf relativ kurzen, stämmigen Beinen und großen Füßen mit langen starken Krallen. Diese benutzt der Dachs zum Graben seiner Erdhöhlen. Mit seiner langen Schnauze kann er gut schnüf-feln, in der Erde wühlen und dabei Regenwürmer – seine Lieblingsspeise – ausgraben.

Auch Früchte, Beeren, Wurzeln, Nüsse, Samen sowie Insekten, Schnecken und junge Vögel verschmäht er nicht. Ein Dachsweibchen bringt im Frühjahr zwei bis fünf Junge zur Welt, die bereits mit zwei Monaten die ersten Ausflüge in die Umgebung machen können. Die meisten verlassen im Herbst den elterlichen Bau und gründen eine eigene Familie. Dachspaare bleiben sich übrigens ein Leben lang treu. Der Amerikanische Dachs oder Silberdachs gehört ebenso wie unser heimischer Dachs zu den Mardern, ist aber nicht sehr eng mit ihm verwandt.

SCHON GEWUSST?
Dachse brechen oft Wespennester auf, um an die Larven und den Honig zu kommen. Ihr dickes Fell schützt sie vor den Stichen der Wespen.

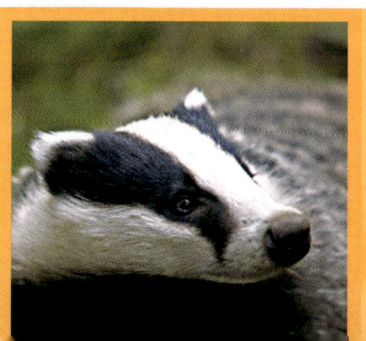

Der Dachs ist ein scheues Raubtier.

Kopf-Rumpf-Länge: 60–75 cm
Schwanz: 11–24 cm
Verbreitung: Europa, Asien
Farbe: schwarz, weiß, grau
Familie: Marder

Delfin

Delfine sind keine Fische, sondern sehr intelligente Meeressäuger, die zu den Waltieren gehören. Ihre Vorfahren lebten an Land und gingen vor Millionen von Jahren ins Wasser. Diesem Lebensraum haben sie sich perfekt abgepasst.

Delfine haben einen stromlinienförmigen Körper und sind deshalb ausgezeichnete Schwimmer. Sie tragen eine dreieckige Rückenflosse (Finne), zwei Vorderflossen (Flipper) und eine Schwanzflosse (Fluke). Ihre Kiefer sind zu einer schnabelförmigen Schnauze geformt und mit vielen Zähnen besetzt. Auf dem Kopf befindet sich eine höckerartige Wulst, die sogenannte Melone. Dieses besondere Organ macht es den Delfinen möglich, sich mithilfe von Echolauten (Ultraschall) im Wasser zu orientieren. Die meisten Delfinarten leben im Meer, darunter die bekannteste Art, die Großer Tümmler heißt, und der schwarz-weiß gefärbte Jacobita. Es gibt auch Arten, die im Süßwasser leben wie die Flussdelfine. Dazu zählen der Chinesische Flussdelfin, der Gangesdelfin, der Indusdelfin, der Amazonasdelfin und der La-Plata-Delfin.

Delfine sind intelligente Meeressäuger.

Kopf-Rumpf-Länge: 1,5–4 m
Verbreitung: alle Meere, Flüsse Südasiens und Südamerikas
Farbe: Grautöne
Familie: Delfine

SCHON GEWUSST?
Wenn sich die Dikdiks aufregen, richten sich die langen Haare des Stirnschopfs manchmal auf.

Dikdiks

Die Dikdiks sind afrikanische Zwergantilopen. Den lustigen Namen verdanken sie den Lauten, die sie bei Gefahr ausstoßen – dik dik dik dik!

Mit einer Schulterhöhe von 30 bis 40 Zentimetern und einem Gewicht zwischen drei und sieben Kilogramm sind die Dikdiks die kleinsten Antilopen der Erde. Sie haben ein rötlich braunes oder graubraunes Fell und ihre Augen sind oft weiß umrandet. Nur die Männchen tragen kurze, spießartige Hörner, die oft von einem langen Stirnschopf völlig überdeckt werden. Dikdiks sind überwiegend dämmerungs- und nachtaktiv und ru- hen tagsüber im Buschdickicht. Das Weibchen bekommt zweimal im Jahr ein Junges, das mit etwa neun Monaten vom eigenen Vater aus dem Revier vertrieben wird. Dikdiks ernähren sich vor allem von Buschlaub, Knospen, Trieben und Früchten.

Dikdiks sind die kleinsten Antilopen der Erde.

Kopf-Rumpf-Länge: 60–75 cm
Verbreitung: Afrika
Farbe: rötlich braun bis graubraun
Familie: Hornträger

Distelfalter

Neben dem Admiral gehört der Distelfalter zu den bekanntesten Wanderfaltern, die im Frühsommer vom Süden her nach Mitteleuropa einfliegen.

Dieser Schmetterling ist hellorange mit schwarzen, auf den Vorderflügeln auch weißen Flecken. Auf der Unterseite der Hinterflügel sind jeweils fünf Augenflecke zu sehen. Man trifft ihn auf Blumenwiesen, Feldern und in Gärten an, wo er den Nektar vor allem von Distelblüten und Schmetterlingssträuchern saugt. Aber auch Fallobst verschmäht er nicht. Seine Eier legt das Weibchen an Disteln und Brennnesseln einzeln ab. Die grünlichen bis olivgrünen Raupen sind etwa vier Zentimeter lang, mit spitzen Stacheln bewehrt und fressen die Blätter ihrer Futterpflanzen. Nach etwa 30 Tagen verpuppen sie sich in einem golden gefleckten, graubraunen Gespinst am Blattstiel.

Der Distelfalter legt seine Eier an Disteln ab.

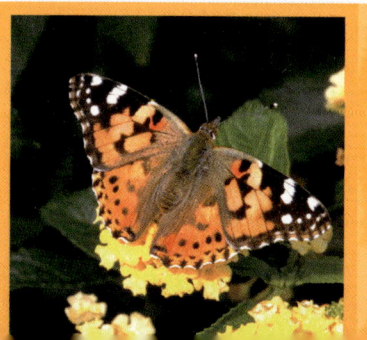

Den Distelfalter trifft man oft auf Blumenwiesen.

Flügelspannweite: bis 6,5 cm
Verbreitung: weltweit
Farbe: orange, schwarz, weiß
Familie: Edelfalter

SCHON GEWUSST?
Distelfalter ziehen manchmal in riesigen Schwärmen weit nach Norden, sogar bis nach Island.

TIERGRUPPEN

Das Tierreich ist in verschiedene Gruppen eingeteilt: Säugetiere, Reptilien, Amphibien, Fische, Wirbellose und Vögel. Über 80 Prozent aller bekannten Tiere zählen dabei zu den Wirbellosen.

Affen gehören zu den Säugetieren.

Ein Kennzeichen der Säugetiere sind ihre Haare. Hasen besitzen beispielsweise ein besonders weiches Fell.

Säugetiere Säugetiere erschienen vor mehr als 200 Millionen Jahren auf der Erde. Seit damals sind Tausende von Arten entstanden, aber auch wieder verschwunden. Säugetiere sind die am höchsten entwickelte Tiergruppe. Hierzu gehören zum Beispiel Hasen und Affen, aber auch der Mensch. Säugetiere sind Warmblüter. Sie können immer die gleiche Körpertemperatur halten, egal wie kalt oder warm es

Zurückgeblieben sind nur noch wenige Borsten. Bei den Säugetieren haben alle Weibchen Milchdrüsen. Diese brauchen sie, um ihre Jungen zu säugen. Daher der Name „Säugetiere". Das Besondere an dieser Gruppe ist, dass fast alle Tiere lebende Junge zur Welt bringen. Eine der wenigen Ausnahmen ist das Schnabeltier. Es legt Eier. Die Zähne der Säugetiere sind ihrer Nahrung angepasst. Sind sie

WISSENSWERT!
Der schwedische Naturwissenschaftler Carl von Linné verfasste im Jahr 1758 die erste wissenschaftliche Beschreibung eines Tierreichs.

in ihrer Umgebung ist. Deshalb sind sie über die ganze Welt verbreitet. Ein wichtiges Merkmal der Säugetiere sind ihre Haare. Bei Walen oder Elefanten sind sie inzwischen aber fast ganz verschwunden.

Fleischfresser, haben sie scharfkantige Backenzähne. Ernähren sie sich von Pflanzen, haben sie flache Mahlzähne.

Reptilien Reptilien entstanden vor rund 300 Millio-

Krokodile sind wie alle Reptilien wechselwarm und passen ihre Körpertemperatur der Umgebung an.

nen Jahren. Die meisten legen Eier, nur wenige bringen lebende Junge zur Welt. Manche Tiere leben an Land, andere im Wasser. Wichtig ist nur, dass es in ihrer Umgebung nicht zu kalt wird. Reptilien sind nämlich wechselwarm, das heißt, ihre Körpertemperatur passt sich immer der Umwelt an. Da sich Reptilien im kalten Zustand nur schwer bewegen können, müssen sie sich erst in der Sonne aufwärmen, bevor sie auf Nahrungssuche gehen. Zu den Reptilien gehören beispielsweise Schildkröten, Krokodile, Echsen und Schlangen.

Amphibien Amphibien sind Wirbeltiere, die nicht nur im Wasser, sondern auch an Land leben. Sie sind fast auf der ganzen Welt zu finden, außer in den kalten Gebieten der Antarktis und Arktis. Alle Amphibien haben eine dünne und empfindliche Haut. Sie können sich deshalb nur in feuchten Lebensräumen aufhalten. Amphibien entwickelten sich vor ungefähr 500 Millionen Jahren. Zu dieser Gruppe gehören Frösche, Kröten und Lurche. Sie ernähren sich hauptsächlich von Insekten und Kleinstlebewesen.

Zu den Reptilien zählen auch Schildkröten.

Frösche sind Amphibien.

Das Lebenselement der Fische ist das Wasser.

Schmetterlinge gehören zu der großen Gruppe der Wirbellosen.

WISSENSWERT!
Sicher hast du auch schon einmal von Fabeltieren wie dem Einhorn oder von Drachen gehört. Diese Tiere gibt es aber nicht in echt, denn sie sind nur ein Produkt der menschlichen Fantasie.

Fische Fische entstanden vor etwa 500 Millionen Jahren. Heute gibt es auf der Erde ungefähr 22.000 Arten. Ihr Lebenselement ist das Wasser. Sie haben Flossen und sind meist mit Schuppen bedeckt. Durch schlängelnde Bewegungen des Körpers oder seitliches Ausschlagen mit dem Schwanz bewegen sie sich vorwärts. Ihre Seiten- und Bauchflossen helfen ihnen beim Steuern und Abbremsen. Die meisten Fische nehmen Sauerstoff direkt aus dem Wasser durch ihre Kiemen auf.

Wirbellose Wirbellose sind Tiere ohne Knochengerüst, die im Gegensatz zu den Wirbeltieren auch keine Wirbelsäule besitzen. Trotz ihres zum Teil sehr unterschiedlichen Aussehens gehören zu den Wirbellosen unter anderem Schwämme, Nesseltiere (zum Beispiel Quallen), Stachelhäuter (zum Beispiel Seeigel und Seesterne), Würmer, Weichtiere (zum Beispiel Schnecken, Muscheln und Tintenfische) sowie Gliederfüßer (zum Beispiel Insekten, Krebse und Spinnen).

Vögel Vögel entwickelten sich vor rund 150 Millionen Jahren. Vögel sind die einzigen Tiere mit Federn. Diese haben sich vermutlich aus Reptilienschuppen entwickelt. Die Flügel dienen den Vögeln zum Fliegen, helfen aber auch, ihre Körpertemperatur gleich zu halten. Es gibt über 9000 bekannte Vogelarten, die auf der ganzen Welt verbreitet sind. In Bezug auf ihre Nahrung sind Vögel an ihren Lebensraum gut angepasst. Einige Tiere fressen Nektar, andere Plankton und manche ernähren sich sogar von Aas. Einige Vögel haben im Laufe ihrer Entwicklung das Fliegen verlernt. Der Strauß – der größte lebende Vogel – ist beispielsweise zu groß und zu schwer, um sich in die Lüfte zu erheben. Ein anderes bekanntes Beispiel ist der Streifenkiwi auf Neuseeland, der ebenfalls zu den Laufvögeln zählt. Vögel bauen Nester und legen Eier. Diese brüten sie so lange aus, bis die Jungen schlüpfen. Manche Küken verlassen schon bald nach der Geburt ihr Nest, obwohl sie noch nicht fliegen können. Man nennt sie auch Nestflüchter. Zu ihnen gehören zum Beispiel Hühner, Enten und Kraniche. Nesthocker hingegen sind nach dem Schlüpfen für einen gewissen Zeitraum ganz hilflos und völlig auf die Eltern angewiesen. Zu ihnen zählen beispielsweise Raubvögel, Störche und Spechte. Einige Junge tragen schon bei der Geburt ein weiches Federkleid. Andere schlüpfen nackt. Sie bekommen erst nach ein paar Wochen ihre Federn. Bevor sie fliegen können, muss allen Jungvögeln aber erst ein richtiges Federkleid wachsen.

Viele Vögel haben ein prächtiges Federkleid.

Amselküken im Nest

Hühner bebrüten ihre Eier so lange, bis die Küken schlüpfen. Diese haben schon ein gelbes, weiches Federkleid.

Doktorfische

Diese Fische haben ihren Namen aufgrund der messerscharfen, beweglichen Knochendornen an beiden Seiten des Schwanzes. Man nennt diese Dornen „Skalpelle", wie die Messer, die Chirurgen bei Operationen verwenden. Die Fische können sie aufstellen und damit Feinde verletzen.

Es gibt etwa 100 Arten von Doktorfischen, darunter den Blauen Doktorfisch. Seine Besonderheit ist, dass er als Jungfisch kräftig gelb gefärbt ist, als erwachsenes Tier jedoch eine blaue Körperfarbe bekommt. Aber auch bei anderen Doktorfischen kommen solche Farbveränderungen vor. Typisch für alle Arten ist der hochrückige und schmale Körper. Sie haben ein kleines, schnauzenartig nach vorn gezogenes Maul. Doktorfische sind friedfertige Schwarmfische, die in den Korallenriffen tropischer Meere leben. Sie ernähren sich von Algen und pflanzlichen Abfallstoffen im Wasser.

Doktorfische haben gefährliche Dornen.

Größe: 30–40 cm
Verbreitung: alle tropischen Meere
Farbe: nach Art unterschiedlich
Familie: Doktorfische

Drachenfische

Drachenfische, eine Gruppe der Barschartigen, sind Boden bewohnende Meeresfische, deren Rückenflossen Stacheln mit Giftdrüsen tragen. Auch am Kiemendeckel befindet sich ein Giftstachel. Damit wehren sie ihre Feinde ab.

Am bekanntesten ist das Große Petermännchen, das in den Küstengewässern des östlichen Atlantiks, der Nordsee und des Mittelmeers lebt. Sein Körper ist lang gestreckt, seitlich zusammengedrückt und schuppenlos. Es hat ein großes Maul und hoch am Kopf sitzende Augen. Tagsüber gräbt es sich mit den kräftigen Brustflossen in lockeren Sand ein, sodass nur die Augen und Rückenstacheln herausschauen, und lauert auf Beute. Das Petermännchen ernährt sich von Garnelen und kleinen Fischen. Das Gift der Stacheln kann beim Menschen zu starken Entzündungen, Schwel-

lungen und Schmerzen füh-
ren. Daher sollte man bei Ver-

dacht auf Vergiftung immer
einen Arzt aufsuchen.

**Das Große Petermännchen zählt
zu den Drachenfischen.**

**Größe: 20–30 cm
Verbreitung: Atlantik, Nordsee,
Mittelmeer
Farbe: gelbbraun, graublaue
Streifen
Ordnung: Barschartige**

Eichelhäher

Der lebhafte, bunt gefiederte
Eichelhäher ist vor allem wegen seiner durchdringenden
Stimme sehr bekannt. Bei
Gefahr ertönt sein Alarmruf –
ein raues, kreischende Rät-
schen –, während sein Ge-
sang eher leise ist. Der Eichelhäher kann auch die
Stimmen anderer Vögel oder
Geräusche nachahmen.

Der Eichelhäher hat ein rötlich
graues Federkleid und hell-
blau und schwarz gebänderte
Flügeldecken. Er lebt in Laub-
und Mischwäldern, in großen
Gärten und in Parkanlagen.
Sein flaches Nest baut der Ei-

chelhäher gut versteckt im
Dickicht von Laubhölzern aus
Zweigen und Halmen und polstert es innen mit Moos und feinen Wurzeln aus. Das Weibchen legt vier bis sechs Eier,
die es 16 bis 17 Tage bebrütet.
Nach etwa drei Wochen verlassen die Jungvögel das
Nest. Der Eichelhäher ist ein
Allesfresser und verspeist vor
allem Eicheln, Nüsse, Beeren,
Äpfel und Getreide, aber auch
gerne Insekten, Würmer und
Vogeleier.

Eichelhäher fressen am
liebsten Eicheln.

**Größe: 32–35 cm
Verbreitung: Europa,
Nordwestafrika, Asien
Farbe: rötlich grau
Familie: Rabenvögel**

Eichhörnchen

Das Eichhörnchen ist ein Nagetier mit zwei meißelartigen Schneidezähnen, mit denen es Nüsse und Eicheln knackt. Das tagaktive Tier springt unermüdlich von Ast zu Ast und von Baum zu Baum. Es kann auch kopfabwärts die Stämme hinunterlaufen.

Wenn das Eichhörnchen durch die Baumkronen flitzt, braucht es den langen, buschigen Schwanz zum Steuern und Festhalten. Das Fell des Eichhörnchens kann je nach Region und Jahreszeit sehr unterschiedlich gefärbt sein – von fuchsrot bis braunschwarz. Sein Tisch ist reich gedeckt: Es frisst Samen, Knospen, Beeren sowie Insekten, Schnecken, junge Vögel und Vogeleier und natürlich Nüsse und Eicheln. Das Eichhörnchen baut in Astgabeln oder Baumhöhlen runde Nester aus Zweigen, Ästen und Blättern, die man Kobel nennt. Eichhörnchen können zweimal im Jahr Nachwuchs bekommen. Das Weibchen bringt genau 38 Tage nach der Paarung zwei bis fünf Junge zur Welt. Mit etwa vier Monaten verlassen die Jungtiere die Mutter.

Eichhörnchen haben einen buschigen Schwanz.

Eichhörnchen sind geschickte Kletterer.

Kopf-Rumpf-Länge: 20–25 cm
Schwanz: 15–20 cm
Verbreitung: Europa, Asien
Farbe: rotbraun; schwarz
Familie: Hörnchen

Eiderente

Die Eiderente ist der Lieferant der berühmten Eiderdaunen, die man als Füllmaterial für Betten und Kopfkissen verwendet. Der Vogel rupft sich diese weichen und vor allem warmen Daunen selbst aus, um seine Eier gegen Kälte zu schützen.

Die Eiderente lebt an Küstengewässern und Flussmündungen. Die Eiderenten-Paare bleiben in der Regel nur für ein Jahr zusammen. Sie bauen ihr Nest dort, wo gerade Platz ist – auf dem freien Boden, unter Steinen, in Nischen oder Höhlen – und kleiden es mit Daunen aus. Darin bebrütet das Weibchen vier bis sechs Eier etwa 25 Tage lang. Nach dem Schlüpfen folgen die Küken sofort der Mutter. Die tagaktiven Enten ernähren sich hauptsächlich von Muscheln, fressen aber auch Schnecken, Krebse und Fische. Die Männchen haben das typische schwarz-weiße Federkleid mit lachsfarbener Brust und grünlichem Hinterkopf. Die Weibchen haben ein beige-graues bis rötlich braunes Gefieder. Eiderenten überwintern teilweise in ihren Brutrevieren. Verwandte Arten sind die Prachteiderente und die Plüschkopfente, die im hohen Norden Eurasiens und Nordamerikas brüten. Zu den gefährlichsten Feinden der Eiderenten zählen je nach Gebiet Eulen, Füchse und Adler.

Größe: 50–70 cm
Verbreitung: Europa, Nordamerika, Ostsibirien
Farbe: schwarz-weiß; beigegrau bis rötlich braun
Familie: Entenvögel

Eine Eiderente

Eierschlangen

Eierschlangen sind Reptilien. Ihren Namen verdanken sie ihrer Vorliebe für Vogeleier, die sie im Ganzen verschlingen. Die bekannteste Art ist die Afrikanische Eierschlange.

Sie ist eine eher kleine Schlange, die meist braun gefärbt ist, aber auch grau oder schwarz sein kann. Auf dem Rücken und an den Seiten hat sie schwarze rautenförmige Flecke, die wie eine Kette angeordnet sind. Die Afrikanische Eierschlange ist in der Dämmerung und nachts aktiv. Sie ernährt sich ausschließlich von Eiern. Dazu reißt sie ihr Maul ganz weit auf und schluckt das Ei hinunter. Dabei schlitzen dornige Fortsätze an den Halswirbeln der Schlange das Ei auf und der Inhalt fließt in den Magen. Die Eierschalen spuckt sie anschließend aus. Die Eierschlange plündert gerne Vogelnester, die sie dann als Versteck benutzt. Das Weibchen legt zwölf bis 18 Eier, aus denen nach drei bis vier Monaten die Jungschlangen schlüpfen.

SCHON GEWUSST?
Bei Gefahr rollt sich die Eierschlange zusammen. Wenn sie sich dann wieder auseinanderrollt, reiben sich die Hautschuppen aneinander und erzeugen ein raspelndes Geräusch, das die Feinde vertreibt.

Eierschlangen fressen am liebsten Vogeleier.

Größe: 70–90 cm
Verbreitung: Afrika
Farbe: braun, grau, schwarz
Familie: Nattern

Einsiedlerkrebs

Der Einsiedlerkrebs gehört zu den Krebstieren, hat aber anders als seine Verwandten keinen harten Panzer, der ihn vor Feinden schützt.

So nutzt er leere Gehäuse anderer Tiere wie die der Meeresschnecken als „Wohnung" und krabbelt mit seinem weichen Hinterleib rückwärts hinein. Nur der Kopf, die Beine und die Scheren schauen heraus, da sie von einem schützenden Panzer umgeben sind. Andere Krebse müssen sich häuten, wenn sie wachsen, da der Panzer nicht mitwächst.

Der Einsiedlerkrebs braucht sich nur eine neue „Wohnung" zu suchen und umzuziehen! Er kommt ausschließlich im Meer vor und lebt auf dem Meeresboden. Dort ernährt er sich von kleinen Würmern, Schnecken, Pflanzen- und Tierresten sowie von Kleinstlebewesen. Bei der Futtersuche setzen Einsiedlerkrebse ihre langen Antennen ein. Sie zerkleinern die Nahrung mit der großen Schere und führen sie dann mit der kleinen zum Mund. Das Weibchen legt Eier, aus denen Larven schlüpfen. Diese müssen sich mehrmals häuten, bis sie ausgewachsen sind.

Ein Einsiedlerkrebs zur Untermiete

Größe: bis 10 cm
Verbreitung: weltweit
Farbe: weiß, grau, braun
Familie: Rechtshändige Einsiedlerkrebse

SCHON GEWUSST?
Das Männchen der Eintagsfliege stirbt gleich nach der Paarung.

Eintagsfliegen

Wie der Name schon sagt, haben Eintagsfliegen ein ziemlich kurzes Leben, das je nach Art nur wenige Stunden oder Tage dauert. Die erwachsenen Tiere haben nur die Aufgabe, sich fortzupflanzen. Daher sind ihre Mundwerkzeuge verkümmert, sodass sie nicht fressen können.

Nach der Paarung legt das Weibchen seine Eier im Wasser ab. Daraus entwickeln sich Larven, die 15 bis 23 Millimeter groß sind. Sie haben große Facettenaugen und gut entwickelte Mundwerkzeuge. Die Larven atmen über Kiemen und ernähren sich hauptsächlich von winzigen Algen. Die Larvenzeit dauert ein bis zwei Jahre. In dieser Zeit häuten sich die Larven mehrmals. Die letzte Häutung findet auf der Wasseroberfläche statt. Aus dem letzten Larvenstadium schlüpft ein voll geflü- geltes Insekt, das sich an Land zur flugfähigen Form häutet. Die erwachsenen Eintagsfliegen halten sich in der Nähe von Fließgewässern auf.

Eintagsfliegen haben ein ziemlich kurzes Leben.

Größe: 10–22 mm
Verbreitung: weltweit
Farbe: Hinterleib hellbraun
Ordnung: Eintagsfliegen

Eisbär

Der Eisbär ist der größte aller Bären. Er ist im nördlichen Eismeer heimisch, wo er auf den Inseln, an Küsten und Eisfeldrändern lebt. Hier macht er gerne ausgiebige Wanderungen und erweist sich als ausdauernder Läufer.

Der Eisbär hat ein dichtes Fell. Eine dicke Fettschicht unter seiner Haut hält ihn sogar bei der klirrenden Kälte der Arktis warm. Auch seine Fußsohlen sind bis auf die Ballen behaart, zwischen den Zehen befinden sich Schwimmhäute. So kann der Eisbär auf dem Schnee laufen, ohne einzusinken. Eisbären sind gute Schwimmer und können im Wasser große Strecken zurücklegen. Sie fressen fast ausschließlich Fleisch. Nur wenn die Nahrung knapp ist, nehmen sie auch Pflanzen zu sich. Am liebsten verspeisen sie Ringelrobben, finden aber auch Fische oder kleine Walrosse sehr lecker. Eisbären halten Winterruhe in selbst gegrabenen Eishöhlen. Dort bringen sie auch ihre Jungen zur Welt. Die Babys wiegen bei der Geburt etwa 600 Gramm, werden aber schnell sehr groß!

SCHON GEWUSST?
Weil das Wasser sofort von seinem Pelz abperlt, verliert der Eisbär nach einem Bad im Meer keine Körperwärme.

Der Eisbär hat ein dichtes Fell.

Kopf-Rumpf-Länge: 1,8–2,5 m
Schwanz: 7–12 cm
Verbreitung: Arktis
Farbe: weiß, im Sommer gelblich
Familie: Bären

Eisvogel

Der Eisvogel beobachtet vom Ufer aus das Wasser. Endeckt er eine Beute, stößt er zu.

Durch sein prächtiges Federkleid ist der Eisvogel unverwechselbar. Er wohnt an klaren und fischreichen Gewässern. Durch zunehmende Verschmutzung der Gewässer ist sein Bestand heute jedoch leider gefährdet.

Der Eisvogel ernährt sich von kleinen Fischen, Krebstieren und Wasserinsekten. Er hat eine besondere Jagdmethode – das Stoßtauchen. Von Felsvorsprüngen oder Uferböschungen aus beobachtet er, was sich im Wasser bewegt. Wenn er eine Beute entdeckt, stürzt er sich schnell wie ein Pfeil kopfüber ins Wasser und holt sich den Fang. Dieser wird dann an einem Ast „bearbeitet": Der Eisvogel schlägt größere Beute auf den Ast oder schüttelt sie tot. Anschließend verspeist er sie. Kleinere Beute schluckt er gleich hinunter. Eisvögel brüten in Uferbänken, Wänden und Dämmen, wo sie eine 40 bis 100 Zentimeter lange Niströhre in den weichen Sand graben. Das Weibchen legt sechs bis acht Eier, die beide Eltern abwechselnd bebrüten. Nach 19 bis 21 Tagen schlüpfen die kleinen Nesthocker. Diese besitzen anfangs noch kein Federkleid und sind blind. Erst nach drei Monaten können sie fliegen und werden dann von ihren Eltern vertrieben.

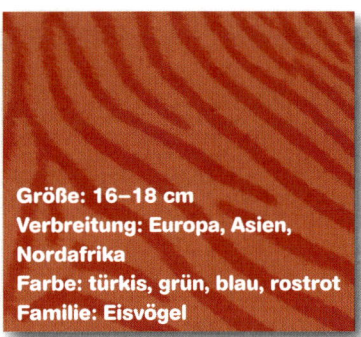

Größe: 16–18 cm
Verbreitung: Europa, Asien, Nordafrika
Farbe: türkis, grün, blau, rostrot
Familie: Eisvögel

SCHON GEWUSST?
Elche können bis zu 25 Jahre alt werden.

Elch

Elche sind die größten aller Hirsche. Doch diese riesigen Tiere können ganz zahm und zu treuen Haustieren werden.

Elche erreichen eine Schulterhöhe von zwei Metern und können bis zu 800 Kilogramm wiegen. Die Weibchen sind etwas kleiner und tragen kein Geweih. Das Geweih des Männchens ist gewaltig: Es besteht aus großen Schaufeln und kann eine Spannweite von zwei Metern haben. Im Winter wird es abgeworfen. Charakteristisch für den Elch ist auch die breite, überhängende Oberlippe und der Hautlappen an der Kehle des

Männchens. Elche leben in den großen nordischen Laubwäldern Europas mit sumpfigem Boden und vielen Seen. Aber auch in Kanada, Alaska und Nordasien kommen sie vor. Sie sind Vegetarier und fressen am liebsten die Rinde von Weiden, Birken und Erlen, aber auch Gräser, Wasserpflanzen und junge Triebe. Im Winter kommen nur Moos und Flechten auf den Tisch. Das Weibchen bringt nach etwa 35 Wochen Tragezeit ein bis zwei Junge zur Welt, die erst nach einem Jahr die Mutter verlassen.

Elche sind die größten aller Hirsche.

Kopf-Rumpf-Länge: 2,5–3 m
Schwanz: 5–12 cm
Verbreitung: hoher Norden Europas, Asiens und Nordamerikas
Farbe: dunkelbraun
Familie: Hirsche

Elefanten

Elefanten sind intelligente und besonders lernfähige Säugetiere. Sie leben sehr gesellig in Herden von 20 bis 30 Tieren, die von einem alten Weibchen, der sogenannten Leitkuh, angeführt werden.

Elefanten haben einen mächtigen Körper, große Ohren, einen langen Rüssel und vier hohe Beine. Ihre Fußsohlen bestehen aus einem dicken Polster, das diesen Schwergewichten federnde, leise Schritte ermöglicht. Die langen Stoßzähne werden meist als Werkzeug, manchmal auch als Waffe eingesetzt. Bei den Weibchen des Afrikanischen Elefanten sind sie viel kleiner, bei denen des Asiatischen Elefanten fehlen sie oft ganz. Bei den Bullen des Afrikanischen Elefanten werden die Stoßzähne bis zu drei Meter lang und wiegen oft über 200 Kilogramm. Elefantenkühe bringen erst zwei Jahre nach der Paarung ein Junges zur Welt. Es ist mit etwa 15 Jahren erwachsen. Elefanten sind Pflanzenfresser und verzehren Blätter, Gras, Wurzeln und Rinde – davon aber bis zu 200 Kilogramm täglich! Die kleinsten Elefanten sind die Waldelefanten, die bis 2,4 Meter hoch werden.

SCHON GEWUSST?
Elefanten können bis zu 70 Jahre alt werden.

Eine Elefantenfamilie unterwegs

Kopf-Rumpf-Länge: 5,5–7,5 m
Schwanz: bis 1,5 m
Verbreitung: Afrika, Asien
Farbe: grau
Familie: Elefanten

Elenantilope

Die Elenantilope ist die größte Antilopenart der Welt. Diese gemächlichen Tiere leben in Herden. Sie ruhen in der Tageshitze unter Bäumen oder Büschen und werden erst in der Dämmerung munter.

Charakteristisch sind die etwa einen Meter langen, spiralig gedrehten Hörner, die die Männchen und Weibchen tragen. Das Fell ist gelbbraun mit 15 hellen Querstreifen auf dem Rücken. Die Elenantilope hat einen langen Schwanz mit einer Quaste am Ende. Obwohl die Elenantilopen bis zu 900 Kilogramm schwer werden, sind sie sehr gute Springer und können bis zu 70 Kilometer in der Stunde schnell laufen. Daher können ihnen nur Löwen ernsthaft gefährlich werden. Die Elenantilope kommt in großen Teilen Afrikas vor. Sie lebt bevorzugt in lichten Wäldern und in offenen Steppen, hat sich aber auch an die Bedingungen der Halbwüste angepasst. Sie ernährt sich hauptsächlich von Blättern, frisst aber gelegentlich auch Gras oder Wurzeln, die sie mit den Vorderhufen ausgräbt. Das Weibchen bringt 250 bis 260 Tage nach der Paarung ein Junges zur Welt, das in den ersten Lebenstagen im Gras liegen bleibt und von der Mutter verteidigt wird. Es ist mit drei bis vier Jahren ausgewachsen.

Elenantilopen besitzen spiralig gedrehte Hörner.

Kopf-Rumpf-Länge: 2–3 m
Schwanz: bis 90 cm
Verbreitung: Ost-, Zentral- und Südafrika
Farbe: gelbbraun, helle Querstreifen
Familie: Hornträger

SCHON GEWUSST?
Die Kaulquappen der Erdbeerfröschchen haben noch keine Giftdrüsen. Daher werden sie von anderen Tieren leicht gefangen und gefressen.

Erdbeerfröschchen

Dieser winzige Frosch mit seinem meist leuchtend roten Körper und den blauen Beinen signalisiert seinen Feinden, dass er giftig ist und dass sie gefälligst verschwinden sollen!

Erdbeerfröschchen haben sich an ein Leben an Land angepasst und besitzen daher keine Schwimmhäute mehr, sondern Hautlappen an den Zehen. Deshalb können sie gut klettern und halten sich auf Blättern und anderen Pflanzenteilen auf. Erdbeerfröschchen sind reine Insektenfresser und fangen Ameisen, Termiten, Käfer und Fliegen. Sie betreiben auch als einzige Froschart Brutpflege: Bis zum Schlüpfen der Larven (Kaulquappen) werden die sechs bis neun auf einem Blatt abgelegten Eier täglich vom Männchen befeuchtet. Danach setzt das Weibchen die Larven zur weiteren Entwicklung in winzige Wasserpfützen, die sich auf Pflanzen gebildet haben. Dort werden die Larven gelegentlich mit unbefruchteten Eiern gefüttert. Nach etwa 40 Tagen verwandeln sich die Larven in Jungfrösche und gehen an Land.

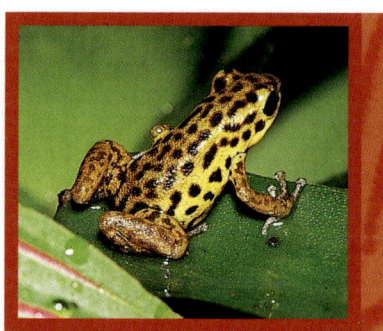

Erdbeerfröschchen sind giftig.

Größe: 1,8–2,2 cm
Verbreitung: Mittelamerika
Farbe: rot, orange, blau
Familie: Baumsteigerfrösche

Erdferkel

Das Erdferkel sieht aus, als wäre es aus Teilen verschiedener Tiere zusammengesetzt: Den Körper und den Rüssel hat es scheinbar vom Schwein, die Ohren vom Kaninchen und den Schwanz vom Känguru. Es ist ja auch der letzte Überlebende der seit Jahrtausenden ausgestorbenen Urhuftiere.

Das seltsame Tier wird erst nachts munter und schläft tagsüber in seinem Bau, den es mit seinen kräftigen Krallen gräbt. Der Bau besteht aus einer großen Kammer und mehreren langen Tunneln, die zu den Ausgängen führen. In seinem Bau bringt das Weibchen nach fünf bis sechs Monaten Tragezeit ein Junges zur Welt. Bereits zwei Wochen später begleitet das kleine Erdferkel die Mutter bei der nächtlichen Nahrungssuche. Mit sechs Monaten verlässt es die Mutter und gräbt sich eine eigene Höhle. Die Lieblingsspeise des Erdferkels sind Ameisen und Termiten. Mit seinen starken Klauen reißt es die steinharten Termitenbauten auf und leckt mit seiner langen, klebrigen Zunge die Insekten auf.

SCHON GEWUSST?

Erdferkel können im Zoo bis zu 25 Jahre alt werden.

Erdferkel werden erst nachts munter.

Kopf-Rumpf-Länge: 110 cm
Schwanz: 60–70 cm
Verbreitung: Afrika, südlich der Sahara
Farbe: rötlich grau
Familie: Erdferkel

SCHON GEWUSST?

*Da Erdkröten keine
Schallblasen haben
wie die Frösche, können
sie keine lauten Rufe
erzeugen, sondern
quaken nur leise.*

Erdkröte

Die Erdkröte ist die größte Kröte Europas. Da sie sehr anspruchslos ist, ist sie fast überall anzutreffen – in Wäldern, auf Wiesen und Weiden, in Hecken und in naturnahen Gärten. Einzige Voraussetzung ist, dass ein stilles Gewässer in der Nähe ist.

Die Erdkröte gehört zu den Amphibien, das heißt, sie ist bei der Fortpflanzung auf Wasser angewiesen. In der Paarungszeit wandern die Tiere zu den Laichgewässern. Zur Paarung klammert sich das kleinere Männchen an das Weibchen. Später legt das Weibchen seine Eier in meterlangen Schnüren im Wasser ab. Die Larven (Kaulquappen), die sich daraus entwickeln, leben im Wasser. Nach drei bis vier Monaten verwandeln sie sich in kleine Erdkröten und gehen an Land. Die Haut der etwas plump aussehenden Erdkröte ist voller Hautdrüsen, von denen die am Hinterkopf Giftstoffe bilden. Damit kann die Erdkröte Fressfeinde abwehren. Am liebsten frisst die Erdkröte Würmer, Schnecken, Spinnen und Asseln.

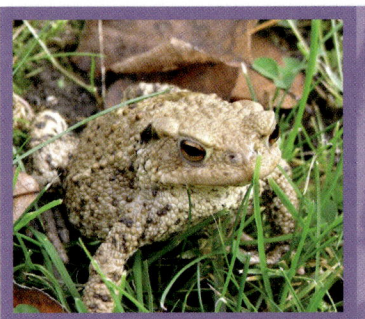

Erdkröten quaken nur leise.

Größe: 8–15 cm
Verbreitung: Europa, Asien, Nordwestafrika
Farbe: ocker- bis dunkelbraun
Familie: Kröten

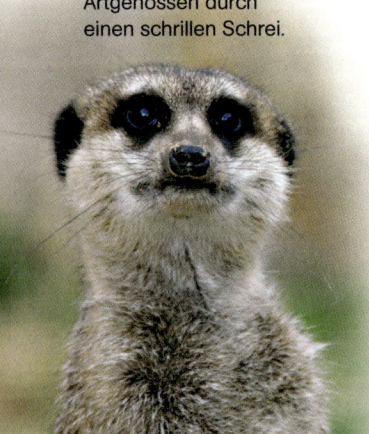

Wenn Gefahr in Sicht ist, warnen die Erdmännchen ihre Artgenossen durch einen schrillen Schrei.

Erdmännchen

Erdmännchen sind kleine gesellige Raubtiere, die in Kolonien mit bis zu 30 Tieren leben. Sie sitzen auf den Hinterbeinen vor den Eingängen ihrer Baue und halten Ausschau nach Feinden.

Wenn Gefahr in Sicht ist, stoßen sie schrille Schreie aus, um die restliche Gruppe zu warnen. In einer Kolonie herrscht Arbeitsteilung: Während einige Wache halten, müssen andere auf die Kleinen aufpassen, andere wiederum gehen auf Nahrungssuche. Erdmännchen ernähren sich hauptsächlich von Insekten, aber auch von Eidechsen, kleinen Säugetieren und Vögeln. Die tagaktiven Tiere halten sich nachts und an regnerischen Tagen in ihrem Bau auf. Das ist eine Erdhöhle, die sie mit ihren Grabschaufeln an den Vorderpfoten selbst graben. Manchmal leben Erdmännchen mit Erdhörnchen zusammen. In diesem Fall müssen auch die Mitbewohner graben.

Die Weibchen bekommen mehrmals im Jahr jeweils drei bis vier Junge. Sie werden blind und mit geschlossenen Ohren geboren, die sich erst nach zwei Wochen öffnen. Mit einem Jahr sind sie ausgewachsen.

SCHON GEWUSST?
Weil sie den ganzen Tag im Boden nach Insekten scharren, nennt man Erdhörnchen auch Scharrtiere.

In einer Erdmännchen-Kolonie herrscht Arbeitsteilung.

Kopf-Rumpf-Länge: 25–35 cm
Schwanz: 19–24 cm
Verbreitung: Südafrika
Farbe: graubraun
Familie: Mangusten

Fasan

Der Fasan stammt ursprünglich aus Asien, wurde aber bereits im 12. Jahrhundert bei uns eingeführt und zur Jagd ausgesetzt. Die heute bei uns heimische Form ist der Jagdfasan.

Männliche Fasane haben ein sehr farbenfrohes Federkleid, während die Weibchen einfarbig braun sind. Die Schwanzfedern der Männchen sind viel länger als die der Weibchen und haben Querbänder. Fasane sind in der Regel Standvögel, das heißt, sie bleiben das ganze Jahr über hier. Nur manche Unterarten ziehen gelegentlich weg. Sie sind Allesfresser. Während der Brutzeit nehmen sie hauptsächlich tierische Nahrung zu sich wie

zum Beispiel Würmer, Insekten und deren Larven sowie Amphibien, kleine Schlangen und Eidechsen. Sonst verspeisen sie am liebsten Samen, Knospen, Wurzeln, Beeren und Früchte. Als Nest dient eine flache Erdmulde. Darin legt das Weibchen acht bis zwölf Eier, die 23 bis 35 Tage bebrütet werden. Die Jungvögel können schon nach zwölf Tagen fliegen. Eine verwandte Art ist der Goldfasan mit auffallend gelben Federn auf dem Kopf und dem Rücken. Er wird auch gern als Ziervogel in Parks gehalten.

Die Schwanzfeder eines Fasans

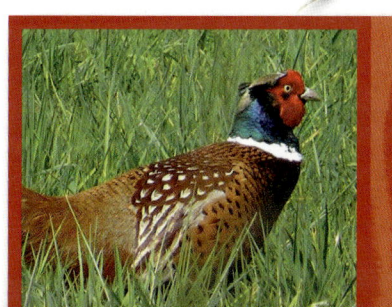

Fasane stammen ursprünglich aus Asien.

Größe: 60–80 cm
Verbreitung: Europa, Asien
Farbe: Weibchen einfarbig braun, Männchen braun und bunt
Familie: Fasanenartige

Faultiere

Faultiere sind die langsamsten Säugetiere der Welt. Sie hängen tagein, tagaus in den Bäumen der Urwälder Mittel- und Südamerikas und bewegen sich ganz langsam. Diesen bedächtigen Bewegungen verdanken sie auch ihren Namen.

Wenn sich ein Faultier schon bewegen muss, hangelt es sich gemächlich mit seinen langen gebogenen Krallen von Ast zu Ast. Um von den obersten Baumwipfeln nach unten zu kommen, braucht es eine Stunde! Zum Fressen muss es nur den Mund aufmachen, denn die Blätter der Bäume sind direkt vor seiner Nase. Dafür können Faultiere den Kopf um 180 Grad drehen wie die Eulen. So haben sie alles im Blick, ohne sich anstrengen zu müssen. In ihrem Fell wachsen winzige Algen, die es grünlich erscheinen lassen. Dadurch sind die Faultiere in den Tropenwäldern vor Feinden wie dem Jaguar gut getarnt. Auf dem Boden können sich Faultiere kaum aufrecht bewegen. Zu den Faultieren gehören eine Familie, die die Dreifingerfaultiere und die Zweifingerfaultiere miteinschließt, und eine zweite, der die Art Hoffmann-Zweifingerfaultier zugeordnet wird.

Faultiere machen
ihrem Namen alle
Ehre.

**Kopf-Rumpf-Länge: 50–70 cm
Verbreitung: tropisches Amerika
Farbe: dunkelbraun
Ordnung: Zahnarme**

Feldhamster

Den Feldhamster erkennt man leicht an den weißen Flecken beiderseits der Wangen und Flanken und am „bunten" Fell: Am Rücken ist es gelblich braun, am Bauch schwarz und um die Augen und am Hals rotbraun.

Unverkennbar sind auch die typischen „Hamsterbacken". Der Feldhamster hat nämlich zwei Backentaschen, die er mit Körnern, Samen und Feldfrüchten füllt. Sein Futter bringt er in die Vorratskammer in seinem Bau. Diesen gräbt der Feldhamster im Boden. Der Hamsterbau besteht aus einer gepolsterten Wohnkammer, einer Vorratskammer und einem Kotplatz. Er hat einen Eingang und mehrere Fallröhren. Wird der Feldhamster von einem Feind verfolgt, lässt er sich durch ein Fallrohr in seinen Bau fallen und schon ist er weg! Nachwuchs gibt es zwei- bis dreimal im Jahr mit jeweils vier bis zwölf Jungen, die mit zweieinhalb Monaten ausgewachsen sind. Der Feldhamster ist ein nachtaktiver Einzelgänger. Er hält Winterschlaf, wacht aber zwischendurch immer wieder auf, um von seinen Vorräten zu fressen.

Den Feldhamster kann man leicht erkennen.

Kopf-Rumpf-Länge: 20–34 cm
Verbreitung: Europa, Asien
Farbe: braun, rotbraun, schwarz, weiß
Familie: Wühler

Feldhase

Häufig wird der Feldhase mit seinem Vetter, dem Wildkaninchen, verwechselt. Er ist aber größer als das Wildkaninchen und hat viel längere Ohren und Beine.

Der Feldhase ist ein Einzelgänger und nachts aktiv. Er gräbt keine unterirdischen Baue. Bei Gefahr drückt er sich in eine Liegemulde, die man Sasse nennt. Er lässt den Verfolger, zum Beispiel einen Fuchs, bis auf wenige Meter herankommen und ergreift dann die Flucht. Durch seine langen Hinterbeine ist der Hase sehr flink, macht hohe Sprünge und schlägt Haken. Auf der Flucht rast er mit 50 Kilometer in der Stunde seinem Verfolger davon. Auch ist der Feldhase durch sein graubraunes bis rotbraunes Fell gut getarnt. Mit seinen langen Ohren, den „Löffeln", kann er sehr gut hören, dafür sieht er ziemlich schlecht. Der Pflanzenfresser ernährt sich von Gräsern, Kräutern und Getreide, die er mit seinen scharfen Nagezähnen zerkleinert. Das Weibchen bekommt drei- bis viermal Junge im Jahr. Die Kleinen haben schon ein Fell und können sehen. Mit fünf bis acht Monaten sind die Hasen ausgewachsen.

SCHON GEWUSST?
Der Feldhase hält keinen Winterschlaf. Er übersteht auch strenge Winter im Freien in einer flachen Mulde auf dem Feld.

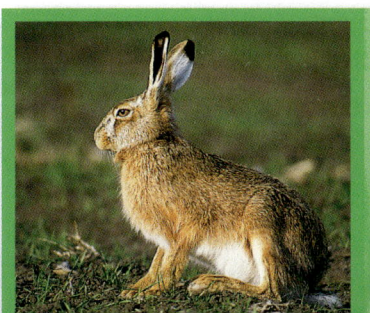

Der Feldhase frisst am liebsten Gräser und Kräuter.

Kopf-Rumpf-Länge: 60–70 cm
Schwanz: 5–8 cm
Verbreitung: Mitteleuropa
Farbe: graubraun bis rotbraun
Familie: Hasen

Feldmaus

Die Feldmaus gehört zu den Wühlmäusen und ist das häufigste wild lebende Säugetier Mitteleuropas. Sie lebt auf Äckern und Wiesen in großen Kolonien.

Dort gräbt sie dicht unter der Erdoberfläche Baue mit Nest- und Vorratskammern sowie mehreren Ausgängen. Die geselligen Tiere sind im Sommer stärker am Tag, im Winter eher nachts aktiv. Das Fell der Feldmaus ist an der Oberseite bräunlich grau bis gelblich grau, am Bauch hellgrau. Die Feldmaus hat einen walzenförmigen Körper und kleine, dunkle Augen. Sie ernährt sich von Gräsern, Kräutern, Früchten, Wurzeln und Samen und vor allem von Getreidekörnern. Sie gilt als Vorratsverderber, weil sie in Scheunen eindringt und dort Getreidevorräte frisst. Die Feldmaus ist Rekordhalter im Kinderkriegen: Ein Weibchen ist bereits 13 Tage nach seiner eigenen Geburt erwachsen und sucht sich einen Mäusemann. Etwa 30 Tage nach seiner eigenen Geburt kann es erstmals selbst Junge bekommen. Bei jedem Wurf werden bis zu zwölf nackte Babys geboren, die aber sehr schnell erwachsen werden und wieder eine eigene Familie gründen.

Die Feldmaus ernährt sich unter anderem von Gräsern.

Kopf-Rumpf-Länge: 9–12 cm
Schwanz: etwa 4 cm
Verbreitung: Nord- und Mitteleuropa, Westasien
Farbe: bräunlich grau bis gelblich grau
Familie: Wühler

Der Feuersalamander hat einen schwarzen Körper mit gelben Flecken.

Feuersalamander

Der Feuersalamander versteckt sich am Tag meist in Erdhöhlen, unter Steinen oder unter Laub am Boden. In der Nacht geht er auf Nahrungssuche. Bei Regen ist er auch tagsüber aktiv.

Der Feuersalamander hat einen glänzend schwarzen Körper mit gelb oder orange gefärbten Flecken. Damit warnt er seine Feinde: „Ich bin giftig!" Der Feuersalamander hat nämlich am Rücken und hinter den Ohren Hautdrüsen, die einen giftigen Stoff verspritzen. So kann er sogar Raubtiere wie Fuchs, Hund und

Katze verjagen. Feuersalamander sind Amphibien, das heißt, sie sind an ein Leben an Land und an Wasser angepasst. Sie leben normalerweise an Land. Nur zur Fortpflanzung gehen sie in ein Gewässer, zum Beispiel in einen Weiher oder einen langsam fließenden Bach. Nach der Paarung entwickeln sich im Bauch der Mutter bis zu 50 Larven, die nach etwa zehn Monaten im Wasser als lebende Jungtiere zur Welt kommen. Sie ähneln Kaulquappen und verwandeln sich nach drei Monaten in erwachsene Salamander. Dann gehen sie an Land.

Der Feuersalamander kann ein Gift verspritzen.

Größe: 20–28 cm
Verbreitung: Teile Europas und Südwestasiens, Nordwestafrika
Farbe: schwarz, gelb, orange
Familie: Echte Salamander

Feuerwanze

Zur Familie der Feuerwanzen gehören mehr als 400 Arten, die auf der ganzen Welt verbreitet sind. Die Gemeine Feuerwanze ist die häufigste Art, die in Mitteleuropa vorkommt.

Durch ihre auffällige schwarzrote Färbung kann man sie mit keiner anderen Wanze verwechseln. Da viele Menschen die Feuerwanze für einen Käfer halten, wird sie oft fälschlicherweise „Feuerkäfer" genannt. Wanzen sind jedoch mit Käfern nicht näher verwandt! Die Feuerwanze trägt am Kopf lange Fühler, die etwa halb so lang sind wie der Körper. Ihre Flügel sind nicht voll entwickelt, daher kann sie nicht fliegen. Feuerwanzen leben häufig am Fuße von Linden, da sie am liebsten an Lindensamen saugen. Aber auch den Pflanzensaft von Hibiskus und Malve mögen sie. Gelegentlich saugen sie auch an toten Insekten. Nach der Paarung legt das Weibchen bis zu 100 Eier unter Steinen oder Laubhaufen ab. Die Larven durchlaufen fünf Entwicklungsstadien, bis sie voll entwickelt sind.

SCHON GEWUSST?

Die Feuerwanze hat stechend-saugende Mundwerkzeuge, das heißt, sie bohrt mit ihren Stechborsten kleine Löcher in Pflanzensamen und saugt mit einer Röhre daran.

Feuerwanzen sind auffällig gefärbt.

Größe: 9–11 cm
Verbreitung: Europa, Asien, Nordafrika, Mittelamerika
Farbe: schwarz, rot
Familie: Feuerwanzen

Fingertier

Das Fingertier oder das Aye-Aye verdankt seinen deutschen Namen seinem langen Mittelfinger, der eine lange Kralle trägt. Damit klopft es an die Baumstämme und horcht dann, ob eventuell unter der Rinde lebende Insekten Geräusche machen.

Wenn es fündig geworden ist, zieht das Fingertier mit seinem langen Finger die Beute heraus und verspeist sie. Es löffelt übrigens damit auch das Mark von Pflanzen und Vogeleier – das sind seine Lieblingsspeisen – aus. Das Fingertier wirkt wie ein Nagetier, gehört aber zu den Primaten, ist also mit einigen Affen verwandt. Es ist nachtaktiv und lebt in den Regenwäldern Madagaskars. Tagsüber schläft es in seinem kuscheligen Nest aus Zweigen und Blättern. Da Fingertiere immer umherziehen, baut jedes Tier gleich mehrere kugelförmige Nester auf verschiedenen Bäumen. Diese Nester befinden sich meist in zehn bis 15 Meter Höhe. Das Weibchen bringt nach ungefähr 170 Tagen Tragezeit ein nur schwach entwickeltes Junges zur Welt, das zwei bis drei Jahre braucht, bis es endlich erwachsen ist.

Das Fingertier wird auch Aye-Aye genannt.

Kopf-Rumpf-Länge: 30–40 cm
Schwanz: 50–60 cm
Verbreitung: Madagaskar
Farbe: dunkelbraun
Familie: Fingertiere

Fischotter sind Einzelgänger.

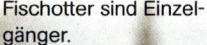

Fischotter

Der Fischotter gilt zwar als ein Landraubtier, fühlt sich aber im Wasser genauso wohl. Er ist ein hervorragender Schwimmer, bewegt sich elegant im Wasser und kann minutenlang tauchen.

Fischotter tragen Schwimmhäute zwischen den Fingern und Zehen, damit sie schnell schwimmen können. Sie haben auch ein ganz besonders dichtes Fell, das sie vor Nässe und Kälte schützt. Außerdem können sie im Wasser Ohren und Nasenlöcher schließen. Die scheuen Einzelgänger leben an Ufern von sauberen, fischreichen Gewässern. Sie gehen hauptsächlich nachts auf die Jagd, tagsüber verlas-

sen sie ihren Bau nur, wenn sie ungestört sind. Die Fischotter graben am Flussufer Baue mit einer Wohnkammer, einem Unterwassereingang und einem Luftschacht. Die Weibchen bekommen zwei bis drei Junge, die anfangs noch ziemlich wasserscheu sind. Fischotter fressen am liebsten Fische, aber auch Wasservögel, Frösche, Muscheln und Krebse lassen sie sich schmecken. An Land naschen sie auch öfters einmal an süßen Früchten.

SCHON GEWUSST?

Die Reviere von Fischottern können bis zu 50 Kilometer lang sein. Sie markieren dieses Gebiet mit einem Duftstoff und mit Kot, um Eindringlinge zu vertreiben.

Fischotter sind hervorragende Schwimmer.

Kopf-Rumpf-Länge: 60–80 cm
Schwanz: 30–50 cm
Verbreitung: Europa, Nordafrika, Asien
Farbe: dunkelbraun
Familie: Marder

Flamingo

Lange dünne Beine, ein langer Hals, ein gebogener Schnabel und ein leuchtend rosarot gefärbtes Federkleid sind die Markenzeichen der Flamingos. Sie leben am Ufer von Seen und in Flussmündungen, wo sich salziges Meerwasser und Süßwasser vermischen.

Sie ernähren sich nämlich von winzigen Krebsen, Insektenlarven und Algen, die sie mit dem Seihapparat ihres Schnabels (das sind borstenartige Lamellen seitlich am Schnabel) aus dem Wasser filtern. So watet der Flamingo im flachen Wasser, wühlt dabei Schlamm auf und befördert die Kleintiere hervor, die er nur noch mit dem Schnabel aufzunehmen braucht. Da es in seinem Lebensraum wenig Äste und andere Pflanzenmaterialien gibt, baut er ein kegelförmiges Nest aus Schlamm, das bis zu 40 Zentimeter hoch sein kann. Das Weibchen legt meist ein bis zwei Eier. Die Jungvögel ähneln ihren Eltern überhaupt nicht. Ihr rosarotes Federkleid bekommen sie erst mit drei bis vier Jahren. Neben dem Europäischen Flamingo sind noch der Anden- oder Gelbflussflamingo und der Jamesflamingo bekannt.

SCHON GEWUSST?

Die rosarote Färbung des Gefieders verdanken die Flamingos ihrer Nahrung. Sie fressen nämlich Krebstiere, die rote Farbstoffe, die sogenannten Carotinoide, enthalten. Fehlt ihnen dieses Futter, verblasst das Rosa der Federn.

Größe: 80–130 cm
Verbreitung: weltweit
Farbe: rosarot
Familie: Flamingos

Flamingos haben einen langen Hals.

Fledermäuse

Fledermäuse sind die einzigen Säugetiere, die aktiv fliegen können. Zusammen mit den Flughunden gehören sie zu den Fledertieren.

Die Fledermaus hat segelartige Flügel, die ganz anders gebaut sind als Vogelflügel. Zwischen den stark verlängerten, speichenartigen Arm- und Fingerknochen und den Beinen spannen sich dünne, elastische Häute. Daumen und Fußzehen sind frei und tragen Krallen. So können sich die Fledermäuse festhalten und besser klettern. Fledermäuse sind Nachttiere und ernähren sich meist von Insekten, die sie im Flug fangen. Sie orientieren sich mithilfe der sogenannten Echo-Ortung: Sie senden Laute aus, die so hoch sind, dass die Menschen sie nicht hören können. Es handelt sich um Ultraschallwellen, die an Hindernissen oder Beutetieren abprallen und zurückgeworfen werden. So finden Fledermäuse ihre Beute. Tagsüber schlafen die Fledermäuse. Dabei hängen sie mit dem Kopf nach unten. In Europa leben die Hufeisennasen und die Glattnasen. Zu ersteren gehören die Große und die Kleine Hufeisennase, zu letzteren das Mausohr, das Großohr, die Langohrfledermäuse, die Abendsegler, die Zwergfledermaus, die Breitflügelfledermaus und die Wasserfledermaus.

Fledermäuse sind nachts aktiv.

Kopf-Rumpf-Länge: 3–16 cm
Spannweite: 13–60 cm
Verbreitung: Europa, Südamerika, Australien
Farbe: grau, braun, schwarz
Ordnung: Fledertiere

Fleischfliegen

Fleischfliegen sind eine Familie der Zweiflügler. Die häufigste Art ist die Graue Fleischfliege, die man überall, auch in Wohnungen und Häusern, findet. Wie der Name schon besagt, ist sie hellgrau gefärbt.

Am Hinterleib hat sie ein schachbrettartiges Muster. Im Brustbereich ist sie dunkel gestreift. Die Fleischfliege hat auffällig große Facettenaugen, das sind Insektenaugen, die aus mehreren kleinen Einzelaugen bestehen. Sie trägt zwei durchsichtige Flügel. Ihre

Mundwerkzeuge sind leckend-saugend. Die erwachsene Fleischfliege saugt gerne Honigtau – eine süße Flüssigkeit, die von Blattläusen ausgeschieden wird – und süße Säfte von Früchten und Blüten auf. Die Weibchen legen mehrmals im Jahr Hunderte von Eiern an toten Tieren, vor allem an Regenwürmern, ab. Die daraus schlüpfenden Larven verflüssigen das verwesende Fleisch und ernähren sich von diesem Brei – Mahlzeit! Sie verpuppen sich später und überwintern, wie die erwachsenen Fliegen auch.

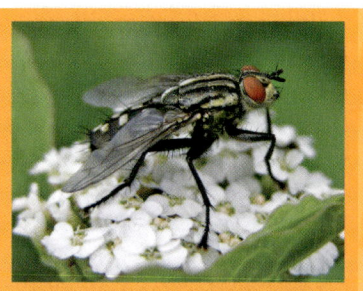

Fleischfliegen saugen gern Honigtau.

Größe: 10–6 mm
Verbreitung: Europa, Asien, Nordafrika
Farbe: grau, schwarz
Familie: Fleischfliegen

Florfliegen

Die Florfliegen sind nützliche Insekten. Sie fressen nämlich gerne Blattläuse, die zu den häufigsten Pflanzenschädlingen in der Natur und im Garten zählen.

Florfliegen gehören zu den Netzflüglern, die ihren Namen ihren netzartig geäderten durchsichtigen Flügeln verdanken. In Ruhestellung hält die Florfliege die Flügel dachartig zusammengeklappt über dem Rücken. Sie trägt am Kopf lange Fühler und hat große, golden glänzende Augen. Deshalb nennt man die Florfliege auch Goldauge. Florfliegen leben in Wäldern, Parks und Gärten, sogar in Häusern kommen sie vor. Das Weibchen legt nach der Paarung Eier ab, die auf dünnen Stielen sitzen und die es mit einem klebrigen Stoff an Pflanzenstängel oder auf Blattunterseiten heftet. Die behaarten Raupen sind vor allem nachts aktiv und vertilgen fleißig Blattläuse. Die erwachsenen Florfliegen ernähren sich von Pollen, Nektar, Honigtau – das ist die süße Ausscheidung von Blattläusen – und Blattläusen.

SCHON GEWUSST?
Florfliegen haben Drüsen, aus denen sie einen stinkenden Geruch absondern. Dadurch können sie ihre Feinde abschrecken.

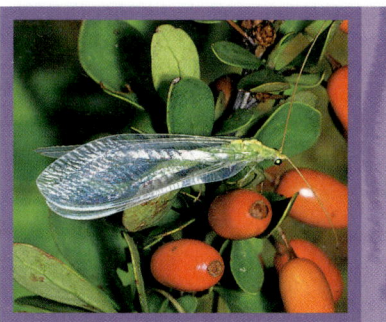

Florfliegen sind nützliche Insekten.

Größe: 10–15 mm
Verbreitung: weltweit, außer Australien
Farbe: grün
Familie: Florfliegen

Flügelschnecken

Flügelschnecken sind eine große Familie der Meeresschnecken, die in tropischen und subtropischen Gewässern vorkommt.

Flügelschnecken sind an den charakteristischen Gehäusen mit ihren Auswüchsen und dem flügelartig erweiterten Außenrand leicht zu erkennen. Man findet sie auf Sand- und Schlammböden, die sie mit dem gefingerten Außenrand der Schale durchwühlen und organische Bodenstoffe und Plankton – das sind winzige tierische und pflanzliche Schwebeteilchen – aufwirbeln. Diese Stoffe bilden die Nahrungsgrundlage dieser Meeresschnecken. Flügelschnecken legen ihre Eier in langen gallertigen Bändern ab, die sie mit Sand und Steinchen bedecken. Die Larven ernähren sich ebenfalls von Plankton. Die bekanntesten Arten sind der Pelikanfuß und die Riesenflügelschnecke, mit 15 bis 30 Zentimetern eine der größten Schneckenarten überhaupt.

Flügelschnecken leben im Meer.

Größe: bis 35 cm
Verbreitung: tropische und subtropische Meere
Farbe: weiß, gelblich bis bräunlich
Familie: Flügelschnecken

Flughunde

Flughunde sind fliegende Säugetiere und gehören zusammen mit den Fledermäusen zu den Fledertieren. Ihren Namen erhielten sie, da ihr Kopf mit der typischen Schnauze dem eines Hundes ähnelt.

Flughunde kommen nur in subtropischen und tropischen Regionen der Alten Welt vor, in Europa fehlen sie. Flughunde haben große Augen, mit denen sie in der Dunkelheit gut sehen können. Auch der Geruchssinn ist hervorragend entwickelt. Dafür können sie aber nicht so gut hören wie die Fledermäuse. Ihr Körper und ihre Flügel sind ähnlich wie bei den Fledermäusen gebaut. Sie haben jedoch keinen oder nur einen sehr kurzen Schwanz. Außerdem besitzen sie eine Kralle am zweiten Finger, den die Fledermäuse nicht haben. Auch die Echo-Ortung fehlt den meisten Flughunden. Sie verlassen sich auf ihre ausgezeichnete Nase und ihre Augen. Flughunde bewohnen Wälder und Sümpfe und sind in der Dämmerung und nachts aktiv. Anders als die meisten Fledermäuse ernähren sie sich rein pflanzlich von Pollen, Nektar, Früchten und Blüten.

Die Schnauze des Flughunds ähnelt der eines Hundes.

Kopf-Rumpf-Länge: 3–40 cm
Spannweite: bis zu 170 cm
Verbreitung: Tropen und Subtropen Afrikas, Asiens und Australiens
Farbe: graubraun, schwarz
Ordnung: Fledertiere

Flussaal

Die Europäischen Flussaale schwimmen bis zu 5000 Kilometer weit, um sich fortzupflanzen – von den Flüssen Europas über den Atlantik bis zur Sargassosee.

Der Flussaal hat einen lang gestreckten, schlanken Körper. Seine Rücken-, Schwanz- und Afterflosse haben sich zu einem durchgehenden Flossensaum entwickelt. Auf den ersten Blick ähnelt der Aal einer Schlange. Flussaale sind nachtaktive Fische, die sich am Tag zwischen Steinen oder in Höhlen verstecken. Sie ernähren sich von Insekten, Schalentieren und Fischen. Wenn es kalt wird, ziehen sie sich in die tieferen Schichten der Gewässer zurück und vergraben sich im schlammigen Grund. So überstehen sie den Winter. Zur Fortpflan-

zung wandern die Aale in die Sargossasee in der Nähe der Bahamas. Sie paaren sich dort und sterben nach der Eiablage. Die winzigen durchsichtigen Larven („Weidenblattlarven") lassen sich vom Golfstrom an die europäischen Küsten treiben. Nach etwa drei Jahren nehmen sie die typische Aalform an, sind anfangs aber noch klein und durchsichtig. Deshalb nennt man sie „Glasaale". Sie schwimmen nun flussaufwärts in die Binnengewässer. In ihren Heimatgewässern wachsen sie in neun bis 15 Jahren heran. Wenn sie geschlechtsreif sind, wandern sie wieder in die Sargassosee, wo sie geschlüpft sind.

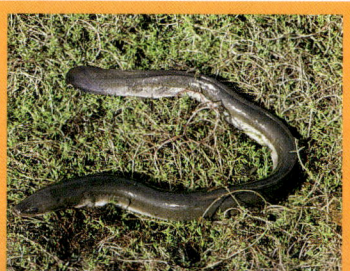

Flussaale haben lange, schlanke Körper.

Größe: 60–100 cm
Verbreitung: Europa, Asien, Nordafrika
Farbe: schwarz, graublau
Familie: Flussaale

Flusskrebs

**Der Flusskrebs lebt haupt-
sächlich in Flüssen und lang-
samen Bächen, kommt aber
auch in Teichen und Seen mit
frischem Wasser vor.**

Mit ihren großen Scheren, den
langen Antennen und ihrem
Panzer sind die Krebse unverwechselbar. Ihr Körper ist in
Kopf, Brust und Hinterleib gegliedert und durch einen harten Panzer geschützt. Flusskrebse haben fünf Paar
Laufbeine, von denen das erste
Paar zu großen Scheren umgebildet ist. Am zweiten und
dritten Beinpaar befinden sich

kleine Scheren. Die Flusskrebse atmen mit Kiemen, die
an den Laufbeinen hängen. Die
Tiere werden in der Dämmerung und nachts munter und
gehen auf Jagd nach Insekten,
Muscheln, Schnecken, Wür-
mern, Fröschen und Fischen.
Mit den großen Scheren packen sie ihre Beute, mit den
kleinen Scheren zerteilen sie
die Nahrung und führen sie in
den Mund. Das Weibchen legt
50 bis 400 Eier, die es aber ein
halbes Jahr lang mit sich herumträgt. Wenn die Kleinen
schlüpfen, sehen sie wie kleine
Krebse aus. Sie bleiben zehn
Tage bei der Mutter und werden dann selbstständig.

**Flusskrebse leben in Flüssen und
Bächen.**

**Größe: bis 20 cm
Verbreitung: Mitteleuropa
Farbe: dunkelbraun bis rotbraun
Überfamilie: Flusskrebse**

Flusspferd

**Flusspferde sind sowohl am
Tage als auch in der Nacht
aktiv. Dafür dösen sie stun-
denlang im flachen Wasser,
wobei nur Ohren, Augen und
Nasenlöcher herausragen.
Nachts wandern sie auf die
Weiden am Ufer, um saftiges
Gras, Knollen und Wurzeln
zu fressen.**

Das Flusspferd ist ein richtiger Koloss, der bis zu 3200 Kilogramm wiegen kann. Be-
sonders auffällig ist der
riesige Kopf mit der breiten
Schnauze. Wenn das Fluss-
pferd sein Maul aufreißt, kann
man seine gewaltigen Eck-
und Schneidezähne erkennen.
Das Flusspferd hat kurze und
kräftige Beine. An den Füßen
trägt es jeweils vier Zehen mit

Schwimmhäuten dazwischen. Obwohl diese Riesen gut an das Leben im Wasser angepasst sind, schwimmen sie ziemlich schlecht und laufen vielmehr auf dem Grund des Gewässers. Sie können nicht länger als drei bis fünf Minuten tauchen. Dabei verschließen sie die Ohren und die Nasenlöcher. Die geselligen Tieren leben in Herden. Die Paarung findet im Wasser statt. Nach acht Monaten kommt ebenfalls im Wasser ein Junges zur Welt. Es bleibt sieben Jahre bei der Mutter. Das Zwergflusspferd ist eine Art der Flusspferde.

Flusspferde leben gerne in Gesellschaft.

Kopf-Rumpf-Länge: bis 4,5 m
Schwanz: 35 cm
Verbreitung: Afrika
Farbe: graubraun
Familie: Flusspferde

Flusspferde haben ein breites Maul, das sie weit aufreißen können.

Forelle

In Europa gibt es etwa 18 verschiedene Unterarten der Forelle. Am bekanntesten sind die Meer- oder Lachsforelle, die Seeforelle und die Bachforelle.

Die Forelle hat einen lang gestreckten, seitlich abgeflachten Körper. Zwischen Rücken- und Schwanzflosse besitzt sie eine kleine Fettflosse, die als Vorratsspeicher dient. Die Körperzeichnung ist je nach Unterart verschieden, aber die Grundfärbung liegt zwischen Grau und Braun mit einem bläulichen Schimmer. Die Meerforelle lebt im Meer, wandert aber zur Eiablage in Süßgewässer. Die Seeforelle kommt nur in Süßwasserseen in den Alpen vor, zieht aber zum Laichen in die Flussmündungen. Die Bachforelle bewohnt schnell fließende Gewässer und laicht in flachen Gruben im steinigen Boden. Ein Weibchen legt etwa 1000 Eier pro Kilogramm Körpergewicht – eine Forelle kann zwei bis 20 Kilogramm wiegen. Die Brutdauer beträgt zwei bis vier Monate. Die Jungfische fressen kleine Wassertiere, die erwachsenen Forellen kleine Fische, Frösche und Molche.

SCHON GEWUSST?
Forellen sind beliebte Speisefische und werden inzwischen weltweit in Fischfarmen gezüchtet.

Viele Forellen leben in Süßgewässern.

Größe: 20–100 cm
Verbreitung: Europa, Asien
Farbe: grau bis braun
Überfamilie: Forellenfische

Fregattvögel

Fregattvögel sind bekannt für den aufblasbaren roten Kehlsack der Männchen. Sie attackieren andere Vögel und jagen ihnen ihre Beute ab.

Fregattvögel sind hervorragende Flieger und verbringen die meiste Zeit in der Luft. Nur selten landen sie auf dem Wasser. Sie fangen ihre Nahrung mit ihrem hakenförmig gebogenen Schnabel an der Oberfläche oder ärgern andere Seevögel so lange, bis diese ihre Beute (zum Beispiel Fische, Tintenfische) fallen lassen. Ihre Beine sind stark verkürzt, deshalb können sie kaum gehen oder schwimmen. Fregattvögel brüten in Kolonien mit mehreren Tausend Tieren. Das Männchen bläht seinen roten Kehlsack auf und klopft mit dem Schnabel darauf, um Geräusche zu erzeugen. So lockt es die Weibchen an. Das Weibchen legt in ein Nest auf einem Baum nur ein einziges Ei, aus dem nach etwa 50 Tagen ein nacktes Junges schlüpft. Mit etwa sieben Monaten kann es fliegen, bleibt aber ein Jahr bei den Eltern. Der Prachtfregattvogel ist die Art mit der größten Flügelspannweite (bis zu 230 Zentimeter).

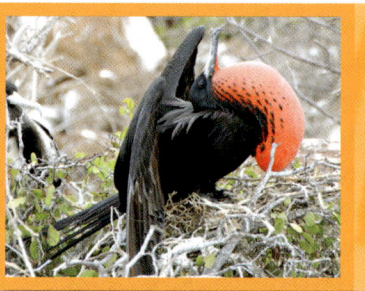

Ein Fregattvogel-Männchen beim Paarungstanz

Größe: 80–100 cm
Flügelspannweite: 170–230 cm
Verbreitung: Indischer Ozean, Pazifik
Farbe: schwarz, rot
Familie: Fregattvögel

Fuchs

Füchse leben oft in Wäldern.

Der Fuchs ist ein Raubtier, das mit dem Hund und Wolf nah verwandt ist. Da sein Fell an der Oberseite rötlich gefärbt ist, nennt man ihn Rotfuchs. Am Bauch und an der Schnauze ist er weiß.

Der Fuchs sieht dem Haushund ziemlich ähnlich, hat aber kürzere Beine und einen viel längeren Körper. Typisch für den Fuchs ist der dicke, buschige und lange Schwanz. Er hat die gleiche Farbe wie das Fell und ist nur an der Spitze weiß oder dunkel gefärbt. Bei Kälte kann der Fuchs seinen buschigen Schwanz als kuschelige Decke benutzen. Der Fuchs ist ein Einzelgänger und lebt in den Wäldern in unterirdischen Bauen, die er oft selbst gräbt. Manchmal zieht er aber auch einfach in von Dachsen oder Kaninchen gegrabene Höhlen ein. Der Fuchs ist ein Allesfresser! Er verspeist Mäuse, Regenwürmer, Heuschrecken, Vögel und Vogeleier, aber auch Früchte und Beeren sowie Aas. Die Fuchsjungen kommen im Sommer zur Welt. Mit fünf Monaten sind sie schon erwachsen und verlassen die Mutter.

Der Fuchs hat einen buschigen Schwanz.

Kopf-Rumpf-Länge: 50–90 cm
Schwanz: 30–50 cm
Verbreitung: Europa, Nordamerika, Nordafrika, Nordasien
Farbe: kupferrot, weiß
Familie: Hunde

Gabelbock

Der Gabelbock oder die Gabenhornantilope ist ein Wiederkäuer nordamerikanischer Prärien. Obwohl seine Gestalt der der afrikanischen Antilopen ähnelt, ist er mit ihnen nicht verwandt.

Die männlichen Gabelböcke tragen bis zu 25 Zentimeter lange Hörner, die sich an den Enden gabeln. So hat das Tier auch seinen Namen erhalten. Die Weibchen haben kürzere Hörner. Im Winter werden diese abgeworfen. Das Fell ist an der Oberseite hellbraun. Am Hals befinden sich weiße Abzeichen, am Hinterteil ist ein großer weißer Fleck, der „Spiegel", zu sehen; dessen Haare richten sich bei Aufregung auf.

Im Winter leben die Gabelböcke in großen gemischten Herden von bis zu 1000 Tieren, ab dem Frühjahr in kleineren, nach Geißen und Böcken getrennten Gruppen. Sie sind Vegetarier und fressen hauptsächlich Gräser, Laub, Kräuter und sogar Kakteen. Die Tiere brauchen nur ganz wenig Wasser. Das Weibchen bringt im Frühjahr meist nur ein Junges zur Welt.

Der Gabelbock gehört zu den schnellsten Tieren Nordamerikas.

Kopf-Rumpf-Länge: 100–150 cm
Schwanz: 7–10 cm
Verbreitung: Nordamerika
Farbe: hellbraun, weiß
Familie: Gabelhornträger

Gämse

Die Gämse ist ein Paarhufer und ein charakteristisches Tier der Alpen. Sie lebt im Hochgebirge zwischen 1500 und 2500 Meter Höhe.

Die tagaktiven Tiere sind hervorragende Kletterer. Ihre Hufe haben sich ihrem Lebensraum sehr gut angepasst und kommen mit steinigen Untergründen genauso gut zurecht wie mit tiefem Schnee. Beide Geschlechter tragen Hörner, die bis zu 30 Zentimeter lang werden. Das kurze Sommerfell ist gelblich braun, das lange Winterfell schwarzbraun. Gämsen leben in Rudeln aus Weibchen (Geißen) und Jungtieren (Kitzen). Die männlichen Gämsen (Böcke) ziehen außerhalb der Paarungszeit in eigenen Rudeln umher. Zur Paarung bilden sie mit den Weibchen einen „Harem". Das Weibchen bringt nach etwa sechs Monaten meist ein Junges zur Welt. Es bleibt bis zur Geburt des nächsten Jungen bei der Mutter. Gämsen ernähren sich von Gräsern, Kräutern, Blättern, Knospen, Trieben und Pilzen.

Gämsen sind hervorragende Kletterer.

Kopf-Rumpf-Länge: 110–130 cm
Schwanz: 10–15 cm
Verbreitung: Europa
Farbe: gelblich braun bis schwarzbraun
Familie: Hornträger

Gänsegeier

Der Gänsegeier ist ein mächtiger Greifvogel. Er hat einen nackten, ziemlich langen und gänseartigen Hals. Daher hat der Gänsegeier auch seinen Namen.

Eine Federkrause umgibt den hinteren Teil des Halses wie ein Kragen. Männchen und Weibchen gleichen sich äußerlich. Gänsegeier kommen in Europa nur in südlichen Regionen vor, bei uns sieht man sie im Sommer als seltene Gäste in den Alpen. Der Gänsegeier hat zwar einige Anlaufschwierigkeiten beim Start, doch ist er einmal oben, dann segelt er elegant durch die Lüfte. Gänsegeier brüten in großen Kolonien und bauen ihre Nester an Felsvorsprüngen oder in Höhlen. Das Weibchen legt nur ein Ei, aus dem nach etwa 50 Tagen das Junge schlüpft. Es wird von beiden Eltern versorgt und verlässt nach drei bis vier Monaten das Nest. Ausgewachsen ist es erst mit vier bis fünf Jahren. Gänsegeier sind reine Aasfresser und ernähren sich von toten Säugetieren.

Ein prächtiger Gänsegeier

Größe: 97–107 cm
Flügelspannweite: etwa 250 cm
Verbreitung: Südeuropa, Nordafrika, Vorderasien
Farbe: bräunlich bis rötlich braun
Familie: Habichtartige

Gaur

Der Gaur ist das größte aller Wildrinder. Er ist trotz seiner Größe sehr scheu und lebt hauptsächlich in den lichten Bergwäldern und im Bambusdschungel seiner asiatischen Heimat. Die verwilderte Haustierform des Gaurs ist der wesentlich kleinere Gayal.

Der männliche Gaur mit dem mächtigen Schulterbuckel, der Halswamme und dem Stirnkamm kann bis zu 1000 Kilogramm schwer werden. Die Hörner des Männchens sind bis zu 90 Zentimeter lang und halbmondförmig gebogen. Beim Weibchen sind sie viel kürzer. Der Gaur ist tagaktiv, wird aber in der Nähe menschlicher Siedlungen erst nachts munter, um ungestört fressen zu können. Er ernährt sich von Gras, Kräutern sowie von Laub, Trieben und Früchten. Die Gaur leben in Herden, die sich aus einem oder zwei alten Bullen und mehreren Kühen und Jungtieren zusammensetzen. Das Weibchen bringt nach gut neun Monaten Tragezeit ein Kalb zur Welt, das mit drei bis vier Jahren erwachsen ist.

SCHON GEWUSST?
Durch menschliche Bejagung und Ansteckung mit Viehseuchen sind die Bestände des Gaurs heute stark gefährdet.

Der Gaur ist das größte aller Wildrinder.

Kopf-Rumpf-Länge: 250–330 cm
Schwanz: 70–100 cm
Verbreitung: Vorder- und Hinterindien, Indochina
Farbe: schwarz, rotbraun
Familie: Hornträger

Geckos

Geckos sind Schuppenkriechtiere mit über 1000 Arten, die seit über 50 Millionen Jahren die Erde bevölkern. Da sie sehr anpassungsfähig sind, kommen sie heute in vielen Lebensräumen vor.

Arten wie der Mauergecko und der Tokee (in Südostasien) sind Nachttiere. Es gibt aber auch Taggeckos, die, wie der Name sagt, am Tage munter werden. Die Besonderheit der Geckos sind die Haftpolster, die sie an den Zehen tragen. Damit können sie an senkrechten Wänden, sogar an der Zimmerdecke, entlanglaufen. Diese Haftpolster bestehen aus unzähligen feinsten Härchen und können sich durch bestimmte physikalische Kräfte an glatten Oberflächen festhalten. Der Mauergecko lebt im Mittelmeerraum und sonnt sich – obwohl eigentlich nachtaktiv – oft tagsüber auf Mauern. Er frisst Insekten, Spinnen, Asseln und Hundertfüßer. Das Weibchen legt zwei Eier in Mauerspalten ab, aus denen Jungtiere schlüpfen, die wie ihre Eltern aussehen. Taggeckos ernähren sich von verschiedenen Insekten. Sie sind smaragdgrün und leuchten in der Sonne wie Edelsteine.

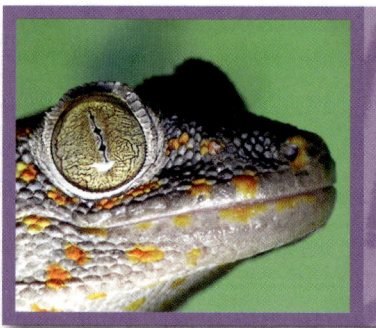

Geckos haben Haftpolster an den Füßen.

Größe: 4–40 cm
Verbreitung: Madagaskar, Seychellen, Komoren, Asien
Farbe: unauffällig bei Nachtgeckos, smaragdgrün bei Taggeckos
Familie: Geckos

Geißeltierchen

Geißeltierchen oder Flagellaten sind einzellige, ganz einfach gebaute Lebewesen, die sich mithilfe von Geißeln fortbewegen. Geißeln sind lange, ganz dünne Gebilde, die sich außen an der Zelle befinden.

Geißeltierchen sind so klein, dass man sie nur unter dem Mikroskop sehen kann. Sie nehmen eine Sonderstellung zwischen dem Tier- und dem Pflanzenreich ein. Geißeltierchen leben im Meer oder im Süßwasser. Sie ernähren sich in der Regel von Bakterien und im Wasser gelösten Stoffen. Da diese Lebewesen aber keine Mundöffnung haben, bildet die Zelle eine Bucht um die Nahrung, schließt sie ein und führt sie durch die Zellwand in den „Körper". Innerhalb der Zelle bilden sich winzige Bläschen, in denen die Nahrung verdaut wird. Geißeltierchen pflanzen sich fort, indem sich die Zelle längs oder quer in zwei Tochterzellen teilt. Besonders bekannt ist die Gattung der Augentierchen, die im Süßwasser vorkommt. Manche Formen können Fotosynthese betreiben, also die lebensnotwendige Energie durch Sonnenstrahlen erzeugen. Andere Formen nehmen dagegen im Wasser gelöste Stoffe auf.

Geißeltierchen werden auch Flagellaten genannt.

Größe: mikroskopisch klein
Verbreitung: weltweit, stehende Gewässer, Wasserlachen
Unterreich: Einzeller

Gelbrandkäfer

Dieser Schwimmkäfer lebt in Tümpeln, Teichen und Seen. Seinen Namen hat er aufgrund der gelben Umrandung des Halsschilds und der Flügeldecken.

Wie bei allen Insekten besteht der Körper des Gelbrandkäfers aus Kopf, Brust und Hinterleib. Er hat sechs Beine und zwei dünne Hautflügel, die zusammengefaltet unter festen Deckflügeln liegen. Gelbrandkäfer schwimmen, indem sie ihre paddelartigen Hinterbeine gleichzeitig wie Ruder bewegen. Sie können auch tauchen und dabei einige Zeit unter Wasser bleiben. Sie nutzen dann die Luft, die sich unter ihren Deckflügeln sammelt. Denn die Käfer atmen normalerweise – wie alle anderen Insekten auch – mit besonderen Atmungsorganen, den Tracheen. Sie müssen zum Luftholen regelmäßig an die Wasseroberfläche kommen und strecken dabei nur die Spitze ihres Hinterleibs heraus. Mit den Deckflügeln pumpen sie die verbrauchte Luft heraus und nehmen frische Luft auf. Der Gelbrandkäfer ist ein Räuber und frisst Eintagsfliegen, Wasserasseln, Kaulquappen und kleine Fische.

SCHON GEWUSST?
Der Gelbrandkäfer kann auch sehr gut fliegen.

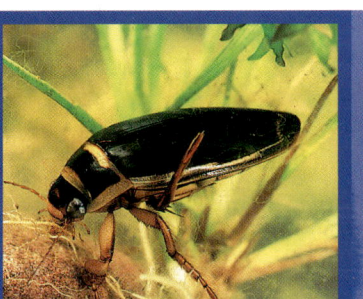

Gelbrandkäfer können schwimmen.

Größe: 3–3,5 cm
Verbreitung: Europa
Farbe: dunkelbraun, gelb
Familie: Schwimmkäfer

Der Gepard ist das schnellste Landsäugetier.

Gepard

Der Gepard ist das schnellste Landsäugetier der Erde: Er kann in nur drei Sekunden von null auf 100 Kilometer pro Stunde beschleunigen. Ganz schön schnell, oder?

Der Gepard hat eine schlanke Gestalt. Sein gelbliches Fell ist mit schwarzen Flecken versehen. Im Gesicht hat er keine Flecken, trägt aber zwei schwarze Streifen, die von den Augen über den Nasenrand zum Mundwinkel verlaufen. Geparden sind am Tag munter. Sie jagen meist allein, manchmal auch paarweise oder im Familienverband. Der Gepard ist zwar sehr schnell, hat aber wenig Ausdauer. Daher versucht er so nahe wie möglich an seine Beute heranzukommen, um sie dann schnell zu fangen. Wenn er daran scheitert, gibt er die Jagd meistens auf. Zu seinen Beutetieren zählen vor allem kleine Huftiere wie Gazellen, aber auch Hasen, Kaninchen und Vögel. Nach etwa drei Monaten Tragezeit werden ein bis drei Gepardenbabys geboren. In den ersten drei Monaten tragen sie eine Nackenmähne, die später verschwindet.

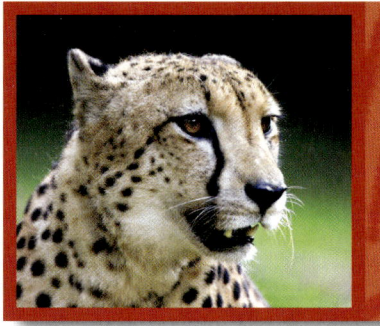

Kopf-Rumpf-Länge: 120–150 cm
Verbreitung: Afrika, Vorder- bis Ostasien
Farbe: gelb, schwarz gefleckt
Familie: Katzen

Gespenst-schrecken

Gespenstschrecken bilden eine Ordnung der Insekten mit mehr als 3000 Arten. Den Namen verdanken die Tiere ihrem ungewöhnlichen Aussehen. Je nach Gestalt werden sie zum Beispiel „Stabschrecken", „Wandelnde Blätter" oder „Wandelnde Äste" genannt.

Stabschrecken haben einen lang gestreckten, stabförmigen, grünen oder braunen Körper. Sie ähneln einem blattlosen Zweig so sehr, dass hungrige Vögel sie kaum entdecken können. Tagsüber klammert sich das Insekt regungslos an eine Pflanze. Nur seine langen, dünnen Beine bewegen sich etwas. Nachts sucht es nach Blättern, von denen es sich ernährt. Wandelnde Blätter haben die Form der Blätter, auf denen sie leben, sogar die Blattadern werden nachgeahmt. Selbst ihre Eier ähneln den Samen dieser Pflanzen. Diese Tiere sind also perfekt getarnt! Die Weibchen legen drei bis vier Monate lang mehrere Hundert Eier ab. Die Entwicklung der Eier und Larven dauert je nach Art drei bis acht Monate.

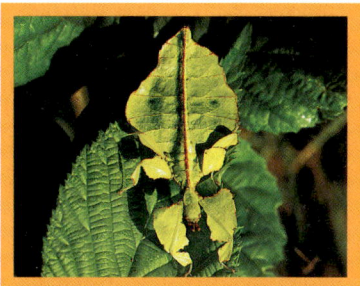

Das Wandelnde Blatt zählt zu den Gespenstschrecken.

Größe: 10–35 cm
Verbreitung: Tropen Südostasiens, Australien
Farbe: grün, braun
Ordnung: Gespenstschrecken

Gibbons

Die Gibbons sind eine Familie der Affen und stehen den Menschenaffen nahe. Der Name Gibbon bedeutet eigentlich „der Baumschreitende". Das ist eine sehr treffende Bezeichnung, denn das Leben dieser Tiere spielt sich überwiegend auf den Bäumen des Urwalds ab.

Der Gibbon ist ein echter Hangelkletterer und hat besonders lange Arme, mit deren Hilfe er sich durch die Bäume schwingt. Dabei helfen ihm vor allem die langen schlanken Finger, die er als Greifhaken einsetzt. Auch ein Baby hindert ein Weibchen nicht daran, weiterhin von Baum zu Baum zu klettern. Der Nachwuchs klammert sich einfach am Bauch der Mutter fest und „fliegt" mit. Wenn ein Gibbon doch einmal auf den Boden kommt, geht er zwar auf seinen Hinterbeinen, benötigt aber auch seine Arme, mit denen er sich gelegentlich abstützt. Das sieht dann ein bisschen so aus, als balanciere er nicht gerade anmutig auf einem Drahtseil. Es gibt etwa 15 verschiedene Gibbonarten. Am bekanntesten ist der Weißhandgibbon. Weitere Arten sind beispielsweise der Siamang, der Graue Gibbon, der Kappengibbon, der Silbergibbon und Weißwangen-Schopfgibbon.

Es gibt 15 verschiedene Gibbonarten.

Kopf-Rumpf-Länge: 45–90 cm
Schwanz: keiner
Verbreitung: Südasien
Farbe: braun, schwarz, grau
Familie: Gibbons

Gimpel

Der Gimpel ist in Deutschland ein häufiger Brutvogel. Aufgrund seiner schwarzen Kopfkappe wird er auch Dompfaff genannt. Der Gimpel lebt gerne in Nadelwäldern, lässt sich aber auch in Parks und Gärten mit Nadelbäumen, vor allem Fichten, nieder.

Der Gimpel ist ein tagaktiver Vogel. Charakteristisch sind der gedrungene Körper und der dicke, schwarze kegelförmige Schnabel. Kopfkappe, Flügel und Schwanz sind schwarz. Das Männchen hat einen blaugrauen Rücken und einen rosaroten Bauch. Das Weibchen ist am Rücken bläulich grau, an Bauch und Brust graubraun. Gimpel fressen hauptsächlich Samen und Knospen, gelegentlich auch Beeren und Insekten. Sein Nest baut der Vogel meist in Fichten, aber auch in anderen Nadelbäumen. Das Weibchen legt vier bis sechs Eier, die 13 Tage bebrütet werden. Die Jungvögel werden nach 35 Tagen selbstständig.

Gimpel haben einen dicken, schwarzen Schnabel.

Größe: 15–19 cm
Flügelspannweite: 22–26 cm
Verbreitung: Europa, Vorder- und Ostasien
Farbe: schwarz, rosarot, blaugrau, graubraun
Ordnung: Finken

Ginsterkatzen

Ginsterkatzen oder Genetten sind trotz ihres Namens keine echten Katzen, sondern gehören zu den Schleichkatzen. Bis auf die Kleinfleck-Ginsterkatze, die auch in Südeuropa vorkommt, leben alle Arten in Afrika und auf der Arabischen Halbinsel.

Die Ginsterkatzen haben ein grau- bis gelblich braunes Fell mit einem auffälligen schwarzen Fleckenmuster. Der lange Schwanz ist schwarz geringelt. Die Tiere werden nachts richtig munter. Tagsüber schlafen sie in Felsspalten oder Baumhöhlen. Sie sind ausgezeichnete Kletterer, jagen aber hauptsächlich auf dem Boden nach Beute. Auf der Speisekarte der Allesfresser stehen Insekten, kleine Wirbeltiere und manchmal Früchte. Auf den Bäumen erbeuten sie gelegentlich auch Vogeleier oder Jungvögel. Ihre Jungen ziehen sie in Baum- oder Bodenhöhlen auf, die sie von anderen

Tieren übernehmen. Die zwei bis drei Jungen sind bei der Geburt stark unterentwickelt, werden aber von der Mutter sehr umsorgt. Sie bleiben etwa ein Jahr bei ihr.

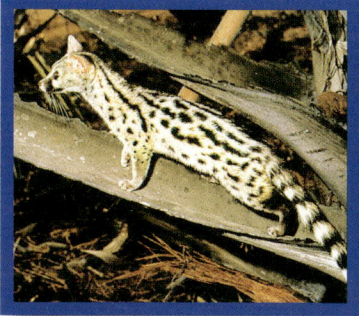

Ginsterkatzen gehören zu den Schleichkatzen.

Kopf-Rumpf-Länge: 40–60 cm
Schwanz: fast körperlang
Verbreitung: Afrika, Arabische Halbinsel
Farbe: grau bis gelbbraun, schwarz
Familie: Schleichkatzen

Giraffe

Die Giraffe mit ihrem extrem langen Hals ist sehr auffällig und unverwechselbar. Sie behält immer den Überblick und erkennt nahende Gefahren rechtzeitig.

Die Giraffe hat von allen Säugetieren den längsten Hals, der bis zu zwei Meter lang werden kann. Und das obwohl sie – wie die meisten Säugetiere auch – nur sieben Halswirbel besitzt. Diese können jedoch jeweils bis zu 40 Zentimeter lang werden. So erreicht die Giraffe spielend die leckersten grünen Blätter und Triebe der Bäume auch dort, wo sonst kaum ein anderes Tier hinkommt. Schwierig wird es allerdings beim Trinken, denn um bis nach ganz unten zu gelangen, muss sie ihre Vorderbeine spreizen. Die Giraffe trägt auf ihrem Kopf ein kleines Geweih, das bei Männchen bis zu 25 Zentimeter lang wird. Sehr auffällig ist auch das braune bis beige Fell dieser Tiere. Je nach Unterart hat es Flecke oder netzartige Zeichnungen. Giraffen sind am Tag und in der Nacht munter. Sie leben in Gruppen von bis zu 30 Tieren. Die Giraffenmutter bringt nach 15 Monaten Tragezeit nur ein Junges zur Welt.

SCHON GEWUSST?
In verschiedenen Gebieten Afrikas leben mehrere Unterarten der Giraffe wie beispielsweise die Netzgiraffe und die Massaigiraffe.

Die Giraffe hat den längsten Hals.

Kopf-Rumpf-Länge: 3,9–5,5 m
Schwanz: 90–110 cm
Vorkommen: Afrika
Farbe: beigebraun
Familie: Giraffenartige

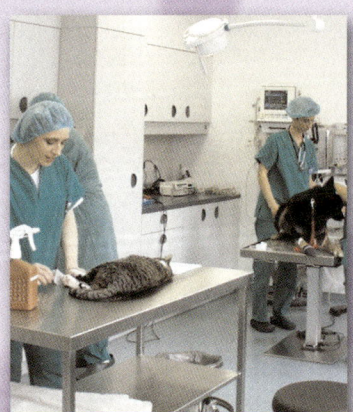

Dr. Michaele Alef wollte schon immer Tierärztin werden.

Ein Kätzchen wird untersucht.

EINE TIERÄRZTIN BERICHTET

Dr. Michaele Alef ist Tierärztin und arbeitet in der Klinik für Kleintiere der Universität Leipzig. Für euch beantwortet sie eine Menge spannende Fragen zu ihrem Beruf und natürlich auch zu den Tieren, denen sie hilft.

Warum sind Sie Tierärztin geworden?

Als Grundschulkind wollte ich zunächst Lehrerin werden. Nachdem wir in unserem Vorgarten aber einen entflogenen Kanarienvogel eingefangen haben und dieser am nächsten Tag gestorben ist, habe ich beschlossen Tierarzt zu werden. Damals wusste ich kaum etwas über diesen Beruf, aber ich wollte unbedingt Tieren helfen. Dieses Ziel habe ich immer vor Augen gehabt und nie verloren.

Welche Tiere behandeln Sie in Ihrer Kleintierklinik?

Zu uns kommen vor allem Hunde und Katzen, aber auch Meerschweinchen, Kaninchen und andere Heimtiere. Für Vögel, Reptilien (Schlangen) und Fische gibt es eigentlich eine eigene Klinik. Doch gerade nachts im Notdienst kommen manchmal auch exotische Kleintiere. So wurde uns schon einmal eine große Krabbe gebracht, die jemand gefunden hatte. Diese war zu unserer Freude gesund, denn solche Tiere zu behandeln stellt oft ein Problem dar. Im Studium können aus Zeitmangel nur die „üblichen" Tierarten besprochen werden. Einer sehr kranken Vogelspinne konnten wir aus diesem Grund nicht helfen.

Kommen oft Kinder mit ihren kranken Tieren zu Ihnen?

Da wir ein Tierkrankenhaus für schwerkranke Tiere sind, kommen eher

Tierärzte helfen kranken Tieren – egal ob Hund, Katze oder Maus.

selten Kinder mit ihren kranken Tieren zu uns. Die Kinder gehen mit ihren Tieren meist zu einem Haustierarzt. Hält es dieser dann für besser, dass das Tier bei uns behandelt wird, bringen die Eltern und ihre Kinder es gemeinsam in unsere Klinik. Kinder allein kommen fast nie. Wir zeigen aber sehr oft Schulklassen oder auch Kindergartengruppen unsere Klinik. Meine Kinder sind begeistert, wenn sie in die Klinik kommen dürfen. Es gibt viele interessante technische Geräte zu sehen und die eine oder andere Spritze wandert zum Spielen mit nach Hause.

Die Klinik für Kleintiere der Universität Leipzig

Waren Sie schon einmal in einem Zoo tätig?

In einem Zoo war ich noch nicht tätig, aber einen Ameisenbär, Kamele, Tiger und Löwen habe ich schon behandelt. Ich bin auf Anästhesie spezialisiert, das heißt, ich bin „Narkosearzt", und solche Tiere sind eine Herausforderung, aber auch eine tolle Abwechslung!

Welches Tier war Ihr interessantester Patient?

Am außergewöhnlichsten war sicher ein ausgewachsener Berberlöwen-Kater aus einem Zirkus. Negro hatte ein Geschwür im Dickdarm. Medizinisch gesehen gibt es eine ganze Reihe „normaler" Tiere wie Hunde, Katzen und Pferde, die interessanter als Negro waren. Außergewöhnlich war dieser Fall deswegen, weil er und seine vier Berberlöwen-Kollegen einige Tage in einem Käfig vor unserer Klinik wohnten.

Sind Sie schon einmal bei der Arbeit verletzt worden?

Bisher bin ich glücklicherweise mit kleinen Kratzern davongekommen. Man darf beim Umgang mit Tieren nicht ängstlich sein, sollte aber auch nie unvorsichtig werden. Es ist wichtig, Situationen zu erkennen, die eine Gefahr darstellen.

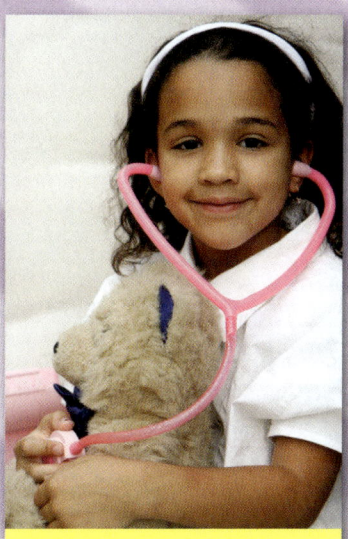

Wenn ein Tier krank ist, muss es zum Tierarzt.

Gleitbeutler

Gleitbeutler sind eine Familie der Beuteltiere. Die Gleithörnchenbeutler aus dieser Familie haben eine Gleithaut, die verwandten Streifenbeutler und Hörnchenbeutler besitzen hingegen keine Flughaut.

Gleitbeutler können nicht aktiv fliegen, sondern gleiten eher von Baum zu Baum oder vom Baum auf den Boden. Bei der Flughaut handelt es sich um Hautlappen zwischen Hals und Vorderbeinen, Vorder- und Hinterbeinen sowie zwischen Schwanz und Hinterbeinen. Die Flughaut ist behaart. Gleitbeutler sind Nachttiere, die meist auf den Bäumen leben und selten auf den Boden kommen. Am Tag verstecken sie sich in ihren Nestern oder in Baumhöhlen. Die hervorragenden Kletterer können weite Sprünge von Ast zu Ast machen. Der buschige Schwanz dient dabei zum Steuern. Gleitbeutler fressen Insekten, Früchte, Baumsäfte, Nektar und Baumrinde. Das Weibchen bringt ein bis zwei Junge zur Welt, die bis zu drei Monate im Beutel der Mutter bleiben. Mit zwei Jahren sind sie ausgewachsen.

Gleitbeutler gehören zu den Beuteltieren.

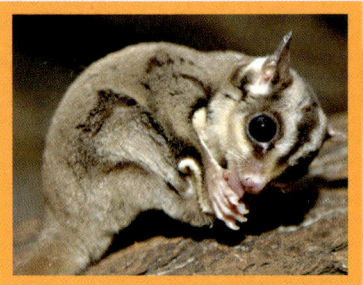

Gleitbeutler sind mit zwei Jahren ausgewachsen.

Kopf-Rumpf-Länge: 12–32 cm
Schwanz: etwa 40 cm
Vorkommen: Australien, Neuguinea
Farbe: graubraun, schwarz
Familie: Gleitbeutler

Gleithörnchen

Gleithörnchen sind kleine Nagetiere, zwischen deren Vorder- und Hinterbeinen sich eine Gleithaut spannt. Diese Haut wirkt wie ein Gleitschirm, wenn sie in ihrem Zuhause – den Wäldern – von Ästen herunterspringen. Obwohl diese Tiere nicht wirklich fliegen können, nennt man sie auch Flughörnchen.

Bekannt ist das Gewöhnliche oder das Europäische Gleithörnchen. Es ist etwas kleiner als das Eichhörnchen. Sein Fell ist an der Oberseite gelblich grau, am Bauch weiß. Es hat einen buschigen Schwanz. Das Nagetier errichtet in Baumhöhlen ein Kugelnest aus Flechten und Moos, in dem es tagsüber ein Schläfchen hält. Nachts geht es auf Nahrungssuche und verspeist Blätter, Blüten, Knospen, Samen, Beeren und Nüsse. Seine Jungen kommen nackt und blind zur Welt, haben aber schon nach zwei Wochen ein Fell. Sie bleiben einige Monate bei der Mutter. Gleithörnchen halten keinen Winterschlaf, sondern fressen in der kalten Jahreszeit Nadeln und Rinde. Außerdem legen sie Vorräte an.

Gleithörnchen werden auch Flughörnchen genannt.

Kopf-Rumpf-Länge: 10–20 cm
Schwanz: 9–14 cm
Verbreitung: Asien, Nordeuropa, Nordamerika
Farbe: gelbgrau
Familie: Hörnchen

Glühwürmchen

Glühwürmchen oder Leuchtkäfer sind Insekten, die in der Nacht richtig Licht machen können. Wahrend beim Großen Leuchtkäfer nur die Weibchen leuchten können, haben beim Kleinen Leuchtkäfer Männchen und Weibchen diese Fähigkeit.

Glühwürmchen leuchten natürlich aus einem bestimmten Grund – sie suchen einen Partner! Besonders in lauen Sommernächten kann man die tanzenden und blinkenden Lichter in der Dunkelheit sehen. Denn je nach Käferart werden unterschiedliche Lichtsignale erzeugt. Diese Lichterzeugung nennt man Biolumineszenz. Am Hinterleib der Tiere befinden sich besondere Zellen. In diesen finden bestimmte chemische Reaktionen statt, wodurch dieses Leuchten entsteht. Die Leuchtkäfer können ihr Licht „ausschalten", wenn sie es nicht benötigen. Man findet sie auf Wiesen, in Gärten und in Parkanlagen. Der Kleine Leuchtkäfer glüht im Juni und Juli, der Große Leuchtkäfer im Juli und August. Bei beiden Arten sind die Weibchen flugunfähig. Die Larven ernähren sich von Schnecken, die erwachsenen Tiere fressen nicht. Sie leben von ihren Fettreserven.

Glühwürmchen können leuchten.

Größe: 8–20 cm
Verbreitung: Mitteleuropa, Tropen
Farbe: schwarz
Familie: Leuchtkäfer

Gnus

Gnus sind afrikanische Antilopen, von denen es zwei Arten gibt: das Streifengnu mit der Unterart Weißbartgnu und das Weißschwanzgnu.

Gnus tragen kurze, kräftige Hörner, die bei Männchen und Weibchen vorhanden sind. Streifengnus haben ein graubraunes bis blaugraues Fell mit dunklen Streifen. Am Nacken tragen sie eine schwarze, meist fallende Mähne. Weißschwanzgnus sind dunkelbraun und tragen einen weiß- lichen „Pferdeschwanz". Am Nacken haben sie eine stehende weiße Mähne mit schwarzen Spitzen. Gesicht und Hals sind mit borstenartig abstehenden Haarbüscheln bedeckt. Gnus leben in der offenen Savanne in riesigen Herden. Zur Trockenzeit wandern sie über große Strecken auf der Suche nach frischem Gras und Wasser. Das Weibchen bringt nach neun Monaten Tragezeit ein Junges zur Welt, das mit drei Jahren ausgewachsen ist. Gnus sind Grasfresser, naschen aber gelegentlich auch Laub.

Gnus leben in Südafrika.

Kopf-Rumpf-Länge: etwa 200 cm
Schwanz: 60–100 cm
Verbreitung: Südafrika
Farbe: graubraun bis blaugrau; dunkelbraun
Familie: Hornträger

Goldammer

Die Goldammer gehört in Mitteleuropa zu den am häufigsten vorkommenden Vögeln. Sie lebt in offenen Kulturlandschaften mit Hecken und Büschen. Im Winter zieht sie in großen Gruppen umher und sucht auf den Feldern nach liegen gebliebenen Samen.

Das Männchen trägt während der Brutzeit ein gelbes Prachtkleid mit rötlicher Brust und bräunlichen Flügeldecken. Mit seinem „normalen" Federkleid ähnelt es dem unscheinbar grünbraun gefärbten Weibchen. Die Goldammer frisst hauptsächlich Samen und Körner, bei Nahrungsknappheit schlägt sie auch bei Beeren und Insekten zu. Sie baut ihr napfförmiges Nest nahe dem Boden in Büschen oder Hecken. Das Weibchen bebrütet etwa zwölf Tage lang

drei bis fünf Eier allein. Die Jungen werden anfangs mit Insekten gefüttert, die im Kropf der Eltern vorgeweicht werden. Die Goldammer hat einen charakteristischen, etwas metallisch klingenden Gesang („tji-tji-tji...tjä"), den sie ab März zu trällern beginnt.

Die Goldammer hat einen charakteristischen Gesang.

Größe: 16–17 cm
Verbreitung: Europa, Asien
Farbe: gelb, grünbraun
Familie: Ammern

Goldfisch

Der Goldfisch oder die Goldkarausche ist ein reiner Zuchtfisch. Das bedeutet, dass er so, wie wir ihn kennen, in der Natur nicht vorkommt. Er wurde von Menschen als Zierfisch aus dem Giebel oder der Silberkarausche, einem eurasischen Fisch, gezüchtet.

Während die Silberkarausche dunkelgrünbraun bis schwarzgrau ist, sind die Goldfische orangerot bis gelblich gefärbt und glänzen golden. Goldfische sind gesellige Tiere, die in kleinen Schwärmen leben. Sie werden heute hauptsächlich in Zierteichen gehalten, wo sie sich sehr wohl fühlen. In diesem Fall müssen sie keine Feinde fürchten, in der Natur leben sie aber in Seen und langsam fließenden Gewässern und können von Raubfischen und Greifvögeln gefressen werden. Goldfische selbst sind Allesfresser. In der Natur verspeisen sie am liebsten Wasserpflanzen, Mückenlarven und Würmer, im Teich oder Aquarium fast ausschließlich Fischfutter. Eine besondere Zuchtform ist der sogenannte Schleierschwanz, der doppelte Schwanzflossen hat, die bis zu 15 Zentimeter lang werden können.

SCHON GEWUSST?
Der Goldfisch ist äußerst widerstandsfähig und anspruchslos und kann bis zu 30 Jahre alt werden.

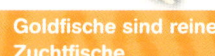

Goldfische sind reine Zuchtfische.

Größe: bis 30 cm
Verbreitung: weltweit
Farbe: orangerot bis gelblich
Familie: Karpfenfische

Goldhamster

Der Goldhamster ist ein Nagetier, das ursprünglich aus Syrien stammt. Heute werden diese possierlichen Tiere häufig als Haustiere gehalten.

Der Goldhamster ist kleiner als sein Cousin, der Feldhamster. Das Fell der Wildformen ist an der Oberseite goldbraun, am Bauch weiß gefärbt. Es gibt auch viele Zuchtformen mit den unterschiedlichsten Fellfarben: dunkelbraun, schwarz oder auch gescheckt. Seitlich am Bauch befinden sich die sogenannten Flankendrüsen. Das sind besondere Duftorgane, die bestimmte Duftstoffe absondern. Diese sind für die Partnersuche wichtig. Goldhamster fressen am liebsten Getreide, Körner, Obst und Gemüse. Als Wühler graben Goldhamster Erdbaue in einer Tiefe von etwa einem Meter. Darin richten sie sich ihre Nester ein. Die Weibchen bekommen mehrmals im Jahr bis zu vier Junge. Die Kleinen sind bereits mit eineinhalb Monaten ausgewachsen und bekommen selbst Kinder.

Der Goldhamster stammt ursprünglich aus Syrien.

Kopf-Rumpf-Länge: 15–18 cm
Verbreitung: Syrien, Asien
Farbe: goldbraun, weiß
Familie: Wühler

Goliathfrosch

Der Goliathfrosch macht seinem Namen alle Ehre, denn er ist der größte bekannte Frosch. So ein Riese kann über drei Kilogramm wiegen – das ist so viel wie eine Hauskatze!

Der Goliathfrosch hat einen typischen Froschkörper, nur ist bei ihm alles viel größer. Seine Oberschenkel können so dick sein wie das Handgelenk eines erwachsenen Menschen. Er hat sehr große Augen und die Schwimmhäute zwischen den Zehen reichen bis zu den Zehenspitzen. Der Goliathfrosch ist bräunlich grün gefärbt. Es heißt, dass dieser Riesenfrosch ein schlechter Springer sei, aber von anderen Stellen wird auch von gewaltigen, bis zu drei Meter weiten Sprüngen berichtet. Auf jeden Fall wird er nach wenigen Sprüngen müde und taucht bei Gefahr lieber ab oder stellt sich tot. Der Goliathfrosch ernährt sich hauptsächlich von Insekten, verspeist aber auch kleine Reptilien und Wasservögel. Die Entwicklung von der Kaulquappe zum Frosch dauert etwa drei Monate.

Ein Goliathfrosch kann bis zu drei Kilogramm wiegen.

**Größe: bis 40 cm
Verbreitung: Westafrika
Farbe: bräunlich grün
Familie: Echte Frösche**

Goliathkäfer

Der Goliathkäfer ist ein Riese unter den Insekten und mit 110 Gramm der schwerste Käfer der Erde.

Die im tropischen Afrika heimischen Tiere haben kräftige Vorderbeine und können damit ausgezeichnet klettern. Die nachtaktiven Käfer krabbeln an den Bäumen hoch, um sich deren Saft und die weichen Früchte schmecken zu lassen. Sie tragen einen harten Chitinpanzer, der je nach Art unterschiedlich gemustert ist. Manche Arten haben ein weiß-schwarzes Gitternetzmuster auf den Flügeldecken und schwarze Flecken und Streifen auf dem Brustteil. Andere Arten besitzen dunkelrotbraune Flügeldecken und einen schwarzen Brustteil mit dünnen weißen Längsstreifen. Goliathkäfer haben sehr kurze Fühler am Kopf, die an den Enden keulenartig verdickt sind. Sie fliegen mit geschlossenen Flügeldecken. Die Larven des Goliathkäfers sind die etwa 15 Zentimeter langen Engerlinge, die wie größere Ausgaben der Maikäferlarven aussehen. Sie leben vor allem in totem Holz, von dem sie sich auch ernähren. Vier Wochen nach der Verpuppung schlüpfen die Käfer, die etwa drei Wochen lang leben.

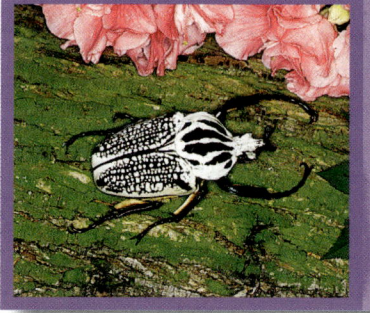

Der Goliathkäfer trägt seinen Namen zu Recht.

**Größe: bis 13 cm
Verbreitung: West- und Zentralafrika
Farbe: weiß-schwarz; rötlich braun
Familie: Rosenkäfer**

Gorilla

Gorillas sind die größten und schwersten Menschenaffen. Sie halten sich überwiegend am Boden auf. Ihre Heimat sind die tropischen Regionen Zentralafrikas, wo sie sich am liebsten in den offenen Regenwäldern aufhalten.

Gorillas brauchen einen Boden mit dichtem Pflanzenwuchs, damit sie als Vegetarier ausreichend Nahrung finden. Sie verspeisen mit Vorliebe Blätter, Stängel, Wurzeln, junge Pflanzentriebe, Knollen und Rinde. Es gibt drei verschiedene Gorillarassen: den Berggorilla, den Westlichen Flachlandgorilla und den Östlichen Flachlandgorilla. Gorillas sind Familientiere und leben in Gruppen von fünf bis 20 Tieren. Eine Gruppe wird von einem alten Männchen geführt, dem „Silberrücken". Diese erhielten ihren Namen, da ihr Fell am Rücken schon silbrig ergraut ist. Gorilla-Weibchen bekommen erst mit zehn Jahren ihr erstes Junges. Die Tragezeit dauert wie bei Menschen neun Monate. Ein Gorillababy verhält sich fast wie ein Menschenbaby, wird aber immer auf dem Rücken seiner Mutter getragen.

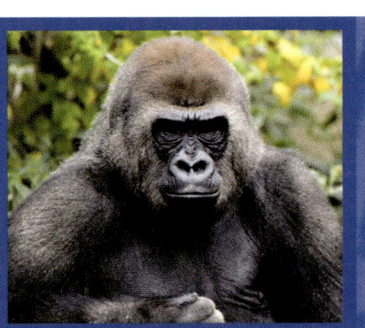

Der Gorilla lebt im offenen Regenwald.

Kopf-Rumpf-Länge: 140–180 cm
Verbreitung: Afrika
Farbe: schwarz
Familie: Menschenaffen

Gottesanbeterin

Die Gottesanbeterin verdankt ihren Namen ihrer typischen Körperhaltung. Sie sitzt nämlich häufig mit erhobenen Vorderbeinen da und wartet auf ihre Beute; das sieht aus, als bete sie. Die zwei Vorderbeine sind kräftiger entwickelt, mit Dornen und Haken versehen und dienen als Fangarme. Mit ihren riesigen Facettenaugen, die sich aus vielen kleinen Einzelaugen zusammensetzen, hat sie immer einen guten Überblick. Die Gottesanbeterin sitzt regungslos auf einer Pflanze. Sobald sich ein unvorsichtiges Insekt genähert hat, klappt sie blitzschnell die gefalteten Fangbeine aus und packt das Beutetier. Sie lähmt das Opfer mit einem Biss und verspeist es. Sehr seltsam ist das Paarungsverhalten der Gottesan-

beterin: Nach der Begattung frisst sie das Männchen nämlich häufig auf! Sie legt 100 bis 300 Eier in Behältern, sogenannten Kokons, ab. Darin überwintern die Eier, denn die Larven schlüpfen erst im nächsten Frühjahr und sehen dann schon wie die erwachsenen Tiere aus.

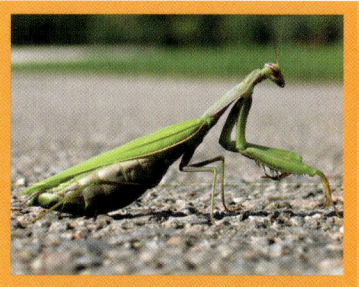

Eine Gottesanbeterin

Größe: 5–10 cm
Verbreitung: Mitteleuropa, Tropen
Farbe: grün, braun
Familie: Fangheuschrecken

Grasfrosch

Dieser am häufigsten vorkommende einheimische Frosch verbringt sein Leben überwiegend an Land – weit entfernt von Wasser. Gewässer sucht er nur im Frühjahr zur Paarung und zur Ablage der Eier auf.

Die Laichballen enthalten bis zu 4000 Eier, aus denen nach zwei bis vier Wochen die Kaulquappen schlüpfen. Diese verwandeln sich nach etwa drei Monaten zu kleinen Fröschen. Grasfrösche haben einen etwas plumpen, braunen Körper, der an der Oberseite mit unregelmäßigen dunklen Flecken übersät und am Bauch weißlich ist. Auf dem Rücken befin-

den sich zwei Drüsenleisten. Mit zwei Schallblasen erzeugt der Frosch leise Paarungsrufe, die wie ein Grunzen oder Brummen klingen. Der Grasfrosch geht in der Nacht auf die Jagd nach Insekten, Spinnen, Würmern und Schnecken. Tagsüber versteckt er sich an feuchten Plätzen zwischen Pflanzen oder Steinen. Die Larven ernähren sich hauptsächlich von Algen. Grasfrösche können bis zu einem Meter weit springen und auch gut schwimmen und tauchen.

Der Grasfrosch lebt vor allem an Land.

Größe: 7–10 cm
Verbreitung: Europa
Farbe: braun, weiß
Familie: Echte Frösche

Graugans

Die Graugans ist der Urahn unserer Hausgänse und verdankt ihren Namen der grauen Farbe ihres Gefieders. Sie gehört zu den Schwimmvögeln und lebt daher im und auf dem Wasser.

Graugänse sind etwas kleiner und leichter als die Hausgänse. Sie haben fleischfarbene Füße mit Schwimmhäuten, damit sie besser schwimmen können. Die Männchen und Weibchen kann man äußerlich nicht voneinander unterscheiden. Graugänse leben an Flüssen und Seen, deren Ufer dicht mit Schilf oder anderen Pflanzen bewachsen sind. Sie sind sehr gesellig und brüten in großen Gruppen. Die Paare bleiben ein Leben lang zusammen. Ihr Nest bauen sie aus Schilf und anderen Wasserpflanzen auf dem Boden versteckt am Ufer des Gewässers. Aus den vier bis neun Eiern schlüpfen nach etwa 27 Tagen die Jungen. Sie sind Nestflüchter, das heißt, sie können gleich mit den Eltern umherlaufen. Graugänse fressen im Sommer Wasser- und Landpflanzen, im Winter eher Getreidekörner.

Graugänse bleiben ein Leben lang zusammen.

Größe: 70–90 cm
Verbreitung: Europa, Asien
Farbe: hellgrau
Familie: Entenvögel

Graupapagei

Der Graupapagei ist der größte Papagei Afrikas. Er ist ein besonders sprechbegabter Vogel und kann mehrere hundert Wörter nachplappern. Man nennt ihn übrigens auch Jako.

Graupapageien sind anders als viele ihrer Verwandten sehr schlicht gefärbt. Sie haben ein hell- bis dunkelgraues Gefieder, aber auffallende, leuchtend rote Schwanzfedern. Graupapageien leben in den Regen- und Mangrovenwäldern Afrikas. Sie sind sehr

Graupapageien nennt man auch Jako.

gesellig und bleiben meist ein Leben lang mit einem einzigen Partner zusammen. Die Paare leben in großen Schwärmen mit bis zu 200 Tieren. Der Graupapagei ist ein geschickter Kletterer und schläft in der Nacht hoch oben in den Bäumen. Die Eier werden in Baumhöhlen ausgebrütet. Die drei bis vier Jungen haben ein weiches Flaumkleid und werden von beiden Elternteilen versorgt. Wenn die Kleinen erwachsen sind, bleiben sie weiterhin bei ihrem Schwarm. Graupapageien fressen am liebsten Nüsse, Beeren und Früchte, manchmal auch Insekten.

Graupapageien fressen am liebsten Nüsse.

Größe: 30–40 cm
Verbreitung: Afrika
Farbe: grau, rot
Familie: Eigentliche Papageien

Graureiher

Der Graureiher oder Fischreiher hat seinen Namen aufgrund der Farbe seines Federkleides. Doch Vorsicht: Nicht alle Graureiher sind immer grau gefärbt!

Das Gefieder des langhalsigen Schreitvogels kann unterschiedlich gefärbt sein. Oft ist es auf dem Rücken grau und am Bauch heller, manchmal ist aber es auch weiß oder schwarz. Am Kopf tragen die Vögel zwei lange schwarze Federn. Sie leben an Bächen, Flüssen und Seen, wo es viele Fische gibt. Der Graureiher ist am Tag bis in die Dämmerung aktiv. Der geschickte Jäger wartet im seichten Wasser und hält Ausschau nach Beute. Hat er etwas entdeckt, stößt er mit seinem spitzen Schnabel blitzschnell zu. Auf der Speisekarte stehen Fische, Amphibien (zum Beispiel Frösche), Reptilien, kleine Säuger (zum Beispiel Mäuse) und Insekten. Graureiher brüten in Kolonien und bauen ihre Nester hoch oben auf Bäumen. Das Weibchen legt drei bis fünf Eier, aus denen nach etwa 26 Tagen die Jungen schlüpfen.

Der Graureiher verspeist am liebsten Fisch.

Größe: 90–95 cm
Verbreitung: Europa, Asien, Afrika
Farbe: grau, weiß, schwarz
Familie: Reiher

Grauwal

Der Grauwal gehört zu den Bartenwalen, das heißt, er hat an jeder Seite seines Mauls etwa 150 Barten, mit deren Hilfe er winzige Lebewesen wie Krebse und Würmer aus dem Meerwasser heraussiebt.

Barten sind Hornplatten, die vom Oberkiefer eines Bartenwals anstelle von Zähnen herabhängen. Die grauen Riesen können 25 bis 35 Tonnen wiegen. Sie sind eigentlich dunkelgrau, doch die Haut erscheint oft weiß gefleckt, weil sie meist von parasitischen Krebstieren wie Seepocken und Walläusen besiedelt ist. Grauwale haben keine Rückenflosse, sondern eine Reihe flacher Höcker. Ihr Blas, also die ausgeatmete Atemluft, kann bis zu vier Meter hoch sein. Grauwale sind bekannt für ihre Wanderungen, bei denen sie jährlich bis zu 20.000 Kilometer zurücklegen. Sie wandern zwischen ihren Nahrungsgründen nahe der Beringsee und den Fortpflanzungsgebieten vor Mexiko, wo sie den Winter am liebsten verbringen, hin und her. Das Weibchen bringt nach etwa zwölf Monaten Tragezeit ein Kalb zur Welt.

Grauwale sind bekannt für ihre Wanderungen.

Kopf-Rumpf-Länge: 12–15 m
Verbreitung: nordöstlicher und nordwestlicher Pazifik
Farbe: grau
Unterordnung: Bartenwale

Großes Nachtpfauenauge

Das Große oder Wiener Nachtpfauenauge ist der größte Schmetterling Europas. Es kommt nur in den wärmsten Gegenden Mitteleuropas sowie in Süd- und Südosteuropa vor.

Die Flügel des Großen Nachtpfauenauges sind graubraun, hell gesäumt und mit je einem weiß umrandeten Augenfleck versehen. Männchen und Weibchen unterscheiden sich nur durch ihre Fühler, die bei den Männchen viel stärker gekämmt sind. Man findet diesen Schmetterling auf offenem Gelände, in Parks und Obstgärten. Das Weibchen legt die Eier auf Laub- und Obstbäumen ab. Die Raupen sind anfangs schwarz, dann gelbgrün mit blauen, borstigen Warzen – wie ein kleiner Kaktus! Dann verpuppen sie sich, überwintern als Puppen und schlüpfen im Frühjahr. Nachtpfauenaugen sind nachtaktiv und umschwärmen oft Lichtquellen. Die erwachsenen Tiere nehmen keine Nahrung auf, sie zehren von den Fettreserven.

Das Große Nachtpfauenauge ist der größte Schmetterling Europas.

Flügelspannweite: 12–16 cm
Verbreitung: Südeuropa, Nordafrika
Farbe: graubraun, weiß
Familie: Pfauenspinner

Grottenolm

Dieser eigenartige Schwanzlurch hat einen langen Körper und rote Kiemenbüschel. Er lebt als dauernde Larvenform in Höhlengewässern.

Der Grottenolm hat einen abgeflachten Ruderschwanz mit Flossensaum und kleine, schwache Beine. Er ist so gut wie blind, da seine Augen verkümmert sind. Da er in absoluter Dunkelheit in unterirdischen Flüssen und Seen lebt, braucht er auch die Augen nicht. Dort wühlt er im Schlamm nach Nahrung, beispielsweise nach Würmern und kleinen Schalentieren. Der Grottenolm atmet trotz seiner Kiemen durch Lungen und holt regelmäßig Luft an der Wasseroberfläche. Das Weibchen legt zwölf bis 70 Eier. Die Larven schlüpfen nach fünf Monaten, sind zunächst dunkel gefärbt, verlieren aber später die Hautpigmente und werden wie die Eltern weißlich bis fleischfarben. Grottenolme können manchmal schon fertig entwickelte Junge zur Welt bringen. Sie sind übrigens nur in wenigen Gebieten Europas zu finden.

Größe: 20–30 cm
Verbreitung: Slowenien, Kroatien, entlang der Adria
Farbe: weißlich bis fleischfarben
Familie: Olme

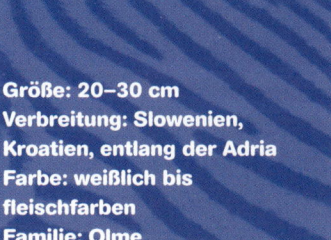

Der Grottenolm ist so gut wie blind.

Die Grüne Mamba kann bis zu 18 Jahre alt werden.

Grüne Mamba

Mambas sind Giftschlangen, die in Afrika vorkommen. Bis auf die oliv- bis graubraune Schwarze Mamba sind alle Arten grün gefärbt.

Die Grüne Mamba ist hellgrün mit glänzenden, glatten Schuppen und am Schwanz gelblich gefärbt. Am Schwanz und Kopf sind die Schuppen schwarz umrandet. Sie ist tagaktiv, lebt ausschließlich auf Bäumen und kann ausgezeichnet klettern. Auf ihrer Speisekarte stehen vor allem Vögel, Eier sowie Baum bewohnende Eidechsen und Frösche. Die Grüne Mamba hat im Oberkiefer ein Paar Giftzähne. Bei Bedrohung richtet sie Kopf und Vorderkörper auf und sperrt den Rachen auf, um den Angreifer zu vertreiben. Sie ist eine sehr angriffslustige Schlange. Das Weibchen legt nach der Paarung zehn bis 15 Eier, aus denen nach drei bis vier Wochen Jungschlangen schlüpfen. Die Grüne Mamba kann übrigens bis zu 18 Jahre alt werden.

Die grüne Mamba ist sehr angriffslustig.

Größe: bis 2 m
Verbreitung: Westafrika
Farbe: grün
Familie: Giftnattern

Grünfink

Der Grünfink oder Grünling ist einer der Vögel, die bei uns am häufigsten innerhalb von Wohngebieten vorkommen. Sonst lebt er in lichten Wäldern, Parks und Gärten.

Im Winter kann man den Grünfink unter anderem an Futterhäuschen beobachten, wo er oft in großen Scharen einfällt. Seinen Namen verdankt der Grünfink seinem olivgrüngelben Gefieder mit goldgelben Flügelfeldern und Schwanzrändern. Er hat einen kräftigen, kegelförmigen Schnabel. Seine Nahrung ist rein pflanzlich und besteht aus Beeren, Knospen und Samen. Der Grünfink baut sein napfförmiges Nest aus Zweigen, Gras und Wurzeln in Büschen und Hecken versteckt. Das Weibchen brütet zwei- bis dreimal im Jahr jeweils vier bis sechs Eier etwa 14 Tage aus. Die Jungvögel werden nach 13 bis 16 Tagen flügge. Der Gesang ist zwitschernd und trillernd und ähnelt dem des Kanarienvogels.

Der Grünfink hat einen kräftigen, kegelförmigen Schnabel.

Größe: etwa 15 cm
Verbreitung: Europa
Farbe: olivgrün und goldgelb
Familie: Finken

Guppy

Der Guppy ist ein sehr beliebter und daher der am häufigsten gehaltene Süßwasser-Aquarienfisch. Er wird in vielen bunten Formen mit den unterschiedlichsten Flossen für Aquarien gezüchtet.

Der Guppy ist in Südamerika heimisch und beim Menschen nicht nur als Zierfisch beliebt. Er verspeist nämlich am liebsten Moskitolarven und wird zur Bekämpfung von Mückenplagen eingesetzt. Guppys sind leuchtend gefärbt und haben viele Flecke und Muster. Ihre Schwanzflosse ist fahnenartig vergrößert. Das Männchen ist schlanker und farbenprächtiger als das einfarbig olivgrüne Weibchen. Guppy-Weibchen bringen nach der Paarung alle vier Wochen 20 bis 100 lebende Junge zur Welt. Neben Mückenlarven fressen diese Fische auch andere Insektenlarven, kleine Schalentiere sowie Eier und Junge anderer Fische – ganz schön gefräßig!

Der Guppy ist in Südamerika heimisch.

Größe: 3–6 cm (ohne Schwanzflosse)
Verbreitung: nördliches Südamerika
Farbe: olivgrün, bunt
Ordnung: Zahnkärpflinge

Gürteltiere

Gürteltiere bevölkern die Erde schon sehr lange. Ihre ersten Vorfahren haben bereits vor über 65 Millionen Jahren gelebt. Das sieht man ihnen auch an, denn sie wirken richtig urtümlich.

Das Gürteltier trägt am Rücken und am Kopf einen Panzer aus kleinen, harten Horn- und Knochenplatten. Diese sind durch Hautfalten gelenkig miteinander verbunden. Dadurch ist das Tier recht beweglich und flink. Wenn es angegriffen wird, rollt es sich zusammen, damit sein weicher Bauch geschützt ist. Gürteltiere sind nachtaktiv und verschlafen den Großteil des Tages in ihren sicheren Bauen, die sie mit ihren kräftigen Vorderklauen an ihren kurzen Beinen graben. Nach einer Tragezeit von etwa vier Monaten bringt das Weibchen seine Jungen zur Welt. Die Babys haben anfangs noch eine weiche, ledrige Haut. Gürteltiere fressen hauptsächlich Wirbellose wie Insekten, die sie mit ihrer langen, klebrigen Zunge fangen. Die bekanntesten Arten sind das Neunbinden-Gürteltier, das Riesengürteltier und das Dreibinden-Kugelgürteltier.

Gürteltiere haben einen Panzer aus Horn- und Knochenplatten.

Kopf-Rumpf-Länge: 15–100 cm
Schwanz: 25–50 cm
Verbreitung: Süd- und Mittelamerika
Farbe: braun
Familie: Gürteltiere

Hammerhaie

Hammerhaie haben einen beidseitig verbreiterten Kopf, dem sie ihren deutschen Namen verdanken. An jeder Seite dieses hammerförmigen Kopfes sitzen ein Auge und ein Nasenloch.

An dieser verbreiterten Schnauze befinden sich hochempfindliche Sinnesorgane, mit denen diese Fische elektrische Signale wahrnehmen können. Der Hammerhai schwimmt dicht über dem Boden und spürt mithilfe dieser Sinnesorgane im Boden versteckte Beutetiere wie Fische, Muscheln und Krebse auf. Haie haben auch einen sehr guten Geruchssinn, wodurch sie ihre Beute zielsicher finden. Wie alle Haie sind auch

Hammerhaie Knorpelfische. Anders als bei Knochenfischen (die meisten Fische sind Knochenfische!) ist ihr Skelett aus Knorpel aufgebaut. Der größte Vertreter dieser Fische ist der Große Hammerhai, der bis zu 5,5 Meter lang wird. Wesentlich kleiner ist der Glatte Hammerhai mit 2,5 bis 3,5 Metern. Hammerhaie sind übrigens lebend gebärend, das heißt, die Junghaie wachsen bereits im Bauch der Mutter heran. Bei der Geburt sind sie sehr weit entwickelt und schon selbstständig.

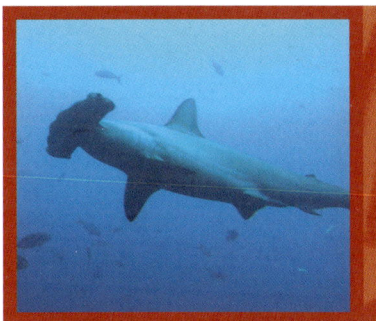

Der Kopf des Hammerhais ist zu beiden Seiten verbreitert und sieht wie ein Hammer aus.

Größe: 2,5–5,5 m
Verbreitung: tropische Meere
Farbe: grauweiß
Familie: Hammerhaie

Haselmaus

Die possierliche Haselmaus gehört nicht, wie ihr Name vermuten lässt, zu den Echten Mäusen, sondern zu den Bilchen. Sie ähnelt aber einer Maus sehr und ist ein Nagetier wie die Mäuse auch.

Die ziemlich gedrungene, mollige Haselmaus hat einen rötlich braunen Pelz, zwei große neugierige Knopfaugen und einen langen behaarten Schwanz. Tagsüber schläft sie in ihrem kleinen, kugelförmigen Nest (Kobel), das sie mit Gras und Moos auspolstert. Erst in der Dämmerung wird die Haselmaus richtig munter und macht sich auf die Suche nach Beeren, Knospen und natürlich Haselnüssen. Sie verspeist auch Insekten und Vogeleier – ist also ein richtiger Allesfresser. Den Winter verbringt sie in frostsicheren Erdhöhlen oder Baumstümpfen, frisst sich aber vorher ein Fettpolster an. Das Weibchen bekommt ein- bis zweimal im Jahr zwei bis vier nackte, blinde Junge, die etwa eineinhalb Monate bei ihm bleiben.

SCHON GEWUSST?
Die Haselmaus kann ausgezeichnet klettern und nimmt bei schweren Turnübungen auch ihren Schwanz zu Hilfe.

Die Haselmaus hat große Knopfaugen.

Kopf-Rumpf-Länge: 6–9 cm
Schwanz: 6–7 cm
Verbreitung: Mitteleuropa
Farbe: rotbraun
Familie: Bilche

Hasenmäuse

Hasenmäuse sehen aus wie Kaninchen mit langen, buschigen Schwänzen, gehören aber zu den Chinchillas und somit – anders als Kaninchen – zu den Nagetieren.

Sie leben in felsigen Bergregionen Südamerikas in bis zu 5000 Metern Höhe. Hasenmäuse haben ein sehr dickes, weiches Fell, das dunkelgrau bis schokoladenbraun gefärbt sein kann und oft einen schwarzen Rückenstreifen hat. Die Ohren sind lang und behaart. Hasenmäuse sind am Tag aktiv und suchen nach Gräsern, Flechten und Moosen, da sie reine Vegetarier sind. Sie können nicht gut graben, daher benutzen sie Höhlen und Felsspalten als Unterschlupf. Hasenmäuse leben in kleineren Familiengruppen. Nach knapp sechs Monaten Tragezeit bringt das Weibchen ein einzelnes Junges zur Welt, das schon behaart und mit einem Jahr ausgewachsen ist. Hasenmäuse nehmen übrigens gerne ausgiebige Sonnenbäder. Sie halten keinen Winterschlaf.

Hasenmäuse gehören zu den Nagetieren.

Kopf-Rumpf-Länge: 30–40 cm
Schwanz: 20–30 cm
Verbreitung: Südamerika (Peru, Chile)
Farbe: grau bis braun
Familie: Chinchillas

Haubentaucher

SCHON GEWUSST?
Die Haubentaucher können bis zu sieben Meter tief tauchen, bleiben aber nicht länger als eine Minute unter Wasser.

Der Haubentaucher hat seinen Namen, weil er in der Paarungszeit einen auffälligen, aufgerichteten Federschopf auf dem Kopf trägt und weil er auch ausgezeichnet tauchen kann.

Der entengroße Vogel trägt auf dem Rücken braune, am Bauch und am Hals weiße Federn. Anders als die Enten haben Haubentaucher keine Schwimmhäute, sondern Zehenlappen, das heißt, die einzelnen Zehen sind von Hautlappen gesäumt. Während der Brutzeit leben Haubentaucher auf größeren Seen mit ruhigen Ufern, die mit Schilf und Binsen bewachsen sind. Dort bauen sie ein schwimmendes Nest aus Wasserpflanzen. Das Weibchen legt drei bis vier Eier, die von beiden Elternteilen bebrütet werden. Verlassen diese das Nest, decken sie die Eier mit Pflanzen ab. Die Küken sind Nestflüchter, die gleich schwimmen können und sofort ihren Eltern überall hin folgen. Die Lieblingsspeise von Haubentauchern sind auf jeden Fall Fische, aber sie mögen auch Schnecken, Frösche, Wasserinsekten und sogar Pflanzenfrüchte und -samen.

Der Haubentaucher lebt auf ruhigen Seen.

Größe: etwa 50 cm
Verbreitung: Europa, Asien, Afrika, Australien, Neuseeland
Farbe: graubraun, weiß
Familie: Lappentaucher

Hausmaus

Wenn wir von der Maus sprechen, meinen wir immer die Hausmaus. Sie kommt in fast allen Ländern der Erde vor und lebt oft mit Menschen zusammen.

Die Hausmaus ist ein sehr kleines Nagetier und wiegt nur 20 bis 25 Gramm. Sie hat ein gelblich graues Fell und einen langen, spärlich behaarten Schwanz mit Schuppenringen. Ihr Geruchssinn und ihr Gehör sind sehr gut entwickelt, denn die Tiere verständigen sich untereinander durch geruchliche Merkmale, aber auch durch Ultraschalllaute, die Menschen nicht hören können. Die Hausmaus lebt häufig in menschlichen Behausungen, aber auch im Freien auf Wiesen, in Hecken und in Gärten. In Gebäuden baut die Hausmaus Nester aus Papier- und Stofffetzen, im Freien gräbt sie einen Erdbau. Das Weibchen bekommt vier- bis achtmal im Jahr jeweils vier bis neun nackte und blinde Junge. Die Kleinen können nach sechs bis sieben Wochen selbst Junge bekommen. Die Hausmaus ist ein Allesfresser, bevorzugt aber pflanzliche Nahrung.

SCHON GEWUSST?
Verschiedene Züchtungen der Hausmaus werden als Weiße Mäuse oder Labormäuse für Tierversuche gehalten.

Hausmäuse haben ein graues Fell und einen langen Schwanz.

Kopf-Rumpf-Länge: 7–10 cm
Schwanz: 7–10 cm
Verbreitung: ursprünglich Indien, heute weltweit
Farbe: gelblich grau
Familie: Langschwanzmäuse

SCHON GEWUSST?

Die Hausratte war im Mittelalter die Hauptüberträgerin der Pest, einer tödlichen Krankheit.

Hausratte

Neben der deutlich größeren Wanderratte ist die Hausratte die zweite in Mitteleuropa heimische Rattenart. Sie ist auch als Schiffsratte bekannt, da sie früher durch Schiffsreisen weltweit verbreitet wurde.

Die Hausratte hat ein grauschwarzes bis braungraues Fell, das am Bauch heller ist. Es gibt aber auch andere Farbformen. Der lange, fast haarlose Schwanz hat über 200 Ringe. Die Hausratte ist dämmerungs- und nachtaktiv und lebt in Gruppen mit 50 oder mehr Tieren. Ratten kommen in kalten Regionen ausschließlich in menschlichen Siedlungen vor, in wärmeren Ländern auch im Freien. Sie markieren feste Pfade in ihrem Revier durch Kot und Urin, den sie mit den Pfoten verschmieren und festtreten. In Gebäuden bauen sie Nester aus Papierstücken, Stofffetzen und Ähnlichem, im Freien auf Bäumen aus Gras und Blättern. Die Hausratte bekommt mehrmals im Jahr jeweils sechs bis zwölf Junge. Sie ist ein Pflanzenfresser und ernährt sich vor allem von Getreide, Früchten, Samen und Wurzeln, aber auch von menschlichen Abfällen. Tierische Kost steht nur sehr selten auf der Speisekarte.

Die Hausratte lebt gern dort, wo Menschen sind.

Kopf-Rumpf-Länge: 16–22 cm
Schwanz: 18–25 cm
Verbreitung: ursprünglich Südasien, heute weltweit
Farbe: grauschwarz bis braungrau
Familie: Langschwanzmäuse

Hausrotschwanz

Der Hausrotschwanz ist ein Singvogel, der bei uns oft brütet. Er hat viel Ähnlichkeit mit dem gleich großen Gartenrotschwanz, ist aber nicht so prächtig gefärbt wie dieser.

Der Hausrotschwanz war ursprünglich nur im Gebirge heimisch, lebt aber seit langer Zeit in tiefen Lagen und auch in menschlichen Siedlungen. Der Hausrotschwanz erhielt seinen Namen aufgrund der rostrot gefärbten Schwanzfedern. Das Männchen ist dunkelgrau mit schwärzlicher Kehle und Brust und weiß umsäumten Armschwingen. Das Weibchen ist schmutzig graubraun gefärbt.

Das Nest besteht aus Halmen und Moos und wird in Mauer- und Felsspalten oder in Nischen angelegt. Darin brütet das Weibchen etwa zwei Wochen fünf bis sechs Eier aus. Die Vögel verspeisen am liebsten Insekten und Spinnen, im Sommer auch Beeren. Der Hausrotschwanz hat einen zweiteiligen Gesang: Der erste Teil ist ein hoher Triller, dem nach einer Pause Kratz- und Knirschlaute folgen.

Ein Hausrotschwanz

Größe: 14 cm
Verbreitung: Europa, Vorder- und Zentralasien, Nordwestafrika
Farbe: rostrot, dunkelgrau, graubraun
Familie: Drosseln

Hausschaf

Schafe gehören zu den ältesten Haustieren und werden von Menschen seit über 8000 Jahren gehalten. Sie stammen vom Mufflon, einer Unterart des Wildschafes, ab.

Es gibt viele Hausschafrassen, von denen manche Hörner tragen, manche nicht. Ein charakteristisches Kennzeichen ist das Fell der Schafe, das Menschen zur Wolle verarbeiten. Es besteht aus der dichten, gekräuselten Unterwolle und den darüberliegenden dickeren Haaren. So muss ein Schaf nie frieren. Schafe sind Herdentiere, die Böcke werden jedoch getrennt gehalten und dürfen nur zur Paarungszeit zu den Damen. Ein Weibchen bringt ein bis vier Lämmer zur Welt, die gleich nach der Geburt auf ihren wackeligen Beinen stehen können. Schafe fressen am liebsten saftiges Gras, grundsätzlich aber jedes Kraut, das ihnen vor die Schnauze kommt. Schafe liefern dem Menschen außer Wolle auch Milch und Fleisch.

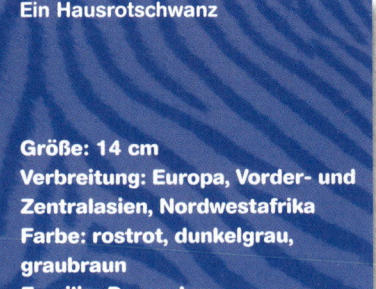

SCHON GEWUSST?
Das Fell der Hausschafe kann je nach Rasse weiß, grau, braun, schwarz oder auch gemustert sein.

Hausschafe haben ein dickes Fell.

Kopf-Rumpf-Länge: 70–125 cm
Verbreitung: weltweit
Farbe: weiß, braun, schwarz
Familie: Hornträger

Hauswinkelspinne

Wie der Name schon sagt, lebt die Hauswinkelspinne, auch Hausspinne oder Kellerspinne genannt, vor allem in Häusern in der Nähe des Menschen.

Sie bevorzugt Kellerräume und dunkle Ecken (zum Beispiel hinter Schränken), wo sie ungestört ist. Im Sommer kann man sie auch im Freien an Steinhaufen und Mauern antreffen. In ihrem Lebensraum baut die Hauswinkelspinne bis zu 50 Zentimeter lange, waagerechte Netze, die in einen umgekehrten Trichter – dem Ruheplatz der Spinne – münden. Vom Netz aus werden Fangfäden gespannt, in denen sich Beutetiere verheddern. Die Weibchen werden größer als die Männchen, dafür haben diese längere Beine. Der Körper ist graubeige gefärbt, mit einer dunkelbraunen Zeichnung versehen und mit weichen Haaren besetzt. Auch die Beine sind behaart und mit Borsten versehen. Die nachtaktiven Tiere fressen Fliegen, Mücken und andere Fluginsekten.

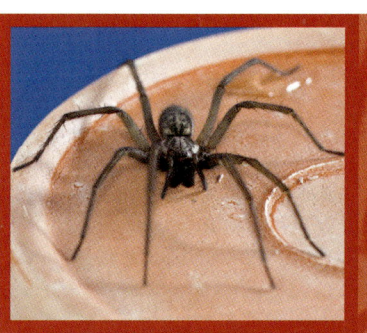

Eine Hauswinkelspinne

Größe: 9–18 mm
Verbreitung: Europa, Sibirien
Farbe: graubeige, dunkelbraun
Familie: Trichterspinnen

Hechte

Hechte sind Raubfische, die in Süßgewässern leben. Eine der bekanntesten Arten ist der Europäische Hecht. Wegen seines schmackhaften Fleisches ist er ein geschätzter Speisefisch.

Der Hecht hat einen lang gestreckten, walzenförmigen Körper und einen ziemlich langen Kopf mit einem entenschnabelähnlichen Maul. Die Kiefer sind mit scharfen Zähnen besetzt, gegen die kein Opfer eine Chance hat. Der Hecht ist am Rücken meist grünlich blau, zum Bauch hin heller. Die Rücken- und Afterflosse stehen weit hinten am Körper, wodurch der Hecht blitzartige Wendemanöver ausführen kann. Dieser Räuber hält sich gerne in fließenden und in größeren stehenden Gewässern auf. Dort lauert er zwischen Wasserpflanzen auf Fische, aber auch auf Frösche, junge Wasservögel und kleine Säugetiere.

Sobald sich ein unvorsichtiges Beutetier nähert, stürzt er sich pfeilschnell auf das Opfer und verspeist es.

Der Hecht ist ein Raubfisch.

Größe: 50–100 cm
Verbreitung: Europa, Sibirien, Nordamerika
Farbe: grünlich blau
Familie: Hechte

Heringe

Die Familie der Heringe umfasst etwa 200 Arten, von denen die meisten im Meer leben. Die wichtigsten Fangfische sind der Pazifische Hering und der Atlantische Hering.

Typisch für alle Heringe ist der schuppenlose Kopf. Außerdem fehlen ihnen die Seitenlinie, die Fettflosse und die Barteln. Der schlanke Körper ist am Rücken graugrün, an den Seiten und am Bauch silbrig. Der Atlantische Hering kommt, wie der Name schon sagt, im Nordatlantik und in der Nordsee vor. Er lebt in großen Schwärmen und ernährt sich von tierischem Plankton (Schwebeteile im Wasser), kleinen Krebstieren und Fischlarven. Tagsüber hält sich der Hering am Meeresboden auf, abends steigt er

aus 30 bis 50 Meter Tiefe auf. Das Weibchen kann jedes Jahr bis zu 50.000 Eier legen. Die in der Ostsee vorkommenden Heringe werden auch Strömlinge genannt. Der Atlantische Hering kann über 20 Jahre alt werden.

Heringe leben in Schwärmen.

Größe: bis 40 cm
Verbreitung: Nordatlantik, Nord- und Ostsee
Farbe: graugrün, silbrig
Familie: Heringe

Hermelin

Das Hermelin oder das Große Wiesel ist ein schlankes Raubtier und ein flinker Jäger. Es ist wegen seines Fells sehr begehrt. Aus dem weißen Winterfell wurden früher sogar Pelzmäntel für Könige gefertigt.

In unseren kühlen Gegenden wechselt das Hermelin zweimal im Jahr das Fell: Im Sommer ist es oberseits rotbraun, unterseits weiß, im Winter rein weiß, sodass die Tiere im Schnee gut getarnt sind. Das Schwanzende bleibt immer schwarz. Hermeline leben an Waldrändern, in Hecken oder Parks, aber auch im Gebirge bis in 3400 Meter Höhe. Sie sind in der Dämmerung und nachts munter. Auf der Speisekarte stehen hauptsächlich Nagetiere, Kaninchen, Reptilien, Amphibien, Vögel und Eier. Hermeline leben am liebsten in verlassenen Bauen von Maulwürfen, Hamstern oder Kaninchen, in denen sie allein wohnen. Dorthinein bauen sie auch ihre kuscheligen Nester. Das Weibchen bekommt drei bis neun Junge, die winzig und weiß behaart sind. Mit drei Monaten haben sie ihr normales Fell und verlassen bald darauf die Mutter.

Das Hermelin ist ein flinker Jäger.

Kopf-Rumpf-Länge: 25–35 cm
Schwanz: bis 12 cm
Verbreitung: Europa, Asien
Farbe: rotbraun, weiß
Familie: Marder

Herzmuschel

Die Gemeine oder Essbare Herzmuschel gehört zu den bekanntesten und häufigsten Muscheln der europäischen Küsten. Sie lebt bevorzugt dicht unter der Oberfläche von Schlick- und Sandböden.

Wenn du einmal an der Nordsee eine Wattwanderung machst, triffst du auf Schritt und Tritt auf Herzmuscheln. Denn auf einer Fläche von einem Quadratmeter leben ein paar Hundert von ihnen dicht beieinander. Die Herzmuschel hat einen langen, muskulösen Fuß, der abgeknickt ist. Dadurch kann die Muschel auf dem Sand bis zu 50 Zentimeter weite Sprünge machen. Sie hat zwei Siphone. Das sind röhrenförmige Gebilde, die aus der Schale herausragen und Nahrung aus dem Wasser filtern. Die Herzmuschel er- nährt sich nämlich von Kleinstlebewesen und Plankton. Fast alle Herzmuschelarten sind essbar.

Herzmuscheln sind meist essbar.

Größe: 4–5 cm
Verbreitung: Atlantik, Nord- und Ostsee
Farbe: weißlich gelb
Familie: Herzmuscheln

Heuschrecken

Heuschrecken sind Flugin- sekten mit kräftigen Hinter- beinen, die zu Sprungbeinen ausgebildet sind. Mit diesen können sie große Sprünge machen.

Ihre festen Vorderflügel, die Flügeldecken, schützen die zum Fliegen dienenden gro- ßen Hinterflügel. Im Allgemei- nen unterscheidet man zwi- schen den Ordnungen Lang- fühlerschrecken und Kurzfüh- lerschrecken. Sie unterschei- den sich vor allem durch die Länge ihrer Fühler voneinan- der. Beide haben eine Zirpvor- richtung an den Vorderflügeln. Das Hörorgan der Langfühler- schrecken sitzt an den Knien der Vorderbeine, bei den Kurz- fühlerschrecken seitlich am Hinterleib. Mit ihrem Gesang erkennen sich die einzelnen Arten untereinander und lo- cken auch Partner an. Anders als andere Insekten machen Heuschrecken eine unvoll- ständige Verwandlung durch. Das heißt, sie entwickeln sich vom Ei über die Larve ohne Puppenstadium zum erwachsenen Tier. Heuschrecken sind Räuber und verspei- sen Insek- ten und deren Lar- ven, aber auch an- dere Heu- schrecken!

SCHON GEWUSST?
Zu den Langfühler- schrecken gehören Grillen (zum Beispiel Maulwurfs- grillen) und Laubheu- schrecken (zum Beispiel das Grüne Heupferd). Zu den Kurzfühlerschrecken gehören Feldheuschrecken mit den Grashüpfern und Wanderheuschrecken.

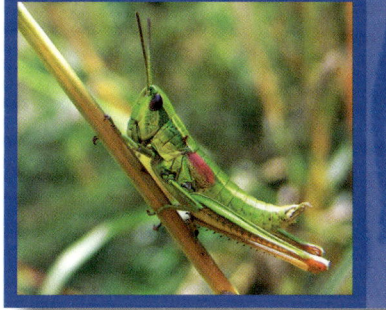

Das Heupferd zählt zu den Langfühlerschrecken.

Größe: 6–8 cm
Verbreitung: weltweit
Farbe: grün, braun
Unterklasse: Fluginsekten

Himmelsgucker

Die Himmelsgucker sind Fische, die an den Küsten und in größeren Tiefen der tropischen und gemäßigt-warmen Meere leben. Meist liegen sie im sandigen Meeresgrund vergraben.

Dabei ist nur die Oberseite des Kopfes mit den ganz oben stehenden Augen zu sehen. Daher hat der Fisch seinen deutschen Namen. Himmelsgucker haben einen massigen Körper und einen sehr breiten Kopf. Viele Arten tragen an der Unterlippe einen wurmartigen Fortsatz, der als Köder dient. Sie locken Beutetiere wie Fische und Krebse an, indem sie den Fortsatz hin- und herschlängeln lassen. Viele Himmelsgucker haben elektrische Organe, die dicht hinter den Augen liegen und schwache Stromstöße abgeben. Die Fische nutzen diese Stromstöße für die Beutejagd und natürlich auch zum Abwehren von Feinden. Der Gewöhnliche Himmelsgucker, der hauptsächlich an der Atlantikküste, im Mittelmeer und im Schwarzen Meer heimisch ist, wird manchmal auch Meerpfaff oder Sternseher genannt.

Die Augen des Himmelsguckers stehen leicht nach oben.

Größe: 30–55 cm
Verbreitung: tropische Meere
Farbe: weißlich
Familie: Himmelsgucker

Hirsche

Hirsche sind eine Säugetierfamilie und gehören zu den Paarhufern. Die Familie umfasst mehr als 40 Arten, von denen vor allem der Rothirsch, der Damhirsch, das Reh, das Ren und der Elch auch in Europa vorkommen.

Das auffälligste Kennzeichen der Hirsche ist das Geweih, das bei den einzelnen Arten unterschiedliche Formen haben kann. Außer beim Ren tragen nur die Männchen diesen Kopfschmuck. Das Geweih wird jedes Jahr nach der Paarungszeit abgeworfen und wieder neu gebildet. Auch die Größe der Hirsche variiert stark. Die größte Art ist der Elch, die kleinste der Südliche Pudu. Das Fell ist meistens braun oder grau gefärbt. Alle

Hirsche sind Wiederkäuer, das heißt, ihr Magen besteht aus vier Abschnitten, in denen die Nahrung mithilfe von Bakterien verdaut wird. Da die vorverdaute Nahrung hochgewürgt und noch einmal zerkaut wird, nennt man diese Pflanzenfresser „Wiederkäuer". Die meisten Hirscharten sind gesellig und leben in Gruppen.

Hirsche tragen ein Geweih.

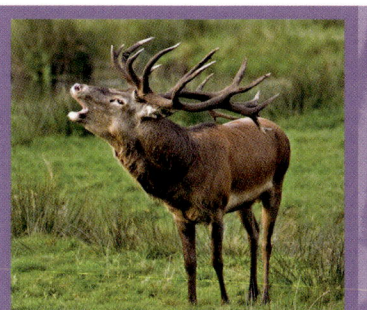

Kopf-Rumpf-Länge: 70–290 cm
Verbreitung: weltweit
Farbe: rotbraun, grau
Familie: Hirsche

Hirschferkel

Hirschferkel sind die kleinsten Paarhufer, die heute noch leben. Sie kommen in den Tropen Afrikas und Asiens vor und sind die urtümlichste Gruppe der Wiederkäuer.

Hirschferkel haben weder Hörner noch ein Geweih. Dafür besitzen sie vergrößerte Eckzähne, die wie Stoßzähne aus dem Maul ragen. Ihr Kopf ist klein mit einer spitzen Schnauze und großen Augen. Das Fell ist orangebraun bis grau. Manche Arten wie das Afrikanische Hirschferkel haben an den Seiten weiße Streifen oder auf dem Rücken weiße Flecke. Die scheuen Tiere werden abends richtig munter. Sie verspeisen am liebsten Blätter, Gräser, Knospen und auf den Boden gefallene Früchte. Ab und zu fressen sie auch Insekten, Fische und Aas (tote Tiere). Hirschferkel sind sehr gebärfreudig: Kurz nachdem sie Junge bekommen haben, paaren sie sich erneut. So sind sie fast ihr ganzes Leben lang trächtig.

SCHON GEWUSST?
Die Kantschile sind asiatische Arten des Hirschferkels. Es gibt den Großkantschil, den Kleinkantschil und den Fleckenkantschil.

Der Kleinkantschil ist die asiatische Art des Hirschferkels.

Kopf-Rumpf-Länge: 40–85 cm
Schwanz: 10–15 cm
Verbreitung: Afrika, Südostasien
Farbe: orangebraun bis grau
Familie: Hirschferkel

Hirschkäfer

Der Hirschkäfer ist der größte und eindrucksvollste Käfer Europas. Seinen Namen verdankt er dem gewaltig verlängerten Oberkiefer des Männchens, der wie das Geweih eines Hirsches verzweigt ist.

Beide Geschlechter haben eine schwarzbraune Grundfarbe, nur beim Männchen sind Mundwerkzeuge und Deckflügel rotbraun gefärbt. Die Weibchen locken die Männchen mit bestimmten Duftstoffen an. Nach der Paarung legen sie etwa 20 Eier am Fuße von toten oder kranken, morschen Bäumen ab, insbesondere von Eichen. Die Larven sind cremefarben und leben von den Säften des verrottenden Holzes. Sie werden oft bis zu elf Zentimeter lang und verpuppen sich erst nach einigen Jahren in einer faustgroßen Kammer. Die fertigen Käfer schlüpfen aus der Puppe und leben höchstens einen Monat lang. In dieser Zeit saugen sie Pflanzensäfte, da besonders die Männchen die Mundwerkzeuge nicht zur Nahrungsaufnahme verwenden können.

Der Hirschkäfer ist der größte Käfer Europas.

Größe: 2,5–8 cm
Verbreitung: weltweit
Farbe: schwarzbraun, rotbraun
Familie: Schröter

Hornisse

Die Hornisse ist die größte einheimische Faltenwespe. Sie lebt in sozialen Staaten wie die Honigbiene auch. Die Hornisse ist berühmt für ihren Giftstachel.

Ein befruchtetes Weibchen überwintert und gründet als die neue Königin ein Nest. Sie beginnt im Frühsommer mit dem Bau der ersten Waben. Diese stellt sie aus zerkautem Holz her und platziert sie bevorzugt in hohlen Bäumen, aber auch auf Dachböden, in Schuppen und in Vogelnistkästen. In jede Wabe legt sie ein Ei und füttert die Larven. Vier bis fünf Wochen später schlüpfen die ersten Arbeiterinnen. Sie nehmen dann der Königin alle Arbeiten ab, bauen neue Waben und füt-

tern den weiteren Nachwuchs. Im Herbst kann der Hornissenstaat auf bis zu 1000 Tiere angewachsen sein. Hornissen ernähren sich und ihre Brut von Insekten und Spinnen. Im Spätherbst naschen sie auch besonders gerne vom Fallobst. Im Gegensatz zu Bienen kann die Hornisse ihren Stachel nach einem Stich wieder herausziehen.

Hornissen werden bis zu 3,5 cm groß.

Größe: 2–3,5 cm
Verbreitung: Europa, Nordafrika, Nordamerika
Farbe: schwarzbraun, gelb
Familie: Faltenwespen

Hornviper

Am bekanntesten ist die Wüsten-Hornviper, die in Nordafrika und auf der Arabischen Halbinsel lebt. Ihren Namen verdankt diese Schlange den Hörnchen oberhalb der Augen, die aus je einer Schuppe bestehen.

Die Hornviper bewegt sich mit ihrem ziemlich dicken, sandfarbenen Körper seitenwindend auf dem Sand fort. Dabei hebt sie abwechselnd einen Teil des Körpers hinter dem Kopf und vor dem Schwanz vom Boden hoch und setzt ihn ab. So entstehen die charakteristischen Spuren der sogenannten Seitenwinder im Sand. Die Wüsten-Hornviper ist in der Dämmerung und nachts aktiv. Tagsüber gräbt sie sich zum Schutz vor der sengenden Mittagssonne im Sand ein. Sie fängt am liebsten kleine Wirbeltiere wie Vögel, Echsen oder Nagetiere, aber auch Insekten. Im Sommer legt das Weibchen etwa 20 Eier ab, aus denen nach zwei Monaten junge Schlangen schlüpfen. Im Winter hält sich die Hornviper in verlassenen Erdbauten von Rennmäusen oder Reptilien auf.

Die Hornviper hat Hörner über den Augen.

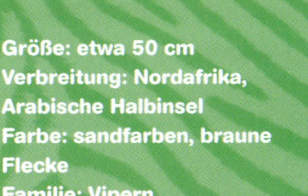

Größe: etwa 50 cm
Verbreitung: Nordafrika, Arabische Halbinsel
Farbe: sandfarben, braune Flecke
Familie: Vipern

Hummel

Hummeln sind große, behaarte Insekten. Sie sind meist schwarz gefärbt und besitzen gelbe Streifen oder Flecke. Wie die Bienen sind sie sozial lebende Insekten, das heißt, sie leben in einem großen Staat.

Ein Hummelvolk besteht aus etwa 50 bis 500 Tieren und einer Königin. Die meisten Hummeln sind Arbeiterinnen, einige sind Drohnen (Männchen). Sie leben etwa drei bis vier Wochen, die Königin wird etwa ein Jahr alt. Sie überwintert und sucht im Frühjahr einen geeigneten Platz für das Nest in der Erde oder in einem hohlen Stamm. Die Königin sammelt Pollen und Nektar und knetet daraus einen Nahrungsvorrat. Später legt sie darauf die Eier ab. Wenn die Larven schlüpfen, finden sie genug Nahrung vor. Aus ihnen entwickeln sich Arbeiterinnen, die nur für die Nahrungssuche zuständig sind. Im Herbst schlüpfen Männchen und befruchtungsfähige Weibchen. Von den Weibchen, mit denen sich die Drohnen paaren, überleben einige den Winter und gründen im nächsten Frühjahr als Königin ein eigenes neues Volk. Ein Volk überlebt nur einen Sommer und geht am Ende des Jahres ein.

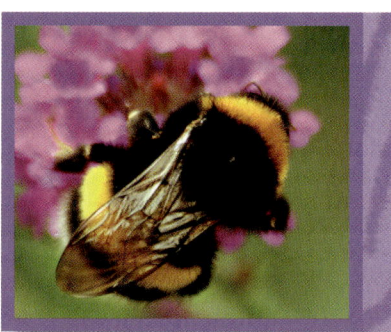

Eine Hummel auf Nahrungssuche

Größe: Königin 15–30 mm, sonst 8–20 mm
Flügelspannweite: 18–35 mm
Verbreitung: Europa, Asien, Tropen
Farbe: schwarz, gelb
Familie: Echte Bienen

Hummer

Hummer sind Vertreter der Zehnfußkrebse mit sehr großen, kräftigen Scheren. Am bekanntesten sind der Europäische Hummer und der Amerikanische Hummer.

Die beiden Arten unterscheiden sich äußerlich kaum voneinander. Der Europäische Hummer wird etwas größer und schwerer als sein amerikanischer Cousin. Der Körper des Hummers ist gut gepanzert und abgeplattet. Die Scheren der Männchen sind größer als die der Weibchen. Die rechte Schere ist deutlich breiter als die andere. Die größere Schere dient hauptsächlich zur Verteidigung, mit der

kleineren ergreift das Tier seine Beute, zerteilt sie und führt sie in den Mund. Da der Panzer nicht mitwächst, müssen sich die Tiere regelmäßig häuten – in den ersten Lebensjahren bis zu neunmal im Jahr, später nur einmal im Jahr. Der neue Panzer braucht etwa drei Wochen, bis er aushärtet. In dieser Zeit ist der Hummer ziemlich schutzlos. Hummer ernähren sich von Muscheln, Krebsen, Stachelhäutern, Würmern und Fischen.

SCHON GEWUSST?
Hummerfleisch ist eine Delikatesse. Kocht man einen Hummer, so wird seine blauschwarze Farbe rot!

Hummer haben kräftige Scheren.

Größe: 30–60 cm
Verbreitung: Nordatlantik, Nordsee, Mittelmeer
Farbe: gelblich, blauschwarz marmoriert
Familie: Hummerartige

Hundertfüßer

Hundertfüßer sind eine Klasse der Gliederfüßer und werden den Tausendfüßern zugeordnet. Trotz ihres Namens müssen nicht alle Hundertfüßer auch wirklich hundert Beine haben.

Es gibt über 2000 Hundertfüßer-Arten, die in vier Ordnungen eingeteilt sind: Erdläufer, Steinläufer, Riesenläufer (Skolopender) und Spinnenasseln. Der lang gestreckte Körper ist aus gleich großen Abschnitten (Segmenten) aufgebaut. An jedem Segment befindet sich ein Beinpaar. Die Anzahl der Segmente kann je nach Art zwischen 15 und 191 liegen. Das erste Beinpaar ist zu zangenähnlichen Klauen entwickelt, die an den Enden Giftdrüsen haben. Die Tiere packen ihre Beute mit diesen Klauen und spritzen ihr das lähmende Gift ein. Hundertfüßer sind nachtaktiv und verstecken sich tagsüber unter welkem Laub, Steinen oder im Erdboden. Sie leben räuberisch von kleinen wirbellosen Tieren wie Insekten und Spinnen. Das Weibchen legt Eier in ein Erdhäufchen mit Belüftungsloch und rollt sich um die Eier, die zu einem Paket zusammengedrängt sind, bis die Jungen schlüpfen.

SCHON GEWUSST?
Steinläufer haben 15 Beinpaare, Skolopender mehr als 20 Beinpaare und Erdläufer 31 bis 191 Beinpaare.

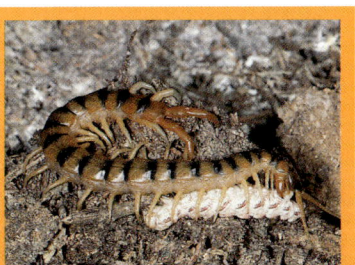

Es gibt über 2000 Hundertfüßer-Arten.

Größe: 3–5 cm, tropische Arten bis 30 cm
Verbreitung: weltweit
Farbe: schwarzbraun
Klasse: Hundertfüßer

Hyänen

Hyänen haben zwar einen hundeähnlichen Körper, aber sie sind mit den Hunden nicht verwandt, sondern gehören zu den Katzenartigen. Hyänen werden in zwei Unterfamilien eingeteilt.

Zu der einen Unterfamilie gehören die Streifenhyäne, die Schabrackenhyäne (Braune Hyäne) und die Tüpfelhyäne, zu der anderen gehört der Erdwolf. Hyänen sind Raubtiere mit einem Fell, das je nach Art verschiedene Brauntöne aufweist. Die Tüpfelhyäne hat als Einzige Flecke, andere Arten zeigen Streifen-muster. Außer der Tüpfelhyäne tragen alle Arten eine dichte Rückenmähne. Die Hyänen haben allgemein den Ruf, Aasfresser zu sein. Das trifft aber nur bei der Streifen- und Schabrackenhyäne zu. Die Tüpfelhyäne ist dagegen ein mutiger Jäger, der allein oder in kleinen Gruppen Gazellen, Antilopen und Zebras erbeutet. Bei der Hetzjagd kann sie Geschwindigkeiten bis zu 60 Kilometer in der Stunde erreichen. Der Erdwolf ernährt sich ganz anders – nämlich von Termiten! Tüpfelhyänen leben in großen Rudeln, Schabrackenhyänen in kleinen Familien und Streifenhyänen sind Einzelgänger.

Hyänen sind mutige Jäger.

Kopf-Rumpf-Länge: 55–165 cm
Schwanz: 18–44 cm
Verbreitung: Afrika
Farbe: braun
Familie: Hyänen

SCHON GEWUSST?

In Ägypten zur Zeit der Pharaonen wurde der Heilige Ibis als heiliger Vogel verehrt. Er galt als die Verkörperung des Mondgottes Thot. Heute kommt der Heilige Ibis in Ägypten nicht mehr vor.

Ibisse

Ibisse sind Schreitvögel mit sehr langen, nach unten gebogenen Schnäbeln. Sie leben meist in Gewässernähe, am Ufer von Seen oder langsam fließenden Flüssen und Bächen. Einige Arten bewohnen auch Steppen und Savannen.

Ein sehr bekannter Vertreter ist der Heilige Ibis, der in Afrika lebt. Er hat ein weißes Federkleid, trägt aber blauschwarze, metallisch schillernde Federn an den Flügeln. Sein Hals und sein Kopf sind ebenso wie der Schnabel und die Beine nackt und schwarz. Der Heilige Ibis watet langsam durch Sümpfe und Moore und stößt blitzschnell mit seinem langen Schnabel zu, sobald er ein Beutetier entdeckt hat. Er frisst Krebstiere, große Insekten, Schnecken, Reptilien, Fische, aber auch Aas. Der Heilige Ibis brütet in großen Kolonien in unzugänglichen Sümpfen. Das Nest befindet sich im Gebüsch, in Bäumen oder auf dem Boden. Das Weibchen legt drei bis vier Eier, die 21 Tage bebrütet werden. Als Futter bekommen die Jungvögel einen vorverdauten Nahrungsbrei aus dem Schlund der Altvögel.

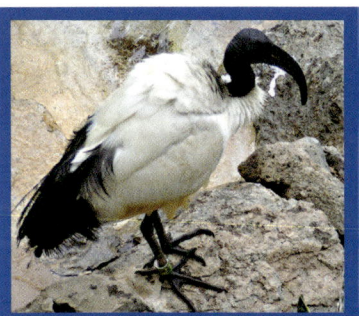

Der Heilige Ibis lebt in Afrika.

Größe: 65–80 cm
Flügelspannweite: 115–125 cm
Verbreitung: Afrika
Farbe: weiß, schwarz
Familie: Ibisse

Igel

Wenn es draußen langsam dämmrig wird, zieht der Igel los und durchstreift sein Gebiet auf der Suche nach etwas Essbarem. Er ist immer allein unterwegs und tippelt gemächlich durch die Nacht.

Trotz seiner kurzen Beine kann der Igel schnell laufen, wenn es sein muss. Außerdem ist er ein geschickter Kletterer und guter Schwimmer. Der Igel ist durch seine braunen Stacheln mit weißen Spitzen mit keinem anderen Tier zu verwechseln. Auf dem Rücken trägt er rund 8000 Stacheln, nur am Bauch und im Gesicht hat er Haare. Wenn es einmal gefährlich wird, läuft der Igel nicht davon, sondern rollt sich zu einer stacheligen Kugel zusammen. Dann kann ihm kein Angreifer etwas tun. Der Igel ist ein Insektenfresser und liebt Asseln, Tausendfüßer, Spinnen, Käfer und Larven. Aber auch Regenwürmer, Schnecken und Frösche verspeist er gerne. Bei der Nahrungssuche verlässt er sich immer auf seine gute Nase. Im Winter zieht sich der Igel in seinen Unterschlupf im Gestrüpp zurück und hält Winterschlaf. Er zehrt währenddessen von dem Winterspeck, den er sich im Sommer angefressen hat.

SCHON GEWUSST?
Die bekanntesten Vertreter der Familie Igel sind der Braunbrustigel oder der Europäische Igel (vor allem in Westeuropa) und der Weißbrustigel (in Osteuropa und Asien).

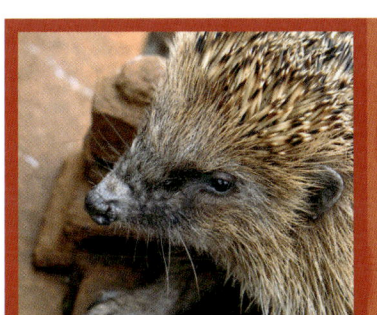

Ein Igel auf der Suche nach Käfern und Larven

Kopf-Rumpf-Länge: 25–30 cm
Schwanz: 2–3 cm
Verbreitung: Europa, Asien
Farbe: schwarz, braun
Familie: Igel

FELD UND WIESE

Schließ deine Augen und stell dir vor, es ist Sommer und du stehst auf einer großen, bunten Wiese. Was siehst du? Gräser und Blumen so weit das Auge reicht, nur vereinzelt stehen ein paar höhere Sträucher und Büsche.

Auch Bienen finden auf Wiesen ideale Lebensbedingungen.

Lebensbedingungen Wiesen kommen in den gemäßigten Klimazonen vor. Das bedeutet, die Jahreszeiten finden zwar statt, bringen aber keine extremen Temperaturen mit sich. Weil hier keine Bäume das Licht abhalten, erreichen die Sonnenstrahlen die Erde und so können die Pflanzen gut gedeihen. Sie sind daher der beliebteste Tummelplatz der Insekten. Bienen und Heuschrecken, aber auch eine Vielzahl von Käfern finden hier ideale Lebensbedingungen.

chende Schutzvorkehrungen zu treffen. Manche graben unterirdisch lange Gänge und Labyrinthe und kommen nur ungern an die Oberfläche. So wie der Maulwurf, der eigentlich sein ganzes Leben unter der Erde verbringt. Der lockere Boden auf Feldern und Wiesen ist für ihn wichtig, um unterirdische Gänge anlegen zu können.

Auf Wiesen und Feldern tummelt sich eine Vielzahl von Lebewesen.

Schutz Größere Tiere wie der Feldhamster haben nicht besonders viele Möglichkeiten, um sich zu verstecken. Und das Leben im offenen Grasland kann gefährlich sein, denn Raubvögel kreisen in luftiger Höhe und haben von oben einen guten Überblick. Daher ist es für die Bodenbewohner wichtig, entspre-

Nahrungssuche Viele Tiere nutzen die Wiesen aber auch als Futterplatz und verstecken sich die restliche Zeit in den nahe gelegenen Wäldern. So beispielsweise der Feldhase oder das Hermelin. Deshalb ist es für diese Tiere notwendig, flink und schnell zu laufen, um

WISSENSWERT!
Auch Gräser können blühen. Aber sie haben keine leuchtenden Farben, denn sie müssen keine Insekten anlocken um bestäubt zu werden. Wenn der Samen reif ist, wird er vom Wind weitergetragen.

Wiesen und Felder bieten für zahlreiche Tiere Schutz und Nahrung.

vor Feinden fliehen zu können. Das hat allerdings den Nachteil, dass man diese Tiere nur schwer zu Gesicht bekommt. Ganz ähnlich ist es auch bei den nachtaktiven Tieren. Sie kommen nur in der Dämmerung aus ihren Verstecken, um von ihren Feinden nicht so leicht entdeckt zu werden. Auch der Igel ist erst unterwegs, wenn die Sonne untergeht, obwohl er mit seinem Stachelkleid über ein gutes Verteidigungsmittel verfügt.

Umstellung Durch die Landwirtschaft wurden viele Lebensräume stark verändert. Wenn aus Naturwiesen Ackerland gemacht wird, bedeutet das für viele Tiere eine große Umstellung, den Verlust ihrer Heimat und im schlimmsten Fall den Tod. Aber manche haben sich diesen Veränderungen gut angepasst. So finden mittlerweile einige Vogelarten ihr Futter auf Feldern und nisten in Hecken am Ackerrand.

Maulwürfe legen unter Feldern und Wiesen ihre Gänge an.

Feldhasen nutzen Wiesen als Futterplatz.

LAUB- UND NADELWALD

Der Wald erscheint oft als Ort der Stille und Ruhe. Aber bei genauerem Hinsehen herrscht hier ein munteres bis hektisches Treiben. Das gilt für die Laubwälder besonders in den Frühlings- und Sommermonaten. In diesem Zeitraum erwachen die Tiere aus ihrem Winterschlaf und die Paarungszeit beginnt.

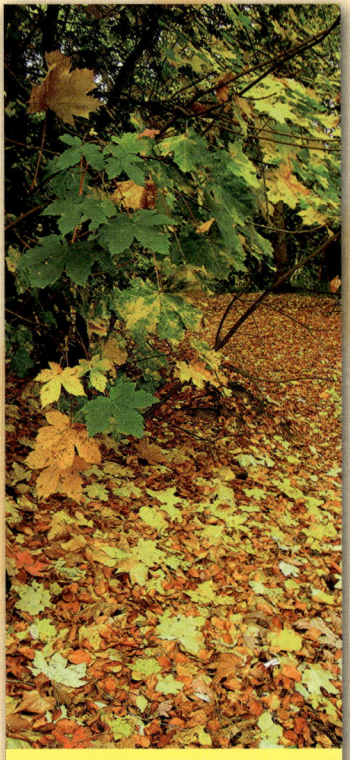

Das Herbstlaub bietet vielen Tieren im Wald Schutz.

Laub- und Mischwälder

Laub- und Mischwälder gedeihen bei gemäßigtem Klima in Zonen mit warmen Sommern und kühlen Wintern. In Westeuropa, den östlichen USA und in Ostasien kommen sie besonders häufig vor. Die Bäume werfen im Winter ihre Blätter ab und legen eine Wachstumspause ein, um Wasser zu sparen und die Kälte zu überstehen. Anders als im tropischen Regenwald kommt genügend Licht bis zum Boden durch, sodass dort eine Vielzahl von Pflanzen wachsen kann.

Schutz

Das Herbstlaub bildet eine dicke Schicht über der Erde, die im Winter Insekten, Würmern und Kleinsäugern Wärme und Schutz bietet. Die zierliche Haselmaus hat damit ein weiches Nest für den Winter. Der Wechsel der Baumkleider bedeutet für die Tiere eine ständige Veränderung. Insekten und ihre Brut fressen nicht nur die frisch ausgetriebenen zarten Blätter, sondern auch das Laub am Boden, das sie zersetzen. Schmetterlinge und Bienen saugen Nektar aus den Blumen. Vor allem die Bienen übertragen dabei Pollen auf andere Blüten und helfen so bei der Verbreitung.

Winter

Die Tierwelt der Wälder muss harte Winter überstehen. Die Nahrung wird knapp, sobald die Pflanzen absterben und das Angebot an Früchten und Samen schwindet. Manche Tiere wie der Siebenschläfer halten in Baumhöhlen oder unterirdischen Bauten ihren Winterschlaf. Sie kommen erst im Frühjahr wieder ins Freie. Andere wie das Eichhörnchen legen im Herbst Futtervorräte an

In den Wäldern leben zahlreiche Tiere, denn hier finden sie viele Verstecke und ausreichend Nahrung.

Eichhörnchen legen einen Futter-vorrat im Wald an.

und ziehen sich zur Win-terruhe zurück.

Nadelwälder

Nadel-bäume verlieren und erneu-ern ihr Grün das ganze Jahr über. Die abgefallenen Nadeln bilden auf dem Waldboden eine dicke Schicht. Hier können nur wenige Pflanzen wachsen. Entsprechend angepasst müssen die Tiere sein, die hier leben. Viele Vögel und Säugetiere ernähren sich beispielsweise von Wald-beeren und Pilzen, die es hier in großen Mengen gibt. Ein großes Gebiet bilden die Nadelwälder Sibiriens, die als Taiga bezeichnet wer-den. Im Winter suchen hier Elche und Rentiere, die sonst in der Arktis leben, Schutz vor der Kälte. Sie er-nähren sich hauptsächlich von Moosen und Flechten, die sie mit ihren Hufen aus dem Schnee scharren. Der Braunbär dagegen hält lie-ber bis zum Frühling seine Winterruhe.

Rentiere suchen im Winter Schutz im Wald.

GEBIRGE

Die höchsten Bergspitzen sind das ganze Jahr mit Schnee bedeckt. Während auf den unteren Hängen meist Wälder wachsen, findet man im Hochgebirge fast nur Sträucher und Felswände. Die niedrigen Blütenpflanzen, die hier gedeihen, bilden dichte Polster, um Feuchtigkeit und Wärme zu speichern. In höheren Gebieten wachsen nur noch extrem widerstandsfähige Flechten und Moose.

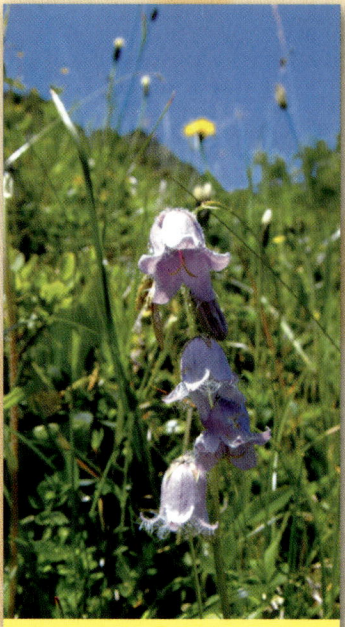

Im Sommer wachsen in den Bergen zahlreiche Pflanzen.

Artenvielfalt Für Tiere ist es sehr schwierig, im Gebirge zu leben und zu überleben. Dennoch gibt es hier eine reiche Artenvielfalt. Viele Tiere haben sich den rauen Verhältnissen angepasst. In den wärmeren Sommermonaten wimmelt es in den Bergen von Insekten, von denen aber viele nicht fliegen können, da die starken Winde sie einfach davontragen würden.

Schutz vor Kälte Kleine Säugetiere wie der Pfeifhase in Asien oder das Murmeltier in Europa leben in Höhlen oder Felsnischen. Hier sind sie vor starkem Wind und schlimmster Kälte sicher. Größere Tiere schützen sich mit einem dichten Fell oder Haarkleid. Grasfresser wie Schafe und Gämsen sind geschickte Kletterer, die mit ihren Hufen selbst in steilen Geröllwänden Halt finden. Ihre Feinde sind Schnee- leoparden und Pumas. Ein dichter Pelz und mit Fell bedeckte Tatzen schützen die seltenen Großkatzen vor der Kälte. Das eindeutig größte Tier im Himalaja ist der Yak. Das lange zottige Rückenhaar hält ihn so warm, dass er im Sommer

WISSENSWERT!
Die höchsten Berge der Welt sind der Mount Everest in Nepal mit 8846 Metern, der K2 in Pakistan mit 8611 Metern und der Kanchenjunga, ebenfalls in Nepal, mit 8586 Metern. Zum Vergleich: Die Zugspitze in Deutschland ist nur 2962 Meter hoch.

Viele Tiere haben sich den harten Bedingungen der Gebirge sehr gut angepasst.

Schneeziegen sind geschickte Kletterer.

Tiere Nur die Vögel mit den kräftigsten Flügeln können den Stürmen in Gipfelnähe standhalten. Adler und andere Greifvögel lassen sich vom Wind tragen und stoßen aus großer Höhe auf Nager und kleine Säugetiere herab. Hoch über den südamerikanischen Anden segelt der Kondor stundenlang im Wind, ohne mit den Flügeln schlagen zu müssen. Zwischen den Bergketten erstrecken sich weite, grasbedeckte Hochebenen, auf denen in manchen Regionen wie Asien oder Südamerika Lamas ihre Heimat haben.

gerne in die kühleren Höhenlagen wandert.

Adler suchen im Gebirge nach ihrer Beute.

FLUSS, SEE UND SUMPF

Flüsse, Seen und Sümpfe sind für viele Tierarten ein wichtiger Lebensraum. Sie bieten ihren Bewohnern mannigfache Nahrung, Schutz und die besten Voraussetzungen dafür, ihren Nachwuchs aufzuziehen.

Flüsse Nahe der Quelle – die meisten Flüsse entspringen im Gebirge – ist die Strömung so stark, dass kaum Pflanzen im Flussbett wachsen können. Hier hängen kleine Tiere wie beispielsweise Wasserschnecken, Blutegel und Fischlarven am steinigen Untergrund. Sie filtern vor allem abgestorbene Pflanzenteile aus dem Wasser, die vom überhängenden Ufer in den Fluss fallen und mitgespült werden.

Nahrung Vögel und kräftige Fische, wie Flussaale und Lachse, ernähren sich von den Kleintieren. Wenn die Strömung flussabwärts schwächer wird, lagert sich Schlamm ab, in dem Wasserpflanzen Halt finden. Würmer und Schnecken finden hier einen idealen Unterschlupf. Insekten und ihre Larven fressen die Pflanzen und Algen auf dem Flussgrund, während Frösche Jagd auf die Insekten machen. Die Wasserpflanzen sind außerdem die Kinderstube des Flusses, da sie frisch geschlüpften Fischen und Insekten Schutz vor Raubtieren bieten. Die vielen Fische der Flüsse sind eine wichtige Nahrungsquelle für größere Räuber. Der wendige Otter fängt seine Beute im Schwimmen. Manche Vögel erhaschen Insekten im Flug an der Wasseroberfläche. Ein wahrer Könner ist hier der Eisvogel. Andere wie der Fischreiher tauchen oder waten durchs Wasser und spießen Kleintiere mit den Schnäbeln auf. Die Uferzonen bieten vielen Tieren Schutz. Kleine Säuger leben in Höhlen über dem Wasser, während Vögel gern zwischen Schilf und Binsen nisten.

Eisvögel leben an Flüssen.

Flüsse, Seen, Sümpfe sind ein idealer Lebensraum für viele Tiere und Pflanzen.

WISSENSWERT!
Der längste Fluss der Welt ist der Nil in Afrika. Er ist 6670 Kilometer lang. Der größte See der Welt liegt in Asien und heißt „Kaspisches Meer". Er hat eine Fläche von rund 371.000 Quadratkilometern.

Seen und Sümpfe bieten zahlreichen Tieren eine Fülle an Nahrung und Schutz.

Sümpfe

Feuchtgebiete und Sümpfe entstehen an Seeufern, Flussmündungen oder in Überschwemmungsebenen. Die Everglades in Florida, USA, sind hier besonders berühmt. Hohe Binsen, durchsetzt von Sumpfwald, dominieren die Landschaft. Watvögel wie die Flamingos suchen an seichten Stellen nach Nahrung, während Alligatoren im tieferen Wasser auf Beute lauern.

Seen

Im stehenden Wasser von Teichen und Seen leben winzig kleine Pflanzen, die Algen. Sie dienen dem Zooplankton als Nahrung. Das Plankton wird wiederum von Insekten, Schnecken und Fischen gefressen. Selbst kleinste stehende Gewässer wie Teiche bieten vielen Tieren noch einen wichtigen Lebensraum. Hier lauern zum Beispiel Frösche auf ihre Beute, denn sie fressen am liebsten kleine Fliegen und Würmer. Die hohen Schilfpflanzen dienen Insekten als Leitern, wenn sie nach dem Larvenstadium das Wasser verlassen.

Fischotter gehen auf Jagd nach Fischen.

Flamingos suchen in Sümpfen nach Nahrung.

Igelfisch

Der Igelfisch verdankt seinen Namen den spitzen Stacheln, die seinen Körper bedecken. Sie liegen normalerweise flach an. Wenn sich jedoch ein Feind nähert, plustert der Fisch seinen Körper auf, sodass die Stacheln abstehen.

Das gelingt dem Igelfisch, indem er ganz schnell viel Wasser schluckt. Dann sieht er wie eine Stachelkugel aus. So ist er vor jedem Feind sicher. Sobald die Gefahr vorbei ist, pumpt der Igelfisch das Wasser wieder aus seinem Magen und bekommt seine ursprüngliche schlanke Figur. Der Igelfisch ist meist nachts aktiv und kann mit seinen großen Augen die Beute im Dunkeln leicht aufspüren. Tagsüber versteckt er sich im Seegras oder schläft in Höhlen. Der Igelfisch hat ein mächtiges Gebiss. Damit kann er die harten Panzer von Krebsen und Seeigeln oder die Schalen von Muscheln mühelos knacken. Igelfisch-Weibchen legen Eier wie die meisten Fische. Die jungen Igelfische sind am ganzen Körper mit dunklen Punkten übersät.

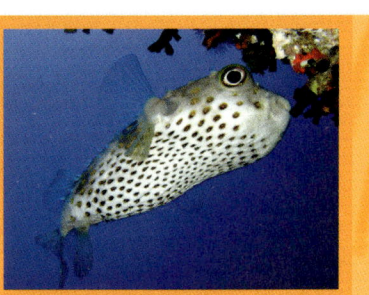

Wenn sich ein Feind nähert, plustert sich der Igelfisch auf, sodass seine Stacheln abstehen.

Größe: 60–90 cm
Verbreitung: Mittelmeer, Pazifik, Indischer Ozean
Farbe: beige-braun
Familie: Igelfische

Der Iltis schläft tagsüber in seiner Höhle und kommt erst abends heraus.

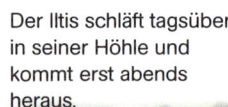

Iltis

Der Europäische Iltis, auch Ratz genannt, ist die häufigste Marderart in Europa und mit dem Hermelin und dem Nerz verwandt.

Er hat jedoch einen gedrungeneren Körper und ist nicht so flink und beweglich wie seine Vettern. Auch unterscheidet er sich von den beiden durch seine typische Geschichtszeichnung in Dunkelbraun und Weiß. Sein Fell ist im Sommer wie im Winter dunkelbraun bis schwarz gefärbt. Der Europäische Iltis wird abends munter und geht auf Nahrungssuche. Da er ein schlechter Kletterer ist, jagt er am Boden. Er ist Fleischfresser und verspeist am liebsten Amphibien wie

Frösche und Kröten. Auch kleine Nagetiere, Fische, Vögel und Schlangen stehen auf dem Speiseplan. Den Tag verschläft der Iltis in Spalten oder Erdhöhlen, die er selbst gräbt oder von anderen Tieren übernimmt. Das Weibchen bringt drei bis sieben blinde Junge mit weißem Fell zur Welt, die es anfangs noch mit sich herumträgt.

Der Iltis ist der in Europa am häufigsten vorkommende Marder.

Kopf-Rumpf-Länge: 30–45 cm
Schwanz: 7–19 cm
Verbreitung: Europa, Asien
Farbe: dunkelbraun, weiß
Familie: Marder

Impala

Die Impala oder Schwarzfersenantilope ist eine afrikanische Antilope. Den deutschen Namen erhielt sie aufgrund der schwarzen Haarbüschel, die sie oberhalb der Fesselgelenke trägt.

Die Impala hat ein glänzendes Fell, das am Rücken rehbraun, an Bauch, Brust und Kehle weißlich gefärbt ist. Der Schwanz ist schwarz-weiß gezeichnet. Das Männchen trägt bis zu 90 Zentimeter lange, spiralförmig gebogene Hörner. Die Weibchen sind hornlos. Die Impalas leben in lichten Wäldern und Savannen Afrikas. Im Lauf können sie hohe Geschwindigkeiten erreichen und bis zu zehn Meter weite Sprünge machen, um Feinden zu entkommen. Die tagaktiven

Impalas leben in getrennten Rudeln: Männchen in Truppen bis zu 30 Tieren, Weibchen in Herden bis zu 200 Tieren. Zur Paarungszeit tragen die Männchen zum Teil heftige Kämpfe aus, wobei zum Glück nie Blut fließt. Das Weibchen bringt jeweils nur ein Junges zur Welt. Es wird anfangs versteckt und von der Mutter nur zum Säugen aufgesucht. Impalas ernähren sich von Gras und Laub, fressen aber auch Blüten und Früchte.

Die Impala ist eine afrikanische Antilope.

Kopf-Rumpf-Länge: 120–160 cm
Schwanz: 30–45 cm
Verbreitung: Südafrika
Farbe: schwarz, grau, weiß
Familie: Hornträger

Indri

Der Indri gehört zu den größten aller heute noch lebenden Halbaffen. Seine Heimat ist der Regenwald in Madagaskar. Da sein Lebensraum zunehmend zerstört wird, ist der Indri vom Aussterben bedroht.

Das weiche Fell des Indri ist weiß-grau-schwarz gemustert. Der Kopf, die Ohren und der Rücken sind in der Regel schwarz. Er hat einen stummelartigen Schwanz. Männchen und Weibchen sehen äußerlich gleich aus. Der Indri ist vollkommen an das Leben in den Bäumen angepasst und kommt nur selten auf den Boden. Hier geht er aufrecht auf den Hinterbeinen. Sonst springt er mit gestrecktem Körper in den Bäumen herum und landet stets mit den Hinterbeinen zuerst. Er nimmt auch gerne ein Sonnenbad und breitet sich dazu auf den Astgabeln aus. Der Indri ist tagaktiv und verbringt den Tag auf der Suche nach leckeren Blättern, Knospen, Blüten und Früchten. Indris leben in Familiengruppen aus Eltern und Kindern.

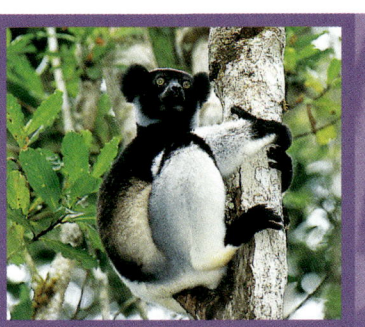

Der Indri verbringt den Tag auf der Suche nach Nahrung.

Kopf-Rumpf-Länge: bis 80 cm
Verbreitung: Madagaskar
Farbe: schwarz, grau, weiß
Familie: Indriartige

Jaguar

Der Jaguar ist die größte Katze Amerikas. Äußerlich ähnelt er dem Leoparden, einer Katze der Alten Welt. Der Jaguar ist jedoch kräftiger und massiger gebaut.

Außerdem hat er einen kürzeren Schwanz als sein Verwandter. Sein Fell ist goldgelb gefärbt und mit schwarzen Ringflecken übersät, die manchmal kleine schwarze Punkte umgeben. Der Jaguar ist ein Einzelgänger und Bodenbewohner. Da er ziemlich schwer ist, kann er nicht gut klettern. Der Jaguar kann auch nicht sehr lange schnell laufen, deshalb pirscht er sich langsam an seine Beute heran und lauert im Hintergrund. Er muss sein Opfer nach einem kurzen Spurt mit einem Pranken-

schlag erlegen, sonst hat er keinen Erfolg. Seine bevorzugten Beutetiere sind Hirsche, Tapire, Gürteltiere, Faultiere, Affen, in Wassernähe auch Fische und kleine Kaimane. Das Weibchen bringt ein bis vier Junge mit geflecktem Fell zur Welt. Jaguarkinder sind mit drei Jahren ausgewachsen.

Das goldgelbe Fell des Jaguars ist mit schwarzen Ringflecken übersät.

Kopf-Rumpf-Länge: 100–180 cm
Schwanz: 40–70 cm
Verbreitung: Süden Nordamerikas, Mittel- und Südamerika
Farbe: goldgelb, schwarz, weiß
Familie: Katzen

Junikäfer

Der Junikäfer ist nahe verwandt mit dem Maikäfer und sieht diesem auch sehr ähnlich. Wie der Maikäfer gehört er ebenfalls zu den Blatthornkäfern.

Der Junikäfer hat eine variable Färbung von mittel- bis hellbraun. Der Halsschild und die Flügeldecken sind dicht behaart, bei Männchen stärker als bei Weibchen. Man trifft den Käfer an warmen Juniabenden auf Wiesen, Feldern, an Wegrändern und in Gärten an. Nach dem „Hochzeitsflug" legt das Weibchen etwa 35 Eier im Boden ab. Daraus entwickeln sich Larven, die man wie beim Maikäfer auch Engerlinge nennt. Diese Larven ernähren sich von Pflanzenresten sowie von Wurzeln mancher Zierpflanzen und verursachen dabei ziemlich viel Schaden. Nach etwa zwei Jahren verpuppen sich die Larven im Boden. Die fertigen Käfer schlüpfen im Juni und Juli. Sie fressen Blätter verschiedener Laubbäume. Zu ihren Feinden zählen unter anderem der Maulwurf und die Spitzmaus, die am liebsten die Larven fressen.

Den Junikäfer trifft man oft auf Wiesen und Feldern.

Größe: 12–15 mm
Verbreitung: Europa, Asien
Farbe: mittel- bis hellbraun
Familie: Blatthornkäfer

Kabeljau

Kabeljau und Dorsch sind unterschiedliche Namen für dieselbe Fischart. Solange der Fisch nicht geschlechtsreif ist, nennt man ihn Dorsch, später, wenn er sich fortpflanzen kann, Kabeljau.

Der Meeresfisch lebt in Schwärmen in Bodennähe zwischen fünf und 3000 Meter Tiefe. Er hat einen lang gestreckten Körper mit abgerundeten Rücken-, Bauch- und Afterflossen. Am Oberkiefer befindet sich der typische lange und kräftige Kinnfaden. Er ist nicht einheitlich gefärbt und kann grünlich, bräunlich oder hellgrau sein. Der Kabeljau/Dorsch ernährt sich von Würmern, Krebsen, Weichtieren und Fischen. Er hat eine so weite Mundöffnung, dass er auch nach sehr großer Beute schnappen kann. Das Weibchen legt bis zu fünf Millionen glasklare Eier, aus denen nach zwei bis vier Wochen Larven schlüpfen. Nach zwei bis drei Monaten verwandeln sie sich zu Jungfischen.

Der Kabeljau lebt in der Nähe des Bodens.

**Größe: bis 150 cm
Verbreitung: Nordatlantik, Nordsee, Ostsee
Farbe: grünlich, bräunlich, hellgrau
Familie: Dorsch**

Der Kaffernbüffel lebt in Afrika.

Kaffernbüffel

Der Eigentliche Kaffernbüffel oder Steppenbüffel ist ein sehr verbreitetes Rind in Afrika. Die Tiere bewohnen Steppen, Savannen und lichte Wälder. Man trifft sie auch noch in 4000 Meter Höhe an.

Kaffernbüffel halten sich gerne in der Nähe eines Gewässers auf, in dem sie sich suhlen können. Beide Geschlechter tragen ausladende Hörner. Beim Männchen (Bullen) sind beide Hörner durch einen Knochenschild am Kopf verbunden. Ausgewachsene Bullen können bis zu 1000 Kilogramm schwer werden. Das braunschwarze Fell wird mit zunehmendem Alter spärlicher, sodass alte Tiere fast nackt sind. Weibchen (Kühe) und Jungtiere bilden

riesige Herden. Die Männchen schließen sich ihnen in der Paarungszeit an. Nach rund elf Monaten bringt das Weibchen meist ein Junges zur Welt, das der Mutter gleich nach der Geburt folgen kann. Kaffernbüffel ernähren sich von Gras, Kräutern und Blättern.

Kopf-Rumpf-Länge: bis 340 cm
Schwanz: 75–100 cm
Verbreitung: Ost- und Südafrika
Farbe: braunschwarz bis schwarz
Familie: Hornträger

SCHON GEWUSST?
In den Regenwäldern Zentralafrikas lebt eine kleinere, rotbraun gefärbte Unterart des Kaffernbüffels: der Rotbüffel oder Waldbüffel.

Kaiserfische

Kaiserfische gehören zu den farbenprächtigsten Meeresfischen und leben in den tropischen Bereichen der Weltmeere. Es gibt etwa 80 verschiedene Arten, von denen der bekannteste der Imperator-Kaiserfisch ist.

Dieser kommt im Indischen Ozean und im Pazifik vor und lebt bevorzugt zwischen den Korallenriffen. Sein Körper hat einen hohen Rücken und ist stark zusammengedrückt. Der Imperator-Kaiserfisch besitzt eine lange Rückenflosse. Am unteren Kiemenrand befindet sich ein kräftiger, nach hinten gerichteter Dorn. Das Besondere an diesem Fisch ist, dass er einen Farbwechsel durchmacht. Als Jungfisch ist er dunkelblau mit kreisförmigen weißen und hellblauen Streifen. Erwachsene Fische sind längs gelbblau gestreift und haben schwarze Felder am Kopf. Die Tiere leben einzeln oder paarweise. Sie sind tagaktiv und verstecken sich nachts in Spalten der Korallenriffe. Imperator-Kaiserfische ernähren sich hauptsächlich von kleinen Krebstieren, Polypen, Würmern und Algen.

Es gibt etwa 80 verschiedene Arten von Kaiserfischen.

Größe: bis 40 cm
Verbreitung: Indischer Ozean, Pazifik
Farbe: blau, gelb, weiß
Familie: Kaiserfische

SCHON GEWUSST?
Der Kaiserfisch wird gerne im Aquarium gehalten, ist jedoch sehr empfindlich und vermehrt sich in Gefangenschaft nicht.

Kaiserpinguin

Pinguine können nicht fliegen. Dafür sind sie aber sehr gut an das Leben im Meer angepasst. Sie sind ausgezeichnete Schwimmer und Taucher. Mithilfe ihrer kräftigen in Flossen umgewandelten Flügel kommen sie im Wasser voran.

An Land können sie nur watscheln, was ziemlich unbeholfen aussieht. Der Kaiserpinguin ist die größte Art der Familie der Pinguine. Sein Federkleid ist am Rücken schwarz und auf der Unterseite weiß. Wasser abweisende Federn halten den Pinguin warm und trocken. Eine dicke Fettschicht unter dem Gefieder schützt ihn zusätzlich vor Kälte. Der Kaiserpinguin ernährt sich von Fischen, Tintenfischen und Krill (kleine Krebse), nach denen er bis über 200 Meter tief taucht. Dabei kann er bis zu 20 Minuten unter Wasser bleiben. Das Weibchen legt ein einziges Ei, das das Männchen auf seine Füße legt und mit seiner Bauchfalte bedeckt. Währenddessen verlässt die Mutter die Familie und geht auf Nahrungssuche. Der Vater füttert das Junge mit einer milchigen Flüssigkeit.

Kaiserpinguine sind ausgezeichnete Taucher und Schwimmer.

Größe: 120 cm
Verbreitung: Antarktis
Farbe: schwarz, weiß
Familie: Pinguine

Kakadus

Kakadus sind eine Familie der Papageien mit über 20 Arten, die fast alle ausschließlich in Australien, Neuguinea, Indonesien und auf den Philippinen vorkommen. Anders als ihre südamerikanischen Verwandten sind sie nicht knallbunt gefärbt.

Stattdessen tragen sie ein Federkleid in Weiß, Grau, Schwarz oder Rosa. Doch am deutlichsten unterscheiden sich Kakadus von anderen Papageien durch die bewegliche Federhaube am Kopf. Dieses Federbüschel hat meistens eine andere Farbe als die Federn am Körper. Einer der häufigsten und bekanntesten Kakadus ist der Gelbhaubenkakadu. Der

etwa 50 Zentimeter große Vogel ist weiß gefärbt und trägt eine leuchtend gelbe Federhaube. Die Innenflächen der Flügel und des Schwanzes sind ebenfalls gelb gefärbt. Kakadus sind sehr gesellige Tiere und leben in großen Schwärmen. Sie sind auch sehr treu und bleiben ein Leben lang mit einem Partner zusammen. Kakadus ernähren sich von Samen, Beeren, Früchten und Kräutern, gelegentlich auch von Raupen. Typisch für sie ist ein ohrenbetäubendes Kreischen.

Der Gelbhaubenkakadu ist einer der bekanntesten Kakadus.

Größe: 30–50 cm
Verbreitung: Australien, Neuguinea, Indonesien, Philippinen
Farbe: weiß, grau, schwarz, rosa
Familie: Kakadus

Kamel

Es gibt verschiedene Kamele – solche mit einem Höcker und solche mit zwei Höckern. Ein einhöckeriges Kamel ist ein Dromedar, eines mit zwei Höckern ein Trampeltier. Sie sind sehr nah verwandt und sehen sich auch ziemlich ähnlich.

Kamele sind perfekt an ein Leben in der Wüste angepasst. Sie sind Schwielensohler, das heißt, die Sohlen ihrer Füße sind mit dicken Schwielen gepolstert. Dadurch sinken sie auf dem losen Sandboden nicht ein. Kamele haben keine Hufe, sondern nur kleine Gebilde vorn am Fuß, die Fingernägeln ähneln. Das Fell der Kamele ist meist in Beige- und Brauntönen gefärbt, kann aber auch weiß oder sogar schwarz sein. Anders als viele glauben, wird in den Höckern nicht Wasser, sondern Fett gespeichert. Es kann aber durch komplizierte Vorgänge im Körper in Wasser umgewandelt werden. Kamele schwitzen auch weniger und verlieren über Urin und Kot weniger Wasser als andere Tiere. Wenn sie aber Wasser finden, trinken sie sage und schreibe über 100 Liter auf einmal. Kamele sind Pflanzenfresser und ernähren sich von harten Gräsern. Sie kommen lange ohne Nahrung aus.

SCHON GEWUSST?

Auch in Südamerika leben Kamele, die aber viel kleiner sind als ihre Verwandten in der Alten Welt. Es sind die Lamas, Guanakos, Alpakas und Vikunjas.

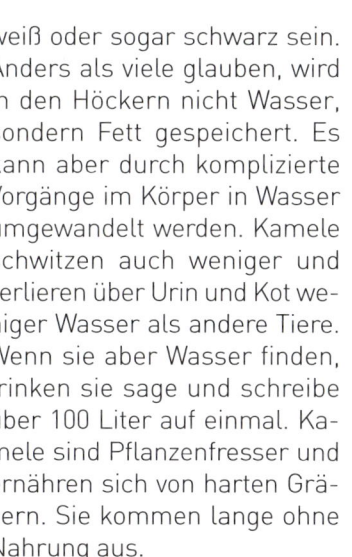

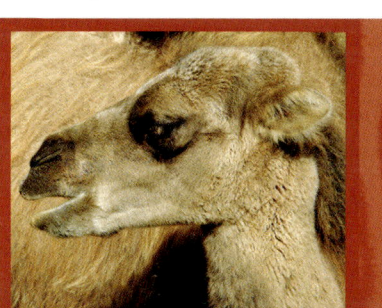

Ein junges Trampeltier

Kopf-Rumpf-Länge: 220–340 cm
Schwanz: 50–70 cm
Verbreitung: Nordafrika, Asien
Farbe: beige bis braun
Familie: Kamele

Kampffisch

Der Kampffisch (eigentlich Siamesischer Kampffisch oder Schleierkampffisch) verdankt seinen Namen den sehr heftigen Kämpfen zwischen den Männchen. So verteidigt jedes Männchen sein Revier und die Schaumnester darin, die es für den Nachwuchs baut.

Vor allem in Asien werden diese Fische für Schaukämpfe gezüchtet. Die Wildform des Kampffisches ist meist rotbraun und hat grün glänzende Schuppenreihen. After- und Rückenflossen so-
wie die Bauchflossen sind fahnenartig vergrößert. Gezüchtete Formen gibt es in allen möglichen Farben und mit unterschiedlichsten Flossenformen. Das Männchen baut ein Schaumnest aus Luftblasen, das an Pflanzen an der Wasseroberfläche befestigt wird. Zur Paarungszeit lockt es das Weibchen unter dieses Schaumnest. Dort legt das Weibchen bis zu 300 Eier ab. Das Männchen bringt die Eier in das Nest und bewacht sie, bis die Jungen geschlüpft sind. Kampffische ernähren sich von kleinen Wasserinsekten und Weichtieren.

Kampffische werden in Asien für Schaukämpfe gezüchtet.

Größe: bis 6 cm
Verbreitung: Südostasien
Farbe: blau, grün, rot
Familie: Osphronemidae

SCHON GEWUSST?

Die Kängururatte hat viele Feinde. Klapperschlangen, Greifvögel und Kleinbären stellen ihr nach.

Kängururatten

Kängururatten oder Taschenspringer sind kleine Nagetiere. Ihren Namen erhielten sie, weil sie sich wie Kängurus auf den verlängerten Hinterbeinen fortbewegen und weite Sprünge machen.

Die kleinen Nagetiere leben in Wüsten und Halbwüsten und verspeisen das Wenige, das sie finden: Samen, Blätter,
Früchte und auch Insekten. Für die mageren Zeiten legen die Kängururatten in ihren Erdhöhlen Vorratskammern an. Die Futtervorräte, aber auch das Nestmaterial transportieren sie mit ihren großen Backentaschen. Um diese zu entleeren, drehen sie sie um und bringen sie dann wieder in Form. Das geht nur, weil sie einen besonderen Muskel im Gesicht haben. Kängururatten verbringen den Tag in ihrem

Bau mit weit verzweigten Gängen und kommen im Grunde nur nachts heraus, um Futter zu suchen. Sie sind an das Wüstenleben so gut angepasst, dass sie trotz der großen Hitze kaum Wasser trinken müssen.

Kängururatten zählen zu den Nagetieren.

Kopf-Rumpf-Länge: 10–12 cm
Schwanz: 10–22 cm
Verbreitung: USA, Mexiko
Farbe: braun
Familie: Taschenmäuse

Kängurus

Das Känguru ist für uns das charakteristische Tier Australiens. Aber Achtung: Es gibt verschiedene Kängurus. Manche Arten sehen völlig anders aus als das typische Känguru, das die meisten von uns kennen.

Die Baumkängurus beispielsweise leben nur auf Bäumen und haben daher viel kürzere Beine. Hasenkängurus leben zwar auf dem Boden, sind aber nur etwa hasengroß und bewegen sich auch ähnlich wie Hasen. Ein für uns typisches Känguru ist zum Beispiel das Rote Riesenkänguru. Es ist nicht nur das größte Känguru, sondern auch das größte lebende Beuteltier überhaupt. Seine muskulösen Hinterbeine sind deutlich länger als die Vorderbeine. Sein kräftiger langer Schwanz dient als Stütze und zum Balancieren, wenn es seine Riesensprünge macht. Alle Kängurus sind Beuteltiere, das heißt, die Weibchen haben einen Beutel mit Zitzen. Die winzigen Neugeborenen krabbeln in diesen Beutel und hängen sich an einer Zitze fest. Zu diesem Zeitpunkt sind sie erst etwa 2,5 Zentimeter groß. Sie verlassen den Beutel erst nach mehreren Monaten. Die Pflanzenfresser ernähren sich hauptsächlich von Gras.

SCHON GEWUSST?
Das Riesenkänguru kann bis zu neun Meter weit und drei Meter hoch springen.

Kängurus sind Pflanzenfresser und ernähren sich von Gras.

Kopf-Rumpf-Länge: 90–160 cm
Schwanz: 65–120 cm
Verbreitung: Australien, Neuguinea
Farbe: rötlich braun bei Männchen, blaugrau bei Weibchen
Familie: Kängurus

Kapuzineraffen

Die Kapuzineraffen erhielten ihren Namen aufgrund des Fellmusters des Weißschulterkapuziners. Er war der erste dieser Art, der von Forschern beschrieben wurde.

Sein Fell erinnert an die Kutten der Kapuzinermönche: Der Körper, die Arme, die Beine und der Schwanz sind schwarz oder braun, das Gesicht, die Kehle und die Brust sind weiß gefärbt. Außerdem haben die Tiere eine schwarze Kappe am Kopf. Kapuzineraffen sind Neuweltaffen, das heißt, sie leben ausschließlich in Mittel- und Südamerika. Die Baumbewohner suchen tagsüber Nahrung und verbringen die Nacht auf angestammten Schlafbäumen. Kapuzineraffen sind Allesfresser und verspeisen Früchte, Nüsse, Samen und Knospen genauso gerne wie Insekten, Spinnen, kleine Säugetiere und sogar Vogeleier. Die Weibchen bekommen etwa alle zwei Jahre jeweils ein Junges, das sich zunächst am Bauch, später am Rücken der Mutter festklammert.

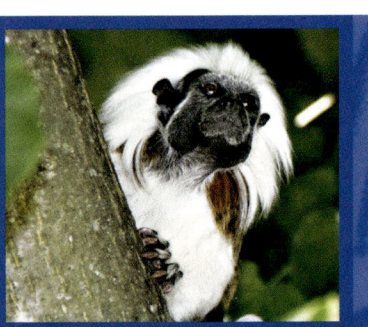

Das Fell des Kapuzineraffen erinnert an die Kutten der Kapuzinermönche.

Kopf-Rumpf-Länge: 30–55 cm
Schwanz: 30–55 cm
Verbreitung: Mittel- bis Südamerika
Farbe: schwarz oder braun, weiß
Familie: Kapuzinerartige

Kardinäle

Kardinäle bilden eine Vogelfamilie und gehören zu den Sperlingsvögeln. Sie sind nahe mit den Ammern verwandt. Es gibt 42 Arten, deren Federkleid leuchtend rot (Roter Kardinal), gelb (Gelbkopfkernknacker) oder blau (Indigofink) sein kann. Die Geschlechter unterscheiden sich durch die unterschiedliche Farbe des Gefieders, wobei die Weibchen eher unscheinbar gefärbt sind. Kardinäle bewohnen vor allem Buschlandschaften und Waldgebiete Amerikas. Sie suchen ihre Nahrung vorwiegend auf dem Boden und fressen am liebsten Samen, Früchte und Knospen. Die Jungvögel werden mit Insekten und Früchten aufgezogen.

Der Rote Kardinal wird von Vogelliebhabern gerne gehalten, weil er ein ausgezeichneter Sänger ist.

Das Federkleid des Kardinals ist leuchtend rot.

Größe: 10–23 cm
Verbreitung: Amerika
Farbe: rot, gelb, blau
Familie: Kardinäle

Karpfen

Der Karpfen ist ein Süßwasserfisch und lebt in warmen, stehenden oder langsam fließenden Gewässern mit reichlichem Pflanzenwuchs und sandigem oder schlammigem Grund.

Er stammt ursprünglich aus Asien, kommt aber heute in ganz Europa vor. Beim Karpfen unterscheidet man drei Formen: Schuppenkarpfen, Spiegelkarpfen und Nackt- oder Lederkarpfen. Der Körper des Karpfens ist lang gestreckt und seitlich etwas abgeflacht. Am Maul trägt er vier Bartfäden. Der Rücken ist braun bis schwärzlich grün, der Bauch weißlich gefärbt.

Der Fisch ist in der Dämmerung und in der Nacht aktiv und versteckt sich am Tag an geschützten Stellen. Er überwintert zusammen mit seinen Artgenossen dicht aneinander gedrängt am Grund seiner Gewässer. Das Weibchen legt Eier, die um das Doppelte aufquellen und an Pflanzenteilen festkleben. Nach einigen Tagen steigen sie jedoch an die Oberfläche. Karpfen fressen zunächst Plankton, später Wasserpflanzen.

Karpfen leben in warmen Gewässern, die stehen oder nur langsam fließen.

Größe: 35–100 cm
Verbreitung: Asien, Europa
Farbe: braun bis dunkelgrün, weißlich
Familie: Karpfenfische

Kartoffelkäfer

Der Kartoffelkäfer hat seinen Namen erhalten, weil er am liebsten die Blätter der Kartoffelpflanze verspeist. Deshalb kann er auch großen Schaden anrichten und ist bei Landwirten gefürchtet.

Der Kartoffelkäfer sieht sehr hübsch aus mit seinen gelb-schwarzen Längsstreifen auf den Flügeldecken und ist mit keinem anderen Käfer zu verwechseln. Er stammt ursprünglich aus Amerika und wurde mit der ebenfalls dort heimischen Kartoffelpflanze nach Europa eingeschleppt. Das Weibchen legt etwa 20 bis 80 Eier auf die Unterseite der Kartoffelblätter, aus denen orangefarbene Larven mit schwarzen Punkten schlüpfen. Sie haben genauso viel Appetit auf Kartoffelblätter wie ihre Eltern und können in kurzer Zeit ganze Kartoffelfelder abfressen. An die Knollen gehen sie allerdings nicht. Wenn der Kartoffelkäfer seine Lieblingspflanze nicht findet, frisst er aber auch andere Pflanzen, wie etwa den Bittersüßen Nachtschatten.

Der Kartoffelkäfer frisst am liebsten Kartoffelblätter.

Größe: 6–10 mm
Verbreitung: weltweit
Farbe: schwarz, gelb
Familie: Blattkäfer

Der Katta hat einen schwarz-weiß geringelten Schwanz.

Katta

Der Katta ist wohl das bekannteste Mitglied der Makis und gehört zu den Primaten. Er wird in vielen Zoos gehalten und ist vor allem wegen seines schwarz-weiß geringelten Schwanzes berühmt.

Der Katta ist etwa katzengroß und hat ein graues bis graubraunes Fell, das am Bauch weiß ist. Sein Gesicht ist maskenhaft schwarz-weiß gezeichnet. Der Katta verbringt die meiste Zeit am Boden. Er ist tagaktiv, sehr gesellig und lebt in Gruppen von 20 bis 30 Tieren. Unter den Tieren herrscht eine strenge Rangordnung. Die Weibchen bleiben zeitlebens in dem Verband, in den sie hineingeboren wurden. Die Männchen wechseln dagegen häufiger die Gruppe. Kattas können gut klettern und springen, wobei

der lange Schwanz ihnen hilft, das Gleichgewicht zu halten. Das Weibchen bringt jeweils ein Junges zur Welt, das zunächst am Bauch, später auf dem Rücken getragen wird. Kattas ernähren sich pflanzlich und fressen hauptsächlich Früchte, aber auch Gräser, Blätter und frische Triebe.

Ein Katta

Kopf-Rumpf-Länge: 38–45 cm
Schwanz: 55 cm
Verbreitung: Madagaskar
Farbe: grau bis graubraun, weiß, schwarz
Familie: Gewöhnliche Makis

Katzenhaie

Die Katzenhaie sind die kleinsten und am schönsten gefärbten Haie. Ihren Namen verdanken sie den großen Augen, die mit ihren länglichen Pupillen an Katzenaugen erinnern.

Sie können die Augen mit dem unteren Augenlid verschließen. Die bekanntesten Vertreter sind der Kleingefleckte Katzenhai und der Großgefleckte Katzenhai. Sie haben einen torpedoförmigen Körper und einen abgeflachten Kopf mit kurzer, runder Schnauze. Katzenhaie sind Bodenbewohner, können aber auch sehr elegant schwimmen. Sie ernähren sich von Krebsen, Weichtieren (Muscheln, Schnecken) und kleineren Fischen. Katzenhaie sind dämmerungs- und nachtaktiv und schlafen tagsüber am Meeresgrund. Das Weibchen legt 18 bis 20 große, kissenförmige Eier, die mit langen Fäden an Algen oder Steine geheftet werden. Nach acht bis neun Monaten schlüpfen die Jungfische.

Die Augen der Katzenhaie erinnern an Katzenaugen.

Größe: 70–50 cm
Verbreitung: Indopazifik, Mittelmeer, Ostatlantik, Nordsee
Farbe: gelblich, braun gefleckt
Familie: Katzenhaie

Kaurischnecken

Kaurischnecken oder Porzellanschnecken sind eine Familie der Meeresschnecken, die vorwiegend in tropischen Gewässern leben. Sie werden oft auch als „Kaurimuscheln" bezeichnet, was jedoch biologisch nicht richtig ist.

Ihren deutschen Namen verdanken diese Meeresschnecken dem porzellanartig glänzenden Gehäuse. Leider ist davon jedoch nicht viel zu sehen, weil die Schale von dem seitlich hochgeschlagenen Mantel bedeckt wird. Die meisten Kauriarten leben in der Nähe von Korallenriffen. Sie sind nachtaktiv und verstecken sich am Tag in kleinen Höhlen. Kauris ernähren sich räuberisch von Algen, Schwämmen und Korallentieren. Sie legen ihre Eier in Klumpen von mehreren 100 Stück ab und die Muttertiere bleiben bis zum Schlüpfen der Jungen darauf sitzen. Einige Arten (Tigerkauri, Geldkauri) galten früher in Afrika, Südostasien und in der Südsee als Zahlungsmittel.

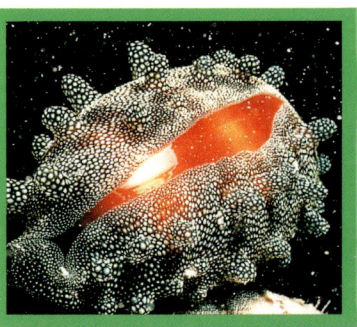

Kaurischnecken haben ein Gehäuse, das wie Porzellan glänzt.

Größe: 1–19 cm
Verbreitung: tropische Meere
Farbe: verschiedenfarbig gemustert
Familie: Kaurischnecken

Kiebitz

Der Kiebitz heißt so, weil er während seines Balzflugs einen schrillen Ruf "kiju-wit" ausruft. Er ist ein typischer Bewohner der Wiesen und Weiden, lebt aber auch gern an Gewässerufern und Mooren.

Der Kiebitz ist Tag und Nacht aktiv und sucht nach leckeren Insekten und deren Larven sowie Würmern. Pflanzen mag er nicht so gerne, nur ab und zu pickt er Samen vom Boden. Kiebitze brüten in kleineren Gruppen. Das Männchen legt mehrere Nestmulden auf dem Boden an, die es mit Halmen auskleidet. Das Weibchen sucht sich ein Nest aus und legt darin vier Eier, die von beiden Eltern bebrütet werden. Das Männchen vollführt oft akrobatische Flugmanöver, um Feinde wie Greifvögel zu vertreiben. Die Küken sind Nestflüchter und verlassen das Nest kurz nachdem sie

geschlüpft sind. Der Kiebitz ist ein Stand- oder Zugvogel: Kiebitze aus wärmeren Gegenden bleiben das ganze Jahr dort, die Vögel aus unseren Breiten ziehen im Winter nach Afrika.

Der Kiebitz ruft während seines Balzflugs ein schrilles „Kiju-wit" aus.

Größe: 30 cm
Verbreitung: Europa, Asien, West- und Nordafrika
Farbe: schwarz, weiß
Familie: Regenpfeifer

Klapperschlangen

Die Klapperschlangen verdanken ihren Namen der Rassel am Schwanzende. Diese setzt sich aus Resten früherer Häutungen zusammen. Die Schlange schüttelt sie hin und her. Das dabei entstehende Geräusch soll Tiere wie Menschen warnen.

Die Klapperschlangen gehören zu den Grubenottern, das heißt, sie haben ebenfalls ein sogenanntes Grubenorgan. Es liegt zwischen Auge und Nasenloch und ist eine dünne, sehr empfindlich Haut. Damit kann die Schlange Wärmestrahlen wahrnehmen und spürt so warmblütige Säugetiere wie Mäuse, Ratten und Kaninchen sogar in der Dunkelheit auf. Klapperschlangen haben lange Giftzähne im Oberkiefer. Sie lauern regungslos und gut versteckt auf ihre Beute. Sobald sich ein Tier nähert, stoßen sie den Vorderkörper nach vorn, öffnen das Maul, klappen die Giftzähne aus und beißen zu! Klapperschlangen sind lebend gebärend, das heißt, sie bringen schon fertig entwickelte Junge zur Welt.

Klapperschlangen warnen ihre Feinde mithilfe der Rassel am Schwanzende, bevor sie zubeißen.

SCHON GEWUSST?

Nur wenige Klapperschlangenarten sind für den Menschen so tödlich giftig wie die Diamanten-Klapperschlange und die Texas-Klapperschlange.

Klapperschlangen haben lange Giftzähne.

Größe: 120–140 cm
Verbreitung: Nord- und Südamerika
Farbe: gelblich bis grünlich, rötlich bis bräunlich, schwarz
Familie: Vipern

Kleiber

Der Kleiber wird auch Spechtmeise genannt, denn er lebt ähnlich wie ein Specht kletternd an Baumstämmen und ähnelt im Aussehen den Meisen.

Den Namen Kleiber verdankt er dagegen seiner Eigenart, den Eingang von Bruthöhlen anderer Vögel, zum Beispiel von Spechten, mit Lehm zu verkleben und selbst zu benutzen. Sein Gefieder ist oberseits blaugrau, unterseits weiß bis ockergelb oder rostrot gefärbt. Der Kleiber lebt in Laub- und Mischwäldern, aber auch in Parkanlagen mit alten Bäumen. Er klettert ständig an dickeren und dünneren Stämmen herum. Als einziger Vogel kann der Kleiber auch mit dem Kopf voran den Baum hinunterlaufen. Er stochert mit seinem Schnabel in Ritzen und Spalten in der Rinde nach Insekten und deren Larven, frisst aber auch Samen und Nüsse. Der Kleiber zimmert sich seine Höhle selten selbst und übernimmt lieber alte Spechthöhlen. Deren zu große Öffnung mauert er so weit zu, dass er gerade noch durchpasst. Das Weibchen legt in ein Nest aus Rindenstücken und trockenen Blättern sechs bis acht Eier, die etwa zwei Wochen lang bebrütet werden.

Der Kleiber wird auch Spechtmeise genannt.

Kleiber können an Baumstämmen kinderleicht hinauf- und hinunterklettern.

Größe: 12–14 cm
Verbreitung: Europa, Nordwestafrika, nördliches Asien bis Japan
Farbe: graublau, ockergelb bis rostrot
Familie: Kleiber

SCHON GEWUSST?
Der Klippspringer stößt bei Gefahr als Warnsignal Pfiffe durch die Nase aus.

Klippspringer

Der Klippspringer ist eine kleine, zierliche afrikanische Antilope. Zusammen mit den Dikdiks und den Steinböckchen gehört er zur Unterfamilie der Gazellenartigen.

Seinen Namen erhielt der Klippspringer, weil er aus dem Stand bis zu acht Meter hoch springen kann. Mit seinem borstigen, gelb- bis graubraunen Fell ist er in der felsigen Landschaft gut getarnt. Die Männchen tragen 20 bis

25 Zentimeter lange, gerade Hornspieße. Die Weibchen sind bis auf eine Unterart hornlos. Der Klippspringer ist tagsüber aktiv und lebt einzeln oder paarweise. Das Weibchen bekommt jeweils ein Junges, das in den ersten Wochen im Schutz von dichten Büschen bleibt, bis die Mutter zum Säugen kommt. Klippspringer sind Vegetarier und ernähren sich von Gras und Kräutern sowie von Blättern, Blüten und Früchten der Bäume und Sträucher.

Der Klippspringer kann aus dem Stand bis zu acht Meter hoch springen.

Klippspringer leben einzeln oder paarweise.

Kopf-Rumpf-Länge: 75–115 cm
Schwanz: 7–13 cm
Verbreitung: Afrika
Farbe: gelb bis graubraun
Familie: Hornträger

Knurrhähne

Die Knurrhähne sind eine Familie Boden bewohnender Meeresfische. Ihren seltsamen Namen verdanken sie besonderen Muskeln, die die Schwimmblase in Schwingungen versetzen können, sodass knurrende Töne entstehen.

Die häufigste Art an europäischen Küsten ist der Graue Knurrhahn. Er lebt auf Sandgrund, vor allem in Küstennähe. Sein Körper ist lang gestreckt und mit kräftigen Schuppen bedeckt. Der Kopf ist stark gepanzert und mit Stacheln versehen. Die Brustflossen sind im oberen Teil flügelartig und bunt schillernd, der untere Teil ist in einzelne Flossenstrahlen getrennt, die frei beweglich sind.

Alle Knurrhähne können auf diesen Flossenstrahlen kurze Strecken über den Meeresgrund „laufen". Die ruhigen Fische leben in Gruppen und ernähren sich von Krebstieren, Weichtieren und Bodenfischen. Das Weibchen legt über 200.000 Eier, die im Wasser treiben. Nach fünf bis acht Tagen schlüpfen die Jungfische, die zunächst frei schwimmen und später am Meeresboden leben.

Knurrhähne können knurrende Geräusche von sich geben.

Größe: bis 50 cm
Verbreitung: Mittelmeer, Ostsee
Farbe: grau bis rötlich, weißgelbe Flecke
Familie: Knurrhähne

Koala

Der Koala ist neben dem Känguru wohl das bekannteste Beuteltier. Seine possierliche Gestalt diente unter anderem als Vorbild für Teddybären, obwohl der Koala, der auch Beutelbär genannt wird, mit den Bären überhaupt nicht verwandt ist.

Das Koala-Weibchen hat am Bauch einen Beutel mit Zitzen, in dem jeweils ein winziges Junges heranwächst. Es verlässt den Beutel erst nach rund fünf Monaten und wird von der Mutter auf dem Rücken umhergetragen. Koalas schlafen etwa 18 Stunden täglich – und das in einer Astgabel sitzend! Ein Koala verbringt den ganzen Tag auf den Bäumen und kommt nur nachts auf den Boden, um sich einen neuen Baum zu suchen. Dann klettert er mit den starken Krallen hoch. Es muss immer ein Eukalyptusbaum sein, denn Eukalyptusblätter sind sein Leibgericht. Dabei ist der Koala sehr wählerisch – von den über 300 Eukalyptusarten mag er das Laub von nur rund 20 Arten.

Der Koala ist ein Beuteltier und verbringt den ganzen Tag auf den Bäumen.

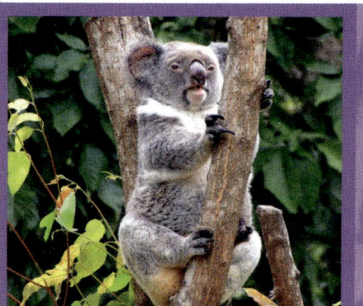

Koalas schlafen täglich etwa 18 Stunden.

Kopf-Rumpf-Länge: 60–80 cm
Verbreitung: Australien
Farbe: bräunlich silbergrau
Familie: Koalas

Köcherfliegen

Die unauffälligen Köcherfliegen bilden eine Ordnung der Insekten. Bekannter als die erwachsenen Tiere sind ihre Larven, die in Wohnröhren aus Steinchen oder Holz leben. Diese bezeichnet man als Köcher. Daher stammt auch der deutsche Name.

Die erwachsenen Tiere sind bräunlich gefärbt und haben vier zarte, behaarte Flügel. Ihre dünnen Antennen sind fast so lang wie der Körper. Köcherfliegen halten sich am liebsten an bewachsenen Bachufern auf, während die Larven in kleinen Bächen und Flüssen leben. Die ausgewachsenen Fliegen sind keine guten Flieger, legen nur kurze Strecken zurück und ruhen sich viel aus. Arten, die nur wenige Tage leben, fressen kaum etwas. Solche, die einige Monate leben, ernähren sich von Pflanzensäften und Nektar. Die Larven fressen entweder Pflanzen oder winzige, im Wasser lebende Tiere. Ihre Feinde sind vor allem Fische, die sie samt Köcher herunterschlucken.

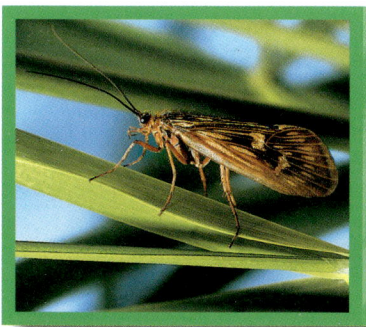

Die Larven der Köcherfliegen leben in Wohnröhren.

Größe: 1,5–4 mm
Flügelspannweite: 3,5–7 mm
Verbreitung: weltweit, außer Antarktis
Farbe: grau, braun oder gelb
Ordnung: Köcherfliegen

Kofferfische

Kofferfische sind mit den Kugelfischen verwandt. Ihr Kopf und ihr Körper werden von einem starren, eckigen, „kofferartigen" Schutzpanzer vollständig umhüllt. Der Panzer besteht aus sechseckigen Knochenplatten, die unter der Haut liegen.

Nur Flossen, Kiefer und Schwanzstiel sind frei beweglich. Die meisten Arten der Kofferfische sind leuchtend bunt gefärbt. Jung- und Alttiere sowie Männchen und Weibchen zeigen oft unterschiedliche Färbungen. Manche Arten wie der Kuhfisch oder der Vierhorn-Kofferfisch tragen dornenartige Hörner auf der Stirn und am Bauch. Kofferfische haben nur eine Rückenflosse und keine Bauchflossen. Auch wenn Kofferfische plump wirken, sind sie sehr wendig und können sich auf der Stelle drehen. Sie schwimmen mit schwankenden Bewegungen. Alle Arten ernähren sich von Krebsen und Würmern, die sie am Meeresboden finden. Bei der Nahrungssuche stellen sich Kofferfische auf den Kopf und erzeugen mit ihrem Mund einen Wasserstrahl, der den Sand aufwühlt und darin versteckte Tiere freilegt. Viele Kofferfisch-Arten bewohnen Korallenriffe in etwa 50 Metern Tiefe.

SCHON GEWUSST?
Kofferfische schützen sich zusätzlich durch giftige Stoffe, die sie über die Haut ausscheiden.

Kofferfische sind von einem Schutzpanzer umgeben, der wie ein Koffer aussieht.

Größe: 50 cm
Verbreitung: weltweit in tropischen Meeren
Farbe: leuchtend bunt
Ordnung: Kofferfische

Kohlmeise

Die Kohlmeise ist die größte und häufigste Meise Mitteleuropas. Sie lebt in Wäldern sowie in Gärten und Parkanlagen.

Die Kohlmeise ist an Kopf, Kragen und Kehle schwarz mit weißen Wangen. An der gelben Unterseite befindet sich ein schwarzer Bauchstreifen, der beim Männchen breiter ist als beim Weibchen. Außerhalb der Brutzeit leben Kohlmeisen in gemischten Meisentrupps und durchstreifen gemeinsam ein größeres Gebiet. Sie ernähren sich hauptsächlich von Insekten und Larven, verspeisen aber im Winter auch Samen, Beeren, Knospen und Nüsse. Bei der Nahrungssuche turnen die Vögel akrobatisch in Bäumen und Sträuchern herum und gehen auch hüpfend am Boden. Die Kohlmeise baut ein Nest aus Moos, Flechten und Halmen in Baum- oder Mauerhöhlen, aber auch in Nistkästen. Das Weibchen brütet zweimal im Jahr jeweils acht bis zwölf Eier aus, aus denen nach etwa zwei Wochen die Jungvögel schlüpfen. Sie werden von beiden Eltern gefüttert.

Eine Kohlmeise

Größe: 14 cm
Flügelspannweite: 22–25 cm
Verbreitung: Europa, Asien, Nordwestafrika
Farbe: schwarz, gelb, weiß
Ordnung: Meisen

SCHON GEWUSST?
Zu den Futterpflanzen von Kohlweißlingen gehört auch die Kapuzinerkresse.

Kohlweißling

Als Kohlweißling werden zwei Arten der Weißlinge bezeichnet: der Große Kohlweißling und der Kleine Kohlweißling. Sie gehören zu den häufigsten Tagfaltern Europas.

Die beiden Arten unterscheiden sich hauptsächlich durch die unterschiedliche Größe. Sie haben weiße Flügel, wobei die Ecken der Vorderflügel schwarz gefärbt sind. Das Weibchen hat auf jedem Vorderflügel dazu noch zwei schwarze Flecke, das Männchen nur einen. Der Große Kohlweißling hat eine Flügelspannweite von sechs Zentimetern, sein kleiner Cousin eine Flügelspannweite von etwa vier bis fünf Zentimetern. Ihren Namen verdanken diese Tagfalter verschiedenen Kohlarten, die die wichtigsten Futterpflanzen ihrer Raupen sind. Die Weibchen legen die Eier an den Blättern der Pflanze ab. Die Raupen fressen später die Blätter kahl. Besonders die Nachkommen des Kleinen Kohlweißlings können im Kohlanbau großen Schaden anrichten.

Die Raupen des Kohlweißlings fressen am liebsten Kohlblätter.

Flügelspannweite: 4,6 cm
Verbreitung: Europa, Asien, Nordafrika
Farbe: weiß, schwarz
Ordnung: Weißlinge

Kolibris

Kolibris sind eine Familie sehr kleiner Vögel. Sie sind in der Luft beweglicher als jeder andere Vogel. Sie schwirren in der Luft, indem sie ihre Flügel extrem schnell schlagen.

Die Sonnenstrahlelfe schafft zum Beispiel bis zu 90 Flügelschläge in der Sekunde. Wenn Kolibris bei der Nahrungssuche vor Blüten schweben, sind ihre Flügel durch die schnelle Bewegung fast unsichtbar. Sie können auf- und ab-, seitlich und sogar rückwärts fliegen und fast in der Luft stehen. Kolibris leben meist in den warmen Gegenden Amerikas. Viele haben ein farbenfrohes, glitzerndes Federkleid, oft auch eindrucksvolle Federschöpfe oder lange Schwanzfedern. Kolibris ernähren sich hauptsächlich vom süßen Blütennektar. Manche Arten haben einen besonders langen, nach unten gebogenen Schnabel, um an den Nektar tief im Blütenkelch zu gelangen. Kolibris fressen manchmal aber auch kleine Insekten und leckere Spinnen.

SCHON GEWUSST?
Der kleinste Vogel der Welt ist die Bienenelfe. Der Schwertschnabel ist der einzige Vogel, dessen Schnabel länger ist als sein Körper.

Kolibris an der Tränke

Größe: 5–20 cm
Verbreitung: Nord- und Südamerika
Farbe: bunt schillernd
Familie: Kolibris

Komodowaran

Gegen den Komodowaran sind alle anderen Echsen Winzlinge. Das urtümliche Tier ist das größte heute noch lebende Reptil der Welt. Es wurde erst 1912 entdeckt.

Der Komodowaran ist groß und stark genug, um Hirsche und Wildschweine zu töten. Er hat einen schweren graubraunen bis olivgrünen Körper, einen langen, dicken Schwanz und starke Beine mit klauenartigen Nägeln. Außerdem besitzt er große, spitze Zähne und eine gespaltene Zunge, die er ganz schnell herausstrecken und wieder einziehen kann. Sie dient dem Tier als Nase. Der Komodowaran ist trotz seiner Größe ein guter Kletterer, bewegt sich an Land sehr schnell und ist auch ein guter Schwimmer. Er ernährt sich hauptsächlich von Aas, schlägt aber auch lebende Beute, zum Beispiel Reptilien, Vögel und Säugetiere. Das Weibchen legt etwa 15 Eier, die es im Boden vergräbt. Nachdem die Jungtiere geschlüpft sind, werden sie sich selbst überlassen und manchmal sogar von den Eltern gefressen.

Komodowarane sind urtümliche Tiere.

Größe: bis 3 m
Verbreitung: Insel Komodo und andere indonesische Inseln
Farbe: graubraun bis olivgrün
Familie: Warane

Kondor

Es gibt zwei Kondorarten: den Anden-Kondor und den Kalifornien-Kondor. Der Anden-Kondor ist der größte flugfähige Vogel der Welt und lebt in Südamerika von Venezuela bis Argentinien und Chile.

Sein kalifornischer Vetter ist der seltenste Greifvogel der Erde und kommt heute nur in Kalifornien, Arizona und Mexiko vor. Beide gehören zu den Neuweltgeiern. Der Anden-Kondor ist ein meisterhafter Flieger. Er erreicht Fluggeschwindigkeiten von 55 Kilometern in der Stunde und lässt sich vom Wind in Höhen von bis zu 7000 Metern tragen. Er kann auch große Strecken zurücklegen und fliegt auf der Suche nach Nahrung an einem Tag bis zu

250 Kilometer weit. Kondore ernähren sich hauptsächlich von Aas, also von bereits toten Tieren, die sie immer an Ort und Stelle fressen. Sie jagen aber auch und können Lämmer, Kälber oder Wild- tiere erbeuten. Kondore brüten auf dem Boden, in Baumhöhlen oder Felsspalten jeweils ein Ei aus. Das Küken wird von beiden Elternteilen gefüttert und kann erst nach sechs Monaten fliegen.

Der Anden-Kondor ist der größte flugfähige Vogel der Welt.

Größe: bis 110 cm
Flügelspannweite: 325 cm
Verbreitung: Südamerika (Anden), Kalifornien
Farbe: schwarz, weiße Halskrause
Familie: Neuweltgeier

Königskobra

Die Königskobra ist die größte heute lebende Giftschlange der Welt. Sie gehört nicht zu den Echten Kobras wie die Kobra oder Brillenschlange.

Die Königskobra kann über fünf Meter lang und bis zu 20 Kilogramm schwer werden. Ihre Färbung variiert von grau über olivbraun bis schwarz und weist mehrere helle Querbänder auf. Der Durchmesser des Schlangenkörpers kann an der dicksten Stelle so stark wie der Arm eines erwachsenen Menschen sein. Bei Bedrohung richtet die Königskobra ihren faustgroßen Kopf über einen Meter hoch auf und stürmt in dieser Haltung vorwärts. Dabei spreizt sie die lose Nackenhaut auseinander. Die Königskobra jagt am Tag hauptsächlich andere Schlangen, doch sie verspeist gelegentlich auch Echsen wie Warane. Sie gehört zu den wenigen Schlangenarten, die ein Nest bauen und Nestpflege betreiben. Das Weibchen legt 20 bis 40 Eier in das meist zweistöckige Nest aus Laub und kleinen Zweigen und bewacht das Gelege äußerst aufmerksam. Die jungen Schlangen sind bereits tödlich giftig.

SCHON GEWUSST?

Wenn kein Gegengift verabreicht wird, kann bei einem Menschen nach einem Biss der Königskobra innerhalb der nächsten 15 Minuten der Tod eintreten.

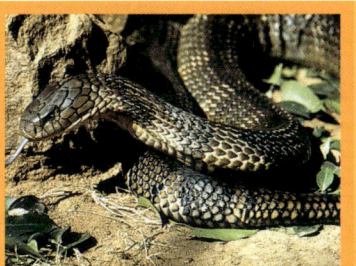

Die Königskobra betreibt Nestpflege.

Größe: bis 5,8 m
Verbreitung: Thailand, Borneo, China, Philippinen
Farbe: grau bis olivgrün und schwarz
Familie: Giftnattern

Korallen

Als Korallen bezeichnet man sesshafte, Kolonien bildende Nesseltiere. Es gibt viele verschiedene Gruppen von Korallen, die nicht näher miteinander verwandt sind.

Am bekanntesten sind die Steinkorallen. Weitere bedeutende Gruppen sind die Weichkorallen mit Lederkorallen, Röhrenkorallen und Schwarzkorallen, die alle zu den Blumentieren gehören. Die Blumentiere sind mit über 6000 Arten die größte Klasse der Nesseltiere. Korallentiere sind Meeresbewohner und leben als Einzelpolypen oder in Kolonien. Die Polypen haben sechs oder acht gefiederte Fangarme, die um die Mundöffnung angeordnet sind und deren Enden mit giftigen Nesselzellen besetzt sind. Sie dienen zum Fangen von Beutetieren wie Würmern und Quallen. Steinkorallen bilden im Gegensatz zu anderen Korallen durch Einlagerung von Kalk Skelette, durch die Korallenriffe entstehen. Die Fortpflanzung kann geschlechtlich oder ungeschlechtlich erfolgen. Erfolgt sie geschlechtlich, setzen sich frei schwebende Larven später als Polypen am Grund fest, sondern Kalk ab und bilden ein schützendes „Außenskelett". Bei der ungeschlechtlichen Form wird der Körper geteilt und es entsteht ein neuer Polyp, um den sich ein Kalkmantel bildet. Die Teilung beginnt dann wieder von vorn.

Korallen sind Nesseltiere, die in Kolonien leben.

Korallen bieten vielen Tieren einen Unterschlupf.

Verbreitung: tropische und gemäßigte Meere
Farbe: verschiedene Farben
Klasse: Blumentiere
Stamm: Nesseltiere

Kormoran

Der Kormoran ist ein bekannter Wasservogel. Er kommt weltweit sowohl an Meeresküsten als auch an Binnengewässern vor.

Der Kormoran trägt ein schwarzes Federkleid mit grünlichem und rötlichem Metallglanz. Er ist ein Schwimmtaucher, das heißt, er kann mit seinem hakenförmig gebogenen Schnabel beim Tauchen Fische fangen. Er schwimmt mithilfe der Schwimmhäute zwischen seinen Zehen. Im Unterschied zu anderen Wasservögeln wird beim Kormoran das Gefieder beim Tauchen nass. Deshalb breiten die Vögel nach jedem Aufenthalt im Wasser die Flügel aus, um die Federn zu trocknen. Beim Tauchen rudern Kormorane nur mit den Füßen und steuern mit dem Schwanz. Sie brüten nur einmal im Jahr und bauen ihre Nester aus nassen Pflanzenteilen in Bäumen oder auf dem Boden. Das Weibchen legt drei bis vier Eier. Beide Elternteile kümmern sich hingebungsvoll um die Küken, sobald diese geschlüpft sind.

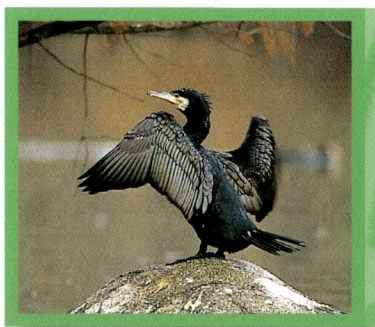

Das Federkleid des Kormorans ist schwarz und glänzt metallisch.

Größe: 80–100 cm
Flügelspannweite: 120–150 cm
Verbreitung: weltweit, außer Antarktis
Farbe: schwarz
Familie: Kormorane

Krabbentaucher

Krabbentaucher sind die kleinsten Vertreter der Alkenvögel. Sie versammeln sich im Sommer zum Brüten in Kolonien mit Tausenden von Artgenossen an steilen Küsten und Klippen.

Das Federkleid des Krabbentauchers ist an Kopf, Hals und Rücken schwarz, auf der Unterseite des Rumpfes weiß. Der Schwanz und der Schnabel sind sehr kurz. Der Krabbentaucher fliegt mit schnellen, schwirrenden Flügelschlägen, ist aber auch ein ausgezeichneter Schwimmer und Taucher – schließlich fängt er seine Nahrung unter Wasser. Wie sein Name schon verrät, verspeist er am liebsten Krebstiere, aber auch kleine Fische. Krabbentaucher brüten in der Arktis. Das Weibchen legt meist nur ein Ei in eine Felsspalte oder unter Steine und bebrütet es ungefähr 24 Tage lang. Das Küken wird von beiden Eltern aufgezogen. Nach wenigen Wochen ist es flügge und verlässt die Eltern.

SCHON GEWUSST?
Zu den Feinden des Krabbentauchers zählen Raubvögel und der Polarfuchs.

Krabbentaucher verspeisen am liebsten Krebstiere.

Größe: 20 cm
Verbreitung: Arktis und Nordatlantik
Farbe: weiß, schwarz
Familie: Alkenvögel

Kragenbär

Der Kragenbär oder Asiatische Schwarzbär ist ein enger Verwandter des Amerikanischen Schwarzbären. Seinen Namen erhielt er aufgrund des Halskragens aus verlängerten Haaren.

Der Kragenbär hat ein kohlschwarzes Fell mit einem v-förmigen weißen Abzeichen auf der Brust. Wie alle Bären ist er Sohlengänger, das heißt, bei der Fortbewegung tritt er mit dem ganzen Fuß auf. Er ist ein Einzelgänger und am Tag und in der Nacht aktiv. Er kann gut klettern und schwimmen. Der Kragenbär hält außer in südlichen Gebieten eine Winterruhe. Dazu frisst er sich im Spätsommer einen Winterspeck an und zieht sich in eine Erdhöhle zurück. Er schläft im Winter nicht fest, aber sein Herzschlag geht deutlich zurück. Wie alle Bären ist auch der Kragenbär ein Allesfresser, bevorzugt aber Nüsse, Eicheln, Beeren und Obst. Gelegentlich fängt er Insekten und kleine Säugetiere, frisst aber auch Aas. Das Weibchen bekommt ein bis drei Junge pro Wurf, die etwa zwei Jahre bei der Mutter bleiben.

Der Kragenbär hat einen Kragen aus langen Haaren.

Kopf-Rumpf-Länge: 120–180 cm
Verbreitung: Asien
Farbe: schwarz
Familie: Bären

Kragenechse

Die Kragenechse hat ihren Namen aufgrund des auffälligen Hautkragens mit großen Schuppen, der normalerweise gefaltet um ihren Hals liegt.

Wenn das Tier jedoch gestört wird oder sich bedroht fühlt, richtet sich der Kragen wie eine Manschette auf, sodass die Echse größer und gefährlicher aussieht, als sie tatsächlich ist. Das bezeichnet man als Imponiergehabe. Zusätzlich verstärkt wird dieser Eindruck dadurch, dass sich die Kragenechse auf die Hinterbeine stellt, ihr Maul aufreißt und zischende Laute von sich gibt. Sonst sitzt sie tagsüber still auf einem Ast oder an einem Baumstamm, um sich zu sonnen oder auf Beute zu warten. Kragenechsen ernäh-

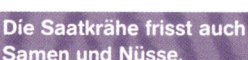
ren sich hauptsächlich von kleineren Echsen, Spinnen und Insekten, mögen aber auch Vogeleier. Wenn sich das Tier auf dem Boden fortbewegt, rennt es meist nur auf den Hinterbeinen, was ziemlich seltsam aussieht. Das Weibchen legt bis zu 20 Eier, die im warmen, feuchten Boden vergraben werden. Nach knapp drei Monaten schlüpfen Junge, die schon selbstständig sind.

Der Kragen der Kragenechse liegt normalerweise gefaltet um ihren Hals.

Größe: 80–90 cm (einschließlich Schwanz)
Verbreitung: Australien, Neuguinea
Farbe: gelbbraun bis schwarz
Familie: Agamen

Krähen

Krähen und Raben bilden eine Gattung und gehören zu den Rabenvögeln. Kleine und mittelgroße Arten bezeichnet man als „Krähen", größere Formen als „Raben", was aber keine wissenschaftlichen Sammelbegriffe sind.

In Europa kommen als typische „Krähen" Saatkrähen und Aaskrähen vor. Wenn wir im Winter Krähenschwärme sehen, sind das mit Sicherheit Saatkrähen mit ihrem metallisch glänzenden Federkleid. Der Schnabel ist spitz, etwas nach unten gebogen und schlanker als der von Rabenkrähen. Zur Aaskrähe gehören die europäischen Unterarten Rabenkrähe und Nebelkrähe. Die Rabenkrähe hat ein schwarzes, bläulich schimmerndes Federkleid, während die Nebelkrähe einen grauen Körper mit schwarzen Flügeln, Schwanzfedern und schwarzem Kopf hat. Beide haben einen schwarzen dicken Schnabel. Die Saatkrähe bevorzugt tierische Nahrung wie Regenwürmer, Schnecken, Käfer und Mäuse, frisst aber auch Samen, Nüsse und Früchte. Die Aaskrähen verspeisen neben Aas auch Abfälle, Eier, Jungvögel sowie Samen und Früchte. Saatkrähen brüten immer in Kolonien, Aaskrähen paarweise. Alle Krähen bauen ihre Nester in großer Höhe auf Bäumen.

Die Saatkrähe frisst auch Samen und Nüsse.

Größe: etwa 45 cm
Verbreitung: Europa
Farbe: schwarz, grau
Familie: Rabenvögel

Kranich

Der Kranich hat mit seinen langen Beinen und dem langen Hals die Gestalt eines Storchs, wird aber größer als dieser.

Kraniche sind grau gefärbt, Kopf und Hals sind schwarz. Oben auf dem Kopf tragen sie einen leuchtend roten Fleck, den Scheitelfleck. Ihr Schnabel ist fast so lang wie ihr Kopf. Kraniche leben auf offenen Flächen mit Sümpfen, Mooren und Feuchtwiesen. Das Nest aus Pflanzenmaterial bauen sie in Sümpfen auf kleinen Hügeln am Boden.

Das Weibchen legt zwei Eier, die beide Eltern abwechselnd bebrüten. Nach dem Schlüpfen verlassen die Jungen das Nest sofort, werden aber anfangs noch von den Eltern gefüttert. Kraniche sind tagaktiv und leben meist in sehr großen Gruppen zusammen. Sie gehen gemeinsam auf Nahrungssuche. Meist fressen sie Insekten und deren Larven, Würmer, Schnecken und junge Mäuse, verspeisen aber auch Kräuter, Blätter, Wurzeln und Beeren. Kraniche ziehen im Herbst nach Spanien, Südfrankreich und Nordwestafrika.

Kraniche sind grau gefärbt, Kopf und Hals sind schwarz.

Größe: etwa 115 cm
Verbreitung: Europa, Nordasien
Farbe: grau, schwarz, rot
Familie: Kraniche

Kreuzotter

Die Kreuzotter ist eine der wenigen giftigen Schlangen, die in Europa vorkommen. Sie verdankt ihren Namen dem deutlich zu sehenden, dunklen Zickzackband auf ihrem Rücken.

Der Kopf der Kreuzotter ist dreieckig und deutlich vom Körper abgesetzt. Die kurze Schnauze ist abgerundet. Das Männchen ist grau bis graubraun, das Weibchen gelblich bis dunkelbraun gefärbt. Die Kreuzotter hat zwei Giftzähne, mit denen sie Gift in ihre Beutetiere spritzen kann. Sie ist eine gute Schwimmerin. Außerdem nimmt sie die leiseste Erschütterung des Bodens wahr, sieht aber dafür ziemlich schlecht. Auf der Zungenspitze befinden sich

Sinneszellen, mit denen die Kreuzotter wie alle Schlangen sehr gut riechen kann. Deshalb sieht man Schlangen häufig züngeln. Kreuzottern ziehen sich im Winter in verlassene Tierhöhlen zurück und ruhen. Im Frühjahr müssen sich die wechselwarmen Tiere erst einmal aufwärmen und legen sich täglich mehrere Stunden in die Sonne. Das Weibchen bringt lebende Junge in einer Eihülle zur Welt, die die Kleinen nach der Geburt aufreißen. Kreuzottern verspeisen am liebsten Wühlmäuse und andere Mäuse, erbeuten aber auch Maulwürfe, Hamster, Blindschleichen und junge Vögel.

Kreuzottern verspeisen am liebsten Mäuse.

Die Kreuzotter zählt zu den wenigen Giftschlangen, die in Europa heimisch sind.

Größe: 60–80 cm
Verbreitung: Europa, Nordasien
Farbe: grau, braun
Familie: Vipern

Kreuzspinne

Die Gartenkreuzspinne ist die häufigste und auffallendste Art der Kreuzspinnen. Sie kommt in Gärten ebenso vor wie auf Wiesen und in Wäldern.

Kennzeichnend für alle Kreuzspinnen ist die helle Kreuzzeichnung auf dem Hinterleib. Die Gartenkreuzspinne sitzt tagsüber gerne in der Mitte ihres Netzes und wartet auf Beutetiere wie Fliegen und Heuschrecken. Sie hat einen giftigen Biss, mit dem sie das Opfer tötet. Das Gift zersetzt die Weichteile unter dem harten Chitinpanzer der Insekten, sodass die Spinne die vorverdauten Teile bequem aufsaugen kann. Das Weibchen frisst das Männchen nach der Paarung meist auf und legt die Eier in gelblichen, watteähnlichen Kokons (Behältern) ab, die sie aus sehr feinen Fäden spinnt. Anschließend stirbt sie. Die Eier überwintern im Kokon, aus denen im Frühjahr die jungen Spinnen schlüpfen.

Kennzeichnend für alle Kreuzspinnen ist die helle Kreuzzeichnung auf dem Hinterleib.

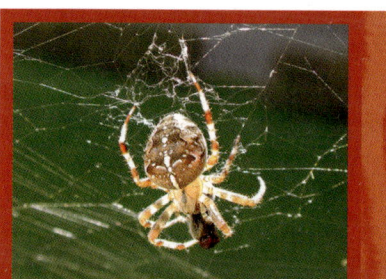

Die Kreuzspinne wartet in ihrem Netz auf Beute.

Größe: 10–18 mm
Verbreitung: Europa
Farbe: hellbraun bis fast schwarz
Familie: Radnetzspinnen

Ein Nilkrokodil

Krokodile

Krokodile sind eine Ordnung der Echsen und eine der ältesten Tiergruppen. Sie bevölkern die Erde seit etwa 230 Millionen Jahren.

Zu den Krokodilen zählen die Echten Krokodile, die Alligatoren und Kaimane sowie der Gavial. Diese drei Familien mit über 20 Arten unterscheiden sich durch Merkmale ihres Kopfes: Die Echten Krokodile besitzen Gruben am Oberkiefer, das heißt, die größten Zähne des Unterkiefers passen in diese Furchen, sodass sie bei geschlossenem Maul sichtbar sind. Alligatoren und Kaimane haben eine breitere Schnauze. Bei ihnen fügen sich die Zähne in Aussparungen im Oberkiefer ein und sind bei geschlossenem Maul nicht sichtbar. Die Gaviale hingegen haben eine lange, dünne Schnauze. Auch sind die verschiedenen Arten sehr unterschiedlich groß – von 1,2 bis zu sieben Metern! Krokodile sind überwiegend Süßwasserbewohner, aber es gibt auch Salzwasserarten, zu denen das Leistenkrokodil zählt. Während sich Krokodile mit breiter Schnauze wie das Nilkrokodil von Säugetieren, Reptilien, Fischen und Aas ernähren, haben sich Gaviale auf Fischfang spezialisiert. Krokodile legen Eier in Nester aus verrottendem Pflanzenmaterial. Die beim Verrotten entstehende Wärme ist notwendig zum Ausbrüten der Eier. Die Babys werden nach dem Ausschlüpfen von der Mutter ins Wasser getragen.

Größe: 1,2–7 m
Verbreitung: tropische Regionen
Farbe: olivfarben, braungrün
Ordnung: Krokodile

Kuckuck

Der Kuckuck verdankt seinen Namen dem charakteristischen Ruf des Männchens („gu-kuh"). Außerdem ist er in Mitteleuropa der einzige Vogel, der seine Eier nicht selbst ausbrütet.

Er macht es sich einfach und legt sie in fremde Nester. Dort werden die Jungen von sogenannten Wirtsvögeln aufgezogen. Die Kuckuckseier haben meist die Farbe und Größe des jeweiligen Wirts. Anders als der Kuckuck sind die zukünftigen Eltern oft Singvögel, die viel kleiner sind als er selbst, beispielsweise Wiesenpieper, Bachstelzen, Neuntöter, Rotkehlchen oder Zaunkönige. Damit die neuen Eltern das

Kuckucksei nicht bemerken, wird ein Ei einfach entfernt. Nach etwa zwölf Tagen schlüpfen die Jungen, die wesentlich größer sind als die der Wirtsvögel. Bald werfen sie alle anderen Jungen aus dem Nest. Der Kuckuck ernährt sich ausschließlich von Insekten, hauptsächlich von Käfern und Schmetterlingsraupen.

Der Kuckuck brütet seine Eier nicht selbst aus.

Größe: 33–35 cm
Verbreitung: weltweit, außer Antarktis
Farbe: grau, braun
Familie: Kuckucke

Kudu

Der Große Kudu ist eine Antilopenart, die vor allem in Süd- und Ostafrika vorkommt. Sie hält sich gerne in Baumsavannen auf, auch oft in Wassernähe.

Das Männchen trägt ein prächtiges, bis zu 1,5 Meter langes Schraubengehörn und eine sehr üppige Mähne an Kinn und Hals. Das Fell des Großen Kudus ist graubraun bis sandfarben mit feinen, weißen senkrechten Streifen. Der Schwanz ist buschig behaart. Die Tiere leben in kleinen, nach Geschlechtern getrennten Rudeln und halten sich tagsüber meist im Dickicht versteckt. In der Dämmerung und nachts gehen sie auf Nahrungssuche. Sie ernähren sich vor allem von Laub von Bäumen und Sträu-chern, fressen aber auch Gras, Kräuter, Wurzeln und Früchte. Das Weibchen bringt nach etwa neun Monaten Tragezeit ein Junges zur Welt, das zunächst in einem Versteck bleibt und von der Mutter nur zum Säugen aufgesucht wird.

Der Kudu ist eine Antilopenart und lebt in Afrika.

Ein Kudu-Weibchen

Kopf-Rumpf-Länge: bis 220 cm
Schwanz: 30–50 cm
Verbreitung: Afrika
Farbe: graubraun bis sandfarben, weiß
Familie: Hornträger

Kugelfische

Allen Kugelfischen ist gemeinsam, dass sie sich bei Gefahr kugelförmig aufblasen und Stacheln aufstellen können.

Das gelingt ihnen durch Aufnahme von Luft und Wasser. Dieser Fähigkeit verdanken sie auch ihren Namen. Der Körper von Kugelfischen ist auch im Normalzustand rundlich und hat eine lederartige, schuppenlose Haut, die mit spitzen, hohlen Stacheln besetzt sind. Die Kugelfische besitzen keine Bauchflossen. Trotz der rundlichen Form sind sie sehr wendig, wenn auch langsam, und können sowohl vorwärts als auch rückwärts schwimmen, indem sie die Rücken- und Brustflossen wie einen Hubschrauberpropeller bewegen. Aufgepumpt schrecken sie mit den abstehenden Stacheln ihre Fressfeinde ab. Die meisten Kugelfische leben in der Küstenzone tropischer und subtropischer Gewässer, einige Arten auch im Süßwasser. Das Weibchen legt die Eier auf Steinen und Pflanzen ab. Der Laich ist für andere Tiere giftig. Das Männchen bewacht und pflegt die Brut und die Jungfische. Kugelfische ernähren sich hauptsächlich von Krebsen, Schnecken und Muscheln.

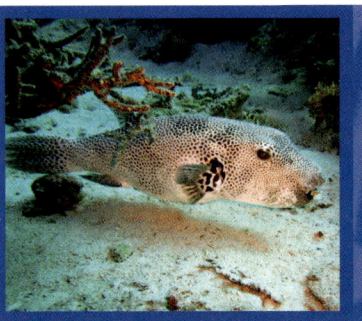

Kugelfische können sich bei Gefahr kugelförmig aufblasen.

Größe: 6–90 cm
Verbreitung: tropische und subtropische Gewässer
Farbe: verschieden
Familie: Kugelfische

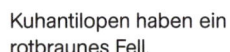
Kuhantilopen haben ein rotbraunes Fell.

Kuhantilope

Die Kuhantilope ist eine sehr bekannte afrikanische Antilopenart aus der Gruppe der Kuhantilopen. Sie wird in ihrer Heimat auch Hartebeest („zähes Tier") genannt.

Diese sehr große Antilope hat ein hellgraues bis rotbraunes Fell. Männchen und Weibchen tragen Hörner. Diese sind geringelt und biegen sich nach außen und nach oben; sie sind etwa 70 Zentimeter lang. Die Kuhantilope ist am Tag munter und lebt in großen, nach Geschlechtern getrennten Herden. Wenn die Tiere auf

der Flucht sind, können sie bis zu 80 Kilometer in der Stunde schnell laufen. Löwen sind ihre größten und gefährlichs-

ten Feinde. Kuhantilopen sind Grasfresser, mögen aber auch Kräuter und Blätter von Büschen.

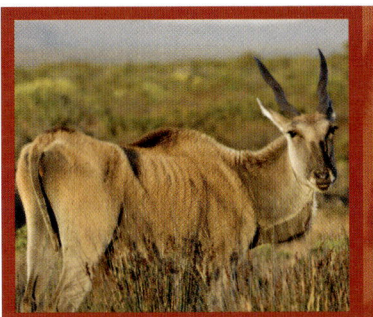

Kuhantilopen fressen am liebsten Gras.

Kopf-Rumpf-Länge: 110–150 cm
Schwanz: etwa 60 cm
Verbreitung: Afrika
Farbe: hellgrau bis rotbraun
Familie: Hornträger

Küstensee-schwalbe

Die Küstenseeschwalbe brütet in der Arktis und überwintert in der Antarktis. So legt sie jedes Jahr etwa 36.000 Kilometer zurück und gilt als der Zugvogel mit der längsten Zugstrecke.

Die Küstenseeschwalbe trägt ein weiß bis hellgrau gefärbtes Federkleid und eine schwarze Kopfkappe. Ihre kurzen Beine und der Schnabel sind rot gefärbt. Die Vögel ernähren sich von Fischen und Kleinkrebsen, die sie beim sogenannten Stoßtauchen erbeuten: Sie suchen die Wasseroberfläche zunächst sorgfältig ab. Hat eine Küstenseeschwalbe ein Beutetier entdeckt, kippt sie plötzlich in die Senkrechte ab und stößt nach unten. Beim Eintauchen verschwindet sie

völlig im Wasser, taucht aber nach kurzer Zeit mit Beute wieder auf. Küstenseeschwalben brüten in großen Kolonien, oft mit anderen Seeschwalbenarten zusammen. Das Nest ist eine einfache Bodenmulde, in die das Weibchen ein bis drei Eier legt. Die Eier werden von beiden Eltern bebrütet.

Küstenseeschwalbe mit Küken

Größe: 33–38 cm
Verbreitung: Nordpolarregion, südlich bis Nord- und Ostsee
Farbe: grau, schwarz, rot
Familie: Seeschwalben

SCHON GEWUSST?

Auf dem Zug über das offene Meer lassen sich Küstenseeschwalben zum Ruhen auf treibenden Gegenständen nieder.

EIN ZOODIREKTOR BERICHTET

Dr. Bernhard Blaszkiewitz ist seit 1991 Direktor des Berliner Tierparks und seit 2007 des Berliner Zoos. Er erklärt euch im folgenden Interview alles über seine Arbeit und beantwortet viele interessante Fragen zu den Tieren, die im Zoo leben.

Das Elefantentor des Berliner Zoos

Zootiere sind am liebsten mit Fressen beschäftigt.

Welche Aufgaben hat ein Zoodirektor?

Als Direktor bin ich vor allem für die Tiere und Menschen im Zoo verantwortlich. Natürlich gehört viel Bürotätigkeit zu meiner Arbeit. Ich muss meine Verbindungen zu anderen Zoos pflegen und mich zum Beispiel um den Kauf von neuen Tieren kümmern. Dennoch habe ich sehr viel direkten Kontakt zu den Tieren. Jeden Morgen mache ich eine Runde durch den Zoo, gehe an jedem Tiergehege vorbei und spreche mit den Tierpflegern. Ich bin auch dabei, wenn neue Tiere ankommen oder wenn es Nachwuchs gibt.

Wie viele Tiere leben in etwa in Ihrem Zoo?

Im Berliner Zoo leben zur Zeit rund 14.000 Tiere und 1400 Tierarten – von der Ameise bis zum Elefanten!

Wie werden die Zootiere beschäftigt?

Zunächst sind sie in ihrem Sozialverband miteinander beschäftigt, also mit ihren Artgenossen, mit denen sie zusammenleben. Die Gehege werden entsprechend eingerichtet, sodass die Tiere je nach Art Spielzeug, Seile oder Ähnliches zur Verfügung haben und sich damit beschäftigen können. Aus Heu und Stroh können zum Beispiel Nester gebaut werden. Die Hauptbeschäftigung sind natürlich die Mahlzeiten. Das beansprucht die Tiere ziemlich lange. Schlangen bekommen beispielsweise Mäuse, die sie selbst erbeuten müssen, Seelöwen werden mit Fischen gefüttert, die sie auffangen müssen. Der Kontakt mit den Tierpflegern beschäftigt die Tiere ebenfalls. Sehr interessant für die

Tiere sind die Zoobesucher – je mehr Besucher kommen, desto weniger Langeweile haben sie!

Welche Tiere in Ihrem Zoo sind besonders?

Wir sind sehr froh über unser Fingertier Mario, denn seit 1916 ist es das erste Mal, dass ein Fingertier oder Aye-Aye, ein seltener Halbaffe, in unserem Zoo lebt. Ein weiteres ausgefallenes Tier ist der Ameisenbär, der letztes Jahr ein Junges bekommen hat. Der kleine Ameisenbär heißt Adolpho und fühlt sich bei uns sehr wohl. Auch das Erdferkel ist ein sehr interessantes Tier und der Star unseres Nachttierhauses.

Knut, der Eisbär, wurde in Ihrem Zoo geboren. Was macht er heute?

Ich habe Knut, solange ich das konnte und durfte, jeden Tag besucht und hatte engen Kontakt zu ihm. Heute lebt er in seinem Gehege. Es geht ihm sehr gut. Er ist groß und dick und freut sich seines Lebens.

Bieten Sie besondere Veranstaltungen für junge Besucher?

Wir haben für unsere jungen Besucher eine Menge interessante Veranstaltungen. Dazu gehört natürlich der Streichelzoo, wo die

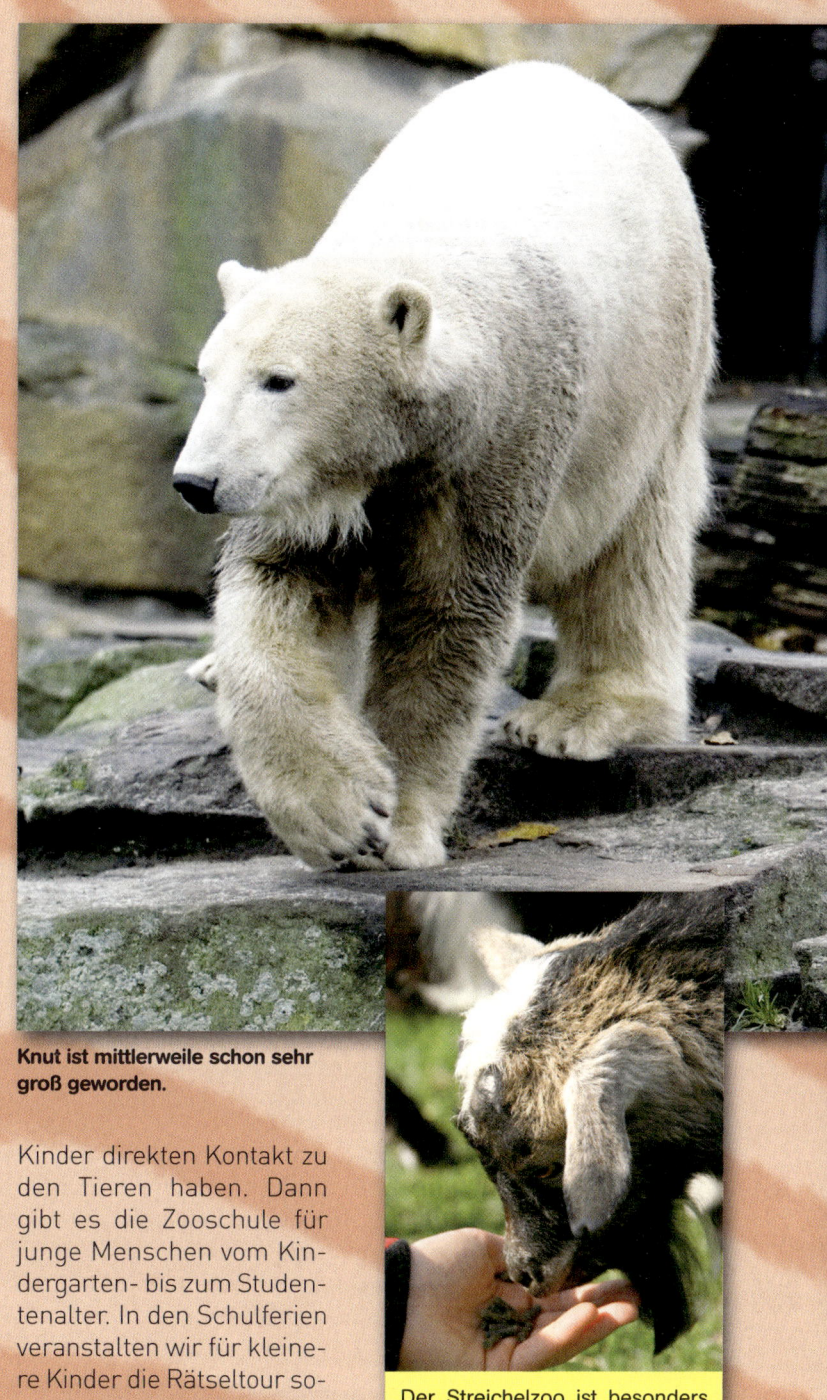

Knut ist mittlerweile schon sehr groß geworden.

Kinder direkten Kontakt zu den Tieren haben. Dann gibt es die Zooschule für junge Menschen vom Kindergarten- bis zum Studentenalter. In den Schulferien veranstalten wir für kleinere Kinder die Rätseltour sowie Safaris zum Erkunden unseres Zoos.

Der Streichelzoo ist besonders interessant.

SCHON GEWUSST?

Lachmöwen können bis zu 30 Jahre alt werden.

Lachmöwe

Die Lachmöwe ist die häufigste und sicherlich auch die bekannteste Möwe bei uns. Ihren Namen verdankt sie ihren kichernden und keckernden Rufen.

Ursprünglich war die Lachmöwe nur an Binnengewässern wie Flüssen und Kanälen heimisch, aber seit einiger Zeit ist sie auch an Meeresküsten anzutreffen. Auch äußerlich ist sie leicht zu erkennen: Sie hat einen weißen Körper, der Kopf ist im Prachtkleid während der Brutzeit schwarzbraun ge-färbt. Im Schlichtkleid außerhalb der Brutzeit sind nur die Bereiche um die Augen und Ohren dunkel gefärbt. Die Speisekarte der Lachmöwe ist sehr lang, denn sie frisst so ziemlich alles – Regenwürmer, Krebstiere, Insekten, kleine Fische, Getreidekörner, Aas, in Städten auch Abfälle und menschliche Nahrungsreste! Die Lachmöwe brütet in großen Kolonien und baut Nester aus Pflanzenhalmen auf Seen oder Teichen. Darin legt das Weibchen meist drei olivgrün gefärbte Eier ab, die etwa drei Wochen lang von beiden Elternteilen bebrütet werden.

Der Kopf der Lachmöwe ist während der Brutzeit dunkel gefärbt.

Größe: 35–40 cm
Verbreitung: Mitteleuropa
Farbe: weiß, schwarz
Familie: Möwen

Lachs

Der Atlantische Lachs ist die größte heimische Art der Lachse. Sein Leben spielt sich zwischen Meer und Süßwasser ab.

Im Meer wächst er zur Geschlechtsreife heran und wandert dann in die Flüsse und Bäche, um dort zu laichen. Am Ende dieser „Laichwanderungen" legen die Weibchen ihre Eier ab, die von den Männchen befruchtet werden. Die meisten Lachse sterben anschließend vor Erschöpfung. Die Überlebenden überwintern in den Süßgewässern und wandern ins Meer zurück. Lachse sind kräftige Raubfische mit scharfen Zähnen im Maul. Sie haben

einen lang gestreckten, torpedoförmigen Körper, der am Rücken graugrün bis bräunlich, an der Seite silbern ist. Ein besonderes Merkmal der Lachse ist die Fettflosse zwischen Rücken- und Schwanzflosse. Der Lachs streift nahe der Wasseroberfläche umher und fängt Kleinfische wie Heringe, aber auch gerne Krebstiere. Lachse bevorzugen kalte fließende Gewässer, die sauerstoffreich sind.

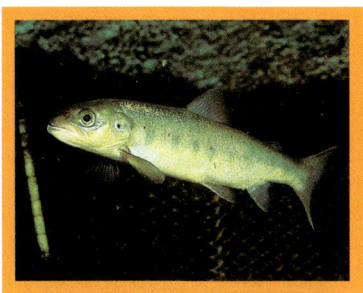

Lachse sind kräftige Raubfische mit scharfen Zähnen.

Größe: 80–100 cm
Verbreitung: Nordatlantik, Nord- und Ostsee
Farbe: graugrün, silbern, rötlich
Familie: Lachsfische

Lama

Das Lama ist eine Art der Kamele, die im Andengebirge in Südamerika heimisch ist. Dort werden Lamas als Haustiere gehalten.

Sie stammen wahrscheinlich vom Guanako, einer anderen südamerikanischen Kamelart, ab. Im Gegensatz zu den Kamelen der Alten Welt (Dromedar und Trampeltier) haben Lamas keinen Höcker. Ihr Fell kann unterschiedlich gefärbt sein – einfarbig weiß, braun oder schwarz. Lamas sind berühmt für ihr Spucken. Wenn sie sich gestört oder bedroht fühlen, spucken sie den Störenden einfach an. Sie treffen ihn sogar aus zwei bis drei Meter Entfernung. Durch das Spucken wird auch die Rangordnung bestimmt. Zur Vorwarnung spucken Lamas nur Speichel, sonst den halb verdauten Mageninhalt, eine übel riechende, grünliche Masse – ganz schön ekelig! Lamas sind Pflanzenfresser und ernähren sich von Gräsern, krautigen Pflanzen, Blättern, Flechten und Pilzen.

Lamas zählen zu den Kamelen.

Größe: 120 cm
Verbreitung: Südamerika (Anden)
Farbe: braun, weiß, schwarz
Familie: Kamele

Langusten

Langusten sind reine Meerestiere. Sie gehören zu den Krebsen und sind mit den Flusskrebsen und Hummern verwandt.

Die Europäische Languste, die auch Stachelhummer genannt wird, lebt im Mittelmeer, im östlichen Atlantik und in der Nordsee. Auffälligstes Kennzeichen der Langusten sind die überlangen Fühler am Kopf, mit deren Hilfe sich die Tiere orientieren. Der Körper ist abgeplattet und trägt stachelige Fortsätze. Der Brustteil ist mit Dornen bewaffnet. Das erste Laufbeinpaar hat kräftige Scheren, während die restlichen Beine nur Klauen tragen. Die Languste hat einen harten Panzer, der dunkelbraun ist und rotbraune bis purpurfarbene Flecke hat. Das nachtaktive Bodentier versteckt sich tagsüber in Felsnischen. Es ernährt sich von Schnecken, Muscheln und Aas. Das Weibchen legt bis zu 100.000 Eier, aus denen schließlich breite, papierdünne, durchsichtige Larven mit langen Spinnenbeinen schlüpfen. Diese leben etwa neun Monate frei schwimmend, verwandeln sich dann in ausgewachsene Langusten und leben am Boden weiter.

Langusten haben überlange Fühler.

Größe: bis 50 cm
Verbreitung: Mittelmeer, Ostatlantik, Nord- und Ostsee
Farbe: braun, rötlich
Familie: Langusten

Laternenfische

Laternenfische sind Tiefseebewohner. Sie sind nach den Leuchtorganen benannt, die sie am Körper tragen.

Wissenschaftler vermuten, dass diese „Laternen" der Erkennung der Artgenossen in der stockfinsteren Tiefsee sowie zum Beutefang dienen. Die Leuchtorgane strahlen blaues, grünes oder gelbes Licht aus und sind in Reihen entlang dem Körper und auf dem Kopf angeordnet. Sie sind bei männlichen und weiblichen Fischen unterschiedlich verteilt. Die Leuchtorgane strahlen ihr Licht durch bestimmte komplizierte chemische Reaktionen aus. Viele Laternenfische kommen nachts an die Wasseroberfläche, um dort nach kleinen Wassertieren zu suchen, die sie verspeisen. Sobald es hell wird, kehren sie wieder in die Tiefe zurück. Die Weibchen legen ihre Eier im freien Wasser ab. Die winzigen Eier werden durch einen Öltropfen in der Schwebe gehalten. Die Larven der Laternenfische halten sich in flacherem Wasser auf als ihre Eltern.

Laternenfische leben in der Tiefsee.

Größe: 9–10 cm
Verbreitung: alle Weltmeere
Farbe: grau, weiß
Familie: Laternenfische

Laubfrosch

Der Europäische Laubfrosch ist ein Froschlurch, der einen Großteil seines Lebens auf Bäumen und Sträuchern in Gewässernähe verbringt.

Sobald die Paarungszeit beginnt, geht er wie die meisten Amphibien ins Wasser. Am See- oder Teichufer versammeln sich die Männchen und geben ihre allabendlichen Quakkonzerte, um die Weibchen anzulocken. Die Haut des Laubfroschs ist glatt und glänzend, an der Oberseite normalerweise leuchtend grün gefärbt. Der Bauch ist weiß bis grau und von körniger Oberfläche. Der Laubfrosch kann seine Farbe je nach Stimmung, Temperatur und Licht verändern – von knallgrün bei hellem Sonnenschein bis dunkelgrün im Schatten. Er ist darüber hinaus ein geschickter Kletterer. An seinen Finger- und Zehenspitzen hat er runde Haftballen, mit denen er sich an Ästen und Blättern von Bäumen und Sträuchern festhalten kann. Er kann sogar an einer Glasscheibe mühelos hochklettern. Seine Vorderbeine sind ziemlich kurz, dafür hat er lange, kräftige Hinterbeine, mit denen er weite und hohe Sprünge machen kann. An der faltigen Kehle hat das Männchen eine Schallblase, die es wie einen Ballon aufbläht, um seine lauten Konzerte zu geben.

SCHON GEWUSST?

Der Laubfrosch mag am liebsten Insekten und deren Larven. Er fängt sie mit seiner langen, klebrigen Zunge, die hervorschnellt. Das Opfer bleibt daran hängen und wird gleich heruntergeschluckt.

Der Laubfrosch kann seine Farbe je nach Stimmung verändern.

Größe: 3–5 cm
Verbreitung: Europa, Nordwestafrika, gemäßigtes Asien
Farbe: grün
Familie: Laubfrösche

Laufkäfer

Laufkäfer sind eine Käferfamilie mit weltweit etwa 30.000 Arten. Davon findet man rund 750 Arten auch in Europa.

Zu den Eigentlichen Laufkäfern gehören der Gartenlaufkäfer, der Körnige Laufkäfer und die verschiedenen Arten der Bombardierkäfer. Die Sandlaufkäfer sind bis auf einige Arten überwiegend in den Tropen verbreitet. Die Laufkäfer unterscheiden sich in Größe und Aussehen wesentlich voneinander. Die meisten sind knapp zwei Zentimeter groß, einige Vertreter können jedoch bis zu sieben Zentimeter lang werden. Die meisten Laufkäfer sind nachts unterwegs und leben räuberisch, das heißt, sie jagen auf dem Boden lebende Insekten, Regenwürmer und Schnecken. Sie packen die Beute mit ihren Oberkiefern und besprühen sie mit einer stinkenden und ätzenden Flüssigkeit aus besonderen Afterdrüsen. Das Opfer wird daraufhin in kurzer Zeit zersetzt. Der so entstandene Brei wird einfach aufgesaugt. Alle Laufkäfer lieben die Feuchtigkeit und verstecken sich tagsüber beispielsweise unter Steinen, Pflanzenresten oder unter der Rinde morscher Bäume.

Es gibt etwa 750 Laufkäferarten in Europa.

Ein roter Laufkäfer

Größe: 1,2–7 cm
Verbreitung: weltweit
Farbe: schwarz, bläulich, grün
Familie: Laufkäfer

SCHON GEWUSST?
Die Kopflaus und die Kleiderlaus können verschiedene Krankheitserreger übertragen.

Läuse

Als Laus bezeichnet man umgangssprachlich verschiedene Arten von Menschenläusen wie zum Beispiel die Kopflaus, die Filz- oder Schamlaus und die Kleiderlaus.

Alle Arten sind blutsaugende Parasiten an Menschen. Zum Stechen benutzen sie ihren langen Stechrüssel. Die Tiere haben keine Flügel. Am häufigsten kommt die Kopflaus vor. Mit den gewaltig entwickelten Klauen kann sie sich gut an den Haaren des Menschen festklammern. Sie sieht durchsichtig gräulich aus, nach dem Blutsaugen jedoch eher bräunlich bis rötlich. Sie lebt hauptsächlich in den Kopfhaaren. Die Filz- oder Schamlaus lebt in der Scham- und Achselbehaarung, aber auch in den Augenbrauen. Die Kleiderlaus hält sich in den Nähten der Kleider auf und geht nur zum Saugen auf die Haut. Nach der Paarung heften die Läuse ihre Eier, die man Nissen nennt, an den Haaren des Menschen fest. Die Entwicklungszeit vom Ei bis zum geschlechtsreifen Tier dauert etwa 25 Tage. Erwachsene Läuse leben rund 30 Tage.

Kopfläuse leben in den Kopfhaaren von Menschen.

Größe: 1,3–4,3 mm
Verbreitung: weltweit
Farbe: gräulich, bräunlich bis rötlich
Familie: Menschenläuse

Leguane

Leguane sind Reptilien, die wie kleine Drachen aus Urzeiten aussehen. Sie haben einen lang gestreckten Körper und einen langen Schwanz.

Der Körper ist mit groben Schuppen bedeckt. Die Leguan-Männchen haben oft auffällige Imponierorgane. Dabei handelt es sich beispielsweise um Kämme, Kopfhelme oder Kehlsäcke. Es gibt sogar Leguane, die am Schwanz Stacheln tragen. Die Leguane können unterschiedlich groß sein – von nur zehn Zentimetern bis zu über zwei Metern Länge. Sie können verschiedene Farben und auch Flecke oder Streifen haben. Die meisten Leguane sind Bodenbewohner. Es gibt aber auch Arten, die auf Bäumen oder im Meer leben. Wie alle wechselwarmen Tiere müssen sie in der Sonne Wärme tanken. Junge Leguane ernähren sich hauptsächlich von Insekten und anderen Kleintieren. Mit zunehmendem Alter werden sie zu Vegetariern und verspeisen am liebsten Blätter, Früchte und junge Pflanzen. Die meisten Leguane legen Eier.

SCHON GEWUSST?
Zu den Leguanen gehören zum Beispiel der Grüne Leguan, die Meerechsen, die Wüstenleguane, die Nashornleguane und die Chuckwallas.

Leguane können unterschiedlich groß sein.

Größe: 10–220 cm
Verbreitung: Amerika, Galapagosinseln, Westindische Inseln, Fidschi-Inseln
Farbe: grau, grün, gelb, blau, orange
Familie: Leguane

Leierfische

Die Familie der Leierfische umfasst 190 Arten und gehört zu den Barschartigen. Die meisten von ihnen sind Bodenfische, die auf Sandböden oder in Riffen leben.

Auffällig sind die beiden Rückenflossen, die der Fisch weit auseinanderspreizen kann. Die erste Rückenflosse hat ein bis vier Hartstrahlen und ist bei den Männchen meist größer und farbenprächtiger als bei den Weibchen. Ihre großen fächerförmigen Bauchflossen benutzen Leierfische als Stützen, wenn sie auf dem Boden ruhen. Der Kopf ist groß, abgeflacht und von oben gesehen dreieckig. Das Maul ist klein, der Oberkiefer weit vorstreckbar. Der Vorderkiemendeckel trägt einen gezackten, nach hinten gerichteten Stachel. An den europäischen Küsten kommt der Gestreifte Leierfisch vor, der sich am Boden sehr gut tarnen kann, weil er seine Farbe dem jeweiligen Untergrund anpasst. Leierfische ernähren sich von Würmern, Schnecken und Krebstieren.

Der Gestreifte Leierfisch kann sich sehr gut am Boden tarnen.

Größe: bis 30 cm
Verbreitung: Nordatlantik, Indischer Ozean, östlicher Pazifik
Farbe: gelb, blau, orange
Familie: Leierfische

Lemminge

Unter dem Begriff Lemminge werden mehrere Gattungen der Wühlmäuse zusammengefasst, die in polnahen Gebieten der Nordhalbkugel vorkommen.

Lemminge sind hamsterähnliche Tiere mit kurzem Schwanz und dichtem Fell. Der Eigentliche Lemming oder Berglemming lebt in Nordskandinavien. Die Tiere sind in verschiedenen Erdfarben gemustert. Sie sind am Tag und in der Nacht aktiv. Im Sommer legen sie bis zu 30 Zentimeter tiefe Erdbaue mit einer Nestkammer an, die sie mit Gräsern und Haaren auskleiden. Im Winter legen die Berglemminge Hohlräume unter der Schneedecke an oder bauen Kugelnester aus Pflanzenteilen auf dem Schnee. Sie halten keinen Winterschlaf. Berglemminge verspeisen hauptsächlich Moos, Heidelbeeren, Prei-

selbeeren und Baumrinde. Die Weibchen können bereits mit 14 Tagen geschlechtsreif wer-den und mehrere Würfe im Jahr mit jeweils drei bis sieben Jungen hervorbringen.

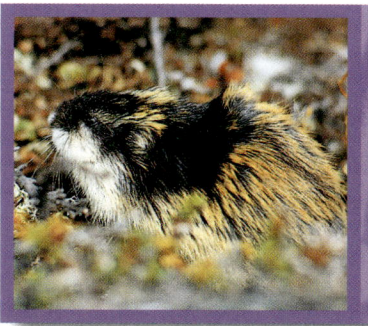

Lemminge sehen so ähnlich wie Hamster aus.

Kopf-Rumpf-Länge: 10–13 cm
Schwanz: 2 cm
Verbreitung: Nördliche Taiga und Tundra
Farbe: Brauntöne
Familie: Wühler

Leopard

Der prächtig gemusterte Leopard gehört zu den kleineren unter den Großkatzen. Er ist in Afrika südlich der Sahara und in Asien heimisch.

Der Leopard kann innerhalb seines Verbreitungsgebiets unterschiedlich groß und schwer werden. Auch sein Fell ist je nach Unterart verschieden. Die Grundfarbe ist jedoch meist ockergelb bis rotbraun und zeigt fast immer ein dichtes schwarzes Tupfen- und Rosettenmuster. Dadurch ist er zwischen den Blättern der Bäume und dem hohen Gras darunter gut getarnt. Leoparden können ausgezeichnet hören und noch besser sehen, besonders in der Nacht. Sie sind Einzelgänger, leben gelegentlich aber auch paarweise oder in kleinen Familiengruppen. Der hervorragende Kletterer ruht gerne auf Bäumen. Wenn er ein größeres Beutetier fängt, das er nicht auf einmal fressen kann, schleppt er es auf einen Baum. Er verspeist kleine bis mittelgroße Säugetiere, Vögel, aber auch Reptilien und sogar Käfer. Das Weibchen bekommt meist zwei bis vier blinde, aber schon behaarte Junge, die im Dickicht verborgen liegen, bis sie mit sechs bis acht Wochen der Mutter folgen können.

SCHON GEWUSST?
In großen Höhenlagen findet man gar nicht so selten Leoparden mit schwarzem Fell, die auch Schwarzer Panther genannt werden.

Ein junger Leopard hält Ausschau nach Beute.

Ein Leopard

Kopf-Rumpf-Länge: 90–160 cm
Schwanz: 60–95 cm
Verbreitung: Afrika, Vorderasien, Südasien
Farbe: ockergelb bis rotbraun, schwarz
Familie: Katzen

Lerchen

Lerchen sind vor allem auf Feldern und Äckern anzutreffen. Sie haben sich an diesen Lebensraum gut angepasst und sind durch ihr braunes Federkleid auf dem dunklen Untergrund gut getarnt.

Lerchen sind Boden bewohnende Vögel, die sich laufend und nicht hüpfend fortbewegen. Sie nisten auf dem Boden. Das Weibchen legt drei bis fünf Eier, die es bebrütet, während das Männchen Wache hält. Die Jungvögel werden von beiden Eltern gefüttert. Junge Lerchen können schon wenige Tage nach dem Schlüpfen bei Gefahr weglaufen. Lerchen ernähren sich hauptsächlich von Samen und Insekten. Es gibt zwei besonders bekannte Lerchenarten: Die Haubenlerche hat einen langen Federschopf am Kopf. Sie kommt oft an Feld- und Straßenrändern vor, ist aber auch in Städten anzutreffen. Die Feldlerche ist auf allen Wiesen, Feldern und Äckern heimisch. Man kann sie an dem länglichen Schwanz mit den auffallend weißen Außenkanten erkennen.

Lerchen sind vor allem auf Feldern und Äckern anzutreffen.

Größe: 13–18 cm
Verbreitung: Europa, Asien, Nordamerika, Nordafrika
Farbe: braun
Familie: Lerchen

Leuchtkrebs

Der garnelenähnliche Leuchtkrebs wird auch Leuchtgarnele genannt, ist aber vor allem als Krill bekannt. Die kleinen Krebse bilden riesige Schwärme von bis zu 100 Millionen Einzeltieren.

Sie sind die Hauptnahrung vieler Wale, Robben, Tintenfische, Pinguine, Albatrosse und anderer Vögel. Die Leuchtkrebse selbst ernähren sich von Phytoplankton (winzigen Pflanzenteilen), das sie aus dem Wasser filtern. Der Körper ähnelt einer Garnele und ist durchscheinend. Er ist in Kopfbrustteil und Hinterleib gegliedert. Das spitze Schwanzende ist mit Borsten versehen. Am Kopf sitzen große, lang gestielte Augen. Am Grund der Augenstiele, an der Brust und am Hinterleib befinden sich Leuchtorgane, die ein blaues

Licht aussenden. Daher hat der Leuchtkrebs seinen Namen. Bei der Fortpflanzung übergibt das Männchen dem Weibchen die Samen in einem Paket. Danach werden die Eier befruchtet und frei ins Wasser entlassen. Die schlüpfenden Larven durchlaufen mehrere Entwicklungsstadien.

Der Leuchtkrebs wird auch Leuchtgarnele genannt.

Größe: 4–6 mm
Verbreitung: weltweit alle Ozeane
Farbe: durchscheinend
Klasse: Höhere Krebse

Libellen

Libellen sind Insekten mit über 4000 Arten, von denen 85 in Mitteleuropa vorkommen. Sie sind flinke Jäger und zählen zu den schnellsten Insekten überhaupt.

Sie fangen ihre Beute, meist andere Insekten, im Flug. Libellen werden in zwei Unterordnungen eingeteilt: die Großlibellen und die Kleinlibellen. Bei den Großlibellen (zum Beispiel Blaugrüne Mosaikjungfer, Große Königslibelle, Plattbauchlibelle) sind die Flügelpaare ungleich groß und werden in der Ruhestellung seitlich gespreizt. Sie sind gewandte Flieger. Kleinlibellen (zum Beispiel Gebänderte Prachtlibelle, Binsenjungfer) haben gleich große Flügel, die in Ruhestellung zusammengeklappt werden. Sie fliegen langsamer und flattern mehr. Alle Libellen können ihre Flügelpaare auch unabhängig voneinander bewegen und so plötzlich die Flugrichtung ändern oder in der Luft stehen bleiben. Ihr beweglicher Hinterleib ist lang gestreckt und wirkt stabilisierend beim Flug. Libellen halten sich immer in Gewässernähe auf, da ihre Larven ausschließlich im Wasser leben. Ihre Entwicklung zur erwachsenen Libelle kann je nach Art drei Monate bis fünf Jahre dauern.

SCHON GEWUSST?

Libellen haben auffällig große Facettenaugen, die sich aus bis zu 30.000 Einzelaugen zusammensetzen.

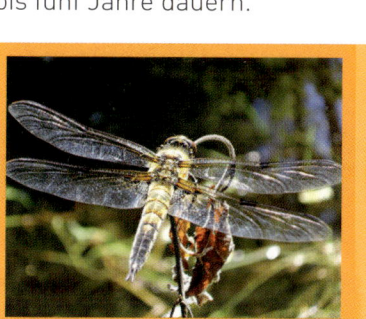

Libellen sind sehr flinke Jäger.

Größe: 2,5–8 cm
Flügelspannweite: 1,8–19 cm
Verbreitung: weltweit, außer Antarktis
Farbe: bunt
Ordnung: Libellen

Der Löwe ist der König der Tiere.

Löwe

Der Löwe, der „König der Tiere", ist nach dem Tiger die zweitgrößte Katze der Welt. Als einzige Katze lebt er in Familiengruppen von mehreren Männchen, Weibchen und Jungtieren.

Das kurze Fell der Löwen ist sandfarben bis ockergelb gefärbt. Die Männchen tragen eine lange Mähne, die meist dunkelbraun ist, aber auch hellbraun, rotbraun oder schwarz sein kann. Bei afrikanischen Löwen ist die Mähne kräftiger als bei ihren asiatischen Verwandten. Am Ende des langen Schwanzes befin-

det sich eine dunkle Quaste. Heute leben nur noch in Afrika und in Teilen Indiens Löwen. Sie gehen meist in der Dunkelheit oder frühmorgens auf die Jagd. Zu ihren Beutetieren zählen Antilopen, Büffel, Gazellen, Gnus, Zebras, aber auch Hasen und Vögel. Löwen jagen gemeinsam. Die Weibchen umkreisen die Beute und pirschen sich ganz nah an sie heran. Dann wird die Beute angesprungen und mit einem Nackenbiss getötet. Die Männchen beteiligen sich nur selten an der Jagd. Ihre Aufgabe ist die Verteidigung des Reviers. Löwenbabys werden nach vier Monaten Tragezeit geboren und bleiben zwei Jahre bei der Mutter.

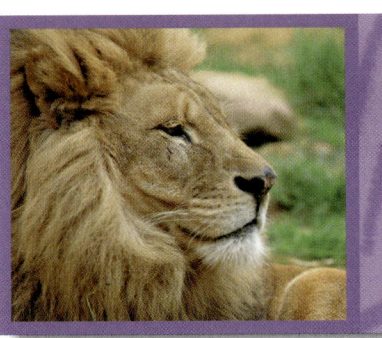

Das Fell der Löwen ist sandfarben bis ockergelb gefärbt.

Kopf-Rumpf-Länge: 150–190 cm
Schwanz: 65–100 cm
Verbreitung: Afrika, Indien
Farbe: sandfarben bis ockergelb
Familie: Katzen

Löwenäffchen

Löwenäffchen verdanken ihren Namen der seidigen „Löwenmähne", die Kopf und Schultern bedeckt. Alle Arten sind vom Aussterben bedroht.

Das Fell der Löwenäffchen kann je nach Art schwarz

(Goldkopflöwenäffchen) oder goldgelb (Goldgelbes Löwenäffchen) sein. Im Gesicht sind alle Arten nackt. Löwenäffchen bewohnen bevorzugt Regenwälder und halten sich meist in den Bäumen auf. Sie leben in Familiengruppen, die meist aus Eltern und ihren Kindern bestehen. Die Löwen-

äffchen sind tagaktiv, nachts suchen sie Schutz in Baumhöhlen. Sie sind Allesfresser und lassen sich sowohl Insekten, Eidechsen, Schnecken, Vögel und kleine Wirbeltiere als auch Blätter, Blüten und Früchte gut schmecken. Das

Weibchen bringt einmal im Jahr meist Zwillinge zur Welt, die nicht nur von der Mutter, sondern von allen erwachsenen Gruppenmitgliedern getragen werden. Die Jungen sind mit etwa zwei Jahren ausgewachsen.

Das Löwenäffchen hat eine seidige „Löwenmähne".

Kopf-Rumpf-Länge: 25–35 cm
Schwanz: 30–40 cm
Verbreitung: Südostbrasilien
Farbe: goldgelb, schwarz
Familie: Krallenaffen

Luchs

Der Eurasische Luchs, gemeinhin einfach Luchs genannt, ist die größte Raubkatze, die es in Europa gibt. In Mitteleuropa wurde er ausgerottet, aber inzwischen wieder erfolgreich angesiedelt.

Der Luchs hat ein gelblich graues bis rotbraunes Fell mit dunkler Zeichnung, wodurch er im Wald perfekt getarnt ist. Er hat einen richtigen Backenbart, der wie eine Mähne aussieht. An den Ohren trägt er lange Haarpinsel, die ihm helfen, im dichten Wald besser zu hören. Seine Vorderbeine sind etwas kürzer als seine Hinterbeine, was bedeutet, dass er gut springen kann. Der Luchs kann auch hervorragend se-

hen. Ein Kaninchen entdeckt er auf 300 Meter Entfernung. Der Luchs lebt allein in Wäldern und jagt meist in der Dämmerung oder nachts Hasen- und Nagetiere, kleines Rotwild und Vögel wie Schneehühner. Das Weibchen bringt in einem gut geschützten Versteck zwei oder drei Junge zur Welt, die ein Jahr bei der Mutter bleiben.

SCHON GEWUSST?
Luchse miauen ähnlich wie unsere Hauskatzen.

Der Luchs kann hervorragend hören und sehen.

Kopf-Rumpf-Länge: 80–110 cm
Schwanz: 15–25 cm
Verbreitung: Nord- und Osteuropa
Farbe: gelblich grau bis rotbraun
Familie: Katzen

Lungenfische

Lungenfische tragen ihren Namen aufgrund der lungenähnlichen Atmungsorgane, mit denen sie an der Wasseroberfläche Luft holen. Sie gehören zu den Knochenfischen.

Früher waren Lungenfische weltweit in vielen Arten vertreten. Heute gibt es nur noch sechs Arten. Ein besonderes Kennzeichen der Lungenfische ist, dass die Bauch- und Brustflossen teilweise verknöchert sind. Mit deren Hilfe können sie sich langsam über den Schlamm auf dem Grund vorwärtsbewegen. Die Schwanz- und Afterflossen sind zu einem Flossensaum zusammengewachsen. Die Rückenflosse fehlt. Der Körper ist dunkeloliv bis braun, zur Bauchseite hin heller, an der Unterseite gelblich. Lungenfische können sowohl über Kiemen als auch über die „Lunge" Sauerstoff aufnehmen. Der urtümlichste Vertreter ist der Australische Lungenfisch, der erst 1870 entdeckt wurde und nur in bestimmten Flüssen in Australien vorkommt. Er trägt sehr große Schuppen.

Lungenfische haben lungenähnliche Atmungsorgane.

**Größe: 90–125 cm
Verbreitung: Afrika, Australien, Südamerika
Farbe: dunkeloliv bis braun
Klasse: Fleischflosser**

Maikäfer

Der Maikäfer ist unser bekanntester Käfer, den man heute jedoch immer seltener antrifft. Wie der Name schon sagt, fliegt er im Monat Mai umher.

Wenn er in Massen auftritt, ist er ein gefürchteter Schädling im Wald und auf Feldern. Denn er kann komplette Laubbäume, vor allem Eichen, in kurzer Zeit kahl fressen. Noch größeren Schaden richten allerdings die Larven des Maikäfers, die wohlbekannten Engerlinge, an. Sie knabbern nämlich die Wurzeln von Pflanzen ab, auch die von Nutzpflanzen. Maikäfer haben braune Deckflügel, einen schwarzen Halsschild und an der Seite ein schwarz-weißes Zickzackmuster. Unter den dicken Deckflügeln liegen geschützt zwei zarte Hautflügel. Die Fühler der Männchen tragen an den Enden jeweils sieben fächerartige Blätter, die der Weibchen nur sechs. Mit diesen „Blättern" können die Maikäfer riechen. Die Männchen sterben nach der Paarung. Die Weibchen müssen bis zu drei Wochen lang weiterfressen, denn erst dann können sie ihre Eier ablegen. Dazu graben sie am Fuß eines Baumes oder anderer Pflanzen ein Loch und legen bis zu 30 Eier ab. Daraus schlüpfen ungefähr vier bis sechs Wochen später die Larven (Engerlinge), die bis zu vier Jahren unter der Erde leben und an Wurzeln fressen. Dann verpuppen sie sich und werden anschließend zum fertigen Maikäfer.

Den Maikäfer trifft man im Monat Mai an.

Größe: 20–30 mm
Verbreitung: Europa, gemäßigtes Asien
Farbe: schwarz, braun
Familie: Blatthornkäfer

Maikäfer können innerhalb kürzester Zeit einen ganzen Baum abfressen.

Makrele

Die Makrele ist wegen ihres wohlschmeckenden Fleischs ein beliebter Speisefisch und wird in großen Mengen gefischt. Sie ist mit dem Thunfisch verwandt.

Der Körper der Makrele ist spindelförmig lang gestreckt. Sie hat ein spitzes Maul, große Augen und eine stark gegabelte Schwanzflosse. Zwischen der zweiten Rücken- und Afterflosse befinden sich fünf kleine Flossen, die man „Flösselchen" nennt. Die Makrele ist glänzend grünblau, mit dunklen Querstreifen auf dem Rücken. Sie lebt in küstennahen Gewässern dicht unter der Wasseroberfläche in großen Schwärmen und ist ein schneller Schwimmer. Im Winter lösen sich die Schwärme auf, und die Fische halten am Boden Winterruhe. Makrelen ernähren sich von Plankton, Fischbrut von Heringen und Dorschen, Kleinkrebsen, Sandaalen und Flügelschnecken. Das Weibchen legt 200.00 bis 400.000 Eier im Wasser ab, aus denen nach sechs Tagen Jungfische schlüpfen.

SCHON GEWUSST?
Da die Makrele keine Schwimmblase besitzt, kann sie auf der Flucht vor Feinden sehr rasch abtauchen und ebenso schnell wieder hochkommen.

Ein Makrelenschwarm

Größe: bis 50 cm
Verbreitung: Nordatlantik, Nord-, Ostsee, Mittel-, Schwarzes Meer
Farbe: grünblau,
Familie: Makrelen und Thunfische

Malaienbär

Der Malaienbär ist der kleinste unter den Großbären. Er hat sich an ein Leben auf Bäumen sehr gut angepasst.

Das dunkelbraune bis tiefschwarze Fell des Malaienbären ist so kurz, dass es wie rasiert wirkt. Auf der Brust hat er ein gelbliches Abzeichen. Die helle Schnauze ist sehr beweglich. Er hat gebogene, scharfe Krallen an den sehr kräftigen Pranken. Deshalb ist er ein hervorragender Kletterer. Der Malaienbär wird nachts munter und schläft tagsüber etwa zwei bis sieben Meter über dem Boden in den Bäumen. Er ist Einzelgänger und hält im Gegensatz zu anderen Bären keine Winterruhe, weil er in tropischen Gebieten zu Hause ist. Er ist Allesfresser, verspeist aber am liebsten Insekten und andere wirbellose Tiere. Mit seinen Krallen reißt er Termitennester auf, um an ihre Bewohner zu gelangen. Außerdem frisst er Honig, Früchte, Kokosnüsse sowie Aas. Das Weibchen bekommt ein bis zwei Junge, die nackt und blind sind. Sie bleiben, bis sie drei Jahre alt sind, bei der Mutter.

Der Malaienbär ist in tropischen Regionen zu Hause.

Kopf-Rumpf-Länge: 110–140 cm
Schwanz: 3–7 cm
Verbreitung: Südostasien
Farbe: dunkelbraun bis schwarz
Familie: Bären

Mandarinente

Die Mandarinente gehört zu den prächtigsten Enten der Welt. Sie ist im östlichen Asien und in Japan beheimatet, aber auch in Tiergärten und Vogelparks weltweit zu finden.

Das bunt gefärbte Männchen erkennt man leicht an seinem metallisch schillernden grünen Schopf, dem kastanienbraunen „Backenbart" und den großen orangefarbenen Flügeln, die es bei seinem Balztanz segelartig aufstellt. Das Weibchen ist graubraun und unscheinbar. In ihren Brutgebieten bewohnt die Mandarinente kleine Teiche und Flüsse. Sie ist sehr scheu und versteckt sich tagsüber am dicht bewachsenen Ufer. Sie wird erst nachts munter

Die Mandarinente ist sehr scheu.

und geht dann auf Futtersuche. Sie ist ein geschickter Flieger und Kletterer. Ihr Nest baut die Mandarinente in Baumhöhlen, die sich oft in großer Höhe befinden. Das Weibchen legt sechs bis zehn Eier, die etwa 30 Tage lang bebrütet werden. Die Mandarinente verspeist gerne Samen, Eicheln sowie Insekten, Schnecken und kleine Fische.

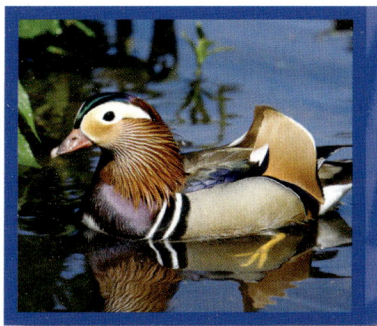

Die Mandarinente gehört zu den prächtigsten Enten der Welt.

Größe: 40–50 cm
Verbreitung: Ostasien, Japan; weltweit eingeführt
Farbe: bunt
Familie: Entenvögel

Mandrill

Der Mandrill ist an seinem leuchtend bunten Gesicht und dem farbigen Hinterteil leicht von anderen Affen zu unterscheiden. Er gilt als das bunteste aller Säugetiere.

Mandrills haben ein olivgraubraun meliertes Fell. Die lang gezogene Schnauze ist unbehaart und leuchtend blau gefärbt. Die Nasenspitze, der Nasenrücken und die Lippen sind rot. Der Bart ist orangegelb, der Bauch ist blau bis violett gefärbt. Ihr Hinterteil ist nackt und leuchtet rotviolett. Mandrills sind Bewohner des Regenwalds, klettern aber kaum auf Bäume. Sie leben in Gruppen von 15 bis 20 Tieren, die von dem jeweils ranghöchsten Männchen angeführt werden. Wenn die Weibchen zur Paarung bereit sind, schwillt ihr Hinterteil besonders an und ist noch röter als sonst. Sie bringen jeweils ein Junges zur Welt. Auf ihrer sehr abwechslungsreichen Speisekarte stehen in erster Linie Früchte, Samen, Nüsse, Knollen und Blätter. Auch Insekten, Nagetiere, Echsen, Frösche, Fische und Vögel verspeisen sie gerne. Da ihr Lebensraum, der Regenwald, immer kleiner wird, gelten die Mandrills mittlerweile als gefährdet.

SCHON GEWUSST?
Mandrills blecken beim Drohen gähnend ihre mächtigen Zähne. Damit wollen sie vor allem ihre Feinde einschüchtern.

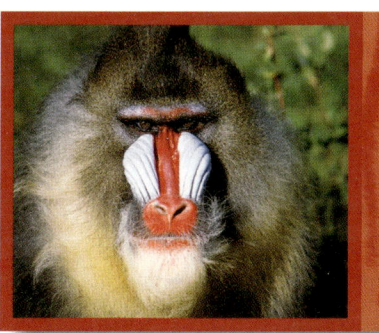

Der Mandrill hat ein buntes Gesicht.

Kopf-Rumpf-Länge: 55–95 cm
Schwanz: 7–10 cm
Verbreitung: im Westen Zentralafrikas
Farbe: olivbraun, rot, blau, rotviolett
Familie: Meerkatzenverwandte

Der Marabu lebt in Afrika.

Marabu

Der Marabu ist ein Vogel, der im tropischen Afrika lebt. Mit seinem nackten, fleischfarbenen Kopf und Hals sieht er nicht gerade elegant aus.

Charakteristisch ist der rosafarbene Kehlsack, der über der Brust herabhängt und aufblasbar ist. Er dient als Balzsignal. Das Federkleid ist an der Oberseite dunkelgrau, an Bauch und Brust weiß. Seine Nahrung besteht überwiegend aus Aas. Aber auch Heuschrecken und andere Insekten so-

wie kleine Wirbeltiere stehen auf seinem Speiseplan. Der Marabu hält im Flug Ausschau nach verendeten Tieren. Hat er eines entdeckt, landet er schnell. Dank seines gewaltigen Schnabels vertreibt er sogar die Geier, die eigentlichen Aasfresser. Mit seinem Schnabel bricht er die Bauchdecke des toten Tieres auf, um an die Eingeweide zu gelangen. Marabus brüten in großen Kolonien und bauen große Horste aus Ästen und Zweigen in Baumkronen oder auf Felssimsen. Das Weibchen legt zwei bis drei Eier, die etwa 30 Tage lang bebrütet werden.

Der Marabu hat einen gewaltigen Schnabel.

Größe: 140 cm
Flügelspannweite: 300 cm
Verbreitung: Afrika
Farbe: bunt
Familie: Störche

Marder

Marder sind hundeartige Raubtiere. Die Familie der Marder umfasst unter anderem Dachse, Otter, Iltisse und Wiesel. Wenn man aber in der Umgangssprache von den „Mardern" spricht, sind meistens die Echten Marder gemeint.

Die Echten Marder sind in Eurasien und in Nordamerika

heimisch. Zu ihnen zählen zum Beispiel Baummarder, Steinmarder, Fischmarder und Zobel. Außer dem Steinmarder sind alle Arten Waldbewohner, die sich von kleinen Säugetieren, Vögeln und deren Eiern ernähren. Sie fressen aber auch Beeren und andere Pflanzenteile. Die meisten Marder haben einen lang gestreckten, schlanken Körperbau. Das Fell ist meist braun oder schwarz gefärbt. Bei einigen Arten kommen Flecke, Streifen oder Kehlzeichnungen vor. Marder haben einen relativ kurzen Schwanz und auch kurze Beine. An jedem Fuß befinden sich gebogene Krallen, die das Tier nicht einziehen kann. Die Schnauze ist kurz, die Ohren sind ziemlich klein. Alle Marder haben am Hinterteil Drüsen, die einen Stoff absondern, mit dem die Reviere markiert und auch Feinde vertrieben werden. Der kleinste Vertreter der Marder ist das Mauswiesel, die größten sind Seeotter, Riesenotter und Vielfraß.

Der Baummarder zählt zu den Echten Mardern.

Auch die jungen Marder sind schon sehr neugierig.

Kopf-Rumpf-Länge: 11–120 cm
Schwanz: bis 30 cm
Verbreitung: nahezu weltweit
Farbe: braun, schwarz
Familie: Marder

Marderhund

Der Marderhund ist ein ostasiatischer Wildhund. Sein Aussehen erinnert eher an einen Waschbären als an einen Hund, deshalb wird er gelegentlich auch Waschbärhund genannt.

Der Marderhund ist etwas kleiner als ein Fuchs, hat einen gedrungenen Körper und kurze Beine. Sein braungrau meliertes Fell ist buschig behaart. Er hat eine ähnliche Gesichtszeichnung wie der Waschbär. Der nachtaktive Einzelgänger ist sehr scheu und lebt in Wäldern mit viel Unterholz, wo er sich am Tag verstecken kann.

Der Marderhund ist Allesfresser und verspeist Mäuse und andere Nagetiere, Vögel, Eier, Fische, Frösche, Insekten ebenso wie Eicheln, Früchte und Wurzelknollen. Auch verendete Tiere lässt er nicht liegen. Marderhunde halten Winterruhe und zehren von ihrem Winterspeck. Das Weibchen bringt bei jedem Wurf sechs bis sieben Junge zur Welt, die blind sind und ein schwarzes Fell tragen. Sie werden von beiden Elternteilen umsorgt.

Marderhunde sind sehr scheu und leben im Unterholz der Wälder.

Kopf-Rumpf-Länge: 50–65 cm
Schwanz: etwa 20 cm
Verbreitung: Nordost- und Ostasien, Japan; in Europa eingeführt
Farbe: braungrau
Familie: Hunde

Marienkäfer

Die roten Marienkäfer mit den schwarzen Punkten kennt jeder. Die hübschen Käfer gelten als Glücksbringer für uns und werden deshalb auch oft so genannt.

Aber die Familie der Marienkäfer ist mit etwa 100 Arten sehr groß und nicht alle Vertreter sind rot und schwarz gefärbt. Es gibt auch gelbe und schwarze Formen mit jeweils andersfarbigen Punkten. Die häufigste Art in Deutschland und der Marienkäfer schlechthin ist der Siebenpunkt. Er ist rot und hat, wie der Name schon sagt, sieben schwarze Punkte – je drei auf den beiden Deckflügeln und einen siebten in der Rückenmitte am Übergang vom Halsschild zum Rücken. Marienkäfer und ihre Larven sind Räuber und für uns Menschen sehr nützliche Tiere. Denn sie ernähren sich von Blattläusen und Schildläusen, die große Pflanzenschädlinge sind. Eine Marienkäferlarve frisst am Tag etwa 30 Blattläuse, ein erwachsener Käfer sogar bis zu 90. Marienkäfer überwintern meist gut versteckt im Laub und Moos.

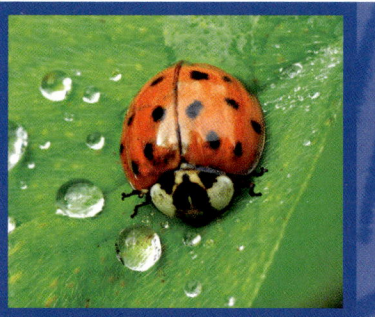

Viele Marienkäfer sind rot mit schwarzen Punkten.

Größe: 6–8 mm
Flügelspannweite: 300 cm
Verbreitung: Europa, Asien, Nordafrika, Nordamerika
Farbe: rot, gelb, schwarz
Familie: Marienkäfer

Mauersegler

Mauersegler sind die Flugkünstler der heimischen Vogelwelt. Sie schlafen und fressen nicht nur in der Luft, sondern paaren sich sogar im Flug. Außerhalb der Brutzeit, in der sie sich hingebungsvoll um den Nachwuchs kümmern, halten sie sich ohne Unterbrechung in der Luft auf.

Obwohl der Mauersegler äußerlich einer Schwalbe ähnelt, ist er mit den amerikanischen Kolibris näher verwandt. Er unterscheidet sich von den Schwalben durch sein insgesamt schwarzbraunes Gefieder, lange sichelförmige Flügel und den kurzen gegabelten Schwanz. Den Winter verbringt der Mauersegler in Afrika südlich der Sahara bis

Südafrika. Er ist sehr gesellig, jagt in Trupps und fängt Insekten in der Luft, von denen er sich ernährt. Er brütet in Kolonien und baut Nester aus allem, was er findet – ob aus Halmen, Haaren, Federn, Stoff- oder Papierfetzen. Alles wird mit Speichel zu einem schalenförmigen Nest verklebt. Das Weibchen legt zwei bis drei Eier, die zwischen 18 und 27 Tage lang bebrütet werden.

Der Mauersegler baut Nester aus allem, was er findet.

Größe: 17 cm
Flügelspannweite: 40–44 cm
Verbreitung: Europa, Nordafrika, Asien
Farbe: schwarzbraun
Familie: Segler

Maulwurf

Da der Maulwurf fast sein ganzes Leben unter der Erde verbringt, bekommt man ihn kaum zu Gesicht. Nur an den berühmten Maulwurfshügeln kann man erkennen, dass er in der Nähe wohnt.

Der Maulwurf gräbt mit seinen schaufelartigen Vorderbeinen den ganzen Tag lange unterirdische Gänge. In seinem Bau legt er Nestkammern an, die er mit Laub und Gräsern auspolstert. Diese Nester dienen als Ruheplätze, Vorratslager und als Kinderzimmer. Das Weibchen bringt drei bis vier nackte und blinde Junge zur Welt, die erst nach drei Wochen die Augen öffnen. Der erwachsene Maulwurf hat ein weiches, dunkelgrau bis braun oder schwärzlich ge-färbtes Fell. An den zu Grabschaufeln umgebildeten Vorderfüßen befinden sich lange, platte Nägel. Der Maulwurf kann mit seinen winzigen Augen kaum sehen, hört aber dafür sehr gut. Er tastet sich in seinen Gängen voran und findet Würmer und Insekten, die er vor allem mit den Tasthaaren, die er im Gesicht trägt, aufspürt. Maulwürfe halten keinen Winterschlaf.

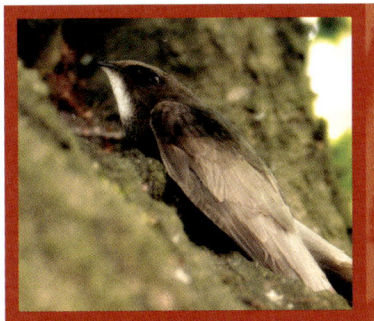

SCHON GEWUSST?
Der Maulwurf lagert in seiner Vorratskammer lebende Regenwürmer für den Winter.

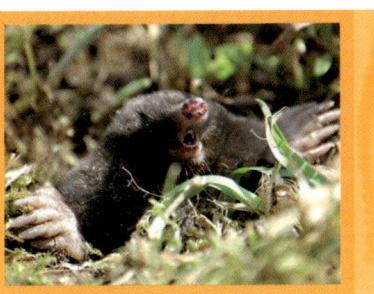

Ein Maulwurf streckt seine Nase in die Sonne.

Kopf-Rumpf-Länge: 10–17 cm
Schwanz: 2–3,5 cm
Verbreitung: Europa, Ostasien
Farbe: dunkelgrau, schwärzlich, braun
Familie: Maulwürfe

Mäusebussard

Der Mäusebussard ist der am häufigsten vorkommende Greifvogel Mitteleuropas. Meist sitzt er auf Zäunen, frei stehenden Bäumen oder auf Strommasten.

Von dort startet er zum Beutefang. Oft kreist er dann stundenlang über Wiesen und Äckern und sucht nach seiner Lieblingsspeise – Mäusen. Sobald er eine Maus erspäht hat, stürzt er steil nach unten und packt zu. Der Mäusebussard frisst nicht nur Jungvögel, Eidechsen, Frösche und Insekten, sondern sammelt auch überfahrenen Tiere auf und verspeist sie. Der Mäusebussard kann unterschiedlich gefärbt sein – von fast Weiß bis Dunkelbraun oder fast Schwarz sind alle Farbtöne möglich. Der Mäusebussard baut sein Nest auf hohen Bäumen. Es besteht aus kleinen Ästen, Zweigen, Gräsern, Laub und Moos. Das Weibchen legt zwei bis drei Eier, die etwa 35 Tage bebrütet werden. Die Jungen sind weiß gefiedert und werden von beiden Eltern gefüttert.

Der Mäusebussard frisst am liebsten Mäuse.

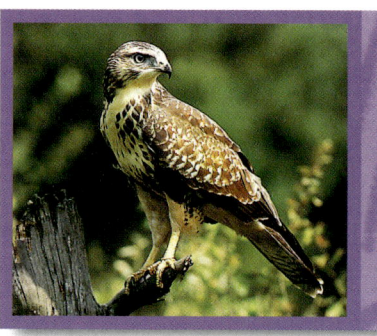

Der Mäusebussard sitzt gern auf Zäunen, Bäumen oder Strommasten.

Größe: 51–56 cm
Flügelspannweite: 110–130 cm
Verbreitung: Europa
Farbe: weiß, braun, schwarz
Familie: Greifvögel

Mausmaki

Der Mausmaki ist der kleinste Vertreter der Ordnung der Primaten, zu denen auch wir Menschen gehören. Aber er ähnelt eher einem Siebenschläfer als einem Affen.

Der Mausmaki oder Graue Mausmaki hat ein graubraunes, weiches Fell, das unterseits heller ist. Er trägt einen langen, buschigen Schwanz. Außerdem hat er ziemlich große, nackte Ohren und riesige, für Nachttiere typische Augen. Die Weibchen leben in kleinen Gruppen und schlafen tagsüber gemeinsam in Baumhöhlen, nachts gehen sie getrennt auf Nahrungssuche. Die Männchen leben einzelgängerisch. Auf der Speisekarte stehen Blütennektar und andere Pflanzensäfte, Früchte, auch Insekten, kleine Reptilien und Vogeljunge. Das Weibchen bringt zweimal im Jahr jeweils zwei bis drei Junge zur Welt, die nur etwa fünf Gramm wiegen. Doch schon nach zwei Wochen können die Kleinen klettern. Der Mausmaki fällt in kühlen Wetterperioden oder Trockenzeiten in einen Winterschlaf. Für diese Zeit legt er im Sommer einen Fettvorrat in seinem Schwanz an.

Mausmakis sind nachts aktiv und haben daher riesige Augen.

Kopf-Rumpf-Länge: 12–14 cm
Schwanz: 13–14 cm
Verbreitung: Madagaskar
Farbe: graubraun
Familie: Katzenmakis

Meerkatzen leben in Gruppen von bis zu 30 Tieren.

Meerkatzen

Meerkatzen sind meist sehr hübsche, kleine bis mittelgroße Altweltaffen, die in Afrika südlich der Sahara leben. Sie sind Baum- oder Bodenbewohner.

Die meisten Meerkatzen sind bunt gefärbt und haben eine vor allem im Kopfbereich oft kontrastreiche Zeichnung. Der Schwanz ist erheblich länger als der Körper. Die einander ähnlichen Arten unterscheiden sich durch Größe und Färbung, manchmal auch durch die typische Schwanzhaltung. Sie leben in großen Waldgebieten. Nur die Grüne Meerkatze bewohnt offene Steppen- und Savannenlandschaften. Alle Arten halten sich in Gewässernähe auf. Meerkatzen sind Tagtiere. Sie leben in Gruppen von bis zu 30 Tieren, die sich meist aus einem Männchen, mehreren Weibchen und Jungtieren zusammensetzen. Das Weibchen bekommt jeweils ein Junges, das sich im Fell der Mutter festklammert und bis zu zwei Jahre bei ihr bleibt. Meerkatzen ernähren sich hauptsächlich von Früchten, verspeisen aber auch Blüten, frische Blätter, Insekten und kleine Wirbeltiere wie Echsen.

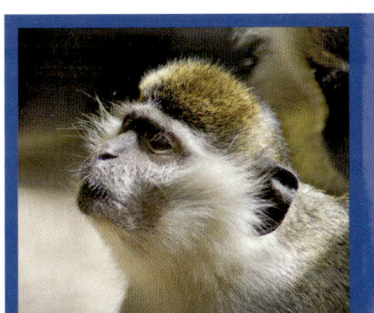

Die Grüne Meerkatze bewohnt Steppen und Savannen.

Kopf-Rumpf-Länge: 40–70 cm
Schwanz: 50–75 cm
Verbreitung: Afrika (südlich der Sahara)
Farbe: bunt gefärbt
Familie: Meerkatzenverwandte

Miesmuschel

Die Miesmuschel kommt in allen Meeren vor. Man nennt sie auch Pfahlmuschel, weil sie sich mithilfe von Haftfäden (Byssus) an Felsen und Holzpfählen festhält.

Diese Byssusfäden stellt sie aus einer klebrigen Flüssigkeit aus einer Drüse in ihrem Körper her. Die Flüssigkeit wird hart und hält so die Muschel am Untergrund fest. Die Schale besteht aus zwei Teilen. Sie ist nach vorn zugespitzt, außen blauschwarz mit Querrillen, innen perlmuttartig. Sie ist meist fest verschlossen, wird aber leicht geöffnet, um winzige Nahrungsteilchen (Plankton) aus dem Wasser zu filtern. Ein Miesmuschel-Weibchen legt jedes Jahr zwei- oder dreimal bis zu zwölf Millionen Eier. Die daraus schlüpfenden Larven schwimmen frei umher, sinken später zu Boden und entwickeln sich zu Jungmuscheln. Miesmuscheln bleiben nicht zeitlebens an derselben Stelle festgeheftet. Sie können klettern, indem sie die Haftfäden mit ihrem kräftigen Fuß durchtrennen und sich dann wieder neu festheften.

Miesmuscheln kommen in allen Meeren vor.

Größe: 5–10 cm
Verbreitung: weltweit alle Meere
Farbe: blauschwarz
Familie: Miesmuscheln

Milben

Mit über 17.000 bekannten Arten sind die Milben die artenreichsten Spinnentiere. Milben kommen in allen Lebensräumen vor.

Sie befinden sich zum Beispiel beim Menschen an den Augenwimpern sowie an Insekten, Vögeln und anderen Tieren. Etwa die Hälfte aller Milben lebt im Boden. Der mikroskopisch kleine Körper der Milben ist nicht deutlich in Vorderkörper und Hinterleib gliedert. Er kann ei-, sack- oder wurmförmig sein. Die Mundwerkzeuge sind scheren- oder stilettartig ausgebildet. Viele Milben leben als Parasiten in und an Tieren (Holzbock), Menschen (Krätzmilben) und Pflanzen (Spinnmilben). Sie sind oft Vorratsschädlinge und Krankheitserreger. Manche Arten sind jedoch auch sehr nützlich, weil sie sich von Schadinsekten ernähren und pflanzliches Material und Abfallstoffe zerkleinern. Die Hausstaubmilben können bei Menschen Allergien auslösen, die Varroa-Milbe verursacht Bienenseuchen. Zu den größten und bei Weitem auffallendsten Milben gehört die rote Samtmilbe, die sich von verschiedenen Bodentieren und Insekteneiern ernährt.

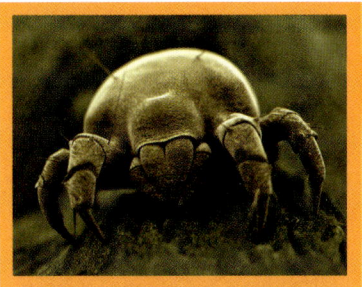

Der Körper der Milben ist mikroskopisch klein.

Größe: 0,1 mm–3 cm
Verbreitung: weltweit
Farbe: weißlich, rötlich bis bräunlich
Klasse: Spinnentiere

Mistkäfer

Es gibt rund 500 Mistkäferarten, die weltweit vorkommen. Davon findet man etwa zehn Arten in Mitteleuropa.

Mistkäfer haben einen hoch gewölbten Körper, der meist braun oder schwarz glänzend ist. Es gibt auch blau, blaugrün oder grün gefärbte Arten. Die Männchen tragen Hörner, Höcker oder tiefe Einkerbungen auf ihren Halsschilden. Die Beine sind behaart. Mistkäfer können nur schwerfällig fliegen. Sie leben in der Nähe von Mist und Tierkot. In der Fortpflanzungszeit schwärmen sie auf der Suche nach einem Mist- oder Kothaufen aus. In diesen graben sie nach der Paarung bis zu 60 Zentimeter lange Gänge mit mehreren Seitengängen. Diese füllen sie mit Mist bis zum Eingang, an dem das Weibchen je ein Ei ablegt. Die Larven fressen sich durch den Dung hindurch und verwerten dabei auch ihre eigenen Ausscheidungen. Auch die erwachsenen Käfer ernähren sich von Mist und Kot. Die am häufigsten vorkommenden einheimischen Arten sind der Große Rosskäfer und der Frühlingsmistkäfer. Man findet sie vor allem in der Nähe von Viehweiden und Reitwegen.

SCHON GEWUSST?
Da Mistkäfer Tierkot beseitigen, kommt ihnen in der Natur eine wichtige Rolle zu.

Mistkäfer haben einen metallisch glänzenden Körper.

Größe: 6–26 mm
Verbreitung: weltweit
Farbe: braun, schwarz, blau, grün
Familie: Blatthornkäfer

Monarchfalter

Der Monarchfalter ist ein auffällig orange und schwarz gezeichneter Schmetterling, der auf dem amerikanischen Kontinent heimisch ist.

Dieser Tagfalter ist berühmt für seine langen Wanderungen. Jeden Herbst fliegen Millionen von Monarchfaltern auf einer feststehenden Route von Nordamerika nach Mexiko, wo sie überwintern. Dabei legen sie eine Entfernung von etwa 3500 Kilometern zurück. Unterwegs machen die riesigen Schwärme immer auf denselben Bäumen Rast. Im folgenden Frühjahr legen die Weibchen auf dem Weg zurück nach Norden ihre Eier. Die Raupen sind glatt und haben weiß-schwarz-gelbe Querstreifen. Sie fressen überwiegend an giftigen Schwalbenwurzgewächsen. Sie speichern die giftigen Stoffe und geben sie über die Puppe an den schlüpfenden Falter weiter. Durch die Giftstoffe schmeckt der Falter bitter und wird deshalb von seinen Feinden, den Vögeln, gemieden.

Der Monarchfalter unternimmt lange Wanderungen.

Flügelspannweite: 11 cm
Verbreitung: Amerika
Farbe: orange, schwarz
Familie: Edelfalter

Mondfisch

Der Mondfisch ist ein sehr ungewöhnlicher Fisch und unterscheidet sich deutlich von allen anderen Fischen. Er wird auch Sonnenfisch oder Schwimmender Kopf genannt.

Der braungraue Körper des Mondfischs ist flach und fast scheibenförmig, daher auch sein deutscher Name. Seine derbe Haut ist schuppenlos, 15 Zentimeter stark und damit die dickste im ganzen Tierreich. Der Mondfisch hat einen riesigen Kopf, der fast ein Drittel der Körperlänge einnimmt. Der Mund und die Augen sind dagegen klein. Der Mondfisch hat eine hohe Rückenflosse und kleine Brustflossen. Die Bauchflossen fehlen. Am Ende des Körpers befindet sich die Schwanzflosse mit welligem Saum, die von der Rücken- bis zur Afterflosse reicht. Mit bis zu über 1000 Kilogramm Gewicht gilt der Mondfisch als der schwerste Knochenfisch. Der

Hochseebewohner hält sich tagsüber in Oberflächennähe auf, an heißen Tagen liegt er flach auf der Seite und sonnt sich ausgiebig. Der Mondfisch ist ein langsamer Schwimmer. Er ernährt sich hauptsächlich von Flügelschnecken, Tintenfischen, Krebstieren, Fischen und Quallen.

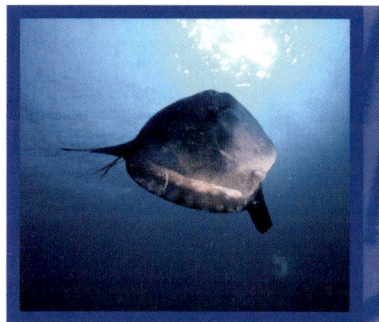

Der Mondfisch wird auch Schwimmender Kopf genannt.

Größe: 90 cm
Vorkommen: Südasien
Farbe: braun, schwarz, weiß
Familie: Menschenaffen

Moschusochsen

Der Moschusochse ist etwas kleiner als ein Rind und trägt ein sehr langes, dunkelbraunes Fell. So kann er den kalten Winden im höchsten Norden Amerikas und Grönlands trotzen.

Der Moschusochse hat eine stämmige Gestalt mit dicken Fettpolstern, die ihn ebenfalls vor der Kälte schützen. Beide Geschlechter tragen kräftige Hörner, die an der Stirn der Männchen zu Wülsten verdickt sind. Die Hörner werden als Waffe gegen Raubtiere und von den Männchen während der Paarungszeit eingesetzt. Der Moschusochse hat größere Vorderhufe, mit denen er Schnee wegkratzen oder Eis aufbrechen kann. Das Weibchen bekommt meist nur ein Kalb, das schon bei der Geburt ein dickes Fettpolster hat, um nicht zu frieren. Moschusochsen ernähren sich von Birken und Weiden, deren Blätter sie abstreifen. Sie verspeisen aber auch Kräuter, Gräser, Moose und Flechten. Sie leben in Herden von 15 bis 100 Tieren. Moschusochsen – vor allem die Weibchen – können bis zu 20 Jahre alt werden.

Der Moschusochse hat langes Zottelfell.

Kopf-Rumpf-Länge: bis 240 cm
Schwanz: 10–14 cm
Verbreitung: Nordkanada, Grönland
Farbe: dunkelbraun
Familie: Hornträger

SCHON GEWUSST?

Werden Moschusochsen von Polarwölfen oder Eisbären angegriffen, bilden sie – mit den Hörnern nach außen – einen Verteidigungsring um ihre Kälber.

Motten

Als Motten bezeichnet man verschiedene Familien von Kleinschmetterlingen. Am bekanntesten sind jedoch die Echten Motten. Sie sind gefürchtete Stoff-, Pelz- und Vorratsschädlinge.

Von den weltweit etwa 2000 bekannten Arten sind 50 bei uns heimisch. Zu ihnen gehören die Kleidermotte, die Pelzmotte, die Tapetenmotte und die Kornmotte. Die Fraßschäden werden nicht durch die Kleinschmetterlinge, sondern durch deren Larven verursacht. Die lichtscheuen Raupen fressen getrocknete tierische und pflanzliche Stoffe, einige können sogar Federn und Haare verdauen. Die erwachsenen Motten sind klein bis mittelgroß und haben schmale, gefranste Flügel. Ihr Saugrüssel ist verkümmert, da sie nur 15 bis 30 Tage leben und in dieser Zeit keine Nahrung aufnehmen. Die Schmetterlinge halten sich tagsüber in dunklen Verstecken auf und kommen erst nachts heraus.

Motten sind als Stoffschädlinge sehr gefürchtet.

Flügelspannweite: 1,2–1,8 cm
Verbreitung: weltweit
Farbe: gräulich, gelblich bis dunkelbraun
Familie: Echte Motten

Mücken

Mücken sind meist schlanke, sehr zierliche Zweiflügler. Am bekanntesten sind mit Sicherheit Stechmücken oder Moskitos wie die Fiebermücken.

Es gibt auch nicht stechende Mücken, zum Beispiel Schnaken, die trotz ihrer enormen Größe friedliche Tiere sind. Für den Menschen sind die Stechmücken als Überträger schwerer Krankheiten, wie Malaria, von großer Bedeutung. Charakteristische Kennzeichen der Mücken sind der schlanke, zarte Körper sowie die langen Beine und Fühler. Nur wenige Arten sind kräftiger gebaut und ähneln Fliegen. Mücken besitzen meist stechend-saugende Mundwerkzeuge. Die Schnaken können wie gesagt nicht stechen, sondern saugen nur Pflanzensäfte. Erwachsene Stechmücken leben hauptsächlich von Nektar. Die Weib-

Mücken haben einen zarten Körper und lange Beine und Fühler.

chen saugen jedoch mit ihrem Stechrüssel auch das Blut verschiedener Wirbeltiere, also auch das der Menschen. Sie legen ihre Eier auf Wasseroberflächen ab. Nach dem Schlüpfen leben die Larven mithilfe eines Atemrohrs am Hinterleib unter der Wasseroberfläche. Sie ernähren sich von Plankton, Algen und Kleinsttieren.

Weibliche Stechmücken saugen Blut.

Größe: 3–22 mm
Verbreitung: weltweit
Farbe: gräulich, gelblich, bräunlich
Ordnung: Zweiflügler

Mufflon

Der Mufflon ist eine Unterart des Wildschafs und der Vorfahre unseres Hausschafs. Er ist kleiner als unsere Hausschafe.

Typisches Kennzeichen der Männchen sind die mächtigen, nach hinten gebogenen Hörner. Sie können bis zu 80 Zentimeter lang werden. Bei älteren Männchen haben sich die Hörner so stark gedreht, dass sie einen vollen Kreis bilden, die man in der Jägersprache „Schnecken" nennt. Die Weibchen haben nur ganz kurze oder gar keine Hörner. Mufflons sind Bergtiere, die gerne in Bergwäldern leben und ursprünglich nur auf Korsika und Sardinien heimisch waren. Sie haben ein kurzhaariges, glattes Fell, das bei den Männchen rötlich braun mit einem weißen Sattelfleck, bei den Weibchen graubraun ist. Mufflons sind tag- und dämmerungsaktiv und leben in Rudeln, die von einem alten Weibchen geführt werden. Die Männchen leben außerhalb der Paarungszeit in eigenen Trupps. Das Weibchen bekommt meist nur ein Lamm, das sofort der Mutter folgen kann. Mufflons ernähren sich von Gras, Kräutern, frischem Laub, Baumfrüchten und Rinde.

Der Mufflon ist der Vorfahre unseres Hausschafs.

Mufflon-Männchen haben mächtige Hörner.

Kopf-Rumpf-Länge: 110–130 cm
Schwanz: bis zu 8 cm
Verbreitung: Korsika und Sardinien; in anderen Ländern eingeführt
Farbe: rötlich braun, weiß; graubraun
Familie: Hornträger

Mungo

Der Mungo oder Indische Mungo ist ein Raubtier aus der Familie der Mangusten und nah mit den Schleichkatzen, Erdwölfen und Hyänen verwandt.

Der Indische Mungo hat wie alle Mangusten einen lang gestreckten Körper, ziemlich kurze Beine, eine spitze Schnauze und einen langen Schwanz. Sein derbes Fell ist silbrig grau und am Kopf und an der Schwanzspitze rötlich. Die Beine sind meist dunkler gefärbt. Mungos leben in trockenen, lichten Wäldern, Busch- und Grassteppen, oft auch auf Kulturland und in der Nähe menschlicher Siedlun-

gen. Sie sind tagaktiv und schlafen nachts in Erdhöhlen, die sie selbst graben oder von anderen Tieren übernehmen. Der Mungo lebt meist allein, aber auch paarweise oder in lockeren Familiengruppen. Er ist überwiegend Bodenbewohner, aber auch ein geschickter Kletterer. Er ist so wendig und schnell, dass er sogar gefährliche und giftige Schlangen jagen kann. Das Weibchen bringt zwei- bis dreimal im Jahr jeweils zwei bis vier Junge zur Welt, die bald selbstständig werden. Der Speiseplan ist äußerst abwechslungsreich – von kleinen Säugetieren und Vögeln über Eidechsen bis zu Schlangen, aber auch Aas und Früchten frisst er alles.

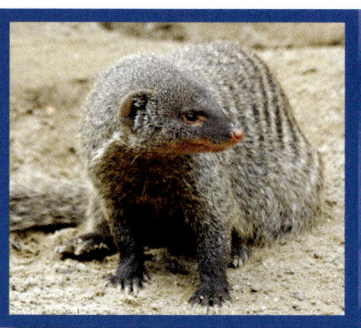

Der Mungo erlegt sogar Schlangen.

Kopf-Rumpf-Länge: 40–45 cm
Schwanz: 35 cm
Verbreitung: Arabische Halbinsel, Afghanistan, Pakistan, Indien
Farbe: silbrig grau, rötlich
Familie: Mangusten

Muränen

Muränen sind aalähnliche, bis zu drei Meter lange Knochenfische, die in tropischen und subtropischen Gewässern leben. Die Familie der Muränen umfasst rund 120 Arten.

Die Muränen haben den charakteristischen aalförmigen Körper. Die Rücken-, Schwanz- und Afterflosse sind zu einem Flossensaum zusammengewachsen. Brust- und Bauchflossen fehlen bei den meisten Arten. Die Haut ist schuppenlos, lederartig dick und von einem schützenden schleimigen Stoff überzogen. Der Kopf ist kurz, die Nasenenden sind zu breiten, blattartigen Gebilden ausgezogen. Bei der Drachenmuräne stehen die vorderen und hinteren röhrenartigen Nasenlöcher wie Schornsteine zwischen den Augen weit nach hinten. Die Zähne der Muränen sind spitz und wie Haken gebogen. Muränen sind nachtaktiv und verstecken sich in Korallenstöcken oder Felslöchern, wo sie auf Beutetiere wie Fische und Krebse lauern.

Eine Muräne lauert auf Beute.

Größe: bis 3 m
Verbreitung: tropische und
subtropische Meere
Farbe: fleckig gezeichnet
Familie: Muränen

Murmeltiere

Murmeltiere sind Echte Erdhörnchen, die in Eurasien und Amerika vorkommen. Wenn wir vom Murmeltier sprechen, meinen wir in der Regel das Alpenmurmeltier, das vor allem in den Alpen und Karpaten vorkommt.

Murmeltiere sind ziemlich große Nagetiere. Die Farbe des Fells ist bei den verschiedenen Arten unterschiedlich, hat aber meistens einen Braunton. In Mitteleuropa leben Murmeltiere im Hochgebirge und auch in Asien gibt es Arten, die im Gebirge zu finden sind. Andere wie das Steppenmurmeltier leben in Grassteppen. Murmeltiere legen Erdbaue mit Gängen von bis zu 70 Meter Länge an. Die Schlafräume kleiden sie mit weichem Gras aus. Sie verlassen die Baue tagsüber und suchen nach Gräsern, Kräutern, seltener nach Früchten und Insekten. Sie halten sich meist am Boden auf und sind keine guten Kletterer. Während das Waldmurmeltier ein Einzelgänger ist, wohnt das Gelbbauchmurmeltier mit seinen Weibchen zusammen. Die Mehrzahl der Murmeltiere lebt aber in Kolonien. Sie verständigen sich durch Pfeiftöne, die sie auch bei Gefahr ausstoßen.

SCHON GEWUSST?
Alle Murmeltierarten halten einen langen Winterschlaf. In dieser Zeit zehren sie von ihrem Winterspeck.

Murmeltiere sind ziemlich große Nagetiere.

Kopf-Rumpf-Länge: 30–60 cm
Schwanz: 10–25 cm
Verbreitung: Europa, Nord- und Zentralasien, Nordamerika
Farbe: braun
Familie: Hörnchen

Nachtigall

Die Nachtigall ist mit ihrem einzigartigen Gesang weltberühmt geworden. Sie singt bei Tag und bei Nacht, aber besonders auffallend ist ihr Gesang, wenn die anderen Singvögel schlafen.

Dafür ist ihr Äußeres eher unauffällig. Die Oberseite ihres Gefieders ist von einem hellen, warmen Braun, die Unterseite eher gelbbräunlich, der lange Schwanz deutlich rotbraun. Die Nachtigall lebt in Laubwäldern mit viel Unterholz, da sie sich gerne im Ge-büsch aufhält. Dort findet sie Insekten und deren Larven, Würmer und Raupen. Im Sommer und Herbst verspeist sie auch Beeren und Früchte. Das Weibchen baut nahe am Boden ein Nest aus Blättern auf und legt vier bis sechs Eier, die es allein bebrütet. Die Jungvögel werden von beiden Elternteilen gefüttert. Der Gesang der Nachtigall ist reich und wohltönend. Mal ist er laut schlagend, mal flötend, mal schluchzend. Die Nachtigall ist ein Zugvogel und überwintert in Zentralafrika. Die Art Blaunachtigall kommt nur in Asien vor.

Die Nachtigall hat einen besonders schönen Gesang.

Größe: 16 cm
Verbreitung: Europa, Asien, Nordafrika
Farbe: rotbraun
Familie: Fliegenschnäpper

SCHON GEWUSST?
Narwale können bis zu 60 Meter tief tauchen und sind dafür bekannt, nach dem Auftauchen einen schrillen Pfeifton von sich zu geben.

Narwal

Der Narwal ist mit dem Weißwal verwandt, hat aber nur zwei Zähne. Einer dieser Zähne wächst beim Männchen zu einem fast drei Meter langen spiralig gedrehten Stoßzahn.

Deshalb wird er auch Einhornwal genannt. Welche Aufgabe dieser Zahn hat, ist nicht genau bekannt. Nach neueren Untersuchungen nehmen Wissenschaftler an, dass der Stoßzahn als eine Art Sinnesorgan dient, da er unzählige Nervenenden enthält. Es wird auch vermutet, dass er beim Paarungsverhalten eine Rolle spielt. Der Narwal wird ganz schön schwer – das Männchen wiegt rund eineinhalb Tonnen, das Weibchen etwas weniger als eine Tonne. Eine

Rückenflosse fehlt ihm. Er ist hauptsächlich hellbraun bis weiß gefärbt. Sein Kopf, der Nacken und der Rücken sind dunkel. An den Seiten befinden sich graue und braune Sprenkel. Narwale ernähren sich von Fischen, Tintenfischen und Krebstieren. Sie bewohnen die Nordpolargewässer. Das Weibchen bekommt meist alle drei Jahre Nachwuchs. Im Alter von einem Jahr beginnt sich der Stoßzahn bei männlichen Narwalkindern zu entwickeln.

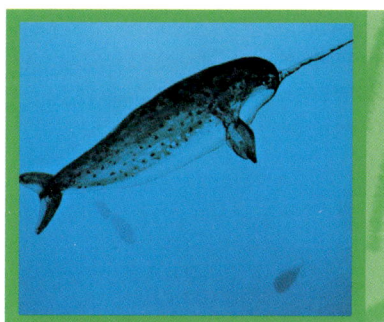

Der Narwal besitzt einen fast drei Meter langen spiralig gedrehten Stoßzahn.

Kopf-Rumpf-Länge: 4,5–6 m
Verbreitung: arktischer Ozean
Farbe: braun, weiß
Familie: Gründelwale

Nasenbär

Die Nasenbären sind in Mittel- und Südamerika heimische Kleinbären. Ihren Namen verdanken sie ihrer rüsselartig verlängerten, sehr beweglichen Nase.

Die bekannteste Art ist der Südamerikanische Nasenbär. Das kleine Raubtier hat einen gestreckten Körper und einen langen Schwanz, der meist schwarz geringelt und sehr buschig ist. Das Fell kann von rötlich braun bis grau gefärbt sein, der Bauch ist fast weiß. Seine lange Schnauze ist überwiegend schwarz. Nasenbären sind Waldbewohner und leben in tropischen Regenwäldern, in Flusswäldern, aber auch in Gebirgswäldern bis in

2500 Meter Höhe. Sie sind am Tag aktiv und stochern mit der langen Nase in Löchern und Spalten nach leckeren Insekten, Spinnen und kleinen Tieren. Zum Schlafen klettern Nasenbären auf Bäume, wobei sie ihren langen Schwanz zu Hilfe nehmen. Nasenbären sind auch gute Schwimmer. Sie leben in kleineren Gruppen. Das Weibchen baut oben in den Bäumen ein stabiles Nest aus Blättern und bringt zwei bis sieben Junge zur Welt, die zunächst blind und taub sind.

Nasenbären haben ein lange, sehr bewegliche Nase.

Kopf-Rumpf-Länge: 40–65 cm
Schwanz: 42–68 cm
Verbreitung: Mittel- und Südamerika
Farbe: braun, grau, weiß
Familie: Kleinbären

OZEAN, MEER UND KÜSTE

Ozeane und Meere bedecken mehr als 70 Prozent der Erdoberfläche. Aber nur zirka 20 Prozent aller Lebewesen leben im Meer, davon sind 90 Prozent Boden- und Flachwasserbewohner. In den meisten Ozeanbereichen, insbesondere in den finsteren Tiefen von mehr als 1000 Metern sind kaum Lebewesen zu finden. Die fünf Ozeane sind der Pazifik, der Atlantik, der Indische Ozean sowie die beiden Polarmeere.

Ein Tölpel auf der Fischjagd

Das Wasser Der wichtigste Lebensraum im Meer ist neben dem Wasser der Meeresboden. Das meiste Leben spielt sich aber in den obersten 200 Metern ab. Die meisten Lebewesen findet man nahe der Oberfläche. Hier durchdringt Sonnenlicht das Wasser und fördert das

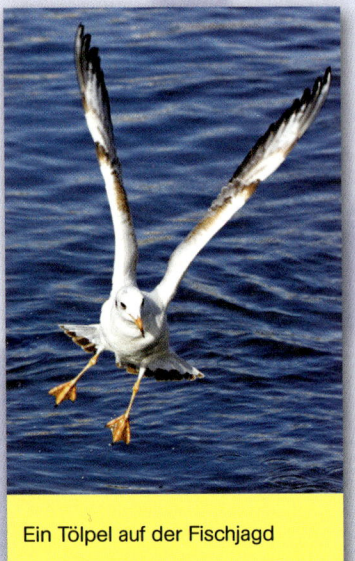

Je nach Art leben Seesterne an Felsen, im Sand und sogar in den Tiefen des Meeres.

Wachstum kleiner Pflanzen, dem sogenannten Plankton.

Nahrung Das Plankton dient Quallen, Tintenfischen und kleinen Fischen als Nahrung. Seevögel wiederum gleiten auf der Suche nach Fischen über die Ozeanwellen hinweg. Man-

che holen ihre Beute im Flug mit Schnabel oder Klauen. Andere wie der Tölpel stürzen senkrecht in die Tiefe, um einen Fisch zu fangen. Im Wasser selbst fallen die kleineren Fische den großen Raubfischen wie Haien zum Opfer. Angesichts so zahlreicher Feinde haben viele Fische zu ihrem Schutz Tarnfarben, Stacheln oder Panzer entwickelt, wie beispielsweise der Igelfisch.

Oberflächenwasser Im Oberflächenwasser leben auch einige der größten Tiere der Welt, wie beispielsweise der Buckelwal oder der Hammerhai. Diese Riesen fangen keine Fische, sondern ernähren sich lieber von dem kleinen Plankton. Korallen leben im seichten Wasser tropischer Meere, meist in der Nähe von

WISSENSWERT!

Die Ozeane der Welt

Pazifik:	165.700.000 km²
Atlantik:	82.000.000 km²
Indischer Ozean:	73.500.000 km²
Südpolarmeer:	35.000.000 km²
Nordpolarmeer:	12.000.000 km²

Die Meere und ihre Küsten stellen für viele Tiere einen wichtigen Lebensraum dar.

Festlandküsten. Sie bestehen aus Skeletten winziger Tiere, die als Polypen bezeichnet werden. Korallenriffe sind bekannt für ihren Artenreichtum. Hier leben exotische Tiere, wie beispielsweise Seepferdchen, Seeigel, Seeanemonen und Clownfische. In diesen Gebieten machen große Räuber wie Haie oder Rochen Jagd auf kleinere Fische.

Meeresboden Auf dem Meeresboden in etwa 4500 Metern Tiefe ist das Wasser dunkel und sehr kalt. Tiere, die hier leben, können ihre Beute nicht sehen. Viele von ihnen sind blind. Stattdessen besitzen sie einen hoch entwickelten Tastsinn oder vernehmen durch Ultraschall selbst noch die feinsten Schwingungen wie beispielsweise die Seekuh. Einige der größten Tierarten leben in den Ozeanen, denn dort werden ihre riesigen Körper vom Wasser getragen. An Land müssten manche Säugetiere wie etwa der Wal sterben, da sie unter ihrem eigenen Gewicht zusammenbrechen würden.

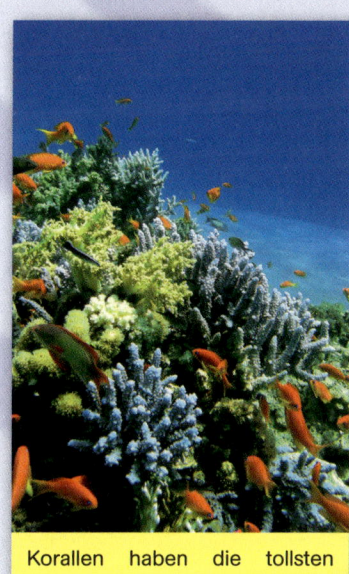

Korallen haben die tollsten Formen und Farben.

URWALD UND TROPEN

Tropische Regenwälder finden wir in der Nähe des Äquators, wo das Klima das ganze Jahr über sehr warm ist und viel Regen fällt. Die größten Regenwälder sind in Zentralafrika, Südamerika, Südostasien und auf der Insel Madagaskar. Kleinere Regenwaldgebiete gibt es außerdem in Australien und Mittelamerika.

In den Tropen wachsen die exotischsten Pflanzen.

In den Bäumen der Urwälder warten viele Schlangen auf ihre Beute.

Aufbau Der Regenwald besteht aus mehreren Schichten oder Stockwerken. In etwa 70 Meter Höhe ragen einzelne Baumriesen hervor. In dieser hellen Schicht leben Vögel, die sich von Insekten, Blüten und Früchten ernähren. Darunter liegt die Kronenschicht, ein dichtes Geflecht aus Ästen und Laub. Diese Schicht wird von der warmen Sonne durchflutet und so können eine Menge Blumen und Früchte wachsen. Riesige Schmetterlinge tummeln sich hier, dazu kommen Schwärme von Papageien. Die Baumkronen bilden ein so dichtes Geflecht, dass einige Tiere selten auf den Waldboden hinunterklettern. Darunter folgt die Unterholzschicht mit niedrigeren Bäumen und Sträuchern. Kleinere Pflanzen, die auf dem dunklen Boden nicht gedeihen können, wurzeln an Astgabeln oder klettern an den Stämmen in Richtung Licht. Tiere, die sich nicht ganz so hoch hinauf wagen, haben hier ihren Platz: Gorillas, Schimpansen, Orang-Utans.

Der Boden Auf der Bodenschicht herrscht Stille und Dunkelheit, der Pflanzenwuchs ist dünn. Da im Urwald die Bäume besonders dicht wachsen, kommt in die untere Region kaum Licht. Abgestorbene Blätter und Zweige, die von den Baumkronen ständig in die Tiefe fallen, bilden einen dicken Teppich halb verrotteter Pflanzen. Diese Schicht wird von Insekten

WISSENSWERT!

Tropische Regenwälder wachsen sehr schnell, weil es dort keinen Winter gibt. Da im Regenwald jeden Tag die Sonne scheint und die Luft immer warm und feucht ist, gedeihen die Pflanzen sehr gut. Zudem regnet es jeden Tag.

In den Regenwäldern leben riesige Schwärme von Papageien.

wie Termiten rasch zersetzt und in Nährstoffe umgewandelt. Gleichzeitig dienen die kleinen wirbellosen Tiere als Nahrung für Nagetiere und Vögel.

Wasser Aber der tropische Regenwald besteht nicht nur aus einem reinen Waldgebiet. Einen großen Teil nimmt auch das Wasser in diesem Lebensraum ein. Der bekannteste Fluss ist der Amazonas in Südamerika. Er hat Tausende von Nebenarmen, die den Regenwald durchziehen. Manche sind breit und tief, andere schmal und seicht. Im Fluss wimmelt es von Fischen. Die Flussläufe bieten den Landtieren reichlich Nahrung und sind das Jagdrevier von Vögeln. Denn wo Wasser ist, sind auch Insekten, und die wiederum sind begehrte Beute. Während der Regenzeit sind weite Teile des Waldbodens überschwemmt und die Fische schwimmen sozusagen zwischen den Baumstämmen umher. Manche Tiere, wie der Jaguar, sind ausgezeichnete Schwimmer. Ihnen machen die Überflutungen nichts aus. Andere hingegen wie der Affe oder das Faultier flüchten dann auf die Bäume.

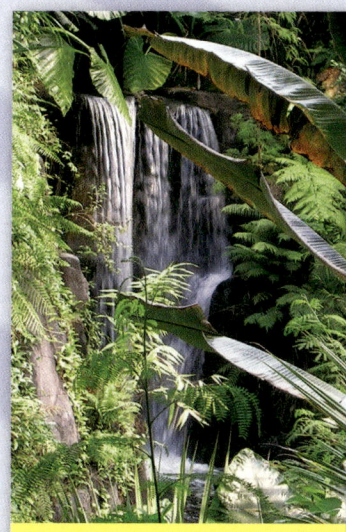

Im Urwald finden sich zahlreiche Wasserfälle.

WÜSTE UND SAVANNE

Zu den unwirtlichsten Gegenden der Erde gehören die Wüsten, in denen es nur selten regnet. In manchen Wüsten, vor allem in der Nähe des Äquators, herrscht das ganze Jahr über extreme Hitze mit Temperaturen bis zu 50 Grad Celsius. Andere, wie die Wüste Gobi in der Mongolei, sind windig und eiskalt. Im Winter sinken die Temperaturen deshalb bis auf minus 20 Grad Celsius.

In Wüsten gedeihen nur wenige Pflanzen.

Pflanzen Viele Wüsten bestehen aus steinigem Ödland. Hier können nur besonders robuste Pflanzen gedeihen, die in der Lage sind, Wasser über lange Zeit zu speichern. Hierzu gehören Kakteen, deren dicke fleischige Stämme den Wasserverlust so gering wie möglich halten. Einige Wüsten sind von Sand bedeckt, den der Wind zu hohen Dünen auftürmt. Hier finden Pflanzen kaum Halt. Nur an wenigen Stellen, an denen unterirdische Quellen nahe an die Oberfläche kommen, entstehen kleine grüne Inseln, die Oasen.

Tiere Aber auch in dieser kargen Welt gibt es eine große Vielfalt an Leben. Die Probleme, mit denen Wüstentiere zu kämpfen haben, sind die Hitze und der Wassermangel. Kleine Säugetiere wie die Kängururatte und das Erdmännchen schützen sich tagsüber in unterirdischen Höhlen vor der heißen Sonne. Sie kommen nur nachts ins Freie um Nahrung zu suchen. Reptilien dagegen müssen sich erst aufwärmen, ehe sie jagen können, und gehen deshalb nachts nicht auf Beutefang. Manche Säugetiere wie die Kamele haben ein dichtes Rückenfell, das die Hitze abhält, und feineres Bauchhaar, durch das die Körperwärme entweichen kann. Außerdem können sie Wasser im Körper speichern. Raubtiere wie der Gepard kommen teilweise nur mit der Flüssigkeit aus, die sie über ihre Nahrung aufnehmen. Wüstenvögel müssen dagegen auf der Suche nach Wasser weite Strecken zurücklegen.

Savannen Die Grasgebiete der Savanne grenzen an den tropischen Regenwald an. Am bekanntesten

Viele Tiere, die wie die Kamele in der Wüste leben, haben besondere Methoden entwickelt, um Wasser zu speichern.

Die Savanne ist auch der Lebensraum der Giraffe.

sind die weiten Savannen in Afrika, Südamerika, Indien und Nordaustralien. Die Landschaft besteht aus weiten Grasgebieten mit einzelnen Bäumen und Sträuchern. Das Klima ist heiß und trocken. Nur selten regnet es für kurze Zeit. Hier weiden Zebras und Antilopen. Andere Pflanzenfresser wie Elefanten, Giraffen und Nashörner leben von den Blättern der Büsche und Bäume. Zum Schutz vor den Raubtieren leben die meisten Pflanzenfresser in größeren Gruppen. Sie wandern von Ort zu Ort, immer dem Regen nach. Kleinere Bewohner wie die Wüstenrennmaus verlassen sich auf ihre Schnelligkeit. Der beste Schutz jedoch besteht im Bau unterirdischer Gänge, worin das Erdmännchen Meister ist.

Erdmännchen ist es tagsüber zu heiß.

Robben machen in der Arktis Jagd auf Fische.

ARKTIS, ANTARKTIS UND TUNDRA

Als Arktis bezeichnet man das Gebiet rund um den Nordpol. Ein großer Teil des Meeres ist hier das ganze Jahr von einer dicken, schwimmenden Eisschicht bedeckt. Als Antarktis wird der Südpol bezeichnet. Dieser Kontinent ist eine ausgedehnte, gebirgige Landmasse.

Arktis An den Rändern der Arktis treibt Packeis aus abgebrochenen Eisschollen. Im Sommer bilden sich in dieser Eisdecke Spalten, Rinnen und offene Wasserflächen. Da auf dem Eis keine Pflanzen wachsen können, findet das Leben vor allem im Wasser statt. Fische, Vögel und selbst riesige Wale ernähren sich von Plankton. Robben machen Jagd auf Fische, während Wale am Meeresgrund nach Muscheln und Krebsen suchen. Das Jagdrevier des Eisbären ist das Eis. Er gehört zu den wenigen Arten, die auch im Winter in der Arktis bleiben. Wenn sich auf dem Meer wieder eine geschlossene Eisdecke bildet, ziehen die meisten größeren Tiere auf der Suche nach neuen Nahrungsquellen weiter in den Süden.

Tundra Das baumlose Land, das an die Arktis grenzt, heißt Tundra. In der kargen Wildnis mit ihrem Dauerfrostboden gibt es kaum Leben. Nur im Sommer, wenn die oberste Schicht der Erde für kurze Zeit auftaut, sprießen niedrige Moose, Flechten und Gräser. Dann ziehen große Herden von Rentieren aus den südlicheren Wäldern hierher. Das geschmolzene Eis bildet Tümpel, in denen sich viele Insekten vermehren – willkommene Nahrung auch für die Zugvögel.

Antarktis Ein Großteil der Oberfläche der Antarktis besteht aus einer Eisdecke, die an manchen Stellen fast drei Kilometer dick ist. Kälter als hier wird es nirgends auf der Welt. Eisige Stürme wirbeln losen Schnee vom Boden auf und treiben ihn

WISSENSWERT!
Haben die Inuit häufig Schnupfen? Erstaunlicherweise nicht! Die Inuit und Forscher in Polarstationen sind gut vor Schnupfen geschützt, da es den Viren dort viel zu kalt ist.

In der Arktis ist das Meer fast das ganze Jahr mit Eis bedeckt.

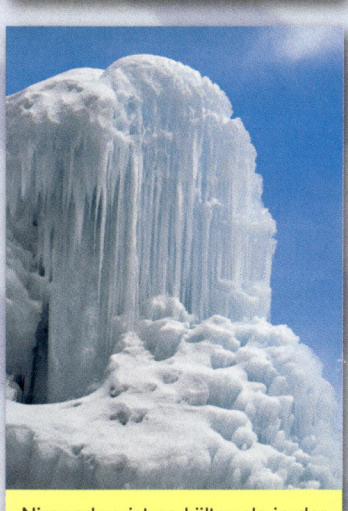

Die Antarktis ist die Heimat vieler Pinguine.

Nirgendwo ist es kälter als in der Antarktis.

über das Land. Ähnlich wie in der Arktis ist auch hier Plankton die wichtigste Nahrungsquelle für viele Tiere. Es ist die Heimat vieler Pinguinarten. Sie verbringen den größten Teil ihres Lebens im Meer und kommen nur an Land, um in Kolonien auf dem Eis zu brüten. Die größten dieser flugunfähigen Vögel sind die Kaiserpinguine. Robben tauchen nach Fischen, während Seeschwalben dicht über der Oberfläche ihre Beute im Flug fangen.

Tiere Alle Tiere, die in solchen Gegenden leben, sind speziell für die Kälte und Windgeschwindigkeiten von bis zu 200 Kilometern in der Stunde ausgerüstet. Sie besitzen zum Beispiel ein dichtes Fell oder Federkleid oder halten sich wie die Robben mit einer dicken, als „Blubber" bezeichneten Fettschicht warm. Manche Insekten überstehen den Winter sogar im gefrorenen Zustand und tauen im Sommer wieder auf. Und die dort lebenden Fische haben ein natürliches Frostschutzmittel in ihrem Blut, das sie vor dem Erfrieren im eisigen Wasser bewahrt.

SCHON GEWUSST?
Nashörner können bis zu 40 Jahre alt werden.

Nashorn

Nashörner sind Unpaarhufer, die in Afrika und Asien leben. Es gibt fünf Arten, die einander recht ähnlich sind.

Dazu zählen das Spitzmaulnashorn, das Breitmaulnashorn (beide in Afrika), das Java-Nashorn, das Panzernashorn und das Sumatra-Nashorn. Ihr wichtigstes Merkmal sind die Hörner auf der Nase. Es gibt Arten mit einem Horn (Panzernashorn, Java-Nashorn) oder mit zwei Hörnern. Die Hörner bestehen nur aus Hornmaterial, nicht aus Knochensubstanz und entstehen ganz anders als die Hörner der Rinder, Ziegen und Schafe. Gelegentlich reißen die Hörner ab, wachsen aber wieder nach. Der Körper der Nashörner ist massig, die Beine sind kurz und dick. An jedem Fuß befinden sich drei Zehen, die jeweils in breiten Hufen enden. Die dicke Haut ist grau oder braun gefärbt und nur spärlich behaart. Bei den asiatischen Arten ist die Haut am Ansatz des Halses und der Beine so stark gefaltet, dass sie wie gepanzert aussieht. Nashörner sehen ziemlich schlecht, dafür haben sie eine sehr gute Nase und hören auch sehr gut. Sie leben meist allein, können aber auch kleine Herden bilden. Je nach Art wird nach einer Tragezeit von 15 bis 18 Monaten ein Junges geboren, das sofort gehen kann. Die nachtaktiven Tiere sind Pflanzenfresser, die sich von Blättern, Knospen und Trieben ernähren.

Nashörner tragen ein dickes Horn auf der Nase.

Kopf-Rumpf-Länge: 3–4 m
Schwanz: bis 70 cm
Verbreitung: Afrika, Südostasien
Farbe: grau, braun
Familie: Nashörner

SCHON GEWUSST?
Der Nashornkäfer ist das stärkste Insekt der Welt: Er kann das 850-Fache seines Gewichts tragen!

Nashornkäfer

Der Nashornkäfer ist einer der größten Käfer Europas und urtümlich gepanzert. Das Männchen des Nashornkäfers trägt ein langes Horn am Kopf, das nach hinten gebogen ist.

Beim Weibchen ist es nur als kleiner Höcker ausgebildet. Halsschild und Horn sind bei beiden schwarz, die Flügeldecken schwarzbraun bis rot glänzend gefärbt. Der Nashornkäfer lebt in Holzabfällen, Stroh, Sägespänen und Kompost. Die Käfer fliegen im Juni

und Juli in der Dämmerung und nachts. Sie leben nur wenige Monate. Während der Paarungszeit liefern sich die Männchen heftige Kämpfe. Das Weibchen legt kleine gelbliche Eier in totem Holz oder in Komposthaufen ab. Die Larvenform dauert drei bis fünf Jahre, wobei die Larven je nach Alter zehn bis 30 Zentimeter groß werden. Nach mehreren Häutungen verpuppen sie sich in einem Kokon aus Erde und Sägespänen. Die Jungkäfer bleiben nach dem Schlüpfen noch ein bis zwei Monate im Kokon. Die Käfer lecken an Baumsäften, die Larven fressen faulendes Holz.

Das Männchen des Nashornkäfers trägt ein langes Horn am Kopf.

Größe: 2–4 cm
Verbreitung: Europa, Nordafrika, Ost- und Mittelasien
Farbe: schwarz, schwarzbraun bis rot
Familie: Blatthornkäfer

Nashornvögel

Die Nashornvögel gehören zur Ordnung der Rackenvögel, die in den tropischen Regionen Asiens und Afrikas leben.

Den Namen erhielten sie aufgrund des großen, gebogenen Schnabels, der außer bei der Gattung der Tokos einen hornigen Auswuchs hat. Schnabel und Horn sind zwar riesig, aber ganz leicht, weil sie meist hohl oder mit schwammigem Knochengewebe gefüllt sind. Die Nashornvögel haben einen lang gestreckten Körper, einen langen Hals sowie kurze und breite Flügel. Der lange Schwanz trägt zehn Schwanzfedern. Sie ernähren sich vorwiegend von Früchten und Beeren. Einige Arten verspeisen jedoch auch gerne große Insekten und kleine Wirbeltiere wie Reptilien. Bis auf die Hornraben nisten alle Arten in Baumhöhlen. Das Weibchen schließt sich ein: Der Eingang wird bis auf ein kleines Loch mit Schlamm, Erde und Kot vermauert. Das Weibchen kann nur noch den Schnabel durch die Öffnung stecken und muss vom Männchen gefüttert werden. Dadurch sind die Jungvögel vor Räubern gut geschützt.

SCHON GEWUSST?
Am Kopf und am Hals der Nashörnvögel befinden sich meist nackte und auffallend gefärbte Hautbereiche.

Ein Nashornvogel

Größe: 60–150 cm
Verbreitung: tropische Gebiete Afrikas und Asiens
Farbe: schwarz, braun, rot, orange, gelb, weiß
Familie: Nashornvögel

Nerz

Als Nerz bezeichnet man zwei Arten aus der Familie der Marder. Es sind der Europäische Nerz und der Amerikanische Nerz oder Mink. Obwohl sie derselben Familie angehören, sind die beiden nicht nah miteinander verwandt.

Beide Arten sind sich in Aussehen und Verhalten sehr ähnlich. Sie leben teilweise im Wasser und haben daher ein dichtes, Wasser abweisendes Fell. Beide wurden wegen dieses Pelzes stark gejagt, auch wenn das Fell der amerikanischen Art als wertvoller gilt.

Der Amerikanische Nerz wird in Pelzfarmen auch in Europa gezüchtet. Da er oft entkommen ist, hat er inzwischen den Europäischen Nerz weitgehend verdrängt. Der Europäische Nerz hat ein rotbraunes, dunkelbraunes oder schwarzes Fell und ist an Kinn und Oberlippe weiß gefärbt. Er ist Einzelgänger, dämmerungs- und nachtaktiv und ruht am Tag in Bauen, die er selbst gräbt oder von anderen Tieren übernimmt. Er verspeist am liebsten Schermäuse und andere Nagetiere, mag aber auch Frösche, Fische und Vögel. Das Weibchen bekommt zwei bis sieben Junge, die mit etwa vier Monaten die Mutter verlassen.

Ein Europäischer Nerz

**Kopf-Rumpf-Länge: 28–43 cm
Schwanz: 12–19 cm
Verbreitung: Europa, Amerika
Farbe: braun, weiß
Familie: Marder**

Neunaugen

Neunaugen sind Rundmäuler, die neben den Knorpelfischen (Haie und Rochen) und Knochenfischen eine der drei großen Gruppen von Fischartigen bilden.

Sie sind einfach gebaute Wirbeltiere, deren bekannteste mitteleuropäische Art das Flussneunauge oder die Pricke ist. Neunaugen haben einen aalförmigen Körper mit einem flossenartigen Rücken- und Schwanzsaum. Die Oberseite ist dunkelgrau bis grünlich blau, die Unterseite weißlich. Neunaugen haben wie alle Rundmäuler keinen Kiefer, sondern ein Saugmaul mit

Raspelzähnen. Trotz ihres Namens besitzen Neunaugen nur ein Auge auf jeder Seite. Früher hielt man die Nasenöffnung und die sieben seitlichen Kiemenspalten für Augen. Sie ernähren sich von Fischen, an denen sie sich festsaugen, Blut trinken und Fleischstücke he-

rausraspeln. Neunaugen sind Wanderfische, die zum Laichen flussaufwärts ziehen. Beide Elternteile bauen eine Laichgrube von etwa 60 Zentimeter Durchmesser. Das Weibchen legt bis zu 40.000 Eier ab. Nach der Eiablage sterben meist beide Alttiere.

Neunaugen ernähren sich von Fischen, an denen sie sich festsaugen.

Größe: 30–40 cm
Verbreitung: Europäische Flüsse
Farbe: dunkelgrau bis grünlich blau, weißlich
Familie: Neunaugen

Nutria

Dieses große Nagetier wird auch oft Biberratte oder seltener Sumpfbiber genannt. Dabei ist die Nutria mit dem Biber nicht verwandt.

Die Nutria ist ein Wassertier, das vom Ufer aus Gänge mit Wohnkesseln gräbt. An Land bewegt sich die Nutria schwerfällig. Sie ist größer als eine Ratte, aber viel kleiner als ein Biber. Sie hat ein dunkelbraunes bis graubraunes Fell und einen langen, runden Schwanz, der schuppenbedeckt und dünn behaart ist. Die Hinterfüße tragen Schwimmhäute. Die Nutria kann hervorragend schwimmen und tauchen. Sie ist ei-

gentlich in Südamerika heimisch, wurde aber in Europa von Pelzzüchtern eingeführt. Die tag- und dämmerungsaktiven Tiere leben meist paarweise, oft in kleinen Kolonien. Sie ernähren sich vorwiegend von Blättern, Stängeln und Wurzeln von Wasserpflanzen, seltener auch von Schnecken und Würmern. Das Weibchen bekommt zwei- bis dreimal im Jahr je vier bis sechs Junge, die mit fünf Monaten ausgewachsen sind und die Eltern verlassen.

SCHON GEWUSST?
Nutriafelle sind sehr begehrt, daher ist die Biberratte ein bedeutender Pelzlieferant.

Nutrias werden auch Biberratten genannt.

Kopf-Rumpf-Länge: 40–60 cm
Schwanz: 30–40 cm
Verbreitung: Amerika; in Europa eingeführt
Farbe: dunkelbraun, graubraun
Familie: Biberratten

Ochsenfrosch

Wenn man vom Ochsenfrosch spricht, ist meistens der Amerikanische Ochsenfrosch gemeint. Er ist der größte Frosch Nordamerikas und lebt im Wasser.

Gelegentlich geht er auch an Land, bleibt aber immer in Wassernähe. Der Ochsenfrosch ist olivgrün, bräunlich oder grau und unregelmäßig gefleckt. Auf dem Rücken hat er kleine Warzen. Auffällig ist sein Trommelfell, das fast doppelt so groß ist wie der Augendurchmesser. Die Männchen haben eine innere Schallblase. Damit erzeugen sie grunzende Balzlaute, die über zwei Kilometer weit zu hören sind. Sie verteidigen ihr Revier, indem sie untereinander heftige Kämpfe austragen. Der Ochsenfrosch ist dämmerungs- und nachtaktiv. Er fängt Insekten, Fische, kleinere Frösche und sogar junge Wasservögel sowie Schlangen. Bei Gefahr verschwindet er im Wasser. Zur Brutzeit legen die Weibchen bis zu 20.000 Eier im Wasser ab, die sich im Laufe von zwei Jahren zu Fröschen entwickeln.

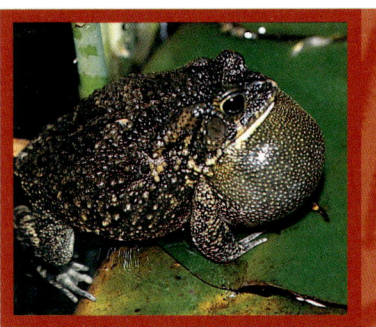

Der Ochsenfrosch ist der größte Frosch Nordamerikas.

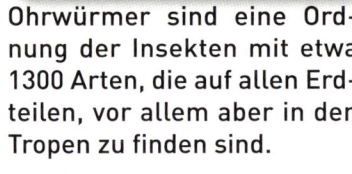

Größe: 20–25 cm
Verbreitung: Osten und Mitte der USA
Farbe: olivgrün, bräunlich, grau
Familie: Echte Frösche

Ohrwürmer

Ohrwürmer sind eine Ordnung der Insekten mit etwa 1300 Arten, die auf allen Erdteilen, vor allem aber in den Tropen zu finden sind.

Von den sieben europäischen Arten ist der Gemeine Ohrwurm die häufigste. Er hat einen rötlich braunen Körper. Die kurzen Flügel sind stummelartig zurückgebildet, sodass die Tiere kaum richtig fliegen können. Sie haben lange, fadenförmige Fühler. Am Hinterleib befinden sich große, zangenförmige Schwanzanhänge, die zum Greifen der Beute benutzt werden. Das Männchen setzt sie auch bei der Paarung ein. Die Ohrwürmer sind in der Nacht aktiv und gehen auf Nahrungssuche. Sie fressen Pflanzenteile, Früchte und Samen, aber auch andere Gliedertiere. Tagsüber verstecken

sie sich in dunklen Schlupfwinkeln. Die Weibchen betreiben Brutfürsorge: Sie legen je 20 bis 50 Eier im Boden ab und bewachen und verteidigen sie gegen Angreifer. Die Eier werden regelmäßig gewendet und beleckt, damit sie nicht austrocknen. Die Weibchen kümmern sich anschließend auch noch um die Larven.

Ohrwürmer verstecken sich gern in dunklen Schlupfwinkeln.

Am Hinterleib des Ohrwurms befinden sich große Zangen.

Größe: 10–16 mm
Verbreitung: weltweit
Farbe: dunkelbraun
Ordnung: Ohrwürmer

Okapi

Das Okapi ähnelt auf den ersten Blick einem Pferd. Zudem ist sein Hinterteil schwarzweiß gestreift wie bei einem Zebra. Trotz seines äußerst seltsamen Aussehens gehört das Okapi zur Familie der Giraffenartigen.

Daher wird es auch häufig Waldgiraffe oder Kurzhalsgiraffe genannt. Das Okapi hat ein samtartiges, braunes Fell mit einem rötlichen Schimmer. Das Hinterteil und die obere Hälfte der Beine haben eine Zebrastreifung. Sein Hals und die Beine sind ziemlich lang, aber nicht so extrem wie bei seinen Verwandten, den Giraffen. Ähnlich wie diese haben auch Okapis kurze Hörner. Das Okapi lebt in den dichten Regenwäldern eines afrikanischen Landes, das Demokratische Republik Kongo heißt. Es ernährt sich hauptsächlich von Blättern, Knospen und Trieben, die es mit seiner Zunge von den Zweigen herunterzieht. Diese Zunge ist blau und so lang, dass das Okapi damit sogar seine Augen und Augenlider säubern kann. Das Okapi ist ein Einzelgänger und trifft andere Artgenossen nur zur Paarungszeit. Das Weibchen bringt pro Wurf ein Junges zur Welt.

Okapis gehören zur Familie der Giraffenartigen.

Kopf-Rumpf-Länge: etwa 2 m
Schwanz: 30–40 cm
Verbreitung: Demokratische Republik Kongo
Farbe: braun, schwarz, weiß
Familie: Giraffenartige

Das Opossum verspeist alles, was ihm vor die Schnauze kommt.

Opossums

Opossums sind Beuteltiere und Vertreter der Familie der Beutelratten. Bis auf das Nordopossum oder Virginia-Opossum, das in Nordamerika lebt, sind alle Arten in Südamerika heimisch.

Das Nordopossum hat ein struppiges, weißliches bis graues Fell und einen langen, nackten Schwanz. Der Kopf ist rattenähnlich mit kleinen Augen. An den Füßen finden sich fünf Zehen mit Krallen, von denen nur die erste Zehe der Hinterfüße daumenartig entwickelt ist. Das Nordopossum wird in der Nacht munter und ist ein Einzelgänger, der sich gegenüber seinen Artgenossen sehr aggressiv verhält. Der Allesfresser verspeist, was ihm vor die Schnauze kommt – von Insekten und kleinen Wirbeltieren über Aas bis zu Früchten und Körnern. Das Weibchen bringt bis zu 20 winzige Babys zur Welt, die anschließend sofort in den Beutel der Mutter klettern und dort an den Zitzen trinken. Da nicht alle Junge Platz darin finden, sterben einige der Kleinen. Mit zwei bis drei Monaten verlassen die überlebenden Opossum-Kinder den Beutel zum ersten Mal, mit einem Jahr sind sie ausgewachsen.

Opossums sind Beuteltiere.

Kopf-Rumpf-Länge: 32–50 cm
Schwanz: 25–53 cm
Verbreitung: Amerika
Farbe: grau
Familie: Beutelratten

Orang-Utan

Der Orang-Utan ist nach dem Gorilla der zweitgrößte Menschenaffe. Sein Name bedeutet auf Malaiisch „Waldmensch" und passt gut zu ihm, denn er ist den Urwäldern Südostasiens zu Hause.

Es gibt zwei Arten: den Borneo-Orang-Utan und den Sumatra-Orang-Utan. Von den anderen Menschenaffen (Schimpanse und Gorilla) unterscheiden sich Orang-Utans durch das rotbraune Fell und durch den Körperbau, der einem Leben auf Bäumen angepasst ist. Ihre

Arme sind sehr lang und kräftig – ausgestreckt können sie eine Spannweite von 250 Zentimeter erreichen. Orang-Utans haben hakenförmige Hände. Der Daumen und die große Zehe sind stark verkürzt, sodass die Tiere beim Klettern sehr gut greifen können. So hangeln sie sich meist gemütlich von Ast zu Ast. Orang-Utans sind am Tag aktiv, wobei sie mittags ruhen. Zum Schlafen bauen sie sich jede Nacht ein neues Nest aus Blättern in den Bäumen. Sie kommen selten auf den Boden. Orang-Utans leben meist allein, nur Weibchen und Jungtiere bleiben zusammen. Sie ernähren sich hauptsächlich von Früchten, Blättern und Trieben, fressen jedoch sehr selten auch Insekten und kleine Wirbeltiere.

Orang-Utan bedeutet auf Malaiisch „Waldmensch".

Kopf-Rumpf-Länge: 125–150 cm
Verbreitung: Südostasien
(Sumatra und Borneo)
Farbe: rotbraun
Familie: Menschenaffen

Ozelot

Der Ozelot ist eine Kleinkatze, die in Mittel- und Südamerika heimisch ist. Er ist berühmt für sein gemustertes Fell, wegen dem er lange Zeit von Menschen stark gejagt wurde.

Der Ozelot lebt in den Regenwäldern Mittel- und Südamerikas. Sein Fell ist ockerfarben bis orange gefärbt, bei den Arten aus trockenen Regionen grau. Es ist mit schwarzen oder braunen ring- bis rosettenartigen Flecken bedeckt. Der Ozelot ist ein guter Kletterer und Schwimmer. Nachts jagt der Einzelgänger meist am Boden und erbeutet kleine bis mittelgroße Säugetiere, zum Beispiel Nagetiere, Nasenbären, Faultiere oder Brüllaffen. Aber auch Vögel, Amphibien und Fische stehen auf der Speisekarte. Am Tag schläft er gerne auf Bäumen. Das Weibchen errichtet ein Nest in einem hohlen Baum oder in einer kleinen Höhle. Seine ein bis zwei Jungen zieht es alleine auf. Diese können zwei bis drei Jahre im Revier der Mutter bleiben, dann müssen sie ihr Zuhause verlassen und sich ein eigenes Revier suchen.

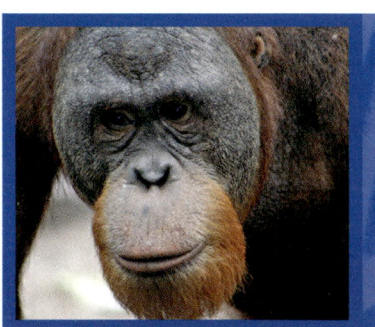

Der Ozelot ist wegen seines Fells berühmt.

Kopf-Rumpf-Länge: 55–100 cm
Schwanz: 30–45 cm
Verbreitung: Mittel- und Südamerika
Farbe: ocker- bis orangefarben, grau, weiß, schwarz, braun
Familie: Katzen

Palmendieb

Der Palmendieb ist ein Krebstier und erhielt seinen Namen, weil er mit seinen kräftigen Scheren auf Palmen klettern und Kokosnüsse abschneiden kann.

Anschließend bricht er die Früchte auf und lässt sich das Fruchtfleisch gut schmecken. Man nennt ihn auch Kokoskrebs. Der Palmendieb, der bis zu vier Kilogramm schwer werden kann, ist der größte Landkrebs der Welt. Er ist mit den Einsiedlerkrebsen verwandt. Wie sie muss er seinen Hinterleib in der Jugend durch ein Schneckenhaus schützen. Erwachsene Tiere werden so groß, dass sie keine passenden Schalen mehr finden. Daher krümmen sie den ungeschützten Hinterleib einfach nach vorn unter den Vorderkörper. Der Palmendieb ist braun mit orangefarbenen Flecken. Er hat große, scharfe Scheren, mit denen er Gegenstände mit einem Gewicht von über 20 Kilogramm hochheben kann. Er wohnt in Felsspalten und Sandlöchern, wo er sich tagsüber versteckt hält, um sich vor dem Austrocknen und Feinden zu schützen. Er frisst hauptsächlich Pflanzen, pflanzlichen Abfall und Aas.

Der Palmendieb kann auf Palmen klettern und Kokosnüsse abschneiden.

Größe: bis 40 cm
Verbreitung: Küsten des Pazifischen und Indischen Ozeans
Farbe: braun bis orangerot
Familie: Landeinsiedlerkrebse

Der Kleine Panda ähnelt einem Waschbären.

Panda

Wenn man vom Panda spricht, ist in der Regel immer der Große Panda gemeint. Es gibt aber noch den Kleinen Panda, den man auch Katzenbär nennt und der eher einem Waschbären ähnelt.

Nach den neuesten Erkenntnissen der Wissenschaft ist der Kleine Panda mit seinem großen Namensvetter nicht sehr nah verwandt. Der Große Panda wird oft auch als Pandabär bezeichnet. Er hat den Körperbau der großen Bären, ist aber im Gesicht ganz typisch schwarz-weiß gefärbt. Sein dichtes Fell ist weiß und die Beine sind schwarz, wobei das Schwarz der Vorderbeine über die Schultern und die Brust reicht. Auch seine Ohren und der Bereich um die Augen sind schwarz. Der Große Panda ist ein Bodenbewohner, kann aber sehr gut klettern und schwimmen. Er ist dämmerungs- und nachtaktiv und schläft tagsüber in Höhlen oder Felsspalten. Obwohl er ein Raubtier ist, ernährt er sich vegetarisch – hauptsächlich von Bambus. Er verspeist täglich bis zu 20 Kilogramm Bambus, am liebsten die jungen Sprossen. Er hat einen daumenartigen Knochen an der Hand, mit dessen Hilfe er die Pflanzen greifen kann. Das Weibchen bekommt pro Wurf ein bis zwei Junge, die winzig sind und noch einen langen Schwanz haben.

Der Große Panda verspeist täglich bis zu 20 Kilogramm Bambus.

Kopf-Rumpf-Länge: 150–180 cm
Schwanz: 10–15 cm
Verbreitung: wenige einsame Bergregionen Chinas
Farbe: schwarz, weiß
Familie: Bären

Pantoffeltierchen

Das Pantoffeltierchen ist eines der bekanntesten einzelligen Tiere. Seinen Namen erhielt es aufgrund seiner Form, die eine gewisse Ähnlichkeit mit einem Pantoffel hat.

Pantoffeltierchen leben nur im Süßwasser, also in Tümpeln, Teichen, Seen und Flüssen. Der Körper hat einen Zellmund und ist außen mit haarähnlichen Ausstülpungen bedeckt, die man als Wimpern bezeichnet. Diese Wimpern dienen der Fortbewegung und der Nahrungsbeschaffung. Pantoffeltierchen ernähren sich hauptsächlich von Bakterien, die sie mit den Wimpern in ihre Mundöffnung befördern. Der Zellkörper besitzt außerdem einen großen und einen kleinen Zellkern. Der große Zellkern ist wichtig für den Zellhaushalt, der kleine für die geschlechtliche Fortpflanzung. Die Vermehrung erfolgt meistens ungeschlechtlich durch Querteilung der Zelle. Manchmal kommt es auch zur geschlechtlichen Fortpflanzung durch den Austausch von Erbinformationen, die in dem kleinen Zellkern enthalten sind.

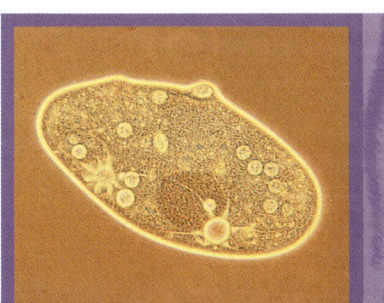

Die Form des Pantoffeltierchens ähnelt der eines Pantoffels.

Größe: 0,05–0,32 mm
Verbreitung: weltweit
Klasse: Wimpertiere

Papageifische

Die Papageifische sind bunt gefärbte, tropische Meeresfische, die ihren Namen dem papageienschnabelähnlichen Maul verdanken.

Der Körper der Papageifische ist hochrückig und mit großen Rundschuppen bedeckt. Die lange Rückenflosse ist mit weichen Flossenstrahlen versehen. Der Kopf ist groß, das kleine Maul hat fleischige Lippen. Die Kieferzähne sind zu einem „Schnabel" verwachsen.

Papageifische leben in großen Gruppen, den sogenannten Schulen, in Korallenriffen. Mit ihren schnabelartigen Zähnen weiden sie die niedrigen Algendecken an der Oberfläche der Korallenriffe ab. Sie sind am Tag aktiv und verstecken sich nachts in Höhlen und Spalten. Einige Arten bilden nachts ein schützendes Schleimzelt um sich herum und schlafen darin. Die Fortpflanzung bei Papageifischen ist ziemlich kompliziert, denn sie sind Zwitter, das heißt, sie können wahlweise Männchen oder Weibchen sein.

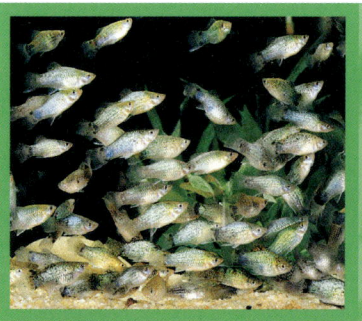

Die Papageifische sind bunt gefärbte Meeresfische.

Größe: 60–90 cm
Verbreitung: tropische Meere
Farbe: bunt schillernd
Familie: Lippfische

Papageitaucher

Mit seinem grotesken Gesicht und dem großen bunten Schnabel ist der Papageitaucher der „Clown" unter den Vögeln.

Das Federkleid des Papageitauchers ist an der Oberseite schwarz, an der Unterseite weiß. Der Kopf ist schwarz mit weißlichen Wangen und rotem Augenring. Der große, dreieckige Schnabel ist seitlich zusammengedrückt und rot, gelb und bläulich gefärbt. Nach der Brutzeit wird der Schnabel etwas kleiner. Der Papageitaucher lebt an den Küsten und vor allem auf den Inseln des Nordatlantiks sowie im nördlichen Polarmeer. Er kommt jedoch auch an der Atlantikküste Nordamerikas, Grönlands und Islands vor. Er sucht tauchend nach Nahrung. Unter Wasser be-

Der Kopf des Papageitauchers ist schwarz mit weißlichen Wangen und rotem Augenring.

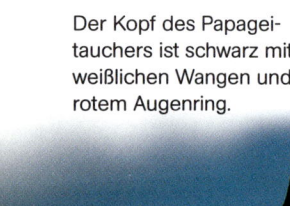

wegt er sich mit den Flügeln fort. Sein Leibgericht sind Fische. Er kann mit dem Schnabel mehrere Fische auf einmal halten. Borstenwürmer und Krebstiere verspeist er auch gerne. Papageitaucher brüten in großen Seevogelkolonien am oberen Klippenrand, meist in selbst gegrabenen langen Bruträhren oder in verlassen Höhlen von Kaninchen oder Sturmtauchern. Das Weibchen legt ein bis zwei Eier, die abwechselnd von beiden Elternteilen bebrütet werden.

Der Papageitaucher frisst am liebsten Fische.

Größe: 29–36 cm
Verbreitung: Nordatlantik, Polarmeer
Farbe: schwarz, weiß; Schnabel bunt
Familie: Alkenvögel

Paradiesvögel

Paradiesvögel verdanken ihren Namen ihrem wunderschönen Gefieder. Sie zählen zu den auffallendsten Vögeln überhaupt. Paradiesvögel bilden eine Familie, die zu den Sperlingsvögeln gehört.

Einige haben ein fast schwarzes Gefieder, andere sind glänzend blau, rot und gelb gefärbt. Viele tragen lange, eigenartig geformte Federn auf ihrem Kopf oder in ihrem Schwanz. Es sind vor allem die Männchen, die ein extrem buntes Federkleid haben. Die Weibchen sehen meist ganz anders aus. Ihr Gefieder ist stumpf und meist braun. Es gibt mehr als 40 verschiedene Arten von sehr unterschiedlicher Größe. Die meisten leben in den Regenwäldern Neuguineas, einer großen Insel nördlich von Australien. Einige findet man auch auf den nahen Molukken-Inseln und in den Wäldern Nordostaustraliens. Sehr beeindruckend sind die verschiedenen Balztänze, die die Männchen aufführen. Die Paradiesvögel ernähren sich vor allem von Früchten, fressen aber auch Insekten, Spinnen und manchmal Frösche und Eidechsen.

Ein Paradiesvogel

Größe: 13–100 cm
Verbreitung: Australien, Neuguinea, Molukken-Inseln
Farbe: schwarz, blau, rot, gelb, braun
Familie: Paradiesvögel

Das Pavian-Weibchen bringt alle zwei Jahre je ein Junges zur Welt.

Paviane

Paviane sind eine Gruppe der Altweltaffen, die in Afrika und auf der Arabischen Halbinsel weit verbreitet sind.

Die Paviane haben eine lange, hundeähnliche Schnauze, nahe zusammenstehende Augen und ein dichtes, raues Fell. Die Fellfarbe kann je nach Art von silberfarben (bei Mantelpavianen) über gelb (bei Steppenpavianen) und olivfarben (bei Anubispavianen) bis bräunlich (bei Bärenpavianen) sein. Die Schnauze und der Hintern sind unbehaart. Paviane sind tagaktiv und leben meist am Boden, können aber gut klettern. Zum Schlafen ziehen sie sich auf Bäume oder Felsklippen zurück. Paviane leben in Gruppen von fünf bis 250 Tieren, die gemischt sein oder aus einem Männchen mit vielen Weibchen bestehen können. Sie bevorzugen pflanzliche Nahrung wie Früchte, Blätter, Gräser, Samen und Wurzeln, nehmen aber auch tierische Kost wie Insekten oder kleine Wirbeltiere zu sich. Das Weibchen bringt alle zwei Jahre je ein Junges zur Welt, um das sich alle Tiere aus der Gruppe kümmern.

Paviane haben eine lange, hundeähnliche Schnauze.

Kopf-Rumpf-Länge: 40–110 cm
Schwanz: bis 80 cm
Verbreitung: Afrika, Arabische Halbinsel
Farbe: silberfarben, gelb, olivfarben, bräunlich
Familie: Meerkatzenverwandte

Der Schnabel des Pelikans kann bis zu 45 Zentimeter lang sein.

Pelikane

Pelikane sind sehr große Wasservögel, die außer in der Antarktis auf der ganzen Welt vorkommen. Sie sind bekannt wegen ihres dehnbaren Hautsacks am Unterschnabel.

Am auffälligsten an einem Pelikan ist der Schnabel, der bis zu 45 Zentimeter lang sein kann. Der Kehlsack ist stark vergrößert und mit dem Unterschnabel verbunden. Der Vogel setzt ihn beim Fischfang als Kescher ein und füllt ihn mit reichlich Beute. Pelikane haben lange und breite Flügel und sind ausgezeichnete Segler.

Sie können 24 Stunden lang ohne Pause fliegen. An den Füßen befinden sich Schwimmhäute, sodass die Pelikane gut schwimmen können. Bis auf den Braunen Pelikan tragen alle Arten ein weißes Federkleid, das rosa (beim Rosapelikan) oder grau überhaucht sein kann. Pelikane ernähren sich fast ausschließlich von Fischen. Sie brüten in Kolonien, je nach Art am Boden in Mulden (Brau-ner Pelikan) oder auf Bäumen in Nestern aus Zweigen (Graupelikan). Das Weibchen legt meist zwei Eier, die von beiden Eltern bebrütet werden.

Größe: 1,2–1,8 cm
Flügelspannweite: bis 3,45 cm
Verbreitung: Afrika, Südasien, Amerika
Farbe: weiß, braun
Familie: Pelikane

Pfau

Der männliche Pfau gehört zu den prächtigsten Vögeln, die wir kennen. An seinen schleppenartigen Schwanzfedern mit den schillernden Farben ist er leicht zu erkennen.

Die Schwanzfedern können bis zu 150 Zentimeter lang sein und haben ein Muster, das an Augen erinnert. In der Paarungszeit stellt das Männchen die Schwanzfedern zu einem Rad auf, um die Weibchen zu beeindrucken. Diese haben ein unauffälliges grünlich graues Federkleid, während die Männchen an Hals, Brust und Bauch leuchtend blau gefärbt sind. Beide tragen auf dem Kopf eine Federkrone. Pfaue sind gesellige Vögel und leben in kleinen Gruppen aus einem Männchen und meist fünf Hennen. Trotz des langen Schwanzes können Pfaue fliegen und flüchten bei Gefahr auf Bäume, wo sie auch die Nacht verbrin-gen. In der freien Natur ernähren sich Pfaue von Samen, Beeren und Früchten sowie Insekten und kleinen Wirbeltieren. Das Weibchen legt drei bis fünf Eier, die es allein bebrütet. Die Jungen bekommen mit etwa einem Monat ihr Federkrönchen.

Die Federn des Pfaus schillern in den prächtigsten Farben.

SCHON GEWUSST?
Pfaue werden heute auf der ganzen Welt als Ziervögel in Zoos und Parks gehalten.

Der Pfau trägt auf dem Kopf eine Krone.

Größe: Männchen bis 220 cm mit Schleppe, Weibchen bis 90 cm
Verbreitung: Indien, Sri Lanka
Farbe: blau, grüngrau
Familie: Fasanenartige

SCHON GEWUSST?

Pfeifhasen sind sehr stimmfreudige Tiere, die eine Vielzahl von Rufen von sich geben – von langen und kurzen Pfiffen über Triller und Quieken bis zu Schreien.

Pfeifhase

Pfeifhasen oder Pikas gehören zu den Hasenartigen. Ihren Namen verdanken sie den hohen Tönen, die sie als Warn- und Erkennungsrufe von sich geben.

Obwohl der Pfeifhase eng mit den Hasen verwandt ist, ähnelt er eher einem Meerschweinchen als einem Hasen. Das Fell ist rotbraun bis grau. Die Hinterbeine sind kaum länger als die Vorderbeine. Die Tiere bewegen sich mit kleinen Hoppelsprüngen fort. Auch haben Pfeifhasen keine lang ausgezogenen „Hasenohren". Der Stummelschwanz ist nicht zu sehen. Die tag- oder dämmerungsaktiven Tiere bewohnen sowohl Steppen als auch gebirgige Regionen. Steppen bewohnende Arten leben in großen Gruppen, während die Gebirgsbewohner Einzelgänger sind und Unterschlupf in Felsspalten oder zwischen Steinen finden. Die Steppenarten graben Erdbaue und legen Wintervorräte in Form von großen Heuhaufen an. Pfeifhasen halten keinen Winterschlaf. Sie fressen Gräser, Kräuter und Pflanzenstängel. Das Weibchen bringt zwei- oder dreimal im Jahr bis zu zwölf Junge zur Welt.

Pfeifhasen geben hohe Töne von sich.

Kopf-Rumpf-Länge: 13–30 cm
Schwanz: 1 cm
Verbreitung: Zentralasien, Nordamerika
Farbe: rotbraun bis grau
Familie: Hasenartige

Pfeilgiftfrösche

Diese giftigen Frösche, die man auch als Baumsteigerfrösche bezeichnet, zählen zu den buntesten Amphibien überhaupt.

Sie scheiden durch ihre Hautdrüsen Gifte aus, die bei manchen Arten sogar tödlich sein können. Es gibt etwa 155 verschiedene Pfeilgiftfrösche, aber davon sind nur 55 wirklich giftig. Pfeilgiftfrösche sind meist sehr klein und leben in den tropischen Regenwäldern Mittel- und Südamerikas. Sie sind am Tag aktiv und klettern gerne auf Äste und Blätter, um sich dort auszuruhen. Die leuchtenden Farben sind eine Warnung an die Fressfeinde: Je bunter die Frösche sind, desto giftiger sind

sie auch. Ihre Hauptnahrung sind kleine Insekten. Sehr interessant ist die Brutpflege: Das Weibchen legt zwei bis etwa 30 Eier auf einem Blatt ab, die meistens vom Männchen bewacht und bei manchen Arten auch regelmäßig bewässert werden. Die geschlüpften Kaul-

quappen klettern auf den Rücken ihres Vaters und kleben an seiner Haut fest. Tagsüber ruht dann das Männchen im feuchten Schatten, nachts sucht es Tümpel auf. Nach einigen Tagen schwimmen die Kaulquappen schließlich weg und vollenden ihre Entwicklung.

Pfeilgiftfrösche sind sehr giftig.

Größe: 1,2–5 cm
Verbreitung: tropisches Mittel- und Südamerika
Farbe: leuchtend bunt
Familie: Baumsteigerfrösche

Pfeilschwanz-krebse

Pfeilschwanzkrebse sind urtümlich aussehende Gliederfüßer, die zu Recht als lebende Fossilien bezeichnet werden. Denn sie bevölkern die Erde seit etwa 400 Millionen Jahren und haben sich seitdem nicht wesentlich verändert.

Trotz ihres Namens sind Pfeilschwanzkrebse keine Krebse, sondern mit den Spinnentieren verwandt und gehören zur Ordnung der Schwertschwänze. Ihr Körper gliedert sich in zwei Teile. Der Vorderkörper ist von einem gewölbten Kopfbrustschild überdeckt, der einem Pferdehuf gleicht. Der Hinterleib ist am Rand kräftig besta-

chelt und läuft in einem bis zu 60 Zentimeter langen Schwanzstachel aus. Pfeilschwanzkrebse haben Scheren zum Ergreifen der Beute und fünf Beinpaare, die unter dem Vorderkörper liegen. Sie sind Meeresbewohner und leben am Meeresgrund. Sie ernähren sich hauptsächlich von kleinen Fischen, Würmern und Weichtieren. Zur Laichzeit versammeln sich die Pfeilschwanzkrebse in großen Mengen am Strand und graben ihre Eier im Sand ein. Die Larven müssen sich mehrmals häuten, bis sie zu ausgewachsenen Pfeilschwanzkrebsen werden.

Pfeilschwanzkrebse sehen sehr urtümlich aus.

Größe: bis 60 cm
Verbreitung: amerikanische Atlantikküste, Südostasien
Farbe: gelblich, graubräunlich
Familie: Pfeilschwanzkrebse

Pferde

Pferde zählen zu den ältesten Haustieren der Menschen. Sie tragen sie über weite Strecken und helfen ihnen, schwere Lasten zu transportieren.

Pferde bilden eine Familie der Säugetiere, zu denen Pferde, Esel und Zebras gehören. Sie sind sogenannte Einhu- fer, wodurch sie sich von allen an- deren Huftieren un- terscheiden. Bei ihnen entwickelte sich nur die Mittelzehe zu ei- nem typischen Huf. Der Kör- perbau des Pferdes ist je nach Rasse unterschiedlich. So sind Rennpferde beispielsweise sehr schmal, Arbeitspferde stämmig oder Ponys klein- wüchsig. Pferde haben sehr gute Nasen und Ohren. Sehen können sie dagegen nicht be- sonders gut. Sie sind Herden- tiere und leben in der Wildnis in Gruppen, die aus mehreren Stuten (Weibchen), Fohlen (Jungpferde) und einem Leit- hengst (Männchen) bestehen. Eine Stute bringt meist nur ein Junges zur Welt, das bald nach der Geburt auf den Beinen steht. Pferde ernähren sich von frischem Gras und Heu, mögen aber auch Hafer.

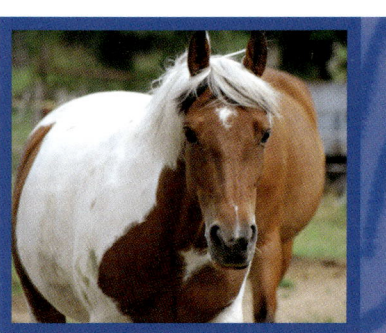

Pferde zählen zu den ältesten Haustieren der Menschen.

Kopf-Rumpf-Länge: 200–300 cm
Schwanz: 30–60 cm
Verbreitung: weltweit
Farbe: braun, schwarz, weiß
Familie: Pferde

Pillendreher

Pillendreher sind eine Arten- gruppe der Blatthornkäfer. In Deutschland kommt nur eine Art vor, im Mittelmeergebiet und in Nordafrika leben zahl- reiche andere Arten.

Die Pillendreher haben einen meist gedrungenen Körper mit einem schwarzen Chitin- panzer. Der Kopf ist an den Seiten durch Fortsätze ver- breitert und trägt kurze, keu- lenförmige Fühler. Die Vorder- beine sind gezackt und werden wie der Kopf auch als Schaufeln zum Graben ver- wendet. Die Pillendreher er- nähren sich vom Kot Pflanzen fressender Säugetiere. Männ- chen und Weibchen formen aus Dung kleine Kugeln (da-

her der Name!), die sie zwischen die Hinterbeine klemmen und rückwärts laufend vor sich her rollen. Diese Dungkugel oder -pille kann bis zu 20-mal so schwer sein wie der Käfer selbst. Sobald eine geeignete Stelle gefunden ist, wird die Kugel im Boden vergraben. Das Weibchen legt die Eier in die vergrabene Kotkugel, die den geschlüpften Larven später als Nahrung dient.

Pillendreher formen aus Dung kleine Kugeln.

Größe: 2–3 cm
Verbreitung: Mittelmeerraum mit Nordafrika
Farbe: schwarz glänzend
Familie: Blatthornkäfer

Piranha

Piranhas sind kleine südamerikanische Süßwasserfische, die aufgrund ihrer räuberischen Lebensweise sehr gefürchtet sind. Doch trotz der vielen Gruselgeschichten sind die kleinen Räuber für uns Menschen nicht wirklich gefährlich.

Von den vier bekannten Arten ist der Rote Piranha die häufigste und weit verbreitetste. Sein hochrückiger Körper ist seitlich stark abgeflacht und mit zahlreichen silbrigen Flecken bedeckt. Der Rücken ist blaugrau, der Bauch rot gefärbt. Typisch sind die kräftigen Kiefer mit den spitzen, messerscharfen Zähnen. Piranhas leben in Schwärmen und ernähren sich eigentlich von anderen Fischen. Gelangt jedoch ein anderes Tier in einen Schwarm hungriger Piranhas, so wird die Beute innerhalb weniger Minuten bis auf die Knochen aufgefressen. Vor allem eine verwundete oder blutende Beute lockt die Schwärme schnell an. Große Säugetiere und Menschen werden jedoch von den Piranhas nicht angegriffen. In freier Wildbahn können sie bis zu 15 Jahre alt werden. In Aquarien erreichen sie sogar ein Alter von 30 Jahren.

Über den Piranha werden viele gruselige Geschichten erzählt.

Größe: bis 30 cm
Verbreitung: Südamerika
Farbe: blaugrau, rot
Familie: Sägesalmer

Pirol

Der Pirol wird auch Pfingst-vogel genannt, weil er erst sehr spät aus seinem afrika-nischen Winterquartier zu-rückkehrt. Er gehört zu den farbenprächtigsten Vögeln in unserer Heimat.

Pirol-Männchen sind auffällig gelb gefärbt und haben schwarze Flügeldecken und Schwanzfedern. Junge Weib-chen sind eher grünlich ge-färbt und an Brust und Bauch gesprenkelt. Ältere Weibchen haben eine ähnliche Färbung wie die Männchen. Der Pirol lebt in Laub- und Auwäldern, Parkanlagen und Gärten mit alten Laubbäumen. Das kunstvolle Nest wird von bei-den Partnern zwischen den Zweigen gebaut. Das Weib-chen legt drei bis fünf Eier. Brut- und Nestlingszeit dau-ern etwa zwei Wochen, dann sind die Kleinen flügge. Der Pirol verspeist gerne große In-sekten wie Schmetterlinge und deren Raupen, aber auch Beeren und Früchte. Sein Ge-sang ist meist weich jodelnd und flötend, bei Beunruhigung rau krächzend.

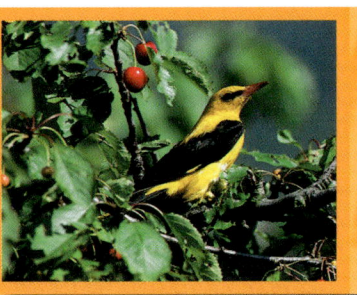

Der Pirol wird auch Pfingstvogel genannt.

Größe: 18–24 cm
Verbreitung: Europa, Asien, nordwestliches Afrika
Farbe: gelb, grünlich, schwarz
Familie: Pirole

Das Winterfell des Polar-fuchses ist meist weiß.

Polarfuchs

Der Polarfuchs oder Eisfuchs ist mit den Wildhunden verwandt und ein Be-wohner der Polarge-biete. Er kann Tem-peraturen von bis zu minus 50 Grad Celsius aushalten.

Der Polarfuchs hat den typischen Körperbau ei-nes Fuchses, doch seine Pfoten sind mit dichtem Pelz besetzt. Das Winterfell ist nicht immer weiß, es kann auch hellgrau bis dunkelblau oder schwarz sein. Daher spricht man bei einem rein weißen Fell von „Weißfuchs" und sonst von „Blaufuchs". Mit seinem Winterfell ist der Polarfuchs auf jeden Fall gut getarnt und kann sich unge-sehen an seine Beute heran-schleichen. Er verspeist gerne am Boden lebende Vögel, Lemminge und andere kleine Nagetiere sowie die Beutereste von Polarwölfen und Eisbären. Wenn der Schnee schmilzt, wird das Fell des Polarfuchses braun oder grau und ist der sommerlichen Landschaft der Tundra bestens angepasst. Für die Geburt und Aufzucht der Jungen wird ein Bau in Lehm- und Sandhügeln in Wassernähe gebaut. Das Weibchen bringt ein bis vier blinde und taube Junge zur Welt, die sich aber sehr schnell entwickeln.

Der Polarfuchs ist gegen die Kälte gut geschützt.

Kopf-Rumpf-Länge: 50–70 cm
Schwanz: 30–40 cm
Verbreitung: Polargebiete Europas, Asiens, Nordamerikas
Farbe: weiß, blaugrau
Familie: Hunde

Posthorn-schnecke

Die Posthornschnecke gehört zur Familie der Tellerschnecken und ist ein Süßwasserbewohner. Sie kommt hauptsächlich in stehenden Gewässern wie Seen und Teichen vor.

Sie trägt ein flaches, rechtsgewundenes Gehäuse mit vier bis fünf Windungen; es ist meist einfarbig dunkelrotbraun. Der Körper ist dunkelbraun, rotbraun oder graubraun. Die Posthornschnecke ist eine Wasserlungenschnecke. Sie hat Lungen, die entweder Luft oder auch Wasser zur Atmung verwenden. Sie ist am Tag aktiv und ein Allesfresser. Hauptsächlich ernährt sie sich von Algen, abgestorbenen Pflanzenteilen und toten Wassertieren. Die Posthornschnecke überwintert, indem sie sich in den schlammigen Gewässergrund eingräbt. Sie ist ein Zwitter, das heißt, ein Tier trägt männliche und weibliche Geschlechtsorgane. Die Eier werden als gallertige Klumpen an den Blattunterseiten von Wasserpflanzen abgelegt. Mehr Informationen über Schnecken im Allgemeinen findest du beim Eintrag „Schnecken".

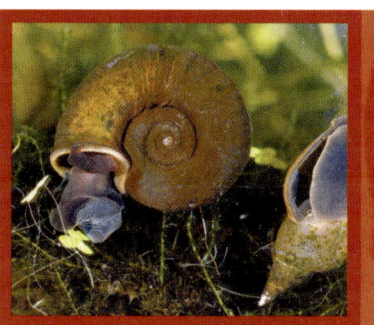

Posthornschnecken leben in Seen und Teichen.

Größe: 2–2,5 cm
Verbreitung: alle tropischen Regionen
Farbe: dunkelbraun, rotbraun, graubraun
Familie: Tellerschnecken

Potto

Der Potto ist eine kleine Bäume bewohnende Art der Primaten, die in Afrika heimisch ist. Er lebt in tropischen Regenwäldern.

Der Potto hat einen pummeligen Körper und ein rundes Gesicht mit riesigen Nachttieraugen. Sein dichtes, wolliges Fell ist gelbbraun gefärbt. Außerdem hat er einen Stummelschwanz. Der zweite Finger ist stark zurückgebildet, sodass der Potto seine Hand mit dem weit abspreizbaren Daumen sehr gut zum Greifen der Äste benutzen kann. Der nachtaktive Einzelgänger klettert langsam und vorsichtig im Kronenbereich der Bäume herum und sucht nach Früchten. Auch Baumsäfte und Insekten schmecken ihm gut. Tagsüber schläft der Potto im dichten Blattwerk und kommt nie auf den Boden. Das Weibchen bringt gewöhnlich ein Junges zur Welt, das meist am Bauch oder auf dem Rücken der Mutter herumgetragen wird.

Der Potto ist ein Affe.

Kopf-Rumpf-Länge: 30–40 cm
Schwanz: 3–10 cm
Verbreitung: tropisches Afrika
Farbe: gelbbraun
Familie: Loris

Pottwal

Der Pottwal ist ein gewaltiger Meeresriese und der größte aller Zahnwale. Er kommt in allen Ozeanen der Erde vor.

Mit seinem riesigen, kastenförmigen Kopf ist der Pottwal mit keinem anderen Wal zu verwechseln. Sein Unterkiefer ist mit Zähnen besetzt, die bis zu 30 Zentimeter lang sein können. Der Pottwal hat auch einen gewaltigen dunkelgrauen Körper, der bis zu 50 Tonnen wiegen kann. Anstelle einer Rückenflosse trägt er eine Reihe kleinerer Höcker. Er hat kurze, stummelartige Brustflossen. Weibliche Pottwale leben mit ihren Jungen in Gruppen von meist zehn bis 30 Tieren, während die Männchen außerhalb der Fortpflanzungszeit oft allein schwimmen. Ein Weibchen bringt alle drei Jahre ein Junges zur Welt, das rund zwei Jahre lang gesäugt wird. Pottwale ernähren sich hauptsächlich von Tintenfischen, die sie bei ihren Tauchgängen fangen. Wissenschaftler vermuten, dass Pott-wale sogar bis zu 3000 Meter tief tauchen können – so tief wie kein anderes Säugetier der Welt!

Ein gestrandeter Pottwal

Kopf-Rumpf-Länge: 11–20 m
Verbreitung: alle Ozeane
Farbe: dunkelgrau
Familie: Pottwale

Präriehunde

Trotz ihres Namens haben Präriehunde mit Hunden nichts zu tun. Sie sind Nage-tiere. Da sie aber bei Gefahr bellende Rufe von sich geben, die an das Kläffen kleiner Hunde erinnern, kamen sie zu ihrem Namen.

Der Präriehund ähnelt einem Murmeltier, ist aber nur halb so groß und viel schlanker als sein Verwandter. Sein Fell ist gelblich grau bis braun, das Schwanzende bei zwei Arten schwarz, bei den anderen weiß. Die tagaktiven Tiere leben in riesigen Kolonien in großen, weit verzweigten unterirdischen Bauen und Gängen mit mehreren Wohnkammern, die sie selbst graben. Das Weibchen bringt bis zu dreimal im Jahr jeweils drei bis zehn nackte und blinde Junge zur Welt, die etwa zwei Jahre bei der Familie bleiben. Präriehunde sind Vegetarier, die am liebsten Gras und Kräuter verspeisen, manchmal aber auch Insekten. Sie fressen sich im Sommer ein Fettpolster an, weil sie sich im Winter in ihre Baue zurückziehen und die kalte Jahreszeit verschlafen.

Präriehunde wohnen in weit verzweigten unterirdischen Bauen.

Kopf-Rumpf-Länge: 30–35 cm
Schwanz: etwa 10 cm
Verbreitung: nord-amerikanische Prärien
Farbe: gelblich grau, braun
Familie: Hörnchen

Pumas können bis
zu vier Meter hoch
springen.

Puma

Der Berg- oder Silberlöwe,
wie der Puma auch genannt
wird, zählt trotz seiner ein-
drucksvollen Größe zu den
Kleinkatzen, denn er kann wie
eine Hauskatze schnurren.

Der Puma hat ein kurzes,
dichtes Fell, das einfarbig ist
und von rotbraun bis silbergrau variiert. Er ist sehr beweglich und kann bis zu vier
Meter hoch und zehn Meter
weit springen. Der Puma
kommt in Amerika fast überall vor: Er lebt in Halbwüsten,
im Regenwald, im Tiefland
und sogar im Hochgebirge.
Der Einzelgänger hat ein sehr
großes Revier, das er mit Kot
und Urin sowie Kratzspuren
an den Bäumen markiert. Er
ernährt sich hauptsächlich
von Säugetieren und jagt zum
Beispiel Mäuse, Erdhörnchen
und Waschbären, aber auch
Schafe und Jungrinder. Aas
und Reptilien mag er überhaupt nicht. Das Weibchen
bringt zwei bis vier blinde
Junge zur Welt, die es in einem mit Blättern und Moos
gepolsterten Versteck groß-
zieht. Junge Pumas haben
ein beigefarbenes und stark
geflecktes Fell.

Pumas kommen in Amerika fast
überall vor.

Kopf-Rumpf-Länge: 105–180 cm
Schwanz: 60–85 cm
Verbreitung: Nordamerika,
Mexiko, Süd- und Mittelamerika
Farbe: rotbraun bis silbergrau
Familie: Katzen

Putzerfisch

Der zu den Lippfischen gehö-
rende Putzerfisch, auch Meer-
schwalbe genannt, „putzt" bei
größeren Fischen Mund und
Kiemenöffnungen und befreit
sie von Parasiten.

Bei den Parasiten (Schmarot-
zern) handelt es sich meist
um die Larven von Krebstieren, Weichtieren und anderen
Wirbellosen. Der Putzerfisch
ernährt sich von diesen kleinen Tierchen. Der Putzerfisch
hat einen lang gestreckten
schmalen Körper mit langer
Rücken- und Afterflosse und
abgerundeter Schwanzflosse.
Sein Maul ist zugespitzt und
trägt wulstige Lippen. Er ist
oberseits bläulich, unterseits hell mit einem breiten
schwarzen Längsstreifen, der
von der Schnauzenspitze bis

zur Schwanzflosse reicht. Putzerfische leben im Großen Barriereriff im Pazifischen Ozean. Dort versammeln sie sich an bestimmten Stellen, die als „Putzerstationen" dienen. Dort werden sie von vielen größeren Fischen, sogar von Raubfischen wie Haien, aufgesucht.

Der Putzerfisch befreit andere Fische von Parasiten.

Größe: bis 9 cm
Verbreitung: Pazifischer Ozean
Farbe: bläulich, schwarz
Familie: Lippfische

Pythons

Die Pythons bilden eine Unterfamilie der Riesenschlangen und sind nur in der Alten Welt verbreitet. Sehr bekannt ist die Gattung der Eigentlichen Pythons mit zehn Arten, die in den Tropen Afrikas und Asiens vorkommen.

Die Pythons sind mittelgroße bis große Schlangen. Sie alle haben zwei Zahnreihen im oberen Gaumen und einen enorm dehnbaren Unterkiefer. Der Körper ist plump und besitzt einen nur kurzen Schwanz. Der Kopf ist deutlich vom Hals abgesetzt. Die Färbung ist sehr unterschiedlich. Der Königspython und der Felsenpython leben in Afrika südlich der Sahara, während der Netzpython und Tigerpython Südostasien besiedeln. Die kleineren Arten sind Baumbewohner, größere Arten leben auf dem Boden. Alle Arten sind nachtaktiv und ernähren sich hauptsächlich von Säugetieren jeglicher Größe, Vögeln und Reptilien. Die Beute nehmen sie über ein besonderes Wärmeorgan, das zwischen Augen und Mund liegt, wahr. Die Schlange ergreift das Beutetier, erstickt es durch Umschlingen und würgt es im Ganzen hinunter. Pythonschlangen haben keine Giftdrüsen.

SCHON GEWUSST?

Der Python verdaut ein Kaninchen innerhalb von vier bis fünf Tagen vollständig. Dabei vergrößern sich Magen, Darm und Leber des Pythons um das Dreifache.

Ein grüner Baumpython

Größe: 1,5–10 m
Verbreitung: Afrika, Asien
Farbe: verschieden
Familie: Riesenschlangen

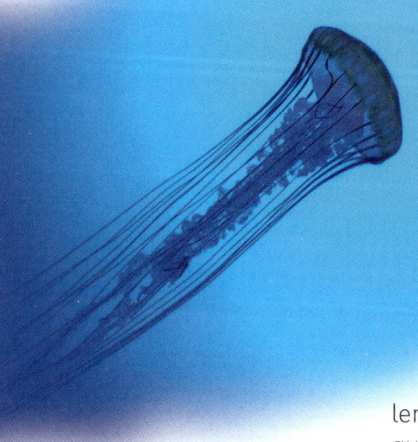

Quallen besitzen lange Fangarme.

Quallen

Quallen sind im Wasser lebende, frei schwimmende Tiere. Ihr schirm- oder glockenartiger Körper besteht aus einer gallertigen Masse.

Wenn man von Quallen spricht, sind damit in der Regel Echte Quallen oder Schirmquallen gemeint. Echte Quallen sind Nesseltiere. Sie werden in fünf Ordnungen unterteilt: Stielquallen, Feuer- oder Würfelquallen, Tiefseequallen, Fahnenquallen und Wurzelmundquallen. Der Schirmrand der Quallen ist in acht Lappen gegliedert und trägt einen Kranz von langen Fangarmen (Tentakeln), die mit Nesselzellen ausgestattet sind. Diese werden zum Beutefang und zur Verteidigung eingesetzt. Die Nesselzellen sind über die Fangarme verteilt und bilden einen giftigen Stoff. Sobald es zu einer Berührung kommt, platzt die Nesselkapsel in der Zelle, wirft einen Nesselfaden aus und gibt das Gift an das Opfer ab. Quallen ernähren sich von Plankton, Fischen oder kleinen Krebstieren. Die Vermehrung findet meist geschlechtlich statt. Aus der befruchteten Eizelle entwickelt sich eine frei schwimmende Larve, die sich am Boden festsetzt und zu einem kleinen Polypen wird. Dieser teilt sich nun wiederholt quer, sodass neue frei schwimmende Quallen entstehen.

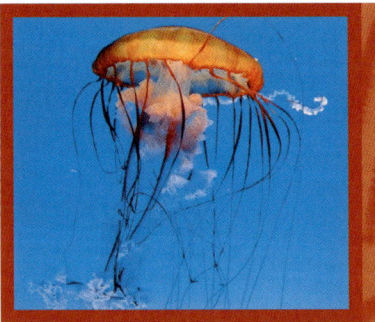

Quallen ernähren sich von Plankton, Fischen oder kleinen Krebstieren.

Größe: 1–200 cm (Schirmdurchmesser)
Verbreitung: weltweit
Farbe: weißlich
Stamm: Nesseltiere

Quastenflosser

Der Quastenflosser gilt ebenso wie der Lungenfisch als lebendes Fossil, denn er bevölkert die Erde seit etwa 400 Millionen Jahren.

Bis 1938 glaubten die Wissenschaftler, er sei längst ausgestorben. Doch dann geriet er an der südafrikanischen Küste zufällig in die Fangnetze der Fischer. Bis heute wurden etwa 100 Exemplare des

Quastenflossers gesichtet. Dieser Knochenfisch hat einen massigen Körper, der mit groben, rauen Schuppen bedeckt ist. Seine Bauch- und Brustflossen sind zu muskulösen beinartigen Gebilden (Quastenflossen) umgewandelt, die von den früheren Arten möglicherweise auch an Land benutzt wurden. Der Quastenflosser ist dunkelblau bis schwarz gefärbt und zeigt unregelmäßige helle Flecken. Der am Boden lebende Raubfisch kommt im Indischen Ozean in 150 bis 400 Metern Tiefe vor, wo er auf den Quastenflossen umherläuft und Fische fängt.

Der Quastenflosser ist ein lebendes Fossil.

Größe: bis 2 m
Verbreitung: Indischer Ozean
Farbe: dunkelblau bis schwarz
Klasse: Fleischflosser

Quetzal

Der Quetzal ist ein auffallend gefärbter Vogel, der ausschließlich in den Nebelwäldern Mittel- und Südamerikas vorkommt und heute durch die Vernichtung seines Lebensraums stark bedroht ist.

Besonders auffällig ist das Männchen, das oberseits glänzend smaragdgrün gefärbt ist und einen roten Bauch sowie weiße Unterschwanzfedern hat. Während der Fortpflanzungszeit bilden sich bis zu einen Meter lange Oberschwanzfedern, die nach der Brutzeit wieder ausfallen. Der Kopf ist borstig befiedert, die Federn sind zu einer Haube aufstellbar. Das Weibchen trägt keine Haube, sein Bauch ist graubraun, die Unterschwanzfedern sind rot. Die Quetzal leben normalerweise einzeln oder paarweise auf Bäumen, die Früchte tragen, jedoch auch im Trupp. Sie halten sich meist im Kronenbereich der Bäume auf. Von einem Aussichtspunkt aus stoßen sie dann auf Insekten herab. Der Quetzal brütet ein- bis zweimal im Jahr in Baumhöhlen, die er selbst herstellt. Das Weibchen legt jeweils zwei Eier, die von beiden Eltern bebrütet werden.

SCHON GEWUSST?
Der Quetzal wurde von den Azteken und Maya als Gottheit verehrt. Seine Schmuckfedern waren den Herrschern vorbehalten.

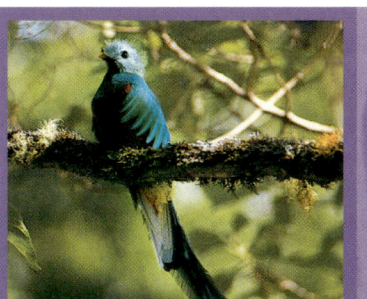

Der Quetzal lebt auf Bäumen, die Früchte tragen.

Größe: 30–35 cm (ohne Schwanzfedern)
Verbreitung: Mittel- und Südamerika
Farbe: smaragdgrün, rot
Familie: Trogone

SCHON GEWUSST?
Der Gesang des Kolkraben klingt plaudernd und schnarrend. Seine Rufe sind sehr verschieden und können zum Beispiel „klong" oder „krok" sein.

Rabe

Umgangssprachlich bezeichnet man alle größeren Rabenvögel als Raben, aber der einzige wirkliche Rabe ist der Kolkrabe. Er ist der größte der Rabenvögel und der größte Singvogel überhaupt.

Der Kolkrabe ist der größte Singvogel.

Von seinen Verwandten, den Krähen, unterscheidet sich der Kolkrabe vor allem durch seinen im Flug keilförmigen Schwanz. Das Gefieder des Kolkraben ist tiefschwarz gefärbt und schimmert blau. Außerdem hat er einen klobigen, schwarzen Schnabel. Anders als die Krähen segelt er häufig und lässt sich von den Kräften der Winde treiben. Der Kolkrabe ist ein Standvogel, zieht also im Winter nicht weg. Sein rundes Nest aus Ästen baut er auf Bäumen oder in Felsnischen. Das Weibchen legt drei bis sechs Eier, die es allein bebrütet. Die Jungvögel werden von beiden Elternteilen gefüttert. Der Kolkrabe ist ein Allesfresser: Er verspeist gerne Getreide und Sämereien, jagt aber auch Mäuse, stiehlt Eier und Jungvögel und frisst auch Aas. Für den kalten Winter versteckt er Futter, wobei er sich nicht gerne beobachten lässt!

Größe: bis 64 cm
Flügelspannweite: 120 cm
Verbreitung: Europa, Nordwestafrika, Asien, Nordamerika
Farbe: schwarz
Familie: Rabenvögel

Rattenkängurus

Die Rattenkängurus sind Beutelsäuger und sehr nah mit den eigentlichen Kängurus verwandt. Man darf sie jedoch nicht mit den Kängururatten verwechseln.

Rattenkängurus haben einen ähnlichen Körperbau wie die eigentlichen Kängurus, sind aber nur ratten- bis kaninchengroß. Die größte Art ist das Rote Rattenkänguru. Der Schwanz ist ziemlich dünn, fast körperlang und zum Teil beschuppt. Die Fellfarbe kann je nach Lebensraum gelblich sandfarben bis grau oder braun sein. Die Tiere leben in den Regenwäldern, im feuchten Dickicht, in den Sümpfen, auch in lichten Wäldern und Parklandschaften Australiens und Tasmaniens. Rattenkängurus sind Einzelgänger und werden nachts munter. Sie bauen Schlafnester aus trockenem Gras und anderem

Pflanzenmaterial, das sie mit dem eingerollten Schwanz transportieren. Rattenkängurus sind – im Gegensatz zu den anderen Kängurus – Alles-fresser und verspeisen, was ihnen vor die Schnauze kommt – Früchte, Samen, Wurzeln, Knollen, Pilze, aber auch Insekten und Würmer.

SCHON GEWUSST?
*Das Moschusrattenkän-
guru ist mit den Ratten-
kängurus nah verwandt,
gehört aber einer
anderen Familie an.*

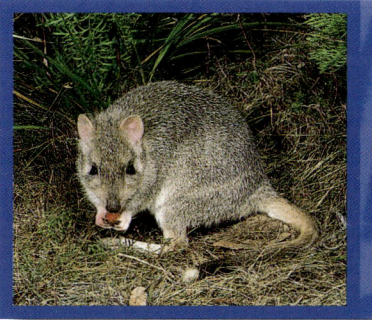

Rattenkängurus sind vor allem nachts aktiv.

**Kopf-Rumpf-Länge: 20–52 cm
Schwanz: 25–40 cm
Verbreitung: Australien,
Tasmanien
Farbe: sandfarben, grau, braun
Familie: Rattenkängurus**

Rauchschwalbe

Die Rauchschwalbe ist ein häufig vorkommender Brut-vogel in Mitteleuropa. Zum Überwintern fliegt sie nach Afrika und legt auf ihren Wan-derungen teilweise über 10.000 Kilometer zurück.

Die Rauchschwalbe ist an der Oberseite glänzend blau-schwarz, an der Unterseite weiß. Stirn, Kinn und Kehle sind rotbraun und zur Brust hin mit einem dunklen Band begrenzt. Charakteristisch ist der tief gegabelte Schwanz. Sie lebt in offenen Landschaf-ten, oft in der Nähe menschli-cher Siedlungen. Rauch-schwalben sind gute und rasante Flieger und fangen In-sekten im Flug oder picken sie auch von der Wasseroberflä-che auf. Sie brüten einzeln oder in kleinen Kolonien in-nerhalb von Gebäuden. Das Nest ist eine unordentliche Schale aus Lehm und Halmen und wird meist dicht unter die Decke geklebt. Das Weib-chen legt zweimal im Jahr je vier bis sechs Eier. Die Jungvögel werden von bei-den Eltern gefüt-tert. Etwa 20 Tage nach dem Schlüpfen verlassen die Kleinen das Nest.

SCHON GEWUSST?
*Die Rauchschwalbe ruft
„witt-witt" oder – bei
Gefahr – „ziwitt-ziwitt".*

Rauchschwalben sind rasante Flieger.

**Größe: 18–22 cm
Verbreitung: Europa, Asien,
Nordafrika, Nordamerika
Farbe: blauschwarz,
rotbraun, weiß
Familie: Schwalben**

Rebhuhn

Das Rebhuhn findet man typischerweise auf Feldern. Doch seit einigen Jahrzehnten sieht man es in Europa immer seltener. Es gilt dort als gefährdet.

Das Rebhuhn hat einen etwas pummeligen Körper mit einem kurzen Hals und kurzen Beinen. Sein Federkleid ist rotbraun bis braun, an der Oberseite gestreift, am Bauch und an der Brust heller. Das Rebhuhn kann zwar fliegen, hält sich aber lieber auf dem Boden auf. Es pickt nach Bee-ren, Körnern und Samen, knabbert aber auch gerne an Kräutern und jungem Getreide. Den Sommer verbringen die Vögel gemeinsam: Ab Herbst bilden mehrere Rebhuhnfamilien Trupps, die sich erst im Frühjahr wieder auflösen. Das Nest ist eine Mulde auf dem Boden, das mit Gras und Blättern ausgelegt wird. Das Weibchen legt zwischen zehn und 20 Eier. Während das Weibchen die Eier ausbrütet, hält das Männchen Wache. Die Jungvögel sind Nestflüchter, das heißt, sie verlassen sofort nach dem Schlüpfen das Nest.

Das Rebhuhn kann zwar fliegen, hält sich aber lieber auf dem Boden auf.

Größe: bis 30 cm
Verbreitung: Europa, westliches Asien
Farbe: blauschwarz, rotbraun, weiß
Familie: Fasanenartige

Regenwürmer

Regenwürmer bilden eine sehr artenreiche Familie und sind weltweit verbreitet. Die bekannteste heimische Art ist der Gemeine Regenwurm oder Tauwurm.

Der Körper des Regenwurms ist in 110 bis 180 Ringe gegliedert. Je älter ein Tier ist, umso mehr Ringe (Segmente) hat es. Am Vorderende befindet sich die Mundöffnung, dann folgen im vorderen Drittel die Geschlechtsorgane, der Gürtel und am Körperende der After. Regenwürmer verbringen den größten Teil ihres Lebens unter der Erde und kommen nur nachts oder bei nassem Wetter heraus. Sie ernähren sich von abgestorbenen Blättern und anderen Pflanzenteilen. Regenwürmer sind Zwitter, das heißt, sie haben männliche und weibliche Ge-

Der Körper des Regenwurms ist in 110 bis 180 Ringe gegliedert.

schlechtsorgane. Bei der Paarung legen sie sich aneinander und werden durch Schleim, den der Gürtel ausscheidet, zusammengehalten. Dabei werden die Samenzellen beider Tiere in die Hauttasche des anderen abgegeben.

Wenn die Eizellen bei beiden Tieren reif sind, sondert der Gürtel eine Schleimhülle mit den Ei- und Samenzellen ab. Dieser Eigürtel wird abgestreift und bildet einen Kokon. Nach drei bis vier Wochen schlüpfen die jungen Würmer.

Regenwürmer sind weltweit verbreitet.

Größe: bis 30 cm
Verbreitung: weltweit
Farbe: rotbraun
Stamm: Ringelwürmer

Reh

Das Reh, auch Europäisches Reh genannt, ist die kleinste und häufigste Hirschart unseres Kontinents und auch in Deutschland sehr verbreitet.

Männliche Rehe (Böcke) tragen ein Geweih, das jedes Jahr im Herbst abgeworfen wird und sofort wieder nachwächst. Das Fell der Rehe ist im Sommer rotbraun, im Winter graubraun. Am Hinterteil befindet sich ein runder weißer Fleck, der „Spiegel". Ihr Lebensraum sind Laub- und Mischwälder mit Buschdickichten und Lichtungen, Flussauen und Sümpfe sowie Parklandschaften. Die überwiegend dämmerungsaktiven Tiere leben im Winter in lockeren Verbänden von drei bis 30 Tieren, im Sommer als Einzelgänger. Die Paarungszeit der Rehe ist im Sommer. Im nächsten Frühjahr bringt das Weibchen (Ricke) meist zwei Junge (Kitze) zur Welt, die in der ersten Lebenswoche in einer Deckung liegen bleiben. Später folgen sie der Mutter. Rehe sind Vegetarier und ernähren sich von Laub, Knospen, Kräutern und Feldfrüchten.

Der Rehbock trägt ein Geweih.

Kopf-Rumpf-Länge: 100–140 cm
Schwanz: 1–2 cm
Verbreitung: Europa, Mittelasien bis China
Farbe: rotbraun
Familie: Hirsche

Rennkuckuck

Der Rennkuckuck hält sich meist am Boden auf und bewegt sich rennend fort – so kam der in Mittelamerika heimische Vogel zu seinem Namen.

Er ist etwas kleiner als sein Cousin, der Wegekuckuck, der in Mexiko und im Südwesten der USA zu Hause ist. Der Rennkuckuck bewohnt Halbwüsten und Grasland und hat ein tarnfarbenes, weiß, braun und schwarz gesprenkeltes Federkleid mit dunkelbraunen Unterschwanzfedern. Die Federhaube kann er aufrichten.

Er hat lange, kräftige Beine. Der Rennkuckuck fliegt ziemlich unbeholfen und flüchtet deshalb bei Gefahr lieber zu Fuß. Er kann Geschwindigkeiten von 30 Kilometern in der Stunde erreichen und bis zu drei Meter hoch springen. Der Rennkuckuck jagt auf dem Boden Insekten, Schlangen und Eidechsen, verspeist aber auch Schnecken, Nagetiere und kleine Vögel. Sein napfförmiges Nest baut er meist in zwei bis fünf Meter Höhe in Büschen, Bäumen oder Kakteen. Die Jungvögel werden von beiden Eltern aufgezogen. Die Paare bleiben ein Leben lang zusammen.

Der Rennkuckuck kann seine Federhaube aufrichten.

Größe: 50–60 cm
Verbreitung: Mittel- und Südamerika
Farbe: weiß, braun, schwarz
Familie: Kuckucke

Rentier

Das Ren oder Rentier ist die einzige Hirschart, bei der Männchen und Weibchen ein Geweih tragen.

Das Geweih des Rentiers ist stangenförmig und weit verzweigt, nur die unterste Sprosse ist schaufelartig verbreitert. Bei den Männchen wird es 50 bis 130 Zentimeter, bei den Weibchen nur 20 bis 50 Zentimeter lang. Rentiere haben sehr breite Hufe und außerdem lange Afterklauen. Dadurch treten sie selbst auf steinigem und schlammigem Boden sicher auf. Rentiere bewohnen offene Tundren, Waldtundren und auch Gebirge bis in 2500 Meter Höhe. Sie leben in Herden mit mehreren

100.000 Tieren und unternehmen sehr große Wanderungen. Während des Winters leben sie in Waldregionen, im Sommer in der baumlosen Tundra. Sie sind hauptsächlich Grasfresser, verspeisen jedoch auch alle anderen Pflanzen, die ihnen vor die Schnauze kommen. Im Winter ernähren sie sich nur von Flechten, Moosen und Pilzen, die sie unter der Schneedecke finden. Das Weibchen bringt nach ungefähr sieben bis acht Monaten Tragezeit meist ein Kalb zur Welt, das sofort laufen kann.

Im Winter ernähren sich Rentiere von Flechten, Moosen und Pilzen.

Kopf-Rumpf-Länge: 120–220 cm
Schwanz: 7–21 cm
Verbreitung: Nordamerika, Europa, Asien
Farbe: grau, braun
Familie: Hirsche

Rhesusaffe

Der Rhesusaffe, eine der bekanntesten Affenarten überhaupt, ist eine Primatenart aus der Familie der Meerkatzenverwandten.

Das Fell des Rhesusaffen ist gelblich braun, am Bauch jedoch etwas heller. Das nackte Gesicht ist rosa oder rötlich gefärbt. Rhesusaffen leben in ihrer asiatischen Heimat am Waldrand und in offenen, trockenen Buschlandschaften, auch in Gebirgswäldern und sogar in Großstädten. Die tagaktiven Tiere halten sich meist am Boden auf, klettern zur Nahrungssuche aber auch auf Bäume. Rhesusaffen leben in Gruppen von 20 bis 100 Tieren, die sich aus vielen Männchen, Weibchen und Jungtieren zusammensetzen. Die Weibchen bleiben gewöhnlich in der Gruppe, in die sie hineingeboren wurden, während die Männchen diese verlassen müssen, wenn sie geschlechtsreif werden. Das Weibchen bringt meist ein Junges zur Welt, das von allen weiblichen Mitgliedern der Gruppe aufgezogen wird. Rhesusaffen ernähren sich vorwiegend von Früchten, Blüten, Samen und Kräutern, aber auch von Insekten, Krabben und Fischen.

Kopf-Rumpf-Länge: 45–65 cm
Schwanz: 20–30 cm
Verbreitung: Asien
Farbe: gelblich braun
Familie: Meerkatzenverwandte

SCHON GEWUSST?

Rhesusaffen, die in der Nähe menschlicher Siedlungen leben, plündern Felder und Gärten und stehlen sogar Lebensmittel von Märkten und aus Häusern.

Eine Rhesusaffenmutter mit ihrem Kind

SCHON GEWUSST?

Riesenskolopender sind sehr wehrhaft und können Menschen angreifen. Ihr Biss ist nicht tödlich, verursacht aber Schmerzen und kann auch Fieber und Schwindelanfälle hervorrufen.

Riesenskolopender

Der Riesenläufer oder -skolopender gehört zu den Hundertfüßern und ist ein tropischer Verwandter des Europäischen Riesenläufers.

Zwei Riesenskolopender

Der Riesenskolopender hat einen braunen bis dunkelbraunen abgeflachten Körper mit einem harten Hautpanzer und trägt 21 oder 23 Beinpaare. Das erste Beinpaar ist zu Kieferfüßen mit dolchförmigen Giftklauen umgeformt. Am Kopf befinden sich lange Antennen. Tagsüber versteckt er sich unter Steinen, nachts geht er auf Nahrungssuche. Um an seine Beute heranzukommen, klettert er sogar auf Bäume. Der Riesenskolopender verspeist am liebsten Insekten, Spinnen und Asseln, greift aber auch kleinere Wirbeltiere wie Eidechsen an, die er mit seinen Giftklauen töten kann. Das Männchen legt ein Samenpaket auf ein vom Weibchen gesponnenes Gewebe ab, das dieses dann aufnimmt. Die Eier werden befruchtet, auf einmal abgelegt und vom Weibchen bewacht und gesäubert. Die geschlüpften Jungen bleiben eine Weile bei ihm.

Größe: bis 25 cm
Verbreitung: Brasilien
Farbe: braun
Klasse: Hundertfüßer

SCHON GEWUSST?

Der Stich der Bremse ist sehr schmerzhaft. Die Stelle blutet nach, da bestimmte Stoffe im Speichel des Insekts die Blutgerinnung hemmen.

Rinderbremse

Die Rinderbremse ist eine Fliegenart, die in Europa vorkommt. Bremsen sind blutsaugende Insekten, die Wirte aller Art, auch Menschen, befallen. Die Hauptwirte sind Huftiere.

Die Rinderbremse hat einen kräftigen bräunlich grauen Körper und ebenfalls bräunlich graue Flügel mit gelbbraunen Adern. Der Kopf ist sehr breit und trägt große, grünlich schillernde Facettenaugen mit schmalen braunen Querstreifen. Wie bei allen Bremsen stoßen die Augen beim Männchen in der Kopfmitte zusammen. Nur die Weibchen haben einen Stechrüssel. Die Rinderbremse lebt bevorzugt auf Weiden und an Waldrändern. Die Männchen saugen an Blüten, die Weibchen am Blut von Rindern, da sie eine Blutmahlzeit für die Entwicklung der Eier brauchen. Die Eier werden in Gewässernähe abgelegt. Die Larven entwickeln sich im feuchten Boden und ernähren sich von Kleinsttieren, die sie in der Erde finden.

Bremsen sind blutsaugende Insekten.

Größe: 10–24 mm
Verbreitung: Europa, Nordasien, Nordwestafrika
Farbe: braungrau
Klasse: Bremsen

Ringelnatter

Die Ringelnatter ist die bei uns am häufigsten vorkommende Schlange. Sie gehört zu den Reptilien und ist ein harmloses Tier.

Ringelnattern sind je nach Unterart sehr unterschiedlich gefärbt und können einen rotbraunen, schiefergrauen oder olivfarbenen Körper mit Längsstreifen oder Flecken haben. Das typische Merkmal, zwei gelbliche bis weiße halbmondförmige Flecke hinter dem Kopf, tragen aber alle Tiere. Ringelnattern mögen Wasser und leben daher an Weihern, Tümpeln, in langsam fließenden Gewässern und auf feuchten Wiesen. Natürlich ist die tagaktive Schlange ein sehr guter Schwimmer und Taucher. Sie verspeist Frösche, Molche, Kröten und Fische, aber auch Eidechsen und Mäuse. Das Weibchen legt bis zu 40 Eier an Baumstümpfen oder in Komposthaufen ab. Nach vier bis acht Wochen schlüpfen die jungen Schlangen. Die kalte Jahreszeit verbringt die Ringelnatter in der sogenannten Winterstarre unter einem Laub- oder Komposthaufen oder in einer Erdhöhle. Spätestens im April erwacht sie wieder.

Ringelnattern sind gute Schwimmer und Taucher.

Größe: 100–120 cm
Verbreitung: Europa, Nordwestafrika, Westasien
Farbe: braun, grau, olivgrün
Klasse: Nattern

SCHON GEWUSST?
Wird die Ringelnatter angegriffen, scheidet sie eine stinkende Flüssigkeit aus einer Drüse am Hinterleib aus. Manchmal stellt sie sich auch tot: Sie dreht sich halb auf den Rücken, wird ganz schlaff und lässt die Zunge aus dem Maul hängen.

WINTERSCHLAF UND TIER-WANDERUNG

Viele Wochen im Jahr ist es im Norden kalt und schnee-bedeckt, in Afrika dagegen wochenlang heiß und trocken. Die Tiere haben im Laufe der Zeit gelernt, sich diesen Be-dingungen anzupassen. Einige wandern einfach dorthin, wo noch Nahrung vorhanden ist. Viele andere verfallen in einen Zustand der Trägheit, der in kalten Gebieten Win-terschlaf oder Winterstarre und in heißen, trockenen Sommer- oder Trockenstarre genannt wird.

Im Winter wird die Nahrung für viele Tiere knapp.

Winterschlaf und Winterstarre

Kalt-blütige Tiere wie Insekten, Amphibien und Reptilien überwintern, ohne dass sich ihr Körper verändert. Sie suchen sich einen Platz, an dem sie vor Feinden sicher sind und die Temperaturen nicht unter den Gefrierpunkt fallen. Wenn es kalt wird, bewegen sie sich so wenig wie möglich, um Energie zu sparen. Sie verfallen in eine sogenannte Winter-starre. Viele kleine Säuge-tierarten wie Fledermäu-se und Nagetiere halten dagegen Winterschlaf. In dieser Zeit verändert sich ihr Körper, damit sie mo-natelang ohne Wasser und Nahrung überleben können. Ihre Körpertem-peratur sinkt, ihr Herz-schlag und ihr Blutkreis-lauf verlangsamen sich und ihre Atmung hört fast ganz auf.

Winterreisen

Viele Tierarten unternehmen lange Reisen, um den Win-ter in wärmeren Gebieten zu verbringen. Manche wandern dabei um die hal-be Erde. Bekannt für ihre langen Reisen sind die Zugvögel. Sie fliegen im Frühjahr in den Norden und im Herbst wieder in den Süden. Das liegt daran, dass sie im Norden mehr Brut- und Nistplätze finden und die Tage dort im Som-mer länger sind. So haben die Tiere mehr Zeit, um Futter für die hungrigen Jungen zu suchen. Zugvö-gel fliegen jedes Jahr den gleichen Weg.

WISSENSWERT!
Manche Jungvögel erlernen die Wanderroute von den Eltern. Andere, zum Beispiel junge Kuckucke, müssen allein fliegen und können sich auf der Suche nach ihrem Winterquartier nur auf ihren Instinkt verlassen.

Um die eiskalten Winter zu überstehen, haben viele Tiere spezielle Techniken entwickelt.

Zugvögel unternehmen lange Reisen.

Futtersuche Nicht nur bei Vögeln, auch bei vielen Säugetiere sind Wanderungen üblich, um neue Nahrungsquellen zu finden. So müssen zum Beispiel viele Tiere in Afrika weiterziehen, wenn das Weideland abgegrast ist. Und auch Rentiere durchqueren in großen Herden friedlich weite Teile Nordamerikas. Nur bei den Lemmingen arten solche Wanderungen immer wieder in Streit aus, weil jedes Tier versucht, sich gegen die anderen durchzusetzen und sich das beste Futter zu sichern.

Fischwanderungen Selbst einige Fische wandern umher. Lachse und Flussaale müssen weite Strecken zurücklegen, weil ihr Geburtsort nicht dort ist, wo sie leben. Doch woher wissen diese Fische, wann sie wohin müssen? Sie orientieren sich am Sonnen- und am Wasserstand sowie an der Temperatur.

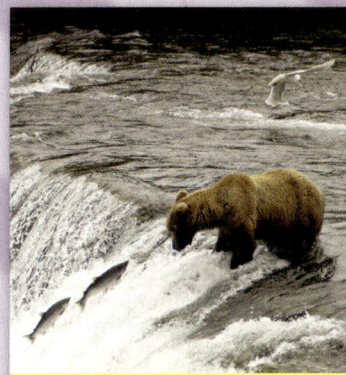

Bären nutzen die Lachswanderungen für sich.

LEBENSRAUM UND NAHRUNG

Jedes Tier hat sich an seinen Lebensraum angepasst und findet dort daher genügend Nahrung. So können Kamele in der Wüste ohne Probleme oft über lange Zeit hinweg ohne Wasser auskommen. Dem Eisbären macht es nichts aus über die kalten Eisschollen zu spazieren, denn er hat dick gepolsterte Tatzen. So ist er gut vor der Kälte geschützt.

Der Löwe frisst hauptsächlich Fleisch.

Die bestangepassten Tiere überleben im Nahrungskampf.

WISSENSWERT!
Die bekanntestens Vertreter der Aasfresser sind mit Sicherheit der Geier und die Hyäne. In der Fachsprache werden sie auch Nekrophagen genannt.

Vegetarier und Fleischfresser
Tiere unterscheiden sich nicht nur durch ihren Körperbau, sondern auch durch ihre Nahrung. Einige Tiere sind Vegetarier. Sie leben nur von Pflanzen und Körnern. Andere sind Fleischfresser und jagen andere Tiere. Dann gibt es noch die Aasfresser, die sich von toten Tieren ernähren. Die Fleischfresser, die ihre Beute selbst jagen, töten und auffressen, nennt man Räuber. Zu den Fleischfressern gehören alle Raubtiere wie Löwe, Tiger und Gepard, aber auch der Bussard und Eulen. Auch unter den Insekten gibt es Räuber, die sich nicht mit Pflanzen zufriedengeben. Tiere, die sowohl pflanzliche Nahrung als auch Fleisch fressen, nennt man Allesfresser.

Nahrungskette
Wenn ein Tier ein anderes frisst und dieses Tier anschließend wieder von einem anderen gefressen wird, ist das eine Nahrungskette. So sucht sich die Maus auf dem Feld ein Weizenkorn. Wenn sie das Korn gefressen hat, lauert ihr plötzlich ein Marder auf und packt sie. Doch auch der Marder muss sich in Acht nehmen, denn in der Luft sucht schon ein Habicht nach Beute. So wird jedes Tier in dieser Kette zur Nahrung des anderen.

Aasfresser
Wenn ein Tier von einem anderen gefressen wird, bleibt meist noch etwas zurück. In der Wüste kommen dann die Geier und machen sich über diesen Rest

Viele Tiere sind Vegetarier und ernähren sich ausschließlich pflanzlich.

her. Auch andere Tiere ernähren sich von toten Tieren und von dem, was andere von ihrer Beute übrig lassen. So sind auch die Überreste toter Tiere für das Überleben einiger Arten wichtig.

Nahrungskonkurrenz
Im täglichen Kampf um Nahrung ist es wichtig, körperlich stark zu sein und sich einen Vorsprung zu verschaffen. Hier ein Beispiel: In einem Eichenwald fressen Maikäfer und verschiedene Schmetterlingsraupen Blätter. Sie alle wollen nur die saftigsten Eichenblätter, doch die werden allmählich knapp. Was ist die Folge? Die Maikäfer können fliegen und suchen sich daher einen anderen Eichenwald. Einigen der Raupen schmecken die Eichenblätter zwar gut, sie können aber zur Not auch von anderen Pflanzen leben. Doch für die Raupen, die ausschließlich nur Eichenblätter fressen, wird die Nahrung bei so viel Konkurrenz immer weniger. Wenn also in diesem Wald nicht genügend Eichenbäume wachsen, müssen einige von ihnen verhungern oder in andere Gebiete weiterziehen.

Geier sind Aasfresser.

TARNUNG

Damit die Tiere beim Jagen oder von ihren Feinden nicht entdeckt werden, müssen sie in ihrer Umgebung fast unsichtbar sein. Damit sie nicht auffallen, hat die Natur ihre Körperfarbe, ihre Körperform oder ihre Zeichnung einfach der Umwelt angepasst. Einige Tiere greifen für ihre Tarnung auf raffinierte Methoden zurück: Sie ahmen einfach gefährliche Tiere nach.

Der Tiger hat sich mit seinen Streifen gut getarnt.

Chamäleons können ihre Körperfarbe ihrer Umgebung anpassen und sich so vor Feinden gut verstecken.

Körperfarbe Die beste Tarnung hat ein Tier, wenn es seine Körperfarbe möglichst genau an die der Umwelt anpasst. Das beste Beispiel ist der Tiger. Mit seinem braun gestreiften Körper kann er fast unerkannt durch das Gras streichen. Andere Tiere sind dagegen in der Lage, ihre Farbe immer wieder zu ändern und der jeweiligen Umgebung anzugleichen. Das Chamä-leon ist das bekannteste Beispiel dafür. Sitzt es auf einem grünen Baum, wird sein Körper grün. Auf einem braunen Untergrund dagegen wird er braun.

Schattierung Eine andere Tarnung ist die Schattierung. Dabei ist der Rücken des Tieres dunkler gefärbt als die Bauchseite. Das von oben kommende Licht lässt die Unterseite dunkler erscheinen, damit wirkt die Farbe insgesamt einheitlich. Solche Tarnungen sind vor allem bei Tieren zu finden, die im Dickicht und Gebüsch leben. Bekannte Beispiele sind der Waschbär, der Dachs oder manche Marderarten. Eine weitere Möglichkeit ist die Schattenauflösung, wie man sie von Zebras und Pandabären kennt. Das schwarz-weiße Muster ist aus der Nähe sehr auffällig. Versuche haben jedoch gezeigt, dass Räuber diese Beutetiere sehr schwer erkennen. Ei-

WISSENSWERT!
Der Begriff Mimikry stammt aus dem Englischen und bedeutet übersetzt „Nachahmung" oder „Mimen".

Zebras nutzen die Schattenauflösung zur Tarnung. Trotz des auffälligen Musters können Feinde sie nur schwer erkennen.

nige Fische haben Hautanhänge, die aussehen wie Seetang. Feinde können sie so nicht mehr vom Meeresboden unterscheiden.

Maskierung Diese Form der Tarnung kommt besonders bei Krebsen und Insekten vor. Sie bedecken sich zum Beispiel mit Materialien aus der Umgebung und haben sogar ihre Körperform der Umwelt angepasst. Ein Beispiel ist das Wandelnde Blatt. Dieses Insekt sieht tatsächlich aus wie ein Blatt. Dadurch, dass es sich auch noch langsam bewegt, ist es für die Feinde fast nicht zu erkennen.

Nachahmung oder Mimikry
Viele Tiere schützen sich, indem sie gefährliche Tiere nachahmen. Sie passen sich in ihrer Form und in ihrer Farbe ganz diesen Tieren an und schrecken so ihre Feinde ab. Wespen und manche Amphibien tragen auffällige Muster und Farben, um Räuber vor ihren wehrhaften Giftstacheln oder giftigen Körpersekreten zu warnen. Andere Tiere täuschen dann ihre Gefährlichkeit nur vor, indem sie bei Bedrohung die auffälligen Farben und Muster zeigen, die der Feind von echten giftigen Tieren kennt.

Der Waschbär tarnt sich mithilfe der Schattierung.

Die Schwebfliege täuscht Gefährlichkeit vor.

VERTEIDIGUNG UND FLUCHT

Schnelle Tiere können vor ihrem Feind weglaufen. Langsame Tiere dagegen müssen sich andere Möglichkeiten ausdenken, um vor Räubern geschützt zu sein. Normalerweise flieht das kleinere Tier vor dem größeren, außer es hat eine sehr gute Tarnung oder einen guten Abwehrmechanismus. Stacheln, ein dicker Panzer oder Gift sind nur einige der Möglichkeiten.

Antilopen entkommen durch ihre Schnelligkeit.

Igel rollen sich bei Gefahr zu einer Kugel zusammen.

Flucht Einige Tiere besitzen weder gefährliche Stacheln noch tragen sie einen dicken Panzer. Sie können ihrem Feind nur durch ihre Schnelligkeit entkommen. Wird ein Gepard auf der Jagd sehr früh von einer Antilope entdeckt, kann ihm diese leicht davonlaufen. Die Antilope kann zwar nicht schnell laufen, hat dafür aber mehr Ausdauer. Der Gepard ist dagegen sehr schnell, ihm geht aber schon nach kurzer Zeit die Puste aus. Ein sehr gutes Mittel dem Feind zu entkommen, ist auch das Hakenschlagen bei den Hasen.

Zusammenrollen

Die Kellerassel, das Gürteltier und der Igel rollen sich bei Gefahr zu einer Kugel zusammen. Die feste oder stachelige Kugel ist für den Angreifer nicht zu knacken. Zwar kann sich die Schildkröte nicht zu einem Ball formen, aber sie hat einen dicken Panzer. Bei Gefahr zieht sie einfach Kopf und Beine darunter und wartet, bis der Feind wieder weg ist.

WISSENSWERT!
Sicherlich bist du auch schon einmal von einer Wespe gestochen worden. Doch sei nicht wütend: Mit Sicherheit wollte sich das Tier nur verteidigen und hatte selbst große Angst.

Schildkröten schützen sich durch dicke Panzer, in die sie sich bei Gefahr zurückziehen können.

Gefährlich wirken

Viele Tiere können sich aufblasen oder Körperteile aufstellen, um größer zu wirken. Der Igelfisch pumpt sich bei Gefahr einfach auf und versucht seine Feinde so zu erschrecken. Die Kragenechse dagegen stellt ihre Halskrause auf, um einen bedrohlichen Eindruck zu machen.

Totstellen und andere Tricks

Um sich vor Feinden zu schützen, lassen sich Tiere viele Tricks einfallen. Manche wie das Opossum stellen sich einfach tot, wenn ihnen Gefahr droht. Wenn der Feind wieder weg ist, springen sie auf und laufen einfach davon. Andere Tiere wie die Eidechse werfen ein Stück Schwanz ab. Der Angreifer stürzt sich auf das abgeworfene Stückchen und die Echse kann schnell weglaufen.

Gegenangriff

Eine riskante Form der Verteidigung ist der Gegenangriff. Allerdings ist diese Taktik für kleine Tiere sehr gefährlich. Nur große Tiere wie das Wildschwein können sich bei Gefahr mit ihren scharfen Zähnen gut gegen Angreifer zur Wehr setzen.

Der Igelfisch kann sich zur Abwehr aufblasen.

Wildschweine gehen bei Gefahr oft zum Gegenangriff über.

TIERKINDER

Jungtiere brauchen viel Schutz und Pflege. Ihre Eltern müssen sie vor Feinden beschützen und Futter besorgen. Viele Eltern kümmern sich so lange um ihre Jungen, bis sie selbstständig sind. Andere wiederum überlassen ihre Brut ganz sich selbst. Einige Tiere, wie der Sperling, ziehen jedes Jahr eine Menge Nachkommen groß. Die Elefantenkuh dagegen bringt in der Regel nur alle fünf Jahre ein Junges zur Welt.

Die Tiereltern beschützen ihre Kinder.

Tierkinder lernen vor allem von ihren Eltern. Von ihnen schauen sie sich die besten Tricks ab.

Fortpflanzung Bei vielen Tierarten legen die Weibchen nach der Befruchtung ein Ei. Bei den Vögeln wird es ausgebrütet, bei den Schildkröten im warmen Sand eingegraben. Wenn das Küken oder das junge Tier im Ei gewachsen ist, schlüpft es aus. Bei fast allen Säugetieren wachsen die Nachkommen dagegen im Bauch der Mutter heran. Einige Tiere, wie die Laus, können sich sogar ohne Partner vermehren.

Schutzfürsorge Die Eltern schützen ihre Brut, indem sie die Eier an geschützten Stellen oder in Verstecken ablegen. Viele Insekten setzen ihre Eier nicht einfach nur auf einem Blatt ab, sondern versenken sie. Damit die Nachkommen nach dem Schlüpfen gleich Nahrung finden, werden die Eier direkt im oder am Fressen abgelegt. Der Pillendreher schafft zum Beispiel seine kunstvoll gedrehten Dungkugeln in die Bruthöhle. So finden die Larven sofort Nahrung.

Brutfürsorge Bei vielen Tieren beschützen die Eltern ihre Jungen. Sie sorgen für Futter und blei-

WISSENSWERT!
Bei Zebras muss das Neugeborene sofort nach der Geburt laufen lernen, damit es der Herde folgen kann. Bei Gefahr schützen die erwachsenen Tiere ihren Nachwuchs und verteidigen ihn gegen Angreifer.

Aus Vogeleiern schlüpfen kleine Küken, die dann von den Eltern versorgt werden.

ben in ihrer Nähe, um sie vor Feinden zu schützen. Dies kommt vor allem bei Säugetieren, Vögeln und einigen Fischen vor. Aber auch viele Spinnen umsorgen ihren Nachwuchs, bis er selbstständig ist. Enten und Schwäne tragen ihre Nachkommen beispielsweise auf dem Rücken, bis die Jungen selbst schwimmen können. Der Grund für diese Fürsorge ist einfach. Viele dieser Tiere bringen nur ein einziges Jungtier zur Welt. Deshalb müssen sich die Eltern besonders intensiv um ihren Nachwuchs kümmern, damit ihm nichts passiert.

Lernen Die Jungen müssen in ihrer Kindheit viel lernen. Sie müssen Artgenossen erkennen oder, wie beispielsweise der Eisvogel, das Fischen üben. Fast alles schauen sie sich dabei von ihren Eltern ab. Oft wird die Brut oder das Jungtier von den Eltern nur bewacht. Meist macht das nur ein Elternteil. Das muss nicht immer die Mutter sein. Bei vielen Tierarten übernimmt auch der Vater diese Rolle wie beim Seepferdchen oder beim Pinguin. In den meisten Fällen kümmern sich aber beide Eltern um den Nachwuchs.

Bei den Pinguinen kümmert sich der Vater um den Nachwuchs.

Ringelrobbe

Die Ringelrobbe ist die am häufigsten in der Arktis vorkommende Robbenart. Sie bewohnt das Nordpolarmeer, aber auch den nördlichen Bereich der Ostsee.

Die Ringelrobbe erhielt ihren Namen aufgrund der hellen Ringe auf ihrem dunkelgrauen Rücken. Sie hat sehr gute Augen und kann ausgezeichnet hören und riechen. Ringelrobben sind Einzelgänger. Sie bilden keine Kolonien, nur gelegentlich ziehen sie in lockeren Ansammlungen durchs Meer. Sie ruhen gern auf Eisschollen und gehen selten an Land. Sie legen sich im Eis eine Reihe von Atemlöchern an, die sie durch ständige Benutzung so lange wie möglich offen halten. Ringelrobben ernähren sich hauptsächlich von Krebstieren, kleinen Fischen und Weichtieren, die sie während ihrer Tauchgänge fangen. Dabei können sie bis zu 300 Meter tief tauchen und bis zu 20 Minuten unter Wasser bleiben. Das Weibchen bringt jeweils ein weiß behaartes Junges zur Welt.

Ringelrobben gehen selten an Land.

Kopf-Rumpf-Länge: bis 140 cm
Verbreitung: Nordpolarmeer, nördliche Ostsee
Farbe: dunkelgrau
Familie: Hundsrobben

Die Ringeltaube ist an dem weißen Halsfleck leicht zu erkennen.

Ringeltaube

Die Ringeltaube ist die häufigste und größte heimische Wildtaube. Sie hat sich stark an ein Leben in den Städten angepasst.

Die Ringeltaube ist bei uns Menschen nicht sehr beliebt, da sie frische Saaten in unseren Gärten und Feldern plündert und außerdem überall ihren Kot hinterlässt. An dem weißen Flügelfeld und dem weißen Halsfleck ist die Ringeltaube leicht zu erkennen. Die Ober- und Unterseite des Gefieders ist blaugrau, die Brust rötlich, die Handschwingen dunkelgrau. Außerhalb der Brutzeit sieht man die Ringeltaube oft in großen Schwärmen auf abgeernteten Getreidefeldern. Zur Brutzeit lebt sie paarweise. Das Nest besteht aus lockerem Reisig.

Das Weibchen legt zwei- bis dreimal im Jahr jeweils zwei Eier. Die Jungen können bereits nach einem Monat fliegen. Ringeltauben sind Pflanzenfresser und ernähren sich von Kräuter-, Gräser- und Baumsamen, grünen Pflanzenteilen sowie von Beeren und Obst.

Die Ringeltaube ist die größte heimische Wildtaube.

Größe: etwa 40 cm
Verbreitung: Europa, Nordwestafrika, westliches Asien
Farbe: blaugrau
Familie: Tauben

Rochen

Rochen sind neben den Haien und Seekatzen die einzigen Knorpelfische. Es gibt etwa 340 Rochenarten, die sich in fünf Unterordnungen einordnen lassen.

Diese Unterordnungen heißen Sägerochen, Geigenrochen, Elektrische Rochen (zum Beispiel Zitterrochen), Echte Rochen und Stachelrochenartige (zum Beispiel Adlerrochen). Alle Rochen haben einen stark abgeplatteten Körper und große Brustflossen, die mit dem Kopf verwachsen sind. Der Mund, die Nasenlöcher und die Kiemenspalten befinden sich auf der abgeflachten Unterseite, die meist heller ist als die Oberseite. Die Farbe der Oberseite ist dem jeweiligen Lebensraum angepasst und kann von sandfarben gesprenkelt bis schwarz sein. Der Schwanz ist meist peitschenartig verlängert. Die zwei Rückenflossen liegen meist auf dem langen Schwanzstiel. Eine Afterflosse fehlt. Die meisten Rochen sind Meeresfische, doch es gibt auch einige Süßwasserarten. Bis auf die Mantas sind sie Bodenfische, die in allen Meeren vorkommen. Rochen schwimmen durch Wellenbewegungen ihrer flügelähnlichen Brustflossen. Die meisten von ihnen ernähren sich von Muscheln, Krebsen und Stacheltieren. Die Echten Rochen legen Eier, alle anderen Arten bringen lebende Junge zur Welt, die noch im Mutterleib aus den Eiern schlüpfen.

Ein Blaupunktrochen

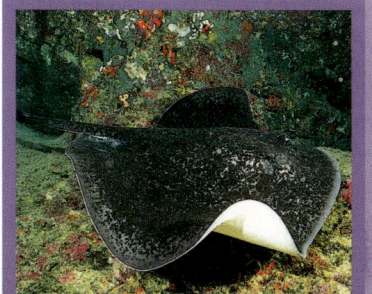

Rochen gehören zu den Knorpelfischen.

Länge: 50–550 cm
Breite: 30–670 cm
Verbreitung: weltweite Küstengewässer
Farbe: sandfarben, braun, grau, schwarz
Klasse: Knorpelfische

Rotfeuerfisch

Mit seinem bunt gestreiften Körper und den großen fächerförmigen Flossen gehört der Rotfeuerfisch zu den auffallendsten Meeresbewohnern.

Er lebt im Indischen und Pazifischen Ozean zwischen Malaysia und Japan. In seiner Heimat wird er auch „Blume des Meeres" genannt. Der Körper und die Flossen des Rotfeuerfischs sind leuchtend rot, rotbraun, weiß oder beige gestreift. Das Maul und die Augen sind sehr groß. Die Stacheln auf dem Rücken sind giftig und können auch Menschen gefährlich werden. Der Rotfeuerfisch lebt in Korallenriffen und felsigen Küstengebieten. Er ist nachts aktiv und geht auf Jagd nach Fischen und Krebsen, die er mit seinen Brustflossen zusammentreibt und dann blitzschnell einsaugt. Am Tag versteckt er sich zwischen den Felsen. Das Weibchen legt bis zu 10.000 Eier in hohle Schläuche aus Schleim, die sich mit Wasser füllen und vom Männchen besamt werden. Die Eier treiben dann einzeln im Wasser. Kurz darauf schlüpfen die Larven.

Der Rotfeuerfisch wird auch Blume des Meeres genannt.

Größe: bis 35 cm
Verbreitung: Indischer und Pazifischer Ozean
Farbe: rot, rotbraun, weiß
Familie: Skorpionfische (auch Drachenköpfe genannt)

Rotgesichtsmakak

Der Rotgesichtsmakak trägt seinen Namen aufgrund seines unbehaarten, rosafarbenen oder rötlich gefärbten Gesichts. Da er in Japan heimisch ist, wird er auch Japanmakak genannt.

Die Fellfarbe der Rotgesichtsmakaken kann braun oder grau sein. Neben dem Gesicht ist auch das Hinterteil unbehaart und bei erwachsenen Tieren rot gefärbt. Die Tiere leben in Wäldern von der Küstenregion bis ins Hochland. Sie sind tagaktiv und halten sich sowohl am Boden als auch auf den Bäumen auf. Rotgesichtsmakaken leben in Gruppen von rund 40 Tieren, die aus mehreren Männchen, Weibchen und Jungtieren bestehen. Das Weibchen bringt alle zwei bis drei Jahre ein Junges zur Welt, das sich zunächst an den Bauch der Mutter klammert und später auf ihrem Rücken reitet. Rotgesichtsmakaken sind Allesfresser, mögen aber lieber pflanzliche Kost wie Früchte, Nüsse, Pilze und Blätter. Gelegentlich fangen sie auch Insekten und Fische.

Der Rotgesichtsmakak ist in Japan heimisch.

Kopf-Rumpf-Länge: 50 cm
Schwanz: 8–9 cm (Stummelschwanz)
Verbreitung: Japan
Farbe: braun, grau, rot
Familie: Meerkatzenverwandte

Rotkehlchen

Das Rotkehlchen gehört zu den beliebtesten Vögeln unserer Heimat. Charakteristisch ist seine Gestalt, die orangefarbene Brust und Kehle sowie sein schöner und vielseitiger Gesang.

In Mitteleuropa ist es ein häufig anzutreffender Vogel. Die Oberseite und Flügel des Rotkehlchens sind graubraun, der Bauch und Unterschwanz weißlich. Es lebt in Wäldern, Parks und Gärten und ist ein Stand- und Zugvogel. Sein Überwinterungsgebiet liegt im Mittelmeerraum. Das Rotkehlchen ist ein tag- und dämmerungsaktiver Vogel. Die Nacht verbringt es versteckt im dichten Gebüsch. Es ernährt sich von Insekten und deren Larven, Spinnen, Würmern, im Herbst auch von Beeren. Das napfförmige Nest aus Halmen, Blättern und Moos wird meist am Boden in einer Nische oder Halbhöhle gebaut und ist gut versteckt. Das Weibchen legt vier bis sieben Eier, die es allein ausbrütet. Die Jungvögel werden vom Vater gefüttert, während das Weibchen bei ihnen im Nest wacht. Nach etwa drei Wochen sind die kleinen Rotkelchen selbstständig und fliegen davon.

Das Rotkehlchen hat eine orangerote Brust.

Größe: 14 cm
Flügelspannweite: 20–22 cm
Verbreitung: Europa, Nordafrika, Asien
Farbe: rot, rotbraun, weiß
Familie: Fliegenschnäpper

Rotmilane bauen ihre Nester hoch oben in den Bäumen.

Rotmilan

Der Rotmilan, auch Gabel-weihe genannt, gehört zu den bekanntesten Greifvögeln, weil er oft in der Nähe von Siedlungen lebt.

Der Rotmilan hat lange, schmale Flügel und ein rost-farbenes Gefieder. Die Flügel-spitzen sind schwarz, die Un-terseiten der Flügel haben einen großen, hellen Fleck. Der Kopf ist hellgrau oder grau-weiß. Der Schwanz ist tief ge-gabelt. Der Rotmilan wohnt in hügeligen Waldlandschaften und an Waldrändern in der Nähe von Feldern oder Sied-lungen. Im Sommer lebt er paarweise, im Winter oft in größeren Gruppen. Der ge-schickte Flieger legt bei der Beutesuche Strecken von bis zu zwölf Kilometern zurück. Auf der Speisekarte stehen kleine Säugetiere wie Mäuse und Feldhamster, aber auch Vögel, Frösche, Reptilien, Fi-sche, Insekten und Aas. Rotmi-lane bauen ihre Nester hoch oben in den Bäumen und legen sie mit Stroh, Papier- und Stofffetzen und sogar mit Plas-tiktüten aus. Das Weibchen legt zwei bis vier Eier, die von beiden Eltern bebrütet werden.

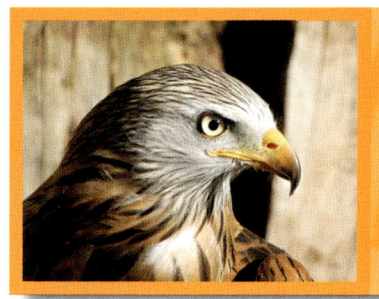

Der Rotmilan lebt oft in der Nähe von Siedlungen.

Größe: 60–65 cm
Flügelspannweite: 150–170 cm
Verbreitung: Europa, Nordafrika, Vorderasien
Farbe: rotbraun, hellgrau
Familie: Habichtartige

Rotschenke

Der Rotschenkel ist bei uns einer der bekanntesten und häufigsten Watvögel an der Küste. Er bewohnt auch Moore, Tümpel und Feucht-wiesen.

Sein Federkleid ist an der Oberseite graubraun und dun-kel gefleckt, an der Unterseite weißlich. Die Brust ist gestri-chelt. Auf dem Schwanz hat er eine schwarz-weiße Querbän-derung. Der schlanke Schna-bel ist an der Spitze schwarz, an der Basis rot gefärbt. Der Rotschenkel hat auffallend rote Beine, die ihm seinen Namen eingebracht haben. Er ver-speist gerne Insekten und de-ren Larven, Würmer, Schne-cken und Muscheln, kleine Krebse, aber auch kleine Am-phibien. Nach ihnen stochert er mit seinem Schnabel im fla-chen Wasser. Das Nest des

Rotschenkels ist eine flache Bodenmulde, die im dichten Pflanzenbewuchs gut versteckt liegt. Das Weibchen legt durchschnittlich vier Eier, die von beiden Elternteilen bebrütet werden. Die Jungen sind Nestflüchter und fangen schon nach drei Wochen mit den ersten Flugübungen an.

SCHON GEWUSST?
Der Rotschenkel ist ein bedrohter Vogel und steht auf der Roten Liste gefährdeter Arten.

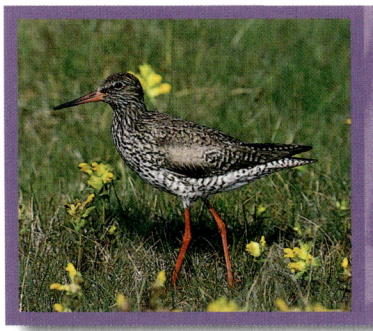

Der Rotschenkel bewohnt Küsten, aber auch Moore und Tümpel.

Größe: bis 30 cm
Flügelspannweite: bis 65 cm
Verbreitung: Europa, Zentralasien
Familie: Schnepfenvögel

Rückenschwimmer

Der Rückenschwimmer ist eine Wasserwanze und trägt seinen Namen, weil er mit dem Rücken nach unten schwimmt.

Der Grund dafür ist, dass der Hinterleib auf der Bauchseite mit Luftkammern für die Atmung versehen ist. Der schnelle Schwimmer hat einen gewölbten, hell gefärbten Rücken, einen flachen, dunklen Bauch und kräftige, lange Ruderbeine. Der Rückenschwimmer hat gut entwickelte Flügel und fliegt auch, wenn die Flügel trocken sind, um neue Wasserstellen aufzusuchen. Er lebt an Tümpeln, Teichen und dicht bewachsenen Seeufern. Sein Leibgericht sind Insekten, die im Wasser und an dessen Oberfläche leben. Der Rückenschwimmer packt die Beute mit den Vorder- und Mittelbeinen, sticht sie an und spritzt eine giftige Flüssigkeit ein. Den verflüssigten Brei saugt er dann auf. Das Weibchen legt mithilfe seiner Legeröhre bis zu 200 Eier einzeln ab, die es an Wasserpflanzen festheftet. Nach fünfmaligem Häuten schlüpft das ausgewachsene Insekt und überwintert.

SCHON GEWUSST?
Der Stich des Rückenschwimmers kann für Menschen sehr schmerzhaft sein. Man nennt ihn deshalb auch „Wasserbiene".

Der Rückenschwimmer ist eine Wasserwanze.

Größe: 13–18 mm
Verbreitung: Europa
Farbe: hellbraun
Familie: Wanzen

Sardelle

Sardellen sind eine Familie der Heringsartigen. Die kleinen Fische leben in großen Schwärmen in den gemäßigten und tropischen Meeren.

Die Europäische Sardelle ist eine Verwandte des Herings und kommt im Atlantik, einschließlich der Nordsee, sowie im Mittelmeer und im Schwarzen Meer vor. Die Europäische Sardelle hat einen schlanken, lang gestreckten Körper, der am Rücken blaugrün, an den Seiten und am Bauch silbrig glänzend ist. Die Rücken- und Afterflosse haben weiche Strahlen, die Schwanzflosse ist tief gegabelt. Die großen Schwärme halten sich in geringen Wassertiefen auf, wo sie reichlich tierisches Plankton finden, von dem sie sich ernähren. Im Sommer wandern die Fische nach Norden, im Winter kehren sie in südlichere Gebiete zurück. Zum Laichen suchen Sardinen oft Flussmündungen oder Lagunen auf. Die Weibchen legen bis zu 20.000 ovale Eier, die sie in Portionen absetzen. Nach zwei bis vier Tagen schlüpfen daraus die Fischlarven.

Die Sardelle hat einen schlanken Körper, der silbrig glänzt.

Größe: bis 20 cm
Verbreitung: Atlantik, Mittelmeer, Schwarzes Meer
Farbe: blaugrün, silbrig
Ordnung: Heringsartige

Schaben

Schaben sind eine Ordnung der Insekten mit etwa 4000 bekannten Arten. Die meisten von ihnen sind in Südamerika beheimatet. In Europa kommen nur zehn Arten vor.

Die bekanntesten Arten in Mitteleuropa, zu denen die Küchenschabe oder Kakerlake, die Deutsche und die Amerikanische Schabe zählen, stammen ursprünglich aus tropischen Gebieten. Die Schaben haben einen abgeplatteten Körper und einen großen scheibenförmigen Halsschild. Sie besitzen beißend-kauende Mundwerkzeuge und lange, fadenförmige Fühler. Schaben haben Flügel, die jedoch meist nicht gut ausgebildet oder verkümmert sind. Weil ihre Laufbeine sehr gut entwickelt sind, flüchten sie bei Gefahr lieber zu Fuß. Die meist wärme- und dunkelheitsliebenden Tiere sind Allesfresser. Sie ernähren sich von pflanzlichen und tierischen Stoffen, aber auch von Abfall. Die Weibchen locken die Männchen mit bestimmten Duftstoffen an. Nach der Paarung werden sogenannte Eipakete abgelegt, die das Weibchen in einer besonderen Tasche mit sich herumträgt. Die Entwicklung zum Vollinsekt kann je nach Art sogar über zwei Jahre dauern.

SCHON GEWUSST?

Schaben können viele Krankheitskeime übertragen und werden bei uns als Gesundheitsschädlinge angesehen.

Eine Amerikanische Großschabe

Größe: 0,5–10 cm
Verbreitung: Mitteleuropa, tropische und subtropische Gebiete
Farbe: hellbraun, rotbraun, dunkelbraun, schwarz
Ordnung: Schaben

Schakale

Schakale sind kleine Wildhunde, die eine wolfsähnliche Gestalt haben. Zu ihnen zählen drei in der Alten Welt heimische Arten.

Diese sind der Goldschakal (Nord- und Ostafrika, Südosteuropa, Asien), der Schabrackenschakal (Ost- und Südafrika) und der Streifenschakal (tropisches Afrika). Die tag- und nachtaktiven Tiere leben in kleinen Familiengruppen aus einem Elternpaar und Nachkommen unterschiedlichen Alters. Die Paare bleiben jahrelang zusammen. Schakale jagen einzeln oder in der Gruppe. Sie haben wie unsere Haushunde viele Ausdrucks- und Verhaltensweisen. Das Weibchen bringt jeweils drei bis sechs blinde Junge mit wollig grauem Fell zur Welt. Die Kleinen werden in einer Erdhöhle von beiden Elternteilen fürsorglich aufgezogen. Schakale ernähren sich hauptsächlich von Mäusen und anderen kleinen Säugetieren, Reptilien, Insekten sowie Aas, mögen aber auch Beeren.

SCHON GEWUSST?

Schakale gelten als die „Gesundheitspolizei" der Steppen Afrikas und Asiens, weil sie auch Aas fressen. In der nordamerikanischen Prärie übernimmt der Kojote, der ebenfalls zur Familie der Hunde gehört, ihre Rolle.

Ein Schabrackenschakal

Kopf-Rumpf-Länge: 65–95 cm
Schwanz: 20–35 cm
Verbreitung: Südosteuropa, Afrika, Asien
Farbe: bräunlich grau, rostrot, goldgelb, grau
Familie: Hunde

Schiffsbohrmuschel

Die Schiffsbohrmuschel wird auch Schiffsbohrwurm genannt, obwohl es sich bei ihr nicht um einen Wurm, sondern um eine Muschel handelt.

Doch der Körper der Schiffsbohrmuschel ist wurmartig verlängert und trägt zwei Atemanhänge (Siphone). Die Schalenklappen sind zu winzigen Bohrplatten am Kopfende zurückgebildet. Sie dienen nur zum Bohren in das Holz von Schiffswänden, Pfahlbauten oder Hafenanlagen. Die Schiffsbohrmuschel lebt in großen Kolonien und bohrt bis zu 45 Zentimeter lange Gänge. Die Muscheln leben in diesen Gängen, aus denen die Siphone herausragen. Bei Gefahr werden sie jedoch blitzschnell eingezogen. Die Schiffsbohrmuschel ernährt sich von bestimmten Bestandteilen des abgeraspelten Holzes. Sie ist ein Zwitter und kann mehrmals das Geschlecht wechseln. Jährlich werden eine bis fünf Millionen Eier abgelegt. Die Larven setzen sich an einem Stück Holz fest, fangen an zu bohren und werden im Holz zum erwachsenen Tier.

Die Schiffsbohrmuschel wird oft auch Schiffsbohrwurm genannt.

Größe: 20 cm
Verbreitung: Mittelmeer, Atlantik, Nord- und Ostsee
Farbe: rötlich
Überfamilie: Bohrmuscheln

Schildkröten

Schildkröten sind eine Ordnung der Reptilien und bevölkern die Erde seit mehr als 250 Millionen Jahren. Es gibt über 300 bekannte Arten.

Von ihnen haben sich manche an ein Leben an Land angepasst, während andere den Lebensraum Wasser eroberten. Das gemeinsame Körpermerkmal ist der knöcherne Panzer, der Teil des Skeletts ist. Bei den meisten Arten befinden sich auf dem Panzer Hornschilder. Bei einigen Arten – den Lederschildkröten – ist er mit einer lederartigen Haut bedeckt. Meistens ist der Panzer so geräumig, dass Kopf, Beine und Schwanz in ihn zurückgezogen werden können. Schildkröten können sehr gut sehen und riechen, aber eher mittelmäßig hören. Sie sind Allesfresser, bevorzugen aber je nach Art pflanzliche oder tierische Kost. Sie verspeisen alles – von Wiesenpflanzen, Früchten und Algen über Insekten, Würmer, Fische und Quallen bis hin zu Aas und Säugetierkot – sind also nicht gerade wählerisch! Alle Schildkröten legen Eier, die sie auf dem Land im Sand oder im lockeren Erdboden vergraben und durch die Bodenwärme ausbrüten lassen.

Eine Schmuckschildkröte beim Sonnenbad

Größe: 10–250 cm (Panzerlänge)
Verbreitung: weltweit, außer Polargebiete
Farbe: verschieden
Klasse: Reptilien

Schimpansen

Der Schimpanse gehört zu den Menschenaffen. Er steht dem Menschen verwandtschaftlich näher als die anderen Menschenaffen.

Es gibt zwei Arten, den Gemeinen Schimpansen und den Bonobo oder Zwergschimpansen. Die aufrecht stehenden Schimpansen werden einen bis 1,7 Meter hoch. Der Körper ist mit einem dunklen Fell bedeckt. Das Gesicht ist unbehaart und bei erwachsenen Tieren dunkelgrau oder schwarz gefärbt. Schimpansen bewohnen Regenwälder und Baumsavannen sowie das Bergland bis in 3000 Meter Höhe. Sie sind tagaktiv und leben auf Bäumen und am Boden. Für die Nachtruhe wird ein Baumnest aus Zweigen und Laub gebaut. Schimpansen leben gesellig in einzelnen Familien und haben ein ausgeprägtes Sozialverhalten; starke, ältere Männchen führen und verteidigen die ganze Gruppe. Das Weibchen bringt nach sieben bis acht Monaten meist ein Junges zur Welt, das sich zunächst im Fell der Mutter festklammert und später auf ihrem Rücken reitet. Schimpansen sind Allesfresser, ernähren sich aber hauptsächlich von Früchten, Blättern, Samen, Insekten und Vogeleiern.

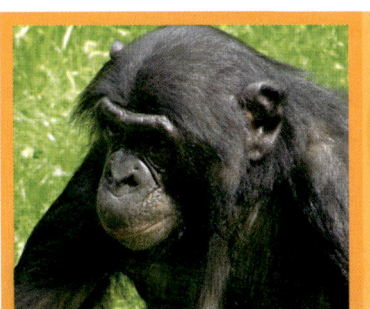

Der Schimpanse gehört zu den Menschenaffen.

Kopf-Rumpf-Länge: 65–95 cm
Verbreitung: Afrika
Farbe: braun, schwarz
Familie: Menschenaffen

Schlammfisch

Der Schlammfisch oder Kahlhecht ist ein urtümlicher Fisch, der im östlichen Nordamerika vorkommt und in langsam fließenden Gewässern mit dichtem Pflanzenwuchs lebt.

Der lang gestreckte Körper ist hechtähnlich, braungrün und dunkler marmoriert. Die lange Rückenflosse ist stachellos. Am Ansatz der Schwanzflosse befindet sich ein dunkler Fleck, der beim Männchen gelb umrandet ist. Der Kopf ist mit schweren Schuppen gepanzert. Der überwiegend nachtaktive Schlammfisch lebt in kleineren Gruppen. Als Räuber ernährt er sich von Fischen, Fröschen, Krebsen und Wasserinsekten. Das Männchen baut am Gewässergrund ein rundes Nest aus Pflanzenteilen und Kies. Das Weibchen legt darauf die Eier ab, die das Männchen etwa eine Woche lang bewacht, bis die Jungen schlüpfen.

Der Schlammfisch heißt auch Kahlhecht.

Größe: 45–100 cm
Verbreitung: östliches Nordamerika
Farbe: braungrün
Familie: Schlammfische

Schlammspringer

Ein Schlammspringer ist ein seltsames Tier. Ist er ein Fisch oder ein Lurch, lebt er im Wasser oder an Land?

Schlammspringer sind Fische, können aber beide Lebensräume nutzen: Sie krabbeln bei Ebbe übers Land und klettern sogar auf Bäume! Sie gehören zu den Grundeln und haben auch deren typische Gestalt. Der Körper wird nach hinten schlanker. Hoch an dem dicken Kopf stehen vorquellende Augen ähnlich wie bei einem Frosch. Die Brustflossen sind verdickt und werden zum Vorwärtskriechen über den schlammigen Grund benutzt. Schlammspringer atmen durch Kiemen mit einer dünnen Kiemenspalte. An Land schnappen sie mit dem Maul nach Luft. Dabei wird die Kiemenspalte verschlossen, um zu verhindern, dass die Kiemen austrocknen. Schlammspringer leben im schlammigen Watt und in

Mangrovensümpfen, wo sie nach kleinen Krebstieren und Würmern suchen. Sie graben Höhlen mit mehreren Ausgängen. Die Weibchen legen darin ihre Eier ab und bewachen sie, bis die Larven schlüpfen und zu jungen Schlammspringern herangewachsen sind.

Schlammspringer krabbeln bei Ebbe übers Land.

Größe: bis 25 cm
Verbreitung: Küsten Afrikas und Asiens
Farbe: sandfarben, bräunlich
Familie: Grundeln

Schleiereule

Die Schleiereule ist eine besonders schöne Eule und verdankt ihren Namen der herzförmigen, weißen Zeichnung im Gesicht, dem sogenannten Gesichtsschleier.

Das Federkleid der Schleiereule ist am Rücken rostgelb und grau gezeichnet, an der Unterseite je nach Unterart von fast weiß über rostgelb bis rostbraun gefärbt und mit feinen, dunklen Punkten geschmückt. Der Schnabel ist gelblich bis grauweiß. Die Schleiereule bewohnt offene Landschaften. Sie wird nachts wach und macht sich auf zur Jagd. Sie fliegt über Felder und Weiden, wo sie vor allem Feld- und Spitzmäuse, manchmal auch Vögel, Amphibien oder Insekten jagt. Tagsüber sitzt sie auf ihrem Ruheplatz. Schleiereulen nisten am liebsten in Baumhöhlen, aber auch in Kirchtürmen, Scheunen oder auf Dachböden. Das Weibchen legt auf den nackten Boden vier bis sieben Eier, die abwechselnd von beiden Elternteilen bebrütet werden. Schleiereulen-Paare bleiben ein Leben lang zusammen.

SCHON GEWUSST?
Wenn ein Schleiereulen-Männchen um ein Weibchen wirbt, gibt es grausige kreischende Laute von sich und überreicht seiner zukünftigen Partnerin eine tote Maus – als Brautgeschenk!

Die Schleiereule wird nachts wach und macht sich auf zur Jagd.

Größe: 33–35 cm
Verbreitung: Europa, Asien, Afrika, Nordamerika, Australien
Farbe: rostgelb, rostbraun, grauweiß
Familie: Schleiereulen

Schnabeligel

Die Schnabeligel oder Ameisenigel sind Eier legende Säugetiere, die in Australien und Neuguinea vorkommen.

Ihren Namen verdanken sie dem gedrungenen Körper und den Stacheln auf dem Rücken. Trotz der Ähnlichkeit sind sie mit unserem Igel nicht näher verwandt. Es gibt den Kurzschnabeligel und drei Arten der Langschnabeligel. Die Stacheln des Schnabeligels sind bis zu sechs Zentimeter lang und meist gelblich, das Fell ist braun oder schwarz gefärbt. Die kurzen Beine mit den kräftigen Krallen an den Zehen sind zum Graben geeignet. Die schnabelartige Schnauze ist zahnlos. Daher wird die Nahrung mit den Hornplatten am Gaumen zerkleinert. Die nachtaktiven Tiere sind Fleischfresser: Kurzschnabeligel ernähren sich von Ameisen und Termiten, Langschnabeligel von Regenwürmern. Das Weibchen legt meist ein Ei und brütet es in einer Bruttasche am Bauch aus. Daraus schlüpft ein winziges larvenartiges Jungtier, das in der Bauchtasche getragen wird. Wenn das Kleine seine Stacheln bekommt, wird es in einer Erdhöhle abgelegt, aber weiter gesäugt.

Der Schnabeligel zählt zu den Eier legenden Säugetieren.

Kopf-Rumpf-Länge: 35–50 cm
Schwanz: 9 cm
Verbreitung: Australien und Neuguinea
Farbe: braun, schwarz
Ordnung: Kloakentiere

Schnabeltier

Das Schnabeltier gehört wohl zu den merkwürdigsten Geschöpfen der Welt. Wie der Schnabeligel ist es ein Eier legendes Säugetier.

Schnabeltiere (und auch Schnabeligel) gehören zu den sogenannten Kloakentieren. Bei ihnen münden Darm, Harnröhre und Geschlechtsorgane in einem gemeinsamen Ausgang, der Kloake. Der Körper des Schnabeltiers ist flach gedrückt und endet in einem abgeplatteten Schwanz. Die sehr kurzen Beine tragen an den Vorderfüßen Schwimmhäute zwischen den Zehen. Der Körper und der Schwanz sind mit braunem Pelz bedeckt. Der Kopf trägt einen breiten, knor-

peligen Schnabel ohne Zähne. Männliche Tiere haben Giftsporne an den inneren Hinterfußgelenken. Der Einzelgänger lebt sowohl im Wasser als auch an Land. Schnabeltiere graben lange Wohnröhren am Ufer und legen ein Nest aus Gras und Laub an. Das Weibchen legt meist zwei Eier, die zwischen dem Bauch und eingeklapptem Schwanz ausgebrütet werden. Die Milch für die Kleinen wird am Bauch in einem Milchdrüsenfeld abgesondert. Schnabeltiere ernähren sich vor allem von Wasserschnecken, Kleinkrebsen, Wasserinsekten und deren Larven.

Das Schnabeltier trägt einen breiten Schnabel ohne Zähne.

Kopf-Rumpf-Länge: 40–55 cm
Schwanz: 15 cm
Verbreitung: Ostaustralien und Tasmanien
Farbe: braun
Ordnung: Kloakentiere

Schnecken

Schnecken bilden eine Klasse der Weichtiere, die sowohl im Wasser als auch an Land vorkommen.

Manche von ihnen bilden ein Kalkgehäuse aus (Gehäuseschnecken), andere nicht (Nacktschnecken). Je nach Art der Atmungsorgane unterscheidet man Kiemen- und Lungenschnecken. Die meisten Schnecken bewegen sich auf einer breiten Kriechsohle, dem Fuß, vorwärts. Der Eingeweidesack mit den inneren Organen wird von einer Hautfalte, dem Mantel, überdeckt, der auch die Schale formt. Am Kopf sitzen ein oder zwei Paar einziehbare Fühler. Auf den vorderen befinden sich winzige Augen, die nur Hell und Dunkel erkennen. Die anderen Fühler tragen Sinneszellen für den Geruch und den Geschmack. Landlungenschnecken und manche Süßwasserschnecken sind Zwitter, das heißt, sie haben männliche und weibliche Geschlechtsorgane. Die befruchteten Eier werden in die Erde hineingelegt. Einigen Wochen später schlüpfen kleine Schnecken. Alle anderen Schnecken sind getrenntgeschlechtlich.

Eine Gartenschnecke

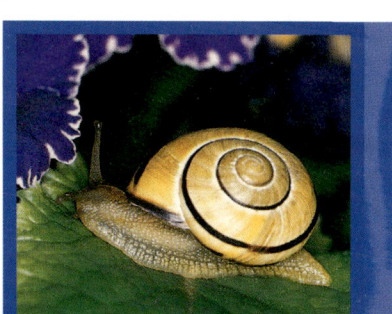

Größe: 0,5 mm–75 cm
Verbreitung: weltweit
Farbe: verschieden
Stamm: Weichtiere

Schneefink

**Der Schneefink oder Schnee-
sperling ist ein Sperlingsvo-
gel, der nur im Gebirge lebt.
Manchmal kann man ihn in
der Nähe von Almhütten beobachten, wo er Schutz sucht
und sogar brütet.**

Der Schneefink ist an der
Oberseite erdbraun, auf der
Unterseite weiß. Der Kopf ist
grau, an der Kehle hat er einen schwarzen Fleck. Die Flügel sind meist weiß mit
schwarzen Handschwingen.
Der Schwanz ist weiß und nur
am Ende schwarz. Er ist ein
Standvogel, bleibt also auch
im Winter in den felsigen Regionen in 1800 bis 3000 Meter
Höhe. Der Schneefink ernährt
sich hauptsächlich von Samen
und Insekten. Sein Nest baut
er meist in Spalten. Das Weibchen legt ein- bis zweimal im
Jahr jeweils fünf bis sechs
Eier, die es etwa zwei Wochen
lang bebrütet. Die Jungvögel
werden nur vom Vater mit
Schnakenlarven und Raupen
gefüttert. Im Alter von drei
Wochen werden die Kleinen
flügge und verlassen kurz
darauf das Nest.

**Der Schneefink lebt nur im
Gebirge.**

**Größe: 18 cm
Verbreitung: Mittel- und
Südeuropa
Farbe: weiß, schwarz, braun,
grau
Familie: Sperlinge**

Schneegans

**Die Schneegans gehört zu
den Echten Gänsen. Es gibt
unterschiedlich große Ras-
sen, die auch Größere und
Kleinere Schneegans genannt
werden.**

Wie der Name schon andeutet,
ist die Schneegans
meist weiß gefärbt.
Nur die Handschwingen sind
schwarz. Es gibt jedoch auch
Tiere mit blaugrauem Gefieder. Bei allen Schneegänsen
sind Beine, Füße und Schnabel rosarot gefärbt. Sie brüten
im arktischen Nordamerika, in
Grönland und im nordöstli-
chen Sibirien, verbringen als
Zugvögel aber den Winter
südlich der USA. Sie legen
Strecken von 3500 Kilometern
und mehr ohne Unterbre-
chung zurück. Schneegänse
sind sehr gesellig und leben
oft in riesigen Schwärmen. Sie

brüten auch in Kolonien und bauen Nester in Bodenmulden, die sie mit Moos und Gras auspolstern. Das Weibchen legt meist vier bis fünf Eier und bebrütet sie etwa drei Wochen lang. Die Jungen werden nach sechs Wochen schließlich flügge. Die Schneegänse ernähren sich hauptsächlich von Wurzeln, Stängeln, Grashalmen und Kräutern, die sie an Land finden, aber auch von Wasserpflanzen.

Die Schneegans ist meist weiß gefärbt.

Größe: 60–75 cm
Verbreitung: Nordamerika,
Grönland, Sibirien
Farbe: weiß, schwarz, blaugrau
Familie: Entenvögel

Schneeleopard

Der Schneeleopard oder Irbis ist eine sehr seltene Großkatze. Die Art ist trotz vieler Schutzmaßnahmen heute stark gefährdet.

Der Schneeleopard hat ein dickes Fell und einen dicht behaarten, sehr langen Schwanz, der beim Springen als Steuerruder wirkt. Beim Ruhen kann sich das Tier darin einrollen und sich so vor der eisigen Kälte schützen. Der Schneeleopard hat sehr große Pfoten, die an den Sohlen mit Fell bedeckt sind. Dadurch kann er über schneebedeckte Flächen laufen, ohne tief einzusinken. Das graubeige gefärbte Fell zeigt eine schwarze Punkte- und Rosettenzeichnung. Im Winter ist es sehr lang und dicht, im Sommer deutlich kürzer. Der Schneeleopard lebt in etwa 2000 Meter Höhe, steigt aber bis über 5000 Meter auf. Er ist ein tag- und dämmerungsaktiver Einzelgänger. Auf Beutesuche zieht er sehr weit umher und fängt Steinböcke, Schraubenziegen, Wildschafe, Moschustiere, Murmeltiere, Schneehühner und oft auch Haustiere. Das Weibchen polstert eine Felsspalte oder -höhle mit Moos und eigener Bauchwolle aus und bringt dort meist zwei bis drei Junge zur Welt.

SCHON GEWUSST?
Der sprunggewaltige Schneeleopard kann bis zu 15 Meter weite Sätze machen.

Der Schneeleopard ist vom Aussterben bedroht.

Kopf-Rumpf-Länge: 100–150 cm
Schwanz: 80–100 cm
Verbreitung: Himalaja in Zentralasien
Farbe: graubeige, schwarze Punkte und Ringe
Familie: Katzen

Schneeziege

Die Schneeziege ist, anders als ihr Name vermuten lässt, keine Ziege, sondern ein naher Verwandter der Gämsen.

Sie hat aber den Körperbau einer großen, stämmigen Ziege. Ihr weißes Fell ist sehr lang und dicht. Beide Geschlechter tragen 20 bis 30 Zentimeter lange, nach hinten gebogene, dolchartige Hörner. Damit können Schneeziegen angreifenden Hunden, Wölfen und sogar Bären tödliche Verletzungen beibringen. Die großen Hufe sind an ein Leben in Gebirgsregionen angepasst. Schneeziegen leben im Norden Amerikas in den Rocky Mountains. Sie sind meist am Tag aktiv und leben in kleinen Gruppen aus Weibchen und Jungtieren. Die Männchen sind zum Großteil einzeln unterwegs. Das Weibchen bringt ein Junges zur Welt, das gleich nach der Geburt seiner Mutter im Felsgelände folgen kann. Auf der Speisekarte stehen vor allem Gräser, Kräuter, Laub, Triebe von Nadelbäumen und Flechten. Im Frühling lecken Schneeziegen gerne Salz von den Steinen.

Schneeziegen leben in kleinen Gruppen.

Kopf-Rumpf-Länge: 120–160 cm
Verbreitung: Norden der USA und Kanada
Farbe: weiß
Familie: Hornträger

Scholle

Die Scholle, auch Goldbutt genannt, ist der bekannteste europäische Plattfisch und ein beliebter Speisefisch.

Der Körper der Scholle ist oval, platt und mit kleinen, glatten Schuppen besetzt. Die Augen liegen auf der rechten Körperseite. Die Augenseite ist braun und mit orangefarbenen Punkten gesprenkelt – daher der zweite Name Goldbutt. Die Scholle kann sich der Farbe des Untergrunds anpassen. Sie ernährt sich hauptsächlich von Muscheln, Würmern, Weichtieren und Kleinkrebsen. Der gesellige Bodenfisch unternimmt ausgedehnte Laich- und Nahrungswanderungen. Das Weibchen legt je nach Größe 50.000 bis 500.000 Eier. Die geschlüpften Fischlarven haben zunächst den typischen

Körper eines Fisches. Erst nach ein bis zwei Monaten verwandeln sie sich zu einem ungleichseitigen Bodenfisch, wobei sich der Körper ab-flacht und das linke Auge auf die rechte Körperseite wandert. Der Fisch hat nun eine Sehseite mit zwei Augen und eine Blindseite (Unterseite).

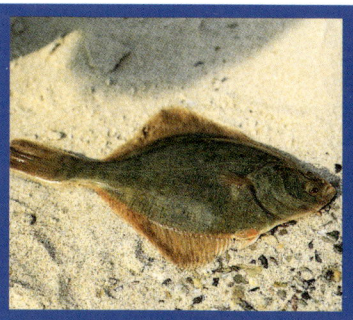

Die Scholle ist ein bekannter Plattfisch.

Größe: 40–70 cm
Verbreitung: Nordostatlantik, Nordsee, westliches Mittelmeer
Farbe: braun, orange
Ordnung: Plattfische

Schreiseeadler

Der Schreiseeadler ist ein großer afrikanischer Greifvogel. Er lebt an Flüssen, Seen und Küsten. Bei uns kommt der Seeadler vor, der zu den größten Greifvögeln Mitteleuropas zählt.

Der Schreiseeadler ist mit seinem leuchtend weißen Kopf, Hals und Oberrücken sowie dem weißen Schwanz kaum mit einer anderen Art zu verwechseln. Das restliche Gefieder ist braunschwarz gefärbt. Der Schnabel ist gelb mit einer schwarzen Spitze. Er sitzt meist in den Kronen hoher Bäume und überblickt sein Jagdrevier. Schreiseeadler ernähren sich hauptsächlich von Fischen, die sie im flachen Sturzflug oder aus dem Gleitflug direkt von der Wasseroberfläche greifen. Seltener jagt der Schreiseeadler auch Zwergflamingos und andere Wasservögel, außerdem lässt er auch Aas nicht liegen. Das Nest wird auf hohen Bäumen, in Büschen oder auf Klippen in Gewässernähe gebaut. Das Weibchen legt ein bis drei Eier, die es allein bebrütet. Die Jungvögel werden nach etwa zehn Wochen flügge.

SCHON GEWUSST?
Der Schreiseeadler ist ein gewandter Flieger und jagt auch anderen fischenden Vögeln die Beute ab.

Der Schreiseeadler hat einen weißen Kopf.

Größe: 65–75 cm
Flügelspannweite: 175–210 cm
Verbreitung: Afrika, südlich der Sahara
Farbe: braunschwarz, weiß
Ordnung: Habichtartige

Der Schuhschnabel verdankt seinen Namen dem mächtigen Schnabel.

Schuhschnabel

Der Schuhschnabel ist ein Schreitvogel, der ein bisschen an einen Urzeitvogel erinnert. Seinen Namen verdankt er natürlich der Form seines mächtigen Schnabels.

Der Schuhschnabel trägt ein graues Federkleid und am Hinterkopf eine kleine Federhaube. Wegen seines riesigen Schnabels ist er kaum mit einem anderen Vogel zu verwechseln. Er lebt in Sumpfgebieten, wo er nachts nach Lungenfischen, Fröschen, Schlangen, kleinen Vögeln und großen Schnecken sucht. Seine Nahrung zerschneidet er mit den scharfen Kanten seines Schnabels, bevor er sie hinunterschluckt. Der Schuhschnabel ist ein Einzelgänger, der sich am Tag zwischen den dichten Sumpfpflanzen versteckt. Das Nest besteht aus Gras und Binsen und wird im Dickicht gebaut. Das Weibchen legt zwei Eier, die von beiden Elternteilen bebrütet werden. Die Jungvögel sind mit vier Monaten schließlich selbstständig und beginnen mit dem Fliegen.

Der Schuhschnabel ist ein Einzelgänger.

Größe: 120 cm
Verbreitung: tropisches Afrika
Farbe: grau
Ordnung: Schuhschnäbel

Schuppentiere

Die an Tannenzapfen erinnernden Schuppentiere sind mit keinen anderen heute lebenden Tieren näher verwandt. Ihren Namen verdanken sie den großen Hornschuppen.

Diese bedecken ihre Oberseite von der Nasen- bis zur Schwanzspitze. Schuppentiere haben einen lang gestreckten Körper, einen kleinen Kopf und einen langen Schwanz. Auf der Bauchseite sind sie behaart. Sie können von ockerbraun über olivgrün bis schwarzbraun gefärbt sein. Schuppentiere sind meist nachtaktive Einzelgänger. Manche Arten sind reine Bodenbewohner, andere klettern auch auf Bäume, wobei sie ihren Greifschwanz zu Hilfe nehmen. Die Bodenbewohner ziehen sich zur Ruhe in ihre Erdbauten zurück, die sie oft selbst graben, aber auch von anderen Tieren übernehmen. Boden bewohnende Weibchen bringen in dieser Erdhöhle, unter Baumwurzeln oder in Baumhöhlen ein Junges zur Welt. Baumbewohner ziehen ihre Jungen in den Bäumen auf. Schuppentiere ernähren sich von Termiten und Ameisen, die sie mit ihrer weit herausstreckbaren, klebrigen Zunge aus den Nestern holen.

SCHON GEWUSST?

Das Junge der Baum bewohnenden Schuppentiere klettert gleich nach der Geburt auf die Schwanzwurzel der Mutter.

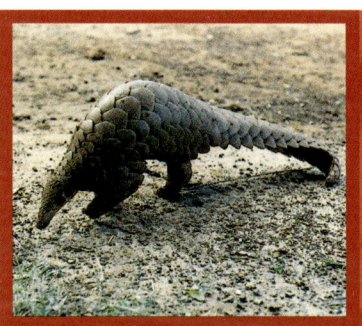

Schuppentiere sind mit Hornschuppen bedeckt.

Kopf-Rumpf-Länge: 30–80 cm
Verbreitung: Zentral- und Südafrika, Indien, Südostasien,
Farbe: ockerbraun, olivgrün, schwarzbraun
Familie: Schuppentiere

Schwalbenfisch

Der Schwalbenfisch oder Flugfisch gehört zu den Fliegenden Fischen. Er kann mit seinen flügelähnlichen Flossen für kurze Zeit das Wasser verlassen und im Gleitflug über die Wasseroberfläche springen.

Der Körper des Schwalbenfisches ähnelt dem der Heringsartigen und ist von großen Schuppen bedeckt. Er hat außergewöhnlich große, hoch am Körper angesetzte Brustflossen, die tragflächenähnlich ausgebreitet werden können. Die Rückenflosse sitzt weit hinten, der untere Teil der Schwanzflosse dient beim Abflug als Motor. Der Schwalbenfisch ist am Rücken leuchtend blau, an den Seiten und am Bauch silbrig glänzend. Er lebt nahe der Meeresoberfläche. Der Schwalbenfisch ist ein Schwarmfisch. Das Weibchen legt seine Eier an im Wasser schwimmenden Algen und Tangen ab. Frisch geschlüpfte Fische sind einen bis zwei Zentimeter lang. Wenn sie fünf bis acht Zentimeter groß sind, können sie schon „fliegen". Schwalbenfische ernähren sich von anderen Fischen. Ihre besonderen Fähigkeiten nutzen sie übrigens meist um gefräßigen Feinden zu entkommen.

SCHON GEWUSST?

Fliegende Fische können Fluggeschwindigkeiten von bis zu 55 Kilometer in der Stunde erreichen und etwa 45 Meter weit fliegen.

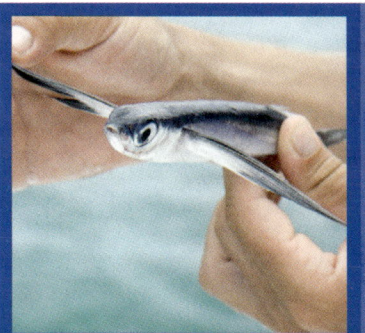

Der Schwalbenfisch gehört zu den Fliegenden Fischen.

Größe: bis 30 cm
Verbreitung: weltweit alle warmen Meere
Farbe: blau, silbrig
Ordnung: Fliegende Fische

Schwalben-schwanz

Der Schwalbenschwanz ist der größte und einer der auffälligsten einheimischen Schmetterlinge.

Er ist gelb und schwarz gemustert. An den Hinterflügeln trägt er eine blaue Binde, rote Augenflecke, die schwarz umrandet sind, und ein kurzes „Schwänzchen". Der Schwalbenschwanz kommt vor allem auf Blumenwiesen, in Gärten und auf Ödland vor. Der schnell fliegende Tagfalter besucht Blüten und ernährt sich von Nektar. Das Weibchen legt die Eier einzeln an Stängeln, Blättern und Blütenstielen von Doldengewächsen (Dill, Fenchel, Wilde Möhre), den Futterpflanzen der Raupen, ab. Diese sind unbehaart, grünlich gefärbt, schwarz geringelt und haben orangefarbene Punkte. Am Nacken besitzen die Raupen außerdem Drüsen, die bei Gefahr einen unangenehmen Geruch abgeben. Sie verpuppen sich an den Stängeln ihrer Futterpflanzen.

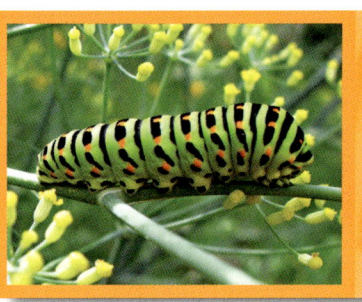

Die grüne Raupe des Schwalbenschwanzes ist schwarz geringelt und hat orangefarbene Punkte.

Flügelspannweite: 6–8 cm
Verbreitung: Europa, Nordafrika, Asien
Farbe: gelb, schwarz, blau, rot
Familie: Ritterfalter

Schwämme

Schwämme sind die einfachsten vielzelligen Tiere. Es gibt rund 5000 Arten, von denen die meisten im Meer vorkommen; im Süßwasser leben sehr wenige Arten.

Ihre Form ist abhängig von der Ernährung und von der Umgebung, in der sie leben. Sie kann von dünnen Überzügen bis zu massigen, fächer- oder baumartigen Gestalten reichen. Schwämme können unscheinbar, aber auch prächtig gefärbt sein. Der Körper besteht aus zum Teil beweglichen Zellen, die zu lockeren Verbänden zusammengeschlossen sind. Nur an der Körperoberfläche und im Innern des Hohlraums sind die Zellen zu festen Lagern verbunden. Schwämme haben keine Organe. Sie leben meist sesshaft auf dem Gewässerboden. Die Körperwand wird

durch nadel- oder sternförmige Gebilde aus Kieselsäure oder aus einem Maschenwerk aus einem bestimmten Eiweißstoff verstärkt. Schwämme ernähren sich hauptsächlich von kleinsten Schwebeorganismen (sogenanntem Plankton), die sie aus dem Wasser filtern. Schwämme sind übrigens getrenntgeschlechtlich oder Zwitter.

Es gibt rund 5000 verschiedene Schwammarten.

Größe: 1 cm–2 m (Höhe und Breite)
Verbreitung: weltweit
Farbe: unterschiedlich
Reich: Vielzellige Tiere

Schwan

Wenn man vom Schwan spricht, ist in der Regel der Höckerschwan gemeint. Er kommt am häufigsten in Europa vor.

Durch sein weißes Federkleid, den orangeroten Schnabel und den schwarzen Schnabelhöcker beim Männchen ist er kaum mit einer anderen Art zu verwechseln. Dieser höckerartigen Verdickung verdankt dieser Schwan seinen Namen. Seinen langen Hals trägt er oft s-förmig gebogen. Der Höckerschwan braucht einen ziemlich langen Anlauf, bevor er sich in die Lüfte schwingen kann. Im Flug ist das Flügelgeräusch weithin zu hören. Zur Brutzeit lebt der Höckerschwan paarweise, sonst meist in großen Trupps. Das Nest wird von beiden Eltern in Wassernähe gebaut und besteht aus Schilf und Rohr. Das Weibchen legt fünf bis acht Eier, die es allein bebrütet. Die Küken sind Nestflüchter, die sofort den Eltern folgen. Der Höckerschwan ernährt sich rein vegetarisch von Wasser- und Unterwasserpflanzen, die er gründelnd erntet. An Land sucht er nach Gras, Samen und Wurzeln.

Der Schwan kommt in Europa sehr häufig vor.

Ein Höckerschwan

Größe: 130–160 cm
Verbreitung: Europa, fast weltweit eingeführt
Farbe: weiß
Familie: Entenvögel

Schwarzbär

Der Amerikanische Schwarzbär oder Baribal ist ein Bewohner Nordamerikas. Obwohl er ziemlich groß wird, gilt er als wenig gefährlich.

Der Schwarzbär hat den typischen massigen Körperbau der Bären. Sein Fell ist nicht immer schwarz, sondern gebietsweise auch silbergrau, rotbraun und sogar weiß gefärbt. Schwarzbären bewohnen hauptsächlich Laub- und Mischwälder mit sehr dichtem Unterbewuchs, aber auch im offenen Gelände kommen sie vor. Sie leben als Einzelgänger oder in kleinen Mutter-Kind-Familien. Schwarzbären können sehr schnell laufen und auch gut schwimmen. Außerdem klettern sie oft auf Bäume. Die dämmerungsaktiven Tiere ernähren sich von Pflanzen aller Art, aber auch von Insekten, Honig, Aas und kleinen Wirbeltieren. Im Winter halten sie eine Winterruhe. Das Weibchen bringt in der Überwinterungshöhle meist zwei Junge zur Welt, die bei der Geburt blind und taub sind. Die Jungtiere bleiben eineinhalb Jahre und länger bei der Mutter.

Schwarzbären leben meist als Einzelgänger.

Ein Schwarzbär beim Fischfang.

Kopf-Rumpf-Länge: 150–180 cm
Schwanz: 10–13 cm
Verbreitung: Kanada, USA
Farbe: schwarz, silbergrau, rotbraun
Familie: Bären

Schwarze Witwe

Die Schwarze Witwe ist eine sehr giftige Spinne. Doch an ihrem Biss sterben Menschen nur sehr selten.

Die Schwarze Witwe hat einen kugelförmigen Hinterleib. Sie ist tiefschwarz und hat rote Flecke auf der Oberseite. An der Unterseite findet sich ein sanduhrförmiger, leuchtend roter Fleck. Die Spinne hat kammartige Borsten an ihren Hinterbeinen. Damit wirft sie Seidenfäden über die Beute, die sich in ihrem Netz verfangen hat. Sie tötet ihre Opfer durch ihren giftigen Biss. Die Schwarze Witwe ernährt sich hauptsächlich von Käfern und

Heuschrecken. Sie lebt zurückgezogen und ist nicht aggressiv. Das Männchen „fesselt" vor der Paarung das größere Weibchen mit lockeren, um die Beine gespannten Fäden. Kurz nach der Begattung löst sich das Weibchen und frisst danach manchmal das Männchen auf (daher der Name!), was aber ziemlich selten vorkommt.

Die Schwarze Witwe hat einen kugelförmigen Hinterleib.

Größe: 4–15 mm
Verbreitung: Nordamerika
Farbe: schwarz, rot
Familie: Kugelspinnen

Schweinswal

Der Schweinswal wird oft auch Kleiner Tümmler genannt, obwohl er nicht wie sein Namensvetter, der Große Tümmler, zu den Delfinen gehört. Er ist ein Vertreter einer eigenen Familie von Kleinwalen.

Der Schweinswal hat einen rundlichen, ziemlichen pummeligen Körperbau. An der Oberseite ist er graubraun, an der Unterseite weiß gefärbt. Er hat einen kurzen Kopf ohne den typischen Delfinschnabel. Er hält sich überwiegend in küstennahen Gewässern auf und schwimmt auch die Flussmündungen hinauf. Der Schweinswal lebt eher einzelgängerisch oder paarweise, selten in größeren Gruppen. Der schnelle Schwimmer hat einen hohen Nahrungsbedarf und ernährt sich fast ausschließlich von Fischen. Gelegentlich verspeist er jedoch auch Schnecken, Krebstiere und leckere Tintenfische. Das Weibchen bringt meist ein Junges zur Welt, das etwa ein Jahr lang bei der Mutter bleibt.

SCHON GEWUSST?
Schweinswale verständigen sich untereinander über Klicklaute, die wir kaum hören können.

Ein Schweinswal

Kopf-Rumpf-Länge: 140–180 cm
Verbreitung: Nordatlantik, Nord- und Ostsee
Farbe: graubraun, weiß
Ordnung: Schweinswale

Schwertfisch

Der riesige, beeindruckende Schwertfisch ist ein schneller Jäger. Im Meer schwimmend wird er oftmals mit einem Hai verwechselt, da auch bei ihm die hohe Rückenflosse aus dem Wasser ragt.

Sein Körper ist lang gestreckt und stromlinienförmig. Er trägt eine sichelförmige Rückenflosse, eine lange Brustflosse, aber keine Bauchflossen. Die Schwanzflosse ist ebenfalls sichelförmig. Sein Oberkiefer ist zu einem flachen, schwertähnlichen Fortsatz ausgezogen, der ein Drittel der Körperlänge ausmacht. Daher hat der Fisch auch seinen Namen. Der Schwertfisch ist ein Oberflächenfisch, lebt als Einzelgänger und unternimmt weite Wanderungen, um nach Nahrung zu suchen. Auf seiner Speisekarte stehen vor allem Schwarmfische und Tintenfische. Das Weibchen legt Eier, die frei schwimmen. Die Jungfische haben noch gleich lange Ober- und Unterkiefer. Die lange Schnauze entwickelt sich erst mit zunehmendem Alter.

Der riesige Schwertfisch ist ein schneller Jäger.

Größe: 2–4,5 m
Verbreitung: warme und tropische Meere weltweit
Farbe: schwarz, rot
Familie: Schwertfische

Schwertwal

Der Schwertwal oder Orca ist der größte Zahnwal und ein geschickte Räuber. Er wird auch Killerwal genannt – eine Bezeichnung, die jedoch nicht gerechtfertigt ist.

Wie alle Raubtiere tötet er seine Beutetiere keineswegs böswillig, sondern nur um sich zu ernähren. Der Schwertwal ist am Rücken und an den Seiten schwarz, an der Unterseite weiß. Hinter dem Auge hat er einen ovalen, weißen Fleck. Die Rückenflosse ist lang und schmal, beim Männchen bis zu 1,8 Meter hoch und schwertartig geformt. Schwertwale leben in Familiengruppen, den sogenannten Schulen, von fünf bis 20 Tieren. Sie jagen oft in der Gruppe nach großen Fischen, Pinguinen, Robben, aber auch

nach Delfinen und anderen Walen. Schwertwale orientieren sich durch Echo-Ortung mit Klicklauten, die sogar im Ultraschallbereich liegen können. Das Weibchen bringt nach 14 bis 15 Monaten Tragezeit ein Junges zur Welt, das bei der Geburt etwa zwei Meter lang ist.

Der Schwertwal kommt weltweit in allen kühlen Meeren vor.

Größe: 6,5–8 m
Verbreitung: weltweit, vor allem kühle Meere
Farbe: schwarz, weiß
Familie: Delfine

Seeelefanten

Seeelefanten sind die größte Robbenart der Welt. Ihren Namen erhielten sie aufgrund der rüsselartig vergrößerten Nase der Männchen. Es gibt zwei Arten, die einander sehr ähnlich sind: der Nördliche Seeelefant und der Südliche Seeelefant.

Seeelefanten sind silber- bis dunkelgrau gefärbt. Die Weibchen sind deutlich kleiner und leichter als die Männchen. Ihnen fehlt die riesige Nase ebenso wie den jungen Männchen auch. Die volle Rüsselgröße erreichen die Männchen erst im Alter von etwa acht Jahren. Zur Paarungszeit kann dieser Rüssel noch einmal erheblich vergrößert werden und soll die Weibchen beeindrucken. Der Südliche Seeelefant kommt vor allem an den Küsten der Südspitze Südamerikas sowie vor der Südinsel Neuseelands vor, der Nördliche Seeelefant ist in den Küstengewässern vor Kalifornien zu Hause. Seeelefanten kommen eigentlich nur zum Haarwechsel und zur Fortpflanzungszeit an die Küsten und bilden dann Haremsgruppen mit bis zu 40 Weibchen. Die Jungen werden mit einem schwarzen, wolligen Fell geboren. Seeelefanten ernähren sich hauptsächlich von Fischen und Tintenfischen.

Ein Südlicher Seeelefant

Kopf-Rumpf-Länge: 4–6 m (Männchen); 2–3 m (Weibchen)
Verbreitung: Südamerika, Neuseeland, Kalifornien
Farbe: silber- bis dunkelgrau
Familie: Hundsrobben

Seegurken

Seegurken, auch Seewalzen genannt, erhielten ihren Namen aufgrund ihres walzenförmigen Körpers. Sie bilden eine Klasse der Stachelhäuter.

Mit etwa 1200 Arten sind sie die formenreichste Gruppe der Stachelhäuter. Der Körper der Seegurken ist lang gestreckt und hat kein festes Skelett. Die Haut ist ledrig, dick, aber biegsam. Sie trägt eingelagerte kleine Kalkkörperchen und ist mit Warzen und Papillen besetzt. An einem Ende der Walze befindet sich die Mundöffnung, am anderen Ende die Afteröffnung. Die Mundöffnung ist von Tentakeln (Fangarmen) umgeben. Manche Arten haben eine flache Kriechsohle. Eine Besonderheit der Seegurken ist, dass sie Wasserlungen besitzen. Die behäbigen Bodentiere ernähren sich von Plankton und Bodenablagerungen, die sie kriechend aufnehmen. Die organischen Teile werden verdaut, der Rest ausgeschieden. Seewalzen sind getrenntgeschlechtlich. Die Weibchen legen Eier, aus denen sich frei schwimmende Larven entwickeln.

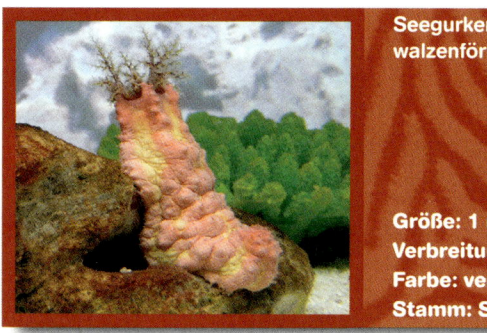

Seegurken haben einen walzenförmigen Körper.

Größe: 1 mm–2 m
Verbreitung: weltweit
Farbe: verschieden
Stamm: Stachelhäuter

SCHON GEWUSST?
Verlassene oder vorübergehend verloren gegangene Jungtiere werden „Heuler" genannt, weil ihr Klagen wie das Weinen eines Kinds klingt.

Seehund

Seehunde sind Säugetiere, die die Meere bewohnen und die uns Menschen mit ihren eleganten Schwimmkünsten faszinieren.

Der Seehund hat im Vergleich zu anderen Robben einen ziemlich langen und schlanken Körper. Sein Kopf ist rundlich, sein Fell weißlich grau bis graubraun gefärbt. Es hat ein Muster aus Flecken und Ringen. Wie bei allen Hundsrobben fehlen die Ohrmuscheln. Seine Vorderbeine sind zu flossenartigen Gebilden umgewandelt, die Hinterbeine zu Schwanzflossen. Zwischen den Zehen hat er Schwimmhäute. Der Seehund kann die Nasenlöcher beim Tauchen ganz verschließen und auch unter Wasser sehr scharf sehen. Die tagaktiven Seehunde leben meist in Rudeln oder kleinen Herden. An Land bewegen sie sich schwerfällig und „robbend" auf dem Bauch. Das Weibchen bringt meist ein Junges zur Welt, das bald schwimmen kann. Seehunde ernähren sich hauptsächlich von leckeren Fischen, Krabben und Weichtieren.

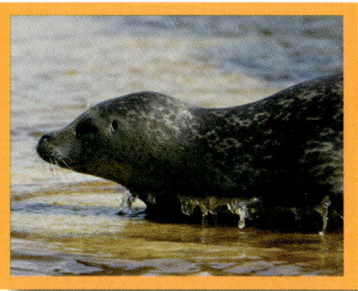

Seehunde bewohnen die Meere.

Kopf-Rumpf-Länge: 1,2–2 m
Verbreitung: Nordatlantik und Nordpazifik
Farbe: grau bis graubraun
Familie: Hundsrobben

Seeigel

Seeigel sind kugel-, scheiben- oder herzförmige, armlose Stachelhäuter und verdanken ihren Namen ihrem charakteristischen Stachelkleid. Es gibt etwa 950 bekannte Arten.

Der Mund der Seeigel liegt auf der Körperunterseite und ist von einem komplizierten Kauapparat umgeben. Sie weiden damit den pflanzlichen und tierischen Bewuchs des Untergrunds ab. Die nach allen Richtungen beweglichen Stacheln sind von unterschiedlicher Größe. Mit den Stacheln der Unterseite können sich Seeigel auf Sand gut fortbewegen. Für harte Untergründe haben sie zusätzliche Füßchen. Seeigel sind übrigens getrenntgeschlechtlich. Befruchtete Eier entwickeln sich zu frei schwimmenden Larven, die zum Meeresboden hinabsinken und zum Seeigel werden. Alle Seeigel sind Bodenbewohner. Manche verstecken sich tagsüber in Gesteinsspalten, andere suchen Plätze mit viel Sonneneinstrahlung, wobei sie sich zum Schutz mit Steinchen und Pflanzen bedecken. Eine sehr bekannte Art ist der kugelförmige, blassrote bis rotviolette Essbare Seeigel mit helleren Stacheln. Er gilt in südlichen Ländern als Delikatesse.

Es gibt etwa 950 bekannte Seeigel-Arten.

Größe: verschieden
Verbreitung: weltweit
Farbe: verschieden
Stamm: Stachelhäuter

SCHON GEWUSST?
Der komplizierte Kauapparat der Seeigel wird als „Laterne des Aristoteles" bezeichnet. Er wurde erstmals von dem griechischen Naturforscher Aristoteles beschrieben. Da der Kauapparat ihn damals an eine Öllampe erinnerte, nannte er ihn Laterne.

Seekühe

Seekühe sind die einzigen Meeressäugetiere, die sich rein pflanzlich ernähren. Es gibt zwei Familien mit vier lebenden Arten.

Dabei handelt es sich um die Gabelschwanz-Seekühe mit den Dugongs und um die Rundschwanz-Seekühe mit den Karibik-Manatis, den Amazonas-Manatis und den Afrikanischen Manatis. Seekühe haben sich an das Wasserleben perfekt angepasst. Ihre Vorderbeine sind zu Flossen umgewandelt, die Hinterbeine völlig zurückgebildet. Der Schwanz ist zu einer waagerechten Flosse umgebildet. Seekühe halten sich ständig im Wasser auf, sind behäbige Schwimmer und leben einzeln oder in Familienverbänden. Sie sind sehr friedfertig. Auf ihrem Speiseplan stehen vor allem Seegras und Algen, aber auch andere Pflanzen, zum Beispiel Wasserhyazinthen bei Süßwasserarten. Das Weibchen bringt nach etwa einem Jahr Tragezeit ein Junges zur Welt, das gleich nach der Geburt selbstständig direkt an die Wasseroberfläche schwimmt, um Luft zu holen.

Seekühe ernähren sich rein pflanzlich.

Kopf-Rumpf-Länge: 2,5–4 m
Verbreitung: Ost- und Westafrika, Indischer Ozean, Südamerika, Karibik
Farbe: hellgrau bis graubraun
Klasse: Säugetiere

Der Seeleopard ist die räuberischste aller Robben.

Seeleopard

Seinen Namen bekam der Seeleopard wegen seines gefleckten Fells und weil er die räuberischste aller Robben ist.

Der Seeleopard hat einen langen, mit Zähnen bewaffneten Kiefer, um seine Beute zu packen und zu zerfleischen. Er fängt Pinguine unter Wasser. Fliehen die Vögel auf das Eis, folgt er ihnen dorthin. Der Seeleopard jagt auch andere kleinere Seehunde sowie Fische, Tintenfische und Muscheln, frisst aber auch Aas. Er ist ein sehr schneller Schwimmer. Die meiste Zeit hält er sich am

Rand des Packeises auf. Der Seeleopard lebt allein, nur zur Paarungszeit zu zweit. Das Weibchen bringt auf dem Packeis ein Junges zur Welt, das etwa vier Wochen lang gesäugt wird. Nach etwa drei Jahren können die Jungen selbst eine Familie gründen. Sie werden etwa 20 Jahre alt.

Kopf-Rumpf-Länge: etwa 3 m
Verbreitung: antarktische Meere
Farbe: grau
Familie: Hundsrobben

Seelöwen

Seelöwen sind Ohrenrobben mit fünf Arten. Der Kalifornische Seelöwe ist zweifellos der bekannteste unter ihnen.

Der Kalifornische Seelöwe ist ein ausgezeichneter Schwimmer und kann Geschwindigkeiten von bis zu 40 Kilometer in der Stunde erreichen. Er kommt auch an Land schnell voran, indem er seine Rückenflossen vorwärts unter den Körper schiebt. Von den anderen Arten unterscheidet er sich durch seinen schlanken Körper und den Kopf mit der schmalen Schnauze. Er lebt in lockeren Verbänden. Zur Paarungszeit werden riesige Kolonien gebildet. Die Weibchen kommen an Land und gebären dort jeweils ein Junges, das etwa ein Jahr lang gesäugt und anfangs sehr umsorgt wird. Später kommt die Mutter nur noch einmal am Tag zum Säugen. Die Jungen scharen sich in dieser Zeit zu sogenannten „Kindergärten" zusammen. Seelöwen ernähren sich hauptsächlich von Fischen und Tintenfischen, die sie bei Tauchgängen in bis zu 40 Meter Tiefe fangen. Früher wurden die Seelöwen übrigens oft gejagt, sodass die Bestände zeitweise sehr gefährdet waren.

Seelöwen können sich auch an Land sehr schnell bewegen.

Eine Seelöwen-Mutter mit Kind

Kopf-Rumpf-Länge: 1,7–2,2 m
Verbreitung: Pazifikküste
Farbe: dunkelbraun
Familie: Ohrenrobben

SCHON GEWUSST?

*Um harte Schalen von
Meerestieren zu knacken,
benutzt der Seeotter
einen Stein als Amboss.
Er legt ihn sich auf
die Brust und schlägt
das Beutetier darauf,
bis dessen Schale
zerbricht.*

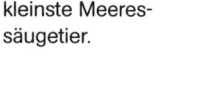

Der Seeotter ist das
kleinste Meeres-
säugetier.

Seeotter

Der Seeotter ist das kleinste Meeressäugetier. Er gilt als intelligent und sehr lernfähig. Von allen Ottern hat er sich am besten an das Wasserleben angepasst.

Seine Vorderfüße sind sehr beweglich, die Krallen kann er einziehen. Seine Hinterfüße sind als breite Paddel ausgebildet, die Ohren sehr klein und verschließbar. Der Schwanz ist abgeflacht. Der Seeotter verbringt sein Leben fast ausschließlich im Wasser und ist ein hervorragender Taucher. Zum Ausruhen legt er sich einfach auf den Rücken und lässt sich an der Wasseroberfläche treiben. Seeotter leben in kleineren oder größeren Gruppen, die manchmal aus bis zu mehreren Hundert Tieren bestehen können. Die Gruppen sind nach Geschlechtern getrennt. Die Weibchen bekommen alle ein bis zwei Jahre jeweils nur ein Junges, das im Wasser oder an Land geboren werden kann. Es wird in den ersten Wochen auf dem Rumpf der Mutter getragen. Erst im zweiten Lebensmonat lernt es schwimmen und tauchen. Seeotter ernähren sich von Muscheln und Meeresschnecken, Krabben, Seeigeln, Tintenfischen und Fischen. Seeotter wurden lange Zeit wegen ihres schönen Pelzes stark bejagt und waren daher Anfang der 20. Jahrhunderts fast ausgestorben.

**Kopf-Rumpf-Länge: 120 cm
Schwanz: etwa 30 cm
Verbreitung: nordamerikanische Pazifikküste
Farbe: dunkelbraun
Familie: Marder**

SCHON GEWUSST?

*Seepferdchen können
ihre Körperfarbe der
jeweiligen Umgebung
anpassen.*

Seepferdchen

Seepferdchen gehören tatsächlich zu den Fischen, auch wenn sie nicht so aussehen. Ihr deutscher Name rührt von der Form ihres Kopfs her, der deutlich an den eines Pferdes erinnert.

Seepferdchen sind kleine Meeresfische, die ihren Kopf winklig zum Körper abgebogen haben und aufrecht durchs Wasser schwimmen. Ihr Körper ist schmal und völlig von einem Panzer aus knöchernen Platten umgeben. Außerdem tragen sie stumpfe Stacheln, die oft zu großen Lappen oder fadenartigen Gebilden ausgezogen sind. Seepferdchen haben keine Schwanzflosse. Ihr Hinterende ist zu einem Greifschwanz ausgebildet, mit dem sie sich

SEEPOCKEN 269

an Pflanzen oder Korallen festhalten können. Die Färbung kann sehr unterschiedlich sein – von gelb über orange bis purpur und braun, auch gemustert. Seepferdchen leben zu zweit. Das Weibchen legt seine Eier in die Bruttasche des Männchens, die sich unter dem Schwanz befindet. Darin wird der Nachwuchs mit Nährstoffen versorgt und nach zwei bis fünf Wochen vom Vater „zur Welt gebracht": Die jungen Seepferdchen werden einfach aus der Bruttasche hinausgeschleudert. Seepferdchen ernähren sich hauptsächlich von tierischem Plankton, fressen aber auch kleine Krebse und Garnelen.

Seepferdchen sind tatsächlich Fische.

Größe: 2–20 cm
Verbreitung: weltweit in warmen Meeren
Farbe: gelb, orange bis purpurn und braun
Familie: Seenadeln

Seepocken

Seepocken sind festsitzende, stark umgewandelte Krebstiere. Die bekannteste Art ist die Gemeine Seepocke.

Den weichen Körper umschließt eine kegelförmige, weißliche bis hellgraue Schale aus kleinen Kalkplättchen, die fest mit dem Untergrund verbunden ist. Die Seepocke hat sechs Paar Rankenfüße mit je zwei fein beborsteten Ästen. Seepocken setzen sich auf Steinen und Felsen, aber auch auf Krebsen, Muscheln und Schnecken fest. Sie bilden dichte Kolonien. Bei Ebbe wird das Gehäuse verschlossen, bei Überflutung strecken die Tiere ihre Rankenfüße hervor und strudeln Plankton herbei, von dem sie sich ernähren. Seepocken sind Zwitter. Aus den befruchteten Eiern schlüpfen frei schwimmende Larven, die sich über mehrere Stadien und Häutungen zum festsitzenden Tier entwickeln.

SCHON GEWUSST?
Seepocken können tagelang trocken liegen, da sich ihr Gehäuse absolut dicht verschließen lässt und sie so vor Austrocknung geschützt sind.

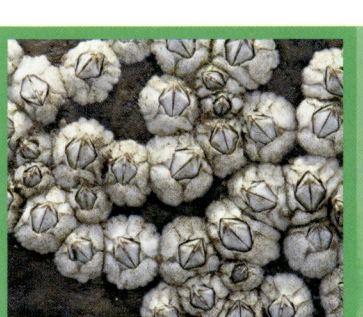

Seepocken sind Krebstiere.

Größe: 1 cm hoch, 2 cm breit
Verbreitung: Nordsee
Farbe: hellgrau, grau
Ordnung: Rankenfüßer

TIERREKORDE

Das Tierreich bietet die beeindruckendsten Rekorde. Im Folgenden findest du eine kleine Auswahl der spektakulärsten Spitzenleistungen sowie Antworten auf Fragen, die du schon immer wissen wolltest.

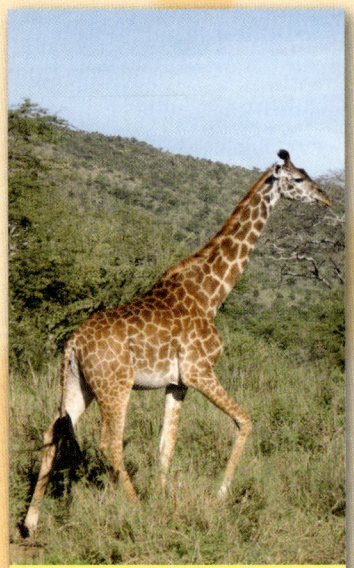

Giraffen sind die höchsten Säugetiere.

WISSENSWERT!
Höchstgeschwindigkeiten auf kurzer Distanz

Gepard	*105 km/h*
Windhund	*100 km/h*
Pferd	*70 km/h*
Eisbär	*40 km/h*
Mensch	*37 km/h*

Welches Säugetier hat die größte Körperhöhe?

Das Säugetier mit der größten Höhe ist die Giraffe. Die männlichen Tiere erreichen normalerweise eine Standhöhe von bis zu 5,5 Metern. Die größte jemals registrierte Giraffe wurde allerdings sogar 5,8 Meter hoch. Dank ihrer Körpergröße können sie Blätter und Knospen in den Baumwipfeln fressen und nahende Gefahren rechtzeitig sehen.

Welches Tier gilt als das giftigste?

Die durchsichtige Australische Würfelqualle oder Seewespe ist nicht nur das giftigste Nesseltier, sondern wahrscheinlich das giftigste Lebewesen überhaupt. Ein Tier enthält genug Gift, um 60 Menschen zu töten.

Welches Tier ist das faulste der Welt?

Das Dreifingerfaultier oder Ai ist das langsamste lebende Säugetier der Erde. In Bäumen legt es maximal 300 Meter in der Stunde zurück, auf dem Boden schafft es höchstens zwei Meter pro Minute, also kaum mehr als 100 Meter in der Stunde. Dieser Rekordhalter lebt im Norden Südamerikas in den Tropenwäldern.

Welche Tiere sind Weltmeister im Rekordhalten?

Die meisten Rekorde halten die Kolibris: Die sogenannte Bienenelfe ist der kleinste Vogel (etwa fünf Zentimeter lang, zwei Gramm schwer) und legt die kleinsten Eier (6,35 Millimeter lang, 0,25 Gramm schwer) der Welt. Der Zwergkolibri baut die kleinsten Nester, die Sonnenstrahlelfe hat den schnellsten Flügelschlag (90 Schläge in der Sekunde), der Schwertschnabel-Kolibri besitzt den längsten Schnabel im Verhältnis zur Körperlänge und der Rubinkehlkolibri trägt die wenigsten Federn im Vogelreich. Eine tolle Leistung für so winzige Kerlchen!

Welche Tiere erreichen das höchste Alter?

Riesenschildkröten erreichen unter allen Tieren das höchste Lebensalter. Das

Riesenschildkröten erreichen unter allen Tieren das höchste Lebensalter.

Mindestalter liegt bei 180 Jahren, das höchste Alter dürfte bei etwa 250 Jahren liegen. Darüber hinaus sind Riesenschildkröten mit einem Gewicht von rund 250 Kilogramm auch die schwersten Schildkröten der Erde. Zum Vergleich: Der bisher älteste bekannte Mensch war eine Frau: Jeanne Calment starb 1997 im Alter von 122 Jahren.

Wo lebt das größte Tier?

Das gewaltigste Säugetier der Welt, der Blauwal, ist ein Meeresbewohner. Er erreicht normalerweise eine Länge von bis zu 35 Metern und ein Gewicht bis zu 135 Tonnen (etwa so viel wie 30 Elefanten oder 160 Menschen). Er ist somit auch das größte heute lebende Tier überhaupt. Der Blauwal übertrifft sogar die Dinosaurier der Urzeit. Der Rekordhalter ist ein Exemplar, das 1947 in der Nähe der Antarktis gefangen wurde: Es wog 220 Tonnen und war 27,6 Meter lang.

Welcher Vogel legt das größte Ei?

Natürlich ist es der Strauß, der als der größte Vogel der Erde auch das größte Ei legt. Ein solches Riesenei kann bis zu 17,8 Zentimeter lang und 14 Zentimeter breit sein und ein Gewicht von bis zu 1,8 Kilogramm haben – es wiegt also so viel wie etwa 30 Hühnereier.

Die Kolibris halten zahlreiche Rekorde.

Straußeneier wiegen so viel wie 30 Hühnereier.

Seescheiden

Seescheiden sind sack- oder knollenförmige Wirbellose. Sie bilden mit rund 2000 Arten die größte Klasse der Manteltiere.

Man nennt sie Manteltiere, weil ihr Körper von einer dicken Ausscheidung der Außenhaut, dem Mantel, umgeben ist. Seescheiden leben entweder einzeln, werden dann bis zu zehn Zentimeter groß und sind oftmals unscheinbar gefärbt. Oder sie leben in großen Kolonien, sind drei bis vier Zentimeter groß und häufig auffallend bunt gefärbt. Außerhalb des Wassers fallen Seescheiden zu gallertigen Klumpen zusammen. Zu den auffallendsten Exemplaren gehört die Rote Seescheide. Sie hat einen walzenförmigen Körper, der orange bis tiefrot gefärbt ist. Die Oberfläche ist ledrig hart und mit kleinen Erhebungen besetzt. Sie kommt in der Dauerflutzone auf sandigen Böden und in Seegraswiesen vor. Erwachsene Rote Seescheiden sind festsitzend und stehen meist in Gruppen zusammen. Alle Seescheiden sind Zwitter. Aus dem befruchteten Ei entsteht eine frei schwimmende Larve, die sich nach einigen Tagen niederlässt. Die Nahrung besteht ausschließlich aus Plankton (tierischen und pflanzlichen Schwebeteilchen).

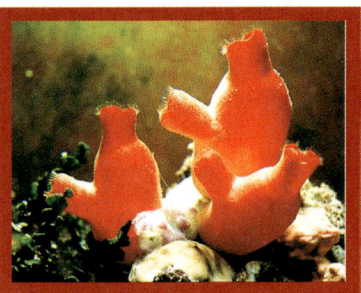

Seescheiden haben einen sack- oder knollenförmigen Körper.

Größe: bis 10 cm
Verbreitung: Mittelmeer
Farbe: orange bis tiefrot
Unterstamm: Manteltiere

Seesterne

Seesterne sind meist fünfstrahlige, sternförmige Meerestiere, die mehr oder weniger bunt gefärbt sein können. Es gibt aber auch Tiere mit sieben, acht, 13 oder sogar noch mehr Armen.

Es sind rund 1600 Arten bekannt. Der sternförmige Körper ist von verkalkten, mit Stacheln besetzten Platten umgeben. An der Unterseite der Arme befinden sich je 100 bis 200 Füßchen, die an ihrer Spitze einen Saugnapf tragen. Mit ihnen können sich Seesterne fortbewegen. In der Körpermitte auf der Unterseite liegt die Mundöffnung. Seesterne können den Magen meist ausstülpen, in die Muscheln – das ist die Lieblingsspeise von Seesternen – einführen und den weichen Muschelkörper dort verdauen. Danach zieht sich der Magen wieder zurück. Seesterne sind gesellige, am Boden lebende Meerestiere. Sie sind meist getrenntgeschlechtlich, nur wenige sind Zwitter. Weibchen legen ihre Eier im Wasser ab. Daraus entwickeln sich frei schwimmende Larven mit langen Fortsätzen und Wimpern, die sich dann zu Seesternen umwandeln. Neben Muscheln verspeisen Seesterne auch Algen, Würmer und Schwämme.

Seeferne fressen am liebsten Muscheln.

Größe: 1–90 cm
Verbreitung: weltweit
Farbe: verschieden
Stamm: Stachelhäuter

Seidenlaubenvogel

Der Seidenlaubenvogel gehört zur Familie der Laubenvögel. Sie erhielt ihren Namen aufgrund der „Lauben", die die Männchen nur zur Paarung bauen.

Das Männchen trägt ein blauschwarzes Federkleid. Das Weibchen ist grünlich grau gefärbt, sein Schwanz und die Schwingen sind braun, die Unterseite ist bräunlich und mit Sprenkeln versehen. Der Seidenlaubenvogel ist ein Allesfresser und ernährt sich von Beeren, Früchten, Samen und Insekten. Das Männchen errichtet als Balzplatz eine Art „Laube". Diese besteht aus einem Zweiggeflecht, das wie eine Allee aufgebaut wird. Das Männchen schmückt den Boden und den Vorplatz der Laube mit blauen Gegenständen wie Beeren, Blüten, Federn, Kronkorken, Metalloder Glasstücken. Die Wände der Laube bemalt es mit dem Saft blauer Beeren oder mit Holzkohle. Dazu verwendet es manchmal ein zerkautes Rindenstück als Pinsel. Das Weibchen baut auf einem Waldbaum ein Nest aus Zweigen und legt ein bis drei Eier, die es allein bebrütet.

Ein Seidenlaubenvogel

Größe: 30 cm
Verbreitung: Ostaustralien
Farbe: blauschwarz, grünlich grau
Familie: Laubenvögel

Sekretär

Seinen seltsamen Namen erhielt der Sekretär aufgrund der schwarzen Federn hinter den Ohren. Diese werden bei Erregung gespreizt und erinnern dann an die Schreibfeder, die sich die Gerichtssekretäre früher hinters Ohr steckten.

Der Sekretär ist überwiegend schwarz und hellgrau gefärbt. Seine Beine sind außergewöhnlich lang und fleischfarben. Die nackte Haut um die Augen ist orange gefärbt. Die mittleren Schwanzfedern sind stark verlängert. Der Sekretär lebt einzeln oder paarweise, ist ein kraftvoller Flieger und kann ausdauernd segeln. Den Großteil seines Lebens verbringt er jedoch am Boden, wo er mit weiten Schritten nach kleinen Säugetieren, Vögeln, Insekten und Reptilien sucht. Größere Beutetiere tötet er durch harte Fußtritte. Das Paar baut sein sehr großes Nest aus Ästen und Grasballen meist im Wipfel eines Dornbusches oder -baumes. Das Weibchen legt zwei bis vier Eier, die es allein bebrütet. Die Paare bleiben sich ein Leben lang treu.

Beim Sekretär ist die nackte Haut um die Augen orange gefärbt.

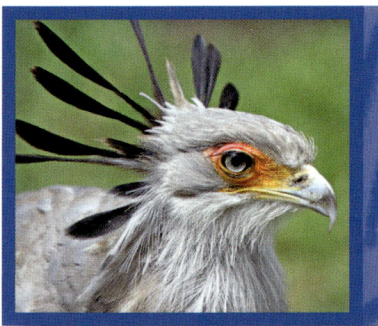

Ein Sekretär

Größe: 130–150 cm
Verbreitung: Afrika (südlich der Sahara)
Farbe: schwarz, hellgrau, rosa, orange
Familie: Sekretäre

Siebenschläfer

Der Siebenschläfer trägt seinen Namen, weil er sich im Winter für mindestens sieben Monate zur Ruhe begibt.

Oft lässt er sich auch in menschlichen Behausungen nieder. Der possierliche Siebenschläfer hat einen fast körperlangen, sehr buschigen Schwanz. Ansonsten sieht er wie eine Maus aus, die zu groß geraten ist. Er hat das typische Mäusegesicht mit den runden Ohren und großen, schwarzen Augen. Sein Fell ist am Rücken aschgrau, am Bauch weiß. Das nachtaktive Nagetier schläft tagsüber in laubgepolsterten Astlöchern, Spalten oder Vogelnistkästen. Es klettert geschickt und flink in den Ästen umher. Nachts geht der Siebenschläfer auf Nahrungssuche. Auf seiner Speisekarte stehen vor allem Früchte, Nüsse, Eicheln, Blätter, Knospen, Rinde, Beeren und Samen.

Aber Insekten, junge Vögel und Vogeleier schmecken ihm genauso gut. Das Weibchen baut an seiner Schlafstelle ein Nest aus Moos, Farnen und Gräsern und bringt pro Wurf meist vier bis sechs nackte und blinde Junge zur Welt.

Der Siebenschläfer sieht fast wie eine Maus aus.

Kopf-Rumpf-Länge: 15–20 cm
Schwanz: 15 cm
Verbreitung: Europa, Vorderasien
Farbe: grau, weiß
Familie: Bilche

Silberfischchen

Das Silberfischchen ist ein lichtscheues, flügelloses Insekt, das Feuchtigkeit liebt. Seinen Namen trägt es wegen seines silbergrauen, stromlinienförmigen Körpers.

Der Körper ist mit silbrigen Schuppen bedeckt. Zwischen den Schuppen befinden sich verschieden geformte Borsten. Das Silberfischchen trägt am Kopf lange Fühler, am Hinterleib drei kurze Fortsätze. Es ist nachtaktiv. Am liebsten frisst es stärkehaltige Stoffe wie Kleister, Bucheinbände, Zucker, Haare, Schuppen und sogar Schmutz. Auch Baumwolle, Leinen und tote Insekten lässt es nicht liegen. Das Silberfischchen lebt in menschlichen Behausungen. Bei Tag hält es sich in dunklen Ritzen und Fugen, hinter Scheuerleisten und losen Tapeten auf. Da es Wärme und Feuchtigkeit liebt, ist es oft in Küche und Bad anzutreffen. Zur Fortpflanzung befestigt das Männchen an einigen Spinnfäden Samenpakete, die das Weibchen findet, betastet und in die Geschlechtsöffnung aufnimmt.

Das Silberfischchen hat einen silbergrauen, stromlinienförmigen Körper.

Größe: etwa 1 cm
Verbreitung: weltweit
Farbe: silbergrau
Ordnung: Fischchen

Silbermöwe

Die Silbermöwe ist die am häufigsten vorkommende Möwe an unseren Küsten – zum Teil nimmt sie sogar überhand und verdrängt andere Möwen.

Ihr Gefieder ist weiß, am Rücken und an den Flügeln jedoch silbergrau. Die Flügelspitzen sind schwarz mit weißen Flecken. An der unteren Spitze des gelben Schnabels befindet sich ein roter Fleck. Die Silbermöwe ist sehr gesellig und brütet meist in Kolonien. Sie baut ihr Nest aus Gräsern und anderen Pflanzen in einem Erdloch oder auf einem Baum. Das Weibchen legt zwei oder drei Eier, die beide Eltern bebrüten. Die Silbermöwe verspeist am liebsten Fische, aber auch Krebse, Muscheln und andere Meerestiere. Auch Vögel, Eier, kleine Säugetiere und sogar Abfall und Aas schmecken ihr. Die Silbermöwe gibt verschiedene Laute von sich. Meist klingen sie wie „kiu" oder „ka", sonst hört man jauchzende, jaulende oder gackernde Rufe.

Das Gefieder der Silbermöwe ist weiß.

Größe: 55–65 cm
Flügelspannweite: 145 cm
Verbreitung: Großteil der Nordhalbkugel
Farbe: weiß, grau, schwarz
Familie: Möwen

Skorpione besitzen einen Giftstachel.

Skorpione

Die Skorpione gehören zu den Spinnentieren. Sie sind wegen ihres Giftstachels besonders gefürchtet. Die Giftwirkung des Stachels ist von Art zu Art ganz verschieden.

Die meisten Skorpione benützen diese Waffe nur zur Verteidigung, nicht zum Angriff. Der Körper der Skorpione ist flach und nicht ganz deutlich in einen Vorderkörper mit einheitlicher Rückenplatte und in einen Hinterkörper aus freien Abschnitten gegliedert. Die fünf letzten Abschnitte sind zu einem Schwanz verschmälert, der in einer scharfen Spitze mit Giftblase ausläuft. Mit ihren kräftigen Greifscheren fangen die Skorpione ihre Beute und halten sie fest. Sie können damit jedoch auch Erdgänge und Höhlen graben.

Die nachtaktiven Tiere halten sich tagsüber in Spalten und unter Steinen verborgen. Sie sind meist Einzelgänger. Skorpione sind lebend gebärend. Das Männchen setzt am Boden ein gestieltes Samenpaket ab, das vom Weibchen aufgenommen wird. Nach einigen Monaten werden die Jungskorpione geboren, die bis zur ersten Häutung auf dem Rücken der Mutter getragen werden. Skorpione ernähren sich hauptsächlich von Käfern, Schaben, Heuschrecken, Grillen, Ameisen, kleinen Eidechsen und Mäu-sen. In Mitteleuropa lebt der völlig harmlose Bücherskorpion, während in den afrikanischen und amerikanischen Wüstengebieten gefährlichere Arten wie der Kaiserskorpion vorkommen.

Größe: 5–25 cm
Verbreitung: weltweit, außer Antarktis
Farbe: braun, schwarz, beige, grün oder bläulich
Klasse: Spinnentiere

SCHON GEWUSST?
Das Gift des Sahara-Skorpions ist so stark wie das einer Kobra.

Spechte

Die Spechte sind mit 200 Arten eine große Vogelfamilie. Neben den Echten Spechten gibt es noch die Zwergspechte und die Wendehälse.

Spechte sind Stammbewohner. Mithilfe der kräftigen Krallen an ihren Zehen können sie an Ästen und Stämmen geschickt auf- und abklettern. Sie sind berühmt dafür, dass sie mit ihrem Schnabel gegen Baumstämme klopfen, um Futter zu finden und Nisthöhlen zu zimmern. Spechte haben einen gestreckten Körper mit einem starken Meißelschnabel, der fast so lang ist wie der Kopf. Der Schwanz ist keilförmig mit steifen Steuerfedern. Dieser dient als Stütze, wenn sie Baumstämme hinaufklettern.

Die Spechte bewegen sich fast nur kletternd und fliegen nur ungern weite Strecken. Ihre Jungen ziehen sie ausschließlich in Baumhöhlen auf, die sie selbst anfertigen. Dort werden durchschnittlich vier bis acht Eier etwa zwei Wochen lang von beiden Elternteilen bebrütet. Die meisten Spechte ernähren sich von Insekten, die sie in oder unter der Baumrinde finden. Einige Arten wie der Grünspecht fressen hauptsächlich Ameisen. Andere wiederum wie der Buntspecht mögen auch Früchte und Samen.

SCHON GEWUSST?
Der Schwarzspecht ist der größte europäische Specht.

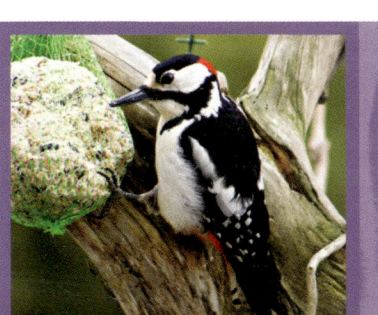

Ein Buntspecht nascht an einem Meisenknödel.

Größe: 15–55 cm
Verbreitung: Europa, Amerika, Afrika, Asien
Farbe: verschieden
Familie: Spechte

Sperber

Der Sperber ist ein Greifvogel und in seiner äußeren Gestalt die „kleine Ausgabe" des Habichts. Er bewohnt überwiegend Wälder.

Die Männchen sind kleiner als die Weibchen, oberseits blaugrau gefärbt, unterseits rostfarben quer gebändert. Die Weibchen sind oberseits dunkelgraubraun, unterseits graubraun quer gebändert. Sie haben relativ kurze, breite Flügel. Der Schwanz ist ziemlich lang. Wegen dieser Körpermerkmale kann der Sperber keine sehr hohen Fluggeschwindigkeiten erreichen, ist aber bei der Jagd sehr wendig. Er ist ein Überraschungsjäger und jagt meist aus dem bodennahen Flug oder von einem Ansitz aus. Zu seinen Beutetieren gehören hauptsächlich Singvögel. Der Sperber errichtet seinen Horst meist in Stammnähe auf einer Astgabel. Das Weibchen legt vier bis sechs Eier, die es allein bebrütet. Die Jungvögel werden von beiden Eltern aufgezogen.

Der Sperber bewohnt überwiegend Wälder.

Ein Sperber

Größe: 30–38 cm
Verbreitung: Europa, Nordafrika, Asien
Farbe: graubraun, weiß, blaugrau
Familie: Habichtartige

Spitzmäuse

Aufgrund ihres mäuseähnlichen Aussehens werden Spitzmäuse oft für Mäuse gehalten. Mit diesen sind sie aber nicht näher verwandt. Neben Igeln und Maulwürfen gehören sie nämlich zu den Insektenfressern.

Der Name Spitzmaus deutet auf eine lange, spitze Schnauze hin. Diese ist ein sehr gut entwickeltes Riech- und Tastorgan mit langen, beweglichen Tasthaaren. Dafür können Spitzmäuse mit ihren kleinen Augen nicht sehr gut sehen. Die Spitzmäuse zählen zu den kleinsten Säugetieren überhaupt. Doch sie können täglich mehr als ihr doppeltes Körpergewicht verzehren. Spitzmäuse sind sehr lebhaft und vorwiegend Bodenbewohner. Sie leben als Einzelgänger in selbst gegrabenen Höhlen.

Sie können nicht gut klettern. Wasserspitzmäuse haben sich an ein Leben im Wasser angepasst. Es gibt tagaktive und nachtaktive Arten. Spitzmäuse sind vorwiegend Insektenfresser, verspeisen aber auch Regenwürmer und andere Wirbellose. Die Weibchen bringen mehrmals im Jahr jeweils bis zu zehn nackte und blinde Junge zur Welt.

Spitzmäuse zählen zu den Insektenfressern.

Kopf-Rumpf-Länge: 3–18 cm
Schwanz: verschieden
Verbreitung: weltweit, außer Australien und Polarregionen
Farbe: grau, braun
Familie: Spitzmäuse

Spottdrossel

Die Spottdrossel, ein nordamerikanischer Singvogel, trägt ihren Namen zu Recht, denn sie ahmt viele Vogelstimmen nach und verbindet sie auch mit dem eigenen Gesang.

Das Männchen singt Tag und Nacht. Die Spottdrossel ist an der Oberseite graubraun, am Bauch weißlich. Sie trägt schwarze Schwungfedern mit zwei weißen Flügelbinden. Im Flug kann man ein weißes Flügelabzeichen erkennen. Der Schwanz ist lang, schwarz und hat weiße Außenkanten. Die Spottdrossel bewohnt parkartig offene Landschaften, lebt aber auch in Siedlungen. Mit ihren langen Beinen sucht sie auf dem Boden nach Insekten, die neben Früchten, Beeren und Samen zu ihrer Nahrung gehören. Sie gilt als furchtlos und aggressiv und verteidigt ein nahrungsreiches Gebiet vehement gegen Eindringlinge. Die Spottdrossel baut ein schalenförmiges Nest aus Zweigen im Gebüsch. Das Weibchen legt drei bis sechs Eier, die es allein bebrütet.

SCHON GEWUSST?
Die Spottdrossel kann sogar das Zirpen der Grillen und das Quaken der Frösche nachahmen.

Die Spottdrossel ist ein nordamerikanischer Singvogel.

Größe: 25–28 cm
Verbreitung: Nordamerika
Farbe: graubraun, schwarz, weiß
Familie: Spottdrosseln

Springbock

Der Springbock ist eine zierliche, elegante Antilope, die mit meterhohen Sprüngen ihrem Namen alle Ehre macht. Sie ist in Afrika heimisch.

Das Fell des Springbocks ist gelblich braun gefärbt, am Bauch weiß und mit breiten, rotbraunen Seitenstreifen versehen. Das Gesicht ist schwarz-weiß gezeichnet. Entlang des Rückens befindet sich eine Hautfalte, in der eine weiße Mähne verborgen ist. Diese kann man nur sehen, wenn das Tier mit steifen Beinen und gekrümmtem Rücken hochspringt. Beide Geschlechter tragen leierartig gebogene Hörner, die beim Männchen 30 bis 50 Zentimeter lang, beim Weibchen kürzer und dünner sind. Springböcke bewohnen trockene, offene Ebenen und Hügelland sowie den lichten Busch. Sie sind tag- wie nachtaktiv, ruhen aber über die Mittagszeit. Springböcke leben in nach Geschlechtern getrennten sowie in gemischten Rudeln. Das Weibchen bringt jeweils ein Junges zur Welt, das in den ersten Lebenswochen in einer Deckung liegen bleibt. Dann läuft es im Rudel der Weibchen mit. Die Nahrung besteht aus Gras, Kräutern, Laub und Wurzelknollen.

Springböcke ruhen über die Mittagszeit.

Kopf-Rumpf-Länge: 120–150 cm
Schwanz: 20–27 cm
Verbreitung: Süd- und Südwestafrika
Farbe: gelblich braun, rotbraun, weiß
Familie: Hornträger

Springfrosch

Der Springfrosch kann mit seinen langen Hinterbeinen bis zu einen Meter hoch und zwei Meter weit springen.

Springfrösche sind schlanke Froschlurche mit einer spitzen Schnauze. Sie sind an der Oberseite gelb- bis rotbraun gefärbt, haben dunkle Querbinden auf den Hinterbeinen und zwei hellere Drüsenleisten auf dem Rücken. Die Unterseite ist hell, manchmal gefleckt. Hinter dem Auge befindet sich ein großer, dunkler Fleck. Die Pupillen sind waagerecht. Er lebt in lichten Laubwäldern und auf Feuchtwiesen. Zur Fortpflanzungszeit ist er eher nachtaktiv, danach tag- und nachtaktiv. Außerhalb der Fortpflanzungszeit hält sich der Springfrosch oft weit entfernt von Gewässern auf. Er ernährt sich von Insekten, Würmern und Schnecken. Die Paarung erfolgt im Wasser. Das Weibchen laicht in kleineren stehenden Gewässern. Die Laichballen mit bis zu 1800 Eiern werden an Wurzeln oder Pflanzenstängeln angeheftet.

Der Springfrosch kann bis zu zwei Meter weit springen.

Größe: 6–8 cm
Verbreitung: Mittel- und Osteuropa
Farbe: gelb- bis rotbraun
Familie: Echte Frösche

Springspinnen

Ihren Namen verdankt diese Spinnenfamilie der Art und Weise, wie sie ihre Beute jagt. Sie lauert am Boden oder an Hauswänden auf ihre Opfer und springt sie an.

Springspinnen haben zwar auch Spinndrüsen, verwenden sie aber nicht zum Bau von Spinnennetzen, sondern zum Bau von Eikokons. Die Familie der Springspinnen umfasst rund 4000 Arten unterschiedlichster Farben und Formen. Springspinnen haben einen gedrungenen Körper. Sie besitzen acht Augen, die in drei Reihen angeordnet sind. Springspinnen halten sich an sonnenbeschienenen, trockenen Stellen auf. Sie sind tagaktiv und verstecken sich nachts im selbst gesponnenen Unterschlupf. Beim Springen ziehen sie einen Sicherheitsfaden hinter sich her, sodass sie sich bei einem möglichen Fehlsprung zum Absprungsort zurückhangeln können. Springspinnen ernähren sich von kleinen Insekten, vor allem von Fliegen, Mücken und Ameisen. Die häufigste europäische Art ist die Zebra-Springspinne. Sie erhielt ihren Namen aufgrund der schwarz-weißen Zeichnung, die an ein Zebra erinnert.

Springspinnen können sehr weit springen.

Größe: bis 12 mm
Verbreitung: weltweit
Farbe: tropische Arten sehr bunt
Familie: Springspinnen

SCHON GEWUSST?
Die Ameisen-Springspinne ahmt zu ihrem Schutz in Aussehen und Verhalten Ameisen nach.

Spulwurm

Der Spulwurm ist einer der größten und weitverbreitetsten Parasiten, die Menschen und Tiere (zum Beispiel Affen) befallen.

Der fadenförmige, rosafarbene Wurm lebt im Dünndarm des Menschen. Er hat ein regenwurmartiges Aussehen. Ein Weibchen kann im Darm des Wirts täglich bis zu 200.000 Eier legen – und das neun Monate lang. Die Eier haben eine dicke Schale, die nicht von den Darmsäften angegriffen wird. Sie gelangen mit dem Kot des Wirts in die Umwelt. Im Ei entwickelt sich eine Larve, die innerhalb der Schale jahrelang lebensfähig ist. Wird das Ei von einem anderen Wirt aufgenommen, schlüpft im Dünndarm die Larve. Sie bohrt sich durch die Darmwand und wandert über den Blutstrom in die Leber und dann zum Herzen, wo sie weitere Entwicklungen durchmacht. Schließlich gelangt die Larve zum Kehlkopf. Der Wirt hustet sie entweder ab oder schluckt sie. Im zweiten Fall gelangt die Larve wieder in den Dünndarm und wächst hier zum erwachsenen Tier heran. Dieser Durchlauf im Körper des Wirts dauert etwa 30 Tage.

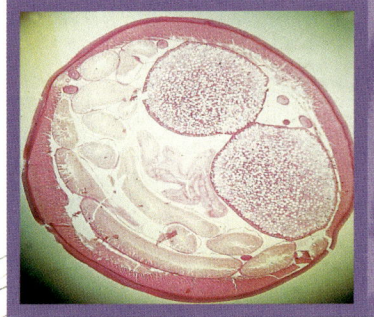

Der Spulwurm ist einer der größten und weitverbreitetsten Parasiten.

Größe: 25–40 cm
Verbreitung: weltweit
Stamm: Fadenwürmer

Stachelschweine

Stachelschweine sind eine Familie der Nagetiere mit fünf Arten. Sie kommen in den Tropen und Subtropen der Alten Welt vor.

Die Stachelschweine haben die längsten Stacheln unter den Säugetieren. Einzelne Stacheln können bis zu 40 Zentimeter lang werden. Dabei handelt es sich um umgewandelte Haare. Ihr Fell ist borstig, schwarzbraun und besitzt teilweise eine lange Nackenmähne. Die schwarz-weiß geringelten Stacheln tragen die Stachelschweine an Rücken und Schwanz. Die Stacheln sind scharf und können bei Berührung Entzündungen verursachen. An der Schwanzspitze

Die Stachelschweine haben die längsten Stacheln unter den Säugetieren.

befinden sich hohle, kapselartige Stacheln, die man Rasselbecher nennt. Wird der Schwanz bei Erregung geschüttelt, erzeugt er ein rasselndes Geräusch. Die nachtaktiven Bodenbewohner leben in kleinen Familiengruppen und ruhen tagsüber in selbst gegrabenen Erdhöhlen oder von anderen Tieren übernommenen Bauen. Die Stachelschweine ernähren sich von Blättern, Wurzeln und Knollen, Früchten, Rinde und gelegentlich auch von Insekten oder Aas. Die Weibchen bekommen pro Wurf meist ein bis zwei Junge, die offene Augen und noch weiche Stacheln haben.

Die Stacheln des Stachelschweins sind schwarz-weiß geringelt.

Kopf-Rumpf-Länge: 45–90 cm
Schwanz: 5–15 cm
Verbreitung: Süd- und Südwestafrika
Farbe: schwarzbraun
Familie: Stachelschweine

Staubläuse

Staubläuse sind Insekten mit etwa 3000 bekannten Arten, von denen die meisten in den tropischen und subtropischen Gebieten beheimatet sind.

Bei uns sind vor allem die Bücherläuse bekannt, die versteckt in staubigen und verpilzten Schlupfwinkeln leben. Die meisten Arten haben vier dachartig gefaltete Flügel, einige sind flügellos oder schuppenflügelig. Die Staubläuse besitzen ganz besondere Mundwerkzeuge, die sowohl kauend-beißend als auch saugend sind. Viele Arten haben Spinndrüsen an der Unterlippe. Man findet Staubläuse in der Natur in Wäldern, an Bäumen und Sträuchern, in Häusern hinter Tapeten, in Papierablagen und verstaubten Büchern. Staubläuse können besser laufen als fliegen. Sie bewegen sich beim Laufen ruckweise fort, wobei ungeflügelte Tiere geschickter sind als geflügelte. Die Fortpflanzung erfolgt nicht bei allen Arten einheitlich. Manche vermehren sich auch ohne Befruchtung. Staubläuse ernähren sich hauptsächlich von Algen, Pilzen, Flechten.

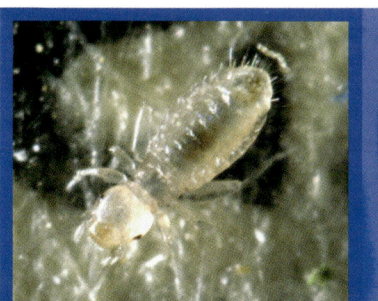

Bücherläuse gehören zu den Staubläusen.

Größe: 0,7–10 mm
Verbreitung: weltweit
Farbe: verschieden
Klasse: Insekten

SCHON GEWUSST?

Steinadler können sich sogar in der Luft auf den Rücken drehen und so die Beute von unten packen.

Der Steinadler hat ein dunkelbraunes Federkleid mit goldgelbem Nacken und Oberkopf.

Steinadler

Der Steinadler ist der häufigste und weitverbreitetste Adler der Nordhalbkugel. Weil er so geschickt und majestätisch fliegt, nennt man ihn auch „König der Lüfte".

Der Steinadler hat ein dunkelbraunes Federkleid mit goldgelbem Nacken und Oberkopf. Der Schwanz trägt einen breiten, weißen Streifen und einen schwarzen Querstreifen. Die Weibchen werden größer als die Männchen. Der Steinadler ist Einzelgänger und lebt mit einem Partner in lebenslanger Ehe zusammen. Sobald er ein Beutetier erspäht hat, stürzt er sich im Stoßflug darauf und tötet es in der Luft oder auf dem Boden. Oft jagen zwei Adler auch gemeinsam: Einer hetzt die Beute, bis sie müde ist. Der andere tötet dann das erschöpfte Tier. Der Steinadler baut einen großen Horst aus Ästen und Zweigen auf Felsbändern, in Felshöhlen oder auf alten Bäumen. Das Weibchen legt zwei Eier, die es allein bebrütet. Die Jungvögel werden von beiden Eltern versorgt. Steinadler jagen vor allem Murmeltiere, aber auch größere Säugetiere sowie Vögel wie Krähen, Birkhühner und Alpenschneehühner.

Der Steinadler ist der König der Lüfte.

Größe: 75–90 cm
Flügelspannweite: bis 230 cm
Verbreitung: Europa, Nordasien, Nordamerika, Nordafrika
Farbe: dunkelbraun
Familie: Greifvögel

Steinbock

Der Steinbock ist wegen seiner besonderen Kletterkünste sehr berühmt. In den Hochgebirgsregionen der Alpen lebt er vor allem in steilem, unzugänglichem Gelände. Dort springt er jedoch äußerst sicher von Fels zu Fels, ohne abzustürzen.

Das Fell des Steinbocks ist im Sommer gelblich braun, im Winter graubraun. Beide Geschlechter tragen Hörner, die beim Männchen bis zu einen Meter lang und 15 Kilogramm schwer werden. Sie sind in weitem Bogen nach hinten gekrümmt. Beim Weibchen werden die Hörner nur etwa 30 Zentimeter lang. Die Männchen haben einen kleinen Kinnbart. Steinböcke sind am Tag aktiv. Sie fressen vor allem am frühen Morgen und abends. Tagsüber ruhen sie. Auf ihrer Speisekarte stehen Kräuter, Gras, Laub und Triebe von Sträuchern. Außerhalb der Paarungszeit leben Männchen (Böcke) und Weibchen (Geißen) in getrennten Rudeln von höchstens 30 Tieren. Das Weibchen bringt meist nur ein Junges zur Welt, das schon bald der Mutter sogar in Steilhängen folgen kann.

Ein Steinbock

Kopf-Rumpf-Länge: 100–150 cm
Schwanz: 15 cm
Verbreitung: Europa, Asien, Nordafrika
Farbe: gelblich braun bis graubraun
Familie: Hornträger

Steinfisch

Der Steinfisch, auch Lebender Stein genannt, ist der giftigste Fisch der Welt. Sein Gift kann auch für den Menschen tödlich sein.

Der Körper des Steinfischs ist plump und seitlich etwas zusammengedrückt. Die Brustflossen sind groß. Die Rückenflossenstacheln sind mit Giftdrüsen versehen. Der Steinfisch hat einen großen Kopf und ein nach oben gerichtetes Maul. Die Haut ist schuppenlos, dafür jedoch mit Warzen und Hautfetzen bedeckt, die den Fisch wie einen bewachsenen Stein aussehen lassen. Daher hat er auch seinen Namen. Durch die fleckige Färbung und die unregelmäßige Form ist er gut getarnt, wenn er zwischen den Steinen am Meeresgrund versteckt liegt und auf vorbeischwimmende Beute wartet. Der Steinfisch verspeist am liebsten Fische und Krebstiere. Er ist ein Einzelgänger, nur zur Paarung werden Gruppen gebildet. Das Weibchen legt Eipakete mit mehreren Tausend Eiern ab, die unter die Wasseroberfläche schwimmen. Dort schlüpfen die Larven und entwickeln sich zu Jungfischen.

Das Gift des Steinfischs kann auch für den Menschen tödlich sein.

Größe: 30–40 cm
Verbreitung: Indopazifik
Farbe: braun bis graubraun
Familie: Skorpionsfische

Steinpicker

Der Steinpicker ist ein am Boden lebender Knochenfisch aus der Familie der Panzergroppen. Es gibt etwa 40 Arten.

Der Körper der Steinpicker ist lang gestreckt. Er ist mit kräftigen, kantigen Knochenplatten bedeckt, die einen richtigen Panzer bilden. Der breite, flache Kopf ist ebenfalls gepanzert. An der Kopfunterseite befinden sich zahlreiche Bartfäden, an der Schnauzenspitze zwei Paar Stacheln. Steinpicker sind hellbraun bis rötlich gefärbt. Sie leben auf Schlamm-, Sand- und Geröllgrund in fünf bis 5000 Meter Tiefe. Als Bodenfische vergraben sie sich meist im Untergrund, wo sie sich von Würmern, Kleinkrebsen und kleineren Bodenfischen ernähren. Die Weibchen legen 300 gelbe Eier in Haufen an Tang und Wasserpflanzen ab. Die Jungfische schlüpfen etwa zehn Monate später.

Der Steinpicker zählt zu den Knochenfischen.

Größe: bis 20 cm
Verbreitung: Atlantik, Nord- und Ostsee
Farbe: hellbraun bis rötlich
Familie: Panzergroppen

SCHON GEWUSST?
Der Neunstachelige Stichling oder Zwergstichling ist mit vier bis sechs Zentimeter Körperlänge der kleinste, heimische Süßwasserfisch.

Stichlinge

Kennzeichnend für die Stichlinge sind die scharfen Einzelstacheln vor ihrer Rückenflosse, denen sie auch ihren Namen verdanken.

Zu den bekanntesten Arten zählt der Dreistachelige Stichling. Sein Körper ist lang gestreckt, seitlich etwas abgeflacht und schuppenlos. Die Seiten sind mit schmalen Knochenplatten bedeckt. Vor der Rückenflosse befinden sich drei frei stehende, bewegliche Stacheln. Das Männchen trägt ein prächtiges Hochzeitskleid: Die Brust ist orange- bis kirschrot, der Rücken blaugrün. Sonst ist die Färbung eher unauffällig. Der Dreistachelige Stichling lebt als Schwarmfisch in Süßgewässern. Er ernährt sich von Insektenlarven, Würmern und Fischbrut. Zur Paarungszeit wedelt das Männchen mit dem Schwanz eine Grube aus und baut aus Pflanzenteilen und einer klebrigen Absonderung seiner Niere ein festes Nest mit zwei Öffnungen. Dann führt es einen Zickzacktanz auf und treibt ein oder mehrere Weibchen zur Eiablage durch das Nest. Das Männchen betreibt Brutpflege, fächelt den Eiern Frischwasser zu und vertreibt Eindringlinge aus dem Revier. Bei Gefahr nimmt das Männchen die Jungfische ins Maul und spuckt sie ins schützende Nest.

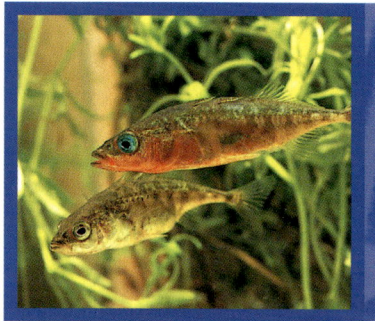

Stichlinge sind Fische mit scharfen Stacheln.

Größe: bis 11 cm
Verbreitung: Europa, Nordafrika, -asien und -amerika
Farbe: silbrig, blaugrün, orange-rot
Familie: Stichlinge

Stieglitz

Der Stieglitz erhielt seinen Namen aufgrund seines klingelnden Flugrufs: „stiglitt". Wegen seiner Vorliebe für Distelsamen wird er auch Distelfink genannt.

Der Stieglitz hat eine schlanke Gestalt. Durch sein rotes Gesicht, die schwarz-weiße Kopfzeichnung und die gelbe Flügelbinde ist er unverkennbar. Er ist am Rücken zimtfarben, Schwanz und Flügel sind schwarz, Unterseite und Bürzel weiß. Der Stieglitz bewohnt lichte Wälder und Hecken. In Siedlungen kommt er in Gärten und Parks mit Laubbäumen vor. Außerhalb der Brutzeit ist er sehr gesellig. Er brütet manchmal in lockeren Kolonien. Das Weibchen baut ein dickwandiges Nest aus verfilzter Pflanzenwolle, Moos und Gras, das meist in Baumkronen liegt. Es legt vier bis sechs Eier, die es allein bebrütet. Der Stieglitz ernährt sich von Samen von Stauden und Bäumen, darunter am liebsten von verschiedenen Distelarten. Er frisst auch kleine Insekten, vor allem Blattläuse.

Durch sein rotes Gesicht ist der Stieglitz unverkennbar.

Größe: 12 cm
Flügelspannweite: 21–25 cm
Verbreitung: Europa, Nordafrika, West- bis Mittelasien
Farbe: silbrig, blaugrün, orange-rot
Familie: Finken

Stinktiere

Mit der auffälligen schwarz-weißen Zeichnung ihres Fells geben Stinktiere ihren Feinden zu verstehen: „Halte dich fern, wir können eine scheußlich stinkende Flüssigkeit verspritzen!"

Stinktiere werden auch Skunks genannt und gehören zur Familie der Marder. Sie sind etwa hauskatzengroß mit langem, sehr buschigem Schwanz. Ihr Fell ist langhaarig, schwarz und mit zwei weißen Längsstreifen versehen, die vom Hinterkopf bis zum Schwanz reichen. Stinktiere sind Bodenbewohner und überwiegend in der Dämmerung und nachts munter. Sie bewohnen selbst gegrabene oder von anderen Tieren übernommene Erdbaue. In kalten Regionen halten sie Winterruhe. Stinktiere haben einen sehr abwechslungsreichen Speiseplan – von Insekten, Würmern und Mäusen bis hin zu Pflanzen fressen sie alles. Manchmal fangen sie mit einer Vorderpfote Fische. Bei Erregung recken Stinktiere den buschigen Schwanz hoch, der dann wie ein Staubwedel über den Kopf des Stinktiers ragt. Das Weibchen bringt pro Wurf zwei bis zehn nackte und blinde Junge zur Welt. Es gibt auch den gefleckten Fleckenskunk und die Vertreter mit rüsselartig verlängerter Nase wie den Ferkelskunk.

Stinktiere haben einen sehr buschigen Schwanz.

Kopf-Rumpf-Länge: 35–50 cm
Schwanz: 25 cm
Verbreitung: Nordamerika
Farbe: schwarz, weiß
Familie: Marder

Stockente

Die Stockente ist die häufigste einheimische Schwimmente und die Stammform der meisten Hausenten.

Im Hochzeitskleid haben die männlichen Stockenten einen flaschengrünen Hals und Kopf, einen gelben Schnabel und einen weißen Halsring. Die Brust ist rostbraun gefärbt, der Rücken bräunlich grau, die Unterseite und Seiten hellgrau. Der Schwanz ist schwarz-weiß. Die Weibchen sehen viel schlichter aus und sind einfach beigebraun meliert. Außerhalb der Brutzeit tragen auch die Männchen ein unscheinbares Gefieder und sind dann ebenfalls beige-braun bis olivfarben. Stockenten leben in stehenden und langsam fließenden Gewässern. Sie sind Allesfresser und ernähren sich von Wasserpflanzen, Samen, im Wasser lebenden Wirbellosen, aber auch von kleinen Wirbeltieren. Sie suchen vor allem im flachen Wasser gründelnd nach Nahrung. Das Weibchen baut ein gut getarntes Nest in Wassernähe und kleidet es mit Dunen aus. Es legt fünf bis 13 Eier, die es allein bebrütet. Die Jungen sind Nestflüchter und folgen sofort den Eltern.

Ein Stockentenmännchen im Hochzeitskleid

Größe: 50–60 cm
Verbreitung: Europa, Asien, Nordamerika
Farbe: beige-braun, flaschengrün, gelb, weiß, rostbraun, grau
Familie: Entenvögel

Störche

Störche sind eine Familie der Schreitvögel. Charakteristisch sind der lange Hals, die langen Beine und der große Schnabel.

Die in Europa bekannteste Art ist der Weißstorch. Er ist weiß mit schwarzen Arm- und Handschwingen. Er hat lange, rote Beine und einen langen, roten Schnabel. Die Weißstörche verständigen sich durch Klappern mit dem Schnabel. Besonders laut sind sie bei der Begrüßung des Partners bei der Brutablösung und während der Balz. Sie ernähren sich von Insekten, Fröschen, Würmern, Fischen, Mäusen und auch von Aas. Bei der Nahrungssuche schreiten sie durch Wiesen und Sümpfe und stoßen blitzartig mit dem Schnabel auf die Beute herab. Der Weißstorch baut einen großen Horst aus Reisig auf Felsvorsprüngen, Bäumen, Gebäuden und Strommasten. Das Weibchen legt drei bis fünf Eier. Als Zugvogel fliegt der Weißstorch nach Afrika zum Überwintern. Er nutzt dabei die warmen Aufwinde, die er nur über dem Land findet. Deshalb umfliegen die Störche auf dem Zug von und nach Afrika das Mittelmeer.

Der Weißstorch ist in Europa am bekanntesten.

Größe: 100–115 cm
Verbreitung: Süd- und Osteuropa, Nordwestafrika, Südwest- und Ostasien
Farbe: weiß, schwarz, rot
Familie: Störche

SCHON GEWUSST?

Der Hausen, der in der Adria, im Kaspischen Meer, im Schwarzen Meer und in der Wolga vorkommt, ist der größte Stör. Aus seinen Eiern wird Kaviar hergestellt.

Störe

Die Störe gehören zu den größten Süßwasserfischen und sind wertvolle Nutztiere. Störe sind recht urtümliche Fische.

Ihr Körper ist lang gestreckt und mit fünf Längsreihen eckiger Knochenschilde bedeckt. Die Rückenflosse liegt weit hinten, die Schwanzflosse ist nach oben gebogen. Das rüsselförmige Maul ist zahnlos, befindet sich an der Unterseite und trägt vier Bartfäden. Sie dienen den Stören zum Aufspüren der Nahrung am Gewässergrund. Störe ernähren sich von wirbellosen Bodentieren, Fischen, Schnecken und Krebsen, die sie kräftig einsaugen. Es gibt wandernde Formen, die im Meer leben und zum Laichen in die Flüsse zurückkehren. Störe werden sehr spät geschlechtsreif. Die Weibchen der großen Arten laichen erst im Alter von 20 Jahren. Störe können überhaupt ein sehr hohes Alter erreichen – sie werden 80 bis 100 Jahre alt!

Störe sehen sehr urtümlich aus.

Größe: bis 5 m
Verbreitung: europäische Küstengewässer, sibirische Flüsse
Farbe: graubraun
Familie: Echte Störe

Strauß

Der flugunfähige Afrikanische Strauß ist nicht nur der schwerste und höchste Vogel, sondern auch der schnellste Läufer; kurzfristig erreicht er Geschwindigkeiten von knapp 100 Kilometern in der Stunde.

Die Männchen haben ein schwarzes Gefieder. Davon setzen sich die Schwungfedern der Flügel und der Schwanz weiß ab. Die Weibchen tragen dagegen ein unscheinbares, erdbraunes Federkleid. Je nach Rasse sind Hals und Beine rosa oder blaugrau gefärbt. Der Strauß hat kräftige Laufbeine mit zwei Zehen, einen langen Hals, einen kleinen Kopf und sehr große Augen, die mit fünf Zentimeter Durchmesser die größten Augen aller Landwirbeltiere sind. Er bewohnt die trockenen Savannen West-, Ost- und Südafrikas. Strauße leben paarweise oder in klei-

Strauße können tagelang ohne Wasser auskommen.

nen Trupps und sind oft mit Gnus und Antilopen vergesellschaftet, die sie vor Feinden warnen. Sie fressen die von den Herden aufgescheuchten Tiere. Auf ihrer Speisekarte stehen zum Beispiel große Insekten, Reptilien und kleine Säugetiere sowie Früchte.

Ein Strauß kann tagelang ohne Wasser auskommen. Das Männchen hat einen Harem aus drei bis fünf Weibchen, die ihre Eier in einem gemeinsamen Nest ablegen. Nur das Hauptweibchen und das Männchen brüten. Die Jungvögel sind Nestflüchter.

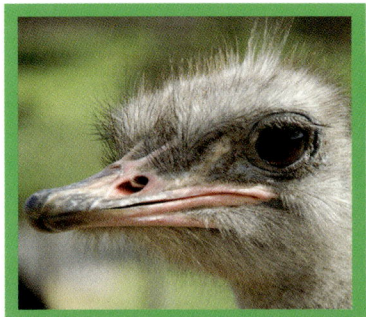

Der Strauß ist ein schneller Läufer.

Größe: 2–2,5 m
Verbreitung: Afrika
Farbe: schwarz, weiß, erdbraun
Familie: Strauße

Streifenhörnchen

Die Streifenhörnchen sind Nagetiere mit 25 Arten, von denen die meisten in Nordamerika heimisch sind und Chipmunk genannt werden.

Nur eine Art ist in Eurasien beheimatet, das Sibirische Streifenhörnchen oder Burunduk. Kennzeichnend für alle Arten ist die Streifung des Fells: Auf einem graubraunen bis rotbraunen Grund ziehen sich schwarze und weiße Längsstreifen über den Rücken. Streifenhörnchen haben einen buschigen Schwanz und große Backentaschen und werden daher auch Backenhörnchen genannt. Streifenhörnchen sind tagaktiv und

gesellig. Sie leben in Kolonien, in denen aber jedes Tier einen eigenen Bereich beansprucht. Sie klettern gut, halten sich aber überwiegend am Boden auf. Streifenhörnchen graben große Erdbaue, in denen sie von Oktober bis März/April Winterschlaf halten. Das Weibchen bekommt ein- bis zweimal im Jahr jeweils zwei bis sechs nackte und blinde Junge. Streifenhörnchen ernähren sich von Samen, Beeren, Pilzen, Knospen und auch von Insekten.

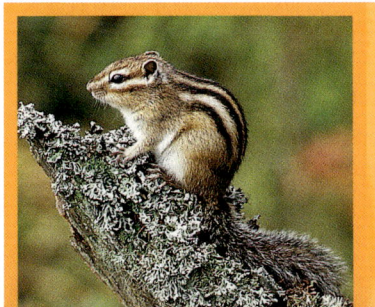

Streifenhörnchen haben große Backentaschen.

Kopf-Rumpf-Länge: 13–15 cm
Schwanz: etwa 10 cm
Verbreitung: Eurasien, Nordafrika
Farbe: gelbbraun, weiß, dunkle Streifen
Familie: Hörnchen

Streifenkiwi

Der Streifenkiwi ist die größte Art der Kiwis, die nur auf Neuseeland vorkommen.

Der Streifenkiwi trägt ein rußbraunes Federkleid, das fellartig ist. Er hat einen kleinen Kopf mit kleinen Augen. An der Wurzel seines langen, schlanken, nach unten gebogenen Schnabels finden sich Tastborsten, die umgebildete Federn sind. Kiwis sind flugunfähige, sehr ausdauernde Laufvögel, die nachts mit dem Schnabel im Boden stochernd nach Nahrung suchen. Sie verspeisen am liebsten Würmer, Insekten, Spinnen und Beeren. Der Streifenkiwi sieht schlecht, hört und riecht dafür aber ausgezeichnet. Sein Nest baut er in Erdlöchern oder unter Wurzeln. Die ein bis zwei Eier brütet das Männchen allein aus. Mit 85 Tagen haben Streifenkiwis die längste Brutdauer aller Vögel. Der Kiwi hat einen schrillen Ruf, der wie „kiwii" klingt – daher auch der Name!

Der Streifenkiwi ist in Neuseeland heimisch.

Größe: 50–65 cm
Verbreitung: Neuseeland
Farbe: braun
Familie: Kiwis

Stubenfliege

Die Stubenfliege ist der bekannteste Vertreter der Familie der Echten Fliegen und wohl eines der häufigsten Insekten überhaupt.

Die Stubenfliege hat einen grauen Körper mit vier Längsstreifen auf dem Brustabschnitt. Der Körper ist vollständig mit Haaren bedeckt. Sie hat große rote Facettenaugen, die beim Männchen aneinanderstoßen, beim Weibchen nicht. Die Weibchen sind etwas größer als die Männchen. Die Stubenfliege hat einen sogenannten Tupfrüssel ohne Stechapparat. Sie ernährt sich von Abfallstoffen aller Art. Das Weibchen legt wiederholt bis zu 150 Eier auf verwesenden Stoffen, Tierkot, Misthaufen und Müllkippen ab. Die Larven sind kopf- und beinlose Maden, die sich krümmend fortbewegen. Sie ernähren sich von den verwe-

senden Stoffen, in denen sie geschlüpft sind. Nach zweimaligem Häuten entwickeln sie sich zu sogenannten Tönnchenpuppen, die gesprengt werden, damit die fertigen Fliegen ihre Puppenbehälter verlassen können. Die Jungfliegen sind bereits nach drei Tagen paarungsbereit.

Die Stubenfliege gehört zu den Echten Fliegen.

Größe: 5–8 mm
Verbreitung: weltweit
Farbe: grau
Familie: Echte Fliegen

Die Stubenfliege hat große rote Facettenaugen, die beim Männchen aneinanderstoßen, beim Weibchen nicht.

Sumpfschildkröten

Sumpfschildkröten führen, wie der Name schon sagt, ein an das Wasser gebundenes Leben. Bei uns heimisch ist die Europäische Sumpfschildkröte.

Der Rückenpanzer der Sumpfschildkröten ist oft braun oder schwarz, kann jedoch ein Muster aus feinen gelben Punkten oder Linien tragen, die oft auf den einzelnen Schilden strahlenförmig angeordnet sind. Der Panzer ist eirund, abgeflacht und im Bauchbereich hell. Die Beine sind mit Schuppen besetzt. Zwischen den Zehen spannen sich Schwimmhäute. Die Europäische Sumpfschildkröte lebt in stillen oder langsam fließenden Gewässern, im Uferbereich von Seen, in Teichen oder Gräben. Sie sonnt sich gern am Ufer auf Steinen, taucht bei Gefahr jedoch sofort ins Wasser. Das Weibchen legt neun bis 15 Eier in einer selbst gegrabenen Grube in feuchtem Boden ab, aus denen nach 80 bis 120 Tagen die Jungtiere schlüpfen und sofort ins Wasser gehen. Die Sumpfschildkröte ernährt sich von Fischen, Fröschen und Molchen sowie von im Wasser lebenden Schnecken, Krebstieren und Insektenlarven. Ihre Beute hält sie beim Fressen mit den Vorderbeinen fest.

SCHON GEWUSST?
Die Europäische Sumpfschildkröte ist ein guter Schwimmer und kann lange tauchen.

Sumpfschildkröten nehmen ein Bad.

Größe: 20–25 cm (Panzerlänge)
Verbreitung: Süd- und Osteuropa, Nordostasien
Farbe: braun oder schwarz, mit Muster
Familie: Sumpfschildkröten

Das Tagpfauenauge gehört zu den Edelfaltern.

Tagpfauenauge

Das Tagpfauenauge ist einer unserer schönsten und größten Schmetterlinge und gehört zu den Edelfaltern.

Die vier Flügel des Tagpfauenauges sind braunrot. Jeder trägt auf der Oberseite einen großen, bunt schillernden Fleck, der an den Augenfleck einer Pfauenfeder erinnert. Aufgrund dieses Flecks hat das Pfauenauge seinen Namen bekommen. Die Unterseite der Flügel ist schwarzbraun. Das Tagpfauenauge kommt auf Blumenwiesen, in Gärten, Parks und sogar mitten in der Stadt vor. Der eifrige Blumenbesucher saugt bei sonnigem Wetter an verschiedenen Blütenpflanzen, aber am liebsten an rotvioletten Blüten. Das Weibchen legt seine Eier in Häufchen an die Blattunterseiten der Brennnesselpflanze, an der die Raupen mit Vorliebe fressen. Die Raupen leben in Gruppen und spinnen ein Gespinst um sich herum, damit sie vor den Fressfeinden, zum Beispiel vor Vögeln, geschützt sind. Der aus der Puppe schlüpfende Falter überwintert meist in Höhlen oder Tierbauen.

Auf seinen Flügeln trägt das Tagpfauenauge Augenflecke.

Flügelspannweite: 5,5–6 cm
Verbreitung: Europa
Farbe: rotbraun
Familie: Edelfalter

Tannenmeise

Die Tannenmeise ist die kleinste Meisenart. Sie hat äußerlich viel Ähnlichkeit mit der Kohlmeise, die in unseren Gärten häufig zu sehen ist.

Die Tannenmeise hat einen schwarzen Scheitel mit einem charakteristischen weißen Fleck am Nacken. Ihre Wangen sind weiß oder weißlich, am Kinn ist sie schwarz gefärbt. Die Unterseite des Federkleids ist gelblich bis weißlich, die Seiten rahmfarben. Die Oberseite ist bläulich grau bis olivgrau. Die Tannenmeise hält sich gerne in Tannenwäldern auf, besucht aber auch Gärten. Sie verspeist am liebsten Insekten, im Winter mag sie auch die Samen von Nadelbäumen. Ihr Nest legt sie in Baum-, Fels- und Erd-

höhlen sowie in Erdspalten an. Es besteht aus Moos, Wurzeln, Flechten, Halmen und Wolle. Das Weibchen legt acht bis zehn Eier, die es allein bebrütet.

Die Tannenmeise lebt besonders häufig in Tannenwäldern.

Größe: 11 cm
Verbreitung: Eurasien
Farbe: schwarz, weiß, grünlich
Familie: Meisen

Tapire

Tapire bilden eine Familie der Säugetiere mit vier Arten: Flachlandtapir, Bergtapir, Mittelamerikanischer Tapir und Schabrackentapir.

Sie sind Unpaarhufer, das heißt, sie haben eine ungerade Anzahl von Zehen. Äußerlich ähneln Tapire Schweinen, mit denen sie aber nichts gemeinsam haben. Ihre nächsten Verwandten sind Nashörner und Pferde. Das besondere Kennzeichen des Tapirs ist sein kleiner Rüssel, der Oberlippe und Nase in einem ist. Damit können die Tiere die Blätter aufspüren, die sie so gerne verspeisen. Das Fell ist bei den amerikanischen Arten bräunlich gefärbt, bei dem asiatischen Schabrackentapir ist es auffällig schwarz-weiß gekennzeichnet. Der Körper der Tapire wirkt plump und schwerfällig, die Beine sind kurz und schlank. Tapire sind Bewohner der Wälder, vor allem der Regenwälder. Sie sind in der Nacht aktiv und gehen dann auf Nahrungssuche. Außer Blättern fressen sie auch Wasserpflanzen, Knospen, Zweige und Früchte. Am Tag ziehen sie sich ins dichte Unterholz zurück. Das Weibchen bringt meist nur ein Junges zur Welt. Die Kleinen sind bei allen Arten dunkelbraun und tragen hellbraune bis weiße Längsstreifen.

Tapire haben eine lustig aussehende Nase.

Kopf-Rumpf-Länge: 180–200 cm
Schwanz: 5–13 cm
Verbreitung: Südamerika, Südostasien
Farbe: grau, schwarz, weiß
Familie: Tapire

SCHON GEWUSST?
Tapire können ausgezeichnet schwimmen und tauchen.

Tarantel

Die Tarantel gehört zu den Riesen in der artenreichen Familie der Wolfsspinnen. Ihren Namen hat sie von der italienischen Stadt Tarent bekommen, in der sie das erste Mal beschrieben wurde.

Körper und Beine der Taranteln sind stark behaart und braungrau gefärbt. Sie halten sich auf trockenen Wiesen und Weiden sowie auf steinigem Ödland auf. Die einzelgängerische Tarantel ist nachts unterwegs und ruht tagsüber meist in Erdhöhlen. Sie baut trichterartige, meist senkrecht oder schräg in den Boden reichende Wohnröhren. Sie lauert am Eingang ihrer Behausung auf Beute und lässt sich bei drohender Gefahr blitzschnell in die Röhre fallen. Die Tarantel ernährt sich von Insekten. Ihr Biss ist zwar schmerzhaft, jedoch nicht tödlich.

Eine Tarantel in Angriffsposition

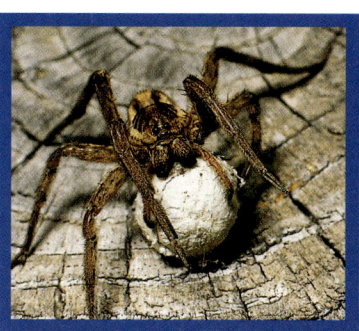

Körper und Beine der Tarantel sind stark behaart.

Größe: 2–3 cm
Verbreitung: Südeuropa
Farbe: braungrau
Familie: Wolfsspinnen

SCHON GEWUSST?

Bei Taschenkrebsen wachsen ausgerissene Scheren nach. Sie können sich auch selbst von den Scheren trennen, wenn sie von einem Vogel aus dem Wasser gefischt werden. Die abgeworfene Schere bleibt im Schnabel des Vogels und der Krebs fällt ins Meer zurück.

Taschenkrebs

Der Taschenkrebs ist eine einheimische Krabbe und erhielt seinen Namen aufgrund seines taschenförmigen Körpers.

Der Körper des Taschenkrebses ist kompakt gebaut und hat eine quer-ovale Form. Zwischen den Augen befinden sich drei stumpfe Zähne und seitlich der Augen neun Kerben im Rückenschild. Das erste Laufbeinpaar ist mit kräftigen Scheren versehen, die an den Spitzen schwarz sind. Die Körperoberseite ist braun- bis ziegelrot, die Unterseite gelblich. Der Taschenkrebs kommt in zehn bis 20 Meter Wassertiefe vor und bewohnt Felsenküsten und Sandböden. Er ist ein Einzelgänger. Bei Gefahr zieht er die Füße unter den Körper. Bei der Fortpflanzung legt das Weibchen seine 500.000 bis drei Millionen Eier erst etwa ein Jahr nach der Paarung ab. Der männliche Samen wird solange in einer besonderen Samentasche des Weibchens

aufbewahrt. Der Taschenkrebs ernährt sich von anderen Krebsen, Fischen, Muscheln und Stachelhäutern.

Der Taschenkrebs kommt in zehn bis 20 Meter Wassertiefe vor.

Größe: bis 30 cm (Panzerbreite)
Verbreitung: Atlantik, Nordsee,
Ostsee, Mittelmeer
Farbe: braunrot, gelblich
Familie: Taschenkrebse

Termiten

Termiten, auch Weiße Ameisen genannt, sind Staaten bildende Insekten und vor allem als Holzschädlinge bekannt und gefürchtet.

Von den etwa 2000 bekannten Arten wurden nur einige wenige wie die Gelbfußtermite nach Europa eingeschleppt. Termiten sind mit anderen, ebenfalls Staaten bildenden Insekten wie Ameisen, Bienen und Wespen nicht näher verwandt. Der Körper von Termiten ist abgeflacht und zarthäutig, weiß oder weißgelblich bis braun gefärbt. Nur Geschlechtstiere tragen Flügel, die sie aber nach dem Hochzeitsflug verlieren. Termiten kommen im Boden und in feuchtem, aber auch in totem Holz vor. Die lichtscheuen Tiere leben unterirdisch in riesigen Kolonien in einem gemeinsamen Nest. Einige Arten bauen gewaltige, sechs bis 20 Meter hohe Erdhügelnester mit einem System von Kammern, Tunneln und Entlüftungsschächten. Im Termitenstaat leben ein geflügeltes Königspaar sowie augenlose, ungeflügelte Soldaten und Arbeiter. Termiten ernähren sich je nach Art von Holz und Humus oder sie sind Allesfresser.

SCHON GEWUSST?

Die holzfressenden Termiten gehören zu den gefürchtetsten Schädlingen in heißen Ländern. Sie unterhöhlen und zerfressen Holzbauten bis auf dünne Außenflächen.

Termiten werden auch als Weiße Ameisen bezeichnet.

Größe: etwa 1 cm
Verbreitung: tropische und
subtropische Gebiete der Erde
Farbe: weiß bis braun
Klasse: Insekten

Thermometer- huhn

Das Thermometerhuhn ist ein in Australien beheimatetes Großfußhuhn mit einer merkwürdigen Brutmethode. Es lässt seinen Nachwuchs in einer Art Brutschrank ausbrüten.

Das Gefieder des Thermometerhuhns ist am Kopf und Hals braun bis blaugrau. Die Oberseite und Flügel sind braun und schwärzlich gebändert. Der Bauch ist gräulich gefärbt. Das Thermometerhuhn ist ein ausgesprochener Bodenvogel und fliegt nur bei Gefahr. Der Allesfresser scharrt mit seinen kräftigen Füßen im Boden nach Insekten und anderen Wirbellosen, verspeist aber auch Früchte und Samen. Zur Fortpflanzung graben beide Partner eine drei

Meter breite und einen Meter tiefe Grube, die sie mit Pflanzenmaterial füllen. Nachdem es geregnet hat, bedeckt das Männchen die Pflanzen mit Erde. Das Pflanzenmaterial beginnt zu verrotten, wodurch Wärme entsteht, die bei etwa 33 Grad Celsius liegt. Oben im Hügel wird eine Eikammer angelegt. Das Männchen ist etwa ein Jahr lang mit seinem Bruthügel beschäftigt und prüft mit seinem temperaturempfindlichen Schnabel immer wieder die Wärme. Das Weibchen legt im Herbst bis zu 24 Eier in die Eikammer. Wenn die Küken schlüpfen, müssen sie sich nach außen durcharbeiten.

Thermometerhühner haben eine ungewöhnliche Brutmethode.

Größe: 60 cm
Verbreitung: Südwest- und Südaustralien
Farbe: braun bis grau
Familie: Großfußhühner

Thunfische

Thunfische sind große Meeresfische aus der Familie der Makrelen. Die sechs bekannten Arten sind weltweit verbreitet und wertvolle Speisefische.

An europäischen Küsten verbreitet ist der Rote Thunfisch.

Er hat einen kräftigen, torpedoförmigen Körper. Die Haut ist glatt und fast ohne Schuppen. Der Rücken ist dunkelblau, der Bauch weiß, die Seiten grau mit helleren Flecken. Der Thunfisch hat zwei Rückenflossen; hinter der zweiten sind neun bis zehn kleine Flossen angeordnet. Hinter der Bauchflosse befinden sich acht bis neun Stachelstrahlen. Die Schwanzflosse ist halbmond-förmig. Der Thunfisch kann Rücken- und Bauchflosse in furchenartigen Vertiefungen anlegen. Der räuberische Hochseefisch ist ein ruheloser Schwimmer. Er lebt in Schwär-men und unternimmt weite Nahrungs- und Laichwande-rungen. Zum Laichen kommt er in Küstennähe. Er ernährt sich von Heringen und Makre-len sowie von Tintenfischen.

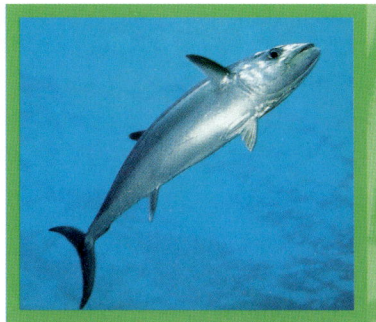

Der Thunfisch ist ein beliebter Speisefisch.

Größe: bis 4,5 m
Verbreitung: Atlantik, Nord- und
Ostsee, Mittelmeer
Farbe: dunkelblau, weiß, grau
Familie: Makrelen

Tiger

Tiger gehören zu den Groß-katzen. Sie sind heute gefähr-det, einige Arten sogar vom Aussterben bedroht.

Tiger haben das typische runde Katzengesicht mit den langen Schnurrhaaren über dem Maul. Ihr Fell ist am Rü-cken und an den Beinen rötlich gelb bis rostrot und mit schwarzbraunen Streifen ge-zeichnet. Der Bauch, die In-nenseiten der Beine, der Ba-ckenbart und die Stellen rund um die Augen sind ganz weiß. Der Schwanz ist quer gestreift. Der Tiger lebt im Dschungel, aber auch im Gebirge bis in 4000 Meter Höhe. Der Tiger ist tag- und dämmerungsaktiv, jagt aber auch in der Nacht. Er ist ziemlich faul und bewegt sich nur, um zu jagen oder am Fluss zu trinken. Da der Tiger kein ausdauernder Läufer ist, lauert er im Hinterhalt und schleicht sich an das Beutetier ganz nah heran, bevor er es anspringt. Er verschleppt die Beute in sein Versteck und verspeist sie dort. Auf seinem Speiseplan stehen hauptsäch-lich große Huftiere, aber auch kleinere Tiere, sogar Frösche oder Heuschrecken, ebenso Aas. Das Weibchen bekommt pro Wurf in der Regel zwei, manchmal bis zu vier Junge, die von der Mutter allein auf-gezogen werden.

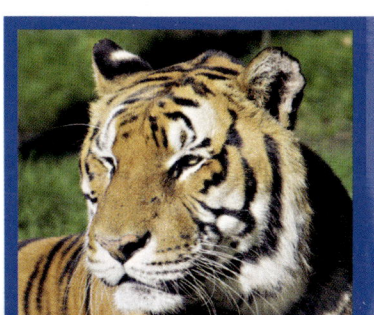

Tiger gehören zu den Großkatzen.

Kopf-Rumpf-Länge:
140–280 cm
Schwanz: 60–90 cm
Verbreitung: Süd- und Ostasien
Farbe: rötlich gelb bis rostrot,
schwarz, weiß
Familie: Katzen

Tintenfisch

Der Gewöhnliche Tintenfisch, auch vereinfacht Sepia genannt, gehört zu den Zehnarmigen Tintenfischen.

Sein Körper ist abgeflacht und eirund. Der Mantel trägt seitliche Flossen. Im Körperinnern liegt eine große verkalkte Schale (Schulp), die aus zahlreichen dünnen Plättchen aufgebaut ist. Der Kopf ist deutlich abgesetzt und besitzt große, hervorstehende Augen. Um den Mund herum sind acht Arme angeordnet, zwei weitere sind in den Manteltaschen versteckt. Diese sind verlängert und an den Enden keulenförmig. Die langen Fangarme kommen zum Beutefang heraus. Sie packen die Beute und geben sie an die kürzeren Arme weiter, die sie in den Mund führen. Der Tintenfisch gräbt sich tagsüber im Sand ein und schwimmt nachts frei. Als Räuber ernährt er sich hauptsächlich von Fischen und Krebsen. Der vierte Arm der rechten Seite ist beim Männchen zum Geschlechtsarm entwickelt und besonders schön gefärbt. Das Weibchen legt etwa 500 braune bis schwarze Eier in Trauben an Korallen oder Steinen ab.

Die langen Fangarme des Tintenfischs kommen beim Beutefang zum Einsatz.

Größe: Körper bis 65 cm, Fangarme bis 30 cm
Verbreitung: Atlantik
Farbe: gelblich braun
Ordnung: Sepien

Totengräber

Totengräber sind Käfer der Familie Aaskäfer. Der bei uns bekannteste und häufigste Vertreter ist der Gemeine Totengräber.

Der Käfer hat einen schwarz gefärbten Körper. Die Deckflügel sind leicht verkürzt und tragen zur Warnung zwei auffällig orange gefärbte Bänder mit Zickzackrand. Die Bauchseite und die Beine sind behaart. Die Fühler sind am Ende keulenförmig verdickt. Der Totengräber lebt in Mischwäldern, Gärten und Parks und ernährt sich nur von Aas. Vor der Eiablage werden tote kleine Wirbeltiere vergraben. Diese werden mit einer Höhle umgeben, zu einer Kugel geformt und mit Verdauungssäften versetzt. Darin legt das Weibchen seine Eier ab. Die Larven werden mit dem zersetzten Kadaver gefüttert. Der Totengräber verdankt seinen Namen dieser ungewöhnlichen Art der Brutpflege. Die erwachsenen Tiere ernähren sich von Larven, Käfern und Aas.

Der Totengräber gehört zur Familie der Aaskäfer.

Größe: 12–22 mm
Verbreitung: Europa
Farbe: schwarz, orange
Familie: Aaskäfer

Totenkopfäffchen

Seinen unheimlich klingenden Namen verdankt dieses niedliche Äffchen seinem sehr hellen Gesicht mit dem dunklen Maul, denn es erinnert ein wenig an einen Totenkopf.

Sein dichtes, kurzes Fell ist graugrün bis olivbraun, Arme und Beine sind orangebraun, der Kopf ist meist dunkelgrau gefärbt. Das Totenkopfäffchen hat einen mehr als körperlangen Schwanz, mit dem es nicht greifen kann. Der tagaktive Baumbewohner ist sehr gesellig und lebt in dichten Wäldern in Gruppen von meist zehn bis 50 Mitgliedern. Manchmal umfassen diese Gemeinschaften jedoch auch mehrere Hundert Tiere. Sie setzen sich aus mehreren Männchen und Weibchen sowie den gemeinsamen Jungtieren zusammen. Innerhalb der Gruppe gibt es eine feste Rangordnung, die durch oft recht heftige Kämpfe festgelegt wird. Die Gruppe verbringt die Nacht auf dem gemeinsamen Schlafbaum und geht tagsüber in einzelnen Trupps auf Futtersuche. Das Weibchen bringt nach etwa fünf Monaten Tragezeit jeweils ein Junges zur Welt. Es wird von der Mutter auf dem Rücken getragen und von allen Weibchen der Gruppe umsorgt. Totenkopfäffchen verspeisen gerne Früchte und Knospen sowie Insekten, Spinnen und Schnecken.

Ein Totenkopfäffchen

Totenkopfäffchen sind sehr gesellig und neugierig.

Kopf-Rumpf-Länge: 25–35 cm
Schwanz: 35–40 cm
Verbreitung: Südamerika
Farbe: graugrün bis olivgrün, orangebraun, grau
Familie: Kapuzinerartige

Truthuhn

Das Truthuhn ist der schwerste Hühnervogel der Welt und die Stammform des Haustruthuhns.

Das Gefieder des Truthuhns ist dunkelbraun und schwarz und schimmert vor allem beim Männchen metallisch. Hals und Kopf sind unbefiedert. Die nackte, warzige Haut an Kopf und Nacken ist blau, an Stirn und Kehle befinden sich rote Hautlappen. An der Brust hängt ein schwarzer Federbart, der zehn bis 25 Zentimeter lang wird. Truthühner bewohnen Wälder mit dichtem Unterholz und Lichtungen. Die tagaktiven Vögel leben gesellig. Sie suchen Nahrung am Boden und schlafen nachts auf Bäumen. Während der Balz spreizt das Männchen den Schwanz zum Rad, lässt die Flügel schleifen und bläst die nackten Hautanhängsel auf. So stolziert es schnaufend und kollernd um die Weibchen. Das Nest ist eine gut getarnte Bodenmulde. Ein Weibchen legt acht bis 15 Eier. Junge Truthühner fressen ausschließlich Insekten. Ausgewachsene Tiere ernähren sich vor allem pflanzlich und verspeisen Früchte, Samen und grüne Pflanzenteile.

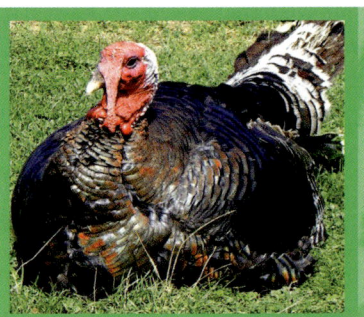

Das Truthuhn ist der schwerste Hühnervogel der Welt.

Größe: 85–125 cm
Verbreitung: USA, Mexiko
Farbe: dunkelbraun, schwarz, rot, blau
Familie: Fasanenartige

Tsetsefliegen

Tsetsefliegen sind Stechfliegen, die in Afrika leben. Sie ernähren sich von menschlichem und tierischem Blut und sind die Überträger gefürchteter Krankheiten.

Tsetsefliegen sind graubraun bis bräunlich schwarz und haben einen waagerecht vorgestreckten Stechrüssel, der eine feine, steife, hohle Borste ist. Die Flügel werden in Ruhestellung genau übereinandergelegt und bilden dabei eine Zungenform. Wegen dieser Besonderheit haben sie den Familiennamen „Zungenfliegen" bekommen. Tsetsefliegen kommen ausschließlich im tropischen Afrika vor. Die tagaktiven Insekten steigen vor Sonnenuntergang von ihren Ruheplätzen auf, um Wirtstiere (Säugetiere) zu suchen. Sie fliegen diese pfeilschnell an und nehmen innerhalb von ein bis zwei Minuten das Zwei- bis Sechsfache ihres Körpergewichts an Blut auf. Tsetsefliegen sind lebend gebärend, das heißt, die Larven entwickeln sich im Hinterleib des Weibchens und werden von einer Art Milchdrüse ernährt. Die Larven werden

dann im Boden abgelegt, wo sie sich sofort verpuppen. Nach drei bis vier Wochen schlüpfen die fertigen Fliegen.

Größe: 8–14 mm
Verbreitung: tropisches Afrika
Farbe: graubraun bis bräunlich schwarz
Familie: Zungenfliegen

Eine Tsetsefliege

Tukan

Tukane sind eine Vogelfamilie mit einem riesigen, prächtig gefärbten Schnabel. Sie leben in den tropischen Regionen Mittel- und Südamerikas.

Die größte Art der Tukane ist der Riesentukan. Er ist leicht an seinem riesigen, gelborange gefärbten Schnabel zu erkennen. Der Schnabel ist leicht, obwohl er sehr groß und etwa 20 Zentimeter lang ist. Das Federkleid ist schwarz gefärbt. An der Kehle hat der Tukan einen großen weißen Fleck, um die Augen orangegelbe Flecke. Männchen und Weibchen unterscheiden sich äußerlich nicht. Tukane leben einzeln oder in kleinen Trupps meist im Kronenbereich der hohen Bäume. Sie machen sich dort durch ihre schrillen und krächzenden Rufe bemerkbar. Sie sind keine gewandten Flieger und hüpfen

oder klettern im Geäst. Den Schnabel verstecken sie beim Schlafen im Rückengefieder. Tukane baden gern in wassergefüllten Astlöchern. Da der Riesentukan mit seinem Schnabel keine Bruthöhle bauen kann, übernimmt er die Baumhöhlen anderer Vögel. Das Weibchen legt zwei bis vier Eier. Die Jungvögel werden von beiden Eltern aufgezogen. Der Riesentukan ernährt sich hauptsächlich von leckeren Früchten und Beeren, verspeist aber auch kleine Wirbeltiere, Eier und Jungvögel.

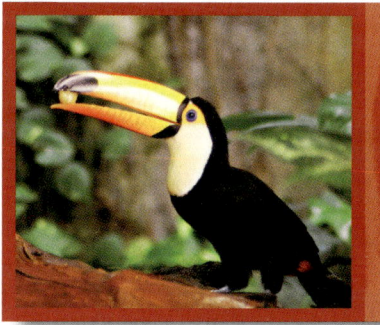

Der Tukan hat einen prächtigen Schnabel.

Größe: 50–60 cm
Verbreitung: Mittel- und Südamerika
Farbe: schwarz, orangegelb, weiß
Familie: Tukane

Turmfalke

Der Turmfalke ist der bei uns am häufigsten vorkommende Falke und nach dem Mäusebussard der häufigste Greifvogel überhaupt. Seine hell trillernden Rufe sind sogar inmitten unserer Großstädte zu hören.

Körpergröße und Flügelspannweite sind von Unterart zu Unterart verschieden. Die Männchen haben ein Federkleid mit rostbraunem, schwarz gepunktetem Rücken und einen grauen Kopf mit dunklem Bartstreif. Der Schwanz ist grau und am Ende mit einem schwarzen Band versehen.

Das Weibchen ist einheitlich rotbraun gefärbt und besitzt kräftige, dunkle Flecke und Querbänder. Beide haben einen langen Schwanz und lange, schmale Flügel. Der Turmfalke jagt von einer Sitzwarte wie Strommasten aus oder im charakteristischen Rüttelflug. Er fängt am liebsten Mäuse und Wühlmäuse, verschmäht aber auch Singvögel, Eidechsen, Regenwürmer und Insekten nicht. Der Turmfalke nistet meist in Fels- und Baumhöhlen, auf hohen Gebäuden oder in alten Nestern von Krähen oder Greifvögeln. Das Weibchen legt einmal im Jahr vier bis sechs Eier, die es allein bebrütet.

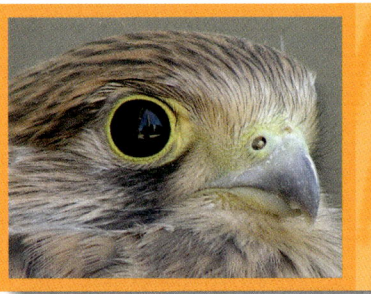

Ein Turmfalke

Größe: 32–35 cm
Flügelspannweite: etwa 75 cm
Verbreitung: Europa, Asien, Afrika
Farbe: rostbraun, schwarz grau
Familie: Falken

Uhu

Der Uhu ist die größte Eule der Welt. Seinen lateinischen Namen Bubo bubo erhielt er aufgrund seines Balzrufs, der wie „buoh-buoh-buoh" klingt.

Der Uhu hat ein braun-schwarz-rostfarbenes Tarngefieder. Auffällig sind die großen Federbüschel an den Ohren so-

wie die großen, leuchtend orangefarbenen Augen. Die Männchen sind kleiner als die Weibchen. Der Uhu ist in der Dämmerung und nachts munter. Den Tag verbringt er gut versteckt an einem Baumstamm oder unter einem Fels. Er jagt vor allem auf offenen Flächen, von einem Ansitz aus oder im niedrigen Suchflug. Der Uhu ist beim Fressen nicht sehr wählerisch. Auf seiner Speisekarte stehen vor allem Mäuse und Ratten, Hasen, junge Füchse, Fledermäuse, Käfer, Frösche und sogar Fische und Schlangen. Das Weibchen legt in eine flache Bodenmulde, Felsnische oder Baumhöhle zwei bis drei Eier, die es allein bebrütet. Die frisch geschlüpften Küken tragen ein flaumiges, grauweißes Daunenkleid.

Der Uhu hat orangefarbene Augen.

Größe: 65–75 cm
Flügelspannweite: 150–180 cm
Verbreitung: Europa, Asien, Nordafrika
Farbe: rostbraun, schwarz, grau

Normalerweise schläft der Uhu tagsüber.

Unken

Unken sind Amphibien, das heißt, sie haben sich an ein Leben im Wasser und an Land angepasst. Weltweit gibt es vier Unkenarten.

In Mitteleuropa kommen die Gelbbauchunke und die Rotbauchunke vor. Die beiden Arten unterscheiden sich hauptsächlich in der Färbung der Bauchseite, die entweder gelb oder rot gefärbt und schwarz gefleckt ist. Die Oberseite ist bei beiden grauschwarz bis grünlich gefärbt. Der Unkenkörper ist am Rücken mit vielen Warzen besetzt. Die Rotbauchunke hat innere Schallblasen, die Gelbbauchunke überhaupt keine. Die tagaktiven Tiere leben die meiste Zeit in oder am Rand von kleinen Tümpeln. Bei Gefahr nehmen sie eine Abwehrstellung ein und zeigen die auffällige Bauchfärbung, die den Feind abschrecken soll. Sie verspeisen am liebsten Würmer, Spinnen und Schnecken. Insekten und Mückenlarven mögen sie jedoch auch. Die Paarung findet im Wasser statt. Das Weibchen legt kleine runde Eipakete mit etwa 100 Eiern ab und klebt sie meist an Stängeln von Wasserplanzen fest. Nach ungefähr acht Tagen schlüpfen ziemlich große Kaulquappen, die sich nach etwa einem Monat zu kleinen Unken entwickeln.

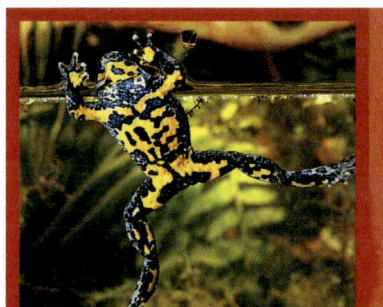

Eine Gelbbauchunke

Größe: 3–6 cm
Verbreitung: Eurasien
Farbe: grauschwarz bis grünlich, rot oder gelb, schwarz
Familie: Scheibenzüngler

EIN TIERHEIM BERICHTET

Karsten Plücker leitet das Tierheim Wau-Mau-Insel in Kassel. Im Folgenden beantwortet er die interessantesten Fragen rund um seine Arbeit und zu den Tieren, die in seinem Tierheim auf einen neuen Besitzer warten.

Viele Tiere warten im Tierheim auf ein neues Zuhause.

Exotische Tiere müssen im Tierheim speziell untergebracht und versorgt werden.

Welche Aufgaben hat ein Tierheim?

Wir kümmern uns beispielsweise um Fundtiere, aber natürlich auch um die Tiere, die von ihren Besitzern bei uns abgegeben werden, weil sie sie selbst nicht mehr halten können oder wollen. Leider kommt es auch immer wieder vor, dass uns der Amtstierarzt Tiere bringt, die schlecht gehalten oder sogar misshandelt wurden und ihren Besitzern weggenommen werden mussten. Und dann gibt es Tiere, die in Deutschland gar nicht gehalten werden dürfen oder illegal aus dem Ausland eingeführt wurden.

Wie viele Tiere können Sie unterbringen?

Wir können insgesamt höchstens 120 Hunde, 130 Katzen und 100 Kleintiere aufnehmen. In der Regel haben wir allerdings etwas weniger Tiere bei uns. Je nach Tierart leben sie in Gruppen oder allein in Gehegen, die jeweils ihren Bedürfnissen angepasst sind. Ältere oder kranke Hunde und Welpen kommen in Zimmern unter, wo wir uns besser um sie kümmern können.

Haben Sie auch wilde oder exotische Tiere?

Wild lebende oder exotische Tiere nehmen wir nur in Ausnahmefällen auf. So können wir uns um wild lebende Tiere, zum Beispiel Igel, nur kümmern, wenn sie verletzt oder krank sind. Danach müssen wir sie wieder auswildern. Exotische Tierarten, zum Beispiel Leguane

Weitere Infos zu allen Themen findet ihr auch unter www.bmt-tierschutz.de oder unter www.wau-mau-insel.de.

oder Schlangen, nehmen wir nur dann auf, wenn wir sie artgerecht unterbringen und versorgen können.

Finden viele Tiere ein neues Zuhause?

Im Allgemeinen finden wir für alle unsere Tiere ein neues Zuhause. Bei vielen geht es ziemlich schnell, bei manchen dauert es Jahre. Wichtig ist, dass das Tier zu dem neuen Besitzer passt und dass dieser es artgerecht unterbringen und versorgen kann. Auch sollten alle Familienmitglieder mit dem neuen Mitbewohner einverstanden sein. Darüber hinaus nehmen wir auf den Charakter und die Bedürfnisse der Tiere Rücksicht: Eine Katze, die gerne ins Freie geht, kann man natürlich nicht in eine Wohnungshaltung vermitteln.

Wie engagiert sich Ihr Tierheim im Tierschutz?

Wir engagieren uns zum einen für den politischen Tierschutz. Dabei geht es unter anderem um Massentierhaltung, Zirkustiere und Handel mit exotischen und bedrohten Tierarten. Außerdem kümmern wir uns, wenn uns Missstände gemeldet werden, und sorgen zusammen mit dem Veterinäramt – das ist ein Amt, das nur für Tiere zuständig ist – dafür, dass

Auch wenn es noch so schön ist – die Anschaffung eines Haustiers sollte gut überlegt sein.

Tieren in Not geholfen wird. Darüber hinaus klären wir die Menschen auf und berichten über die Situation vieler Tierarten.

Haben Sie besondere Aktionen für Kinder?

Der BMT – der Bund gegen Missbrauch der Tiere – beschäftigt bundesweit Tierschutzlehrer, die Unterricht an interessierten Schulen halten. Außerdem haben wir spezielles Infomaterial für Grundschüler. Nahezu wöchentlich bieten wir für Schulklassen Führungen und Gesprächsrunden im Tierheim an und auch in den Ferien finden Führungen und kleine Workshops für Kinder statt. Darüber hinaus kann man einer Jugendtierschutzgruppe beitreten und dort beim Tierschutz mithelfen.

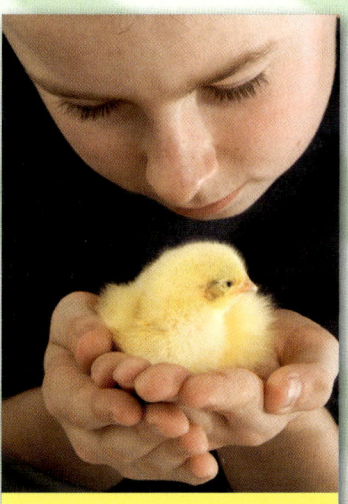

Auch Kinder können Tieren helfen.

Unzertrennliche

Unzertrennliche sind kleine Papageien, die in Afrika vorkommen. Ihren Namen haben sie bekommen, weil die Paare stark zueinanderhalten und ein Leben lang zusammenbleiben.

Diese Papageien sind überwiegend grün oder gelbgrün gefärbt. Die einzelnen Arten kann man anhand der Kopf- und Schnabelfärbung unterscheiden. Bei allen Arten außer dem Grünköpfchen sind der Kopf und oft auch die Brust auffällig bunt. Alle haben einen kurzen Schwanz. Unzertrennliche leben meist in kleineren Trupps in offenen Landschaften aller Art. Sie verhalten sich gegenüber fremden Artgenossen oder anderen Vögeln manchmal aggressiv. Je nach Art bauen sie ihre Nester in Höhlen und Spalten in Felsen, Gebäuden, Bäumen oder Termitenhügeln. Manche Arten wohnen als „Untermieter" in Nestern von Webervögeln oder als „Nachmieter" in Nestern anderer Vogelarten. Unzertrennliche ernähren sich von Sämereien, Beeren und Früchten.

Unzertrennliche bleiben ein Leben lang zusammen.

**Größe: 13–18 cm
Verbreitung: Afrika, südlich und östlich der Sahara
Farbe: grün oder gelbgrün
Familie: Eigentliche Papageien**

Urson

Der Urson oder das Baumstachelschwein ist ein Nagetier und gehört zu den amerikanischen Baumstachlern.

Der Urson hat einen gedrungenen Körper. Arme und Beine sind sehr kurz, der Schwanz ist kurz und dick. Das Fell hat langes Deckhaar von gelblicher oder brauner bis schwarzer Farbe. Auf dem Rücken und am Schwanz hat er bis zu 30.000 Stacheln, die kleine Widerhaken tragen. Der Urson setzt sie zur Verteidigung ein. Bei Gefahr versucht er aber zunächst auf einen Baum zu flüchten. Wenn er das nicht schafft, schlägt er mit dem Schwanz um sich. Dabei können die Stacheln im Körper des Gegners stecken bleiben. Sie bohren sich immer tiefer in das Fleisch hinein und können sogar durch den Körper hindurchwandern. Der Urson ist ein einzelgänge-

rischer Baumbewohner, der nachts munter wird. Er ernährt sich von Blättern, Trieben, Rinde und Beeren. Das Weibchen bringt jeweils nur ein Junges zur Welt.

Das Urson-Weibchen bringt jeweils nur ein Junges zur Welt.

Kopf-Rumpf-Länge: 70–85 cm
Schwanz: 15–30 cm
Verbreitung: Nordamerika
Farbe: braun bis schwarz
Familie: Baumstachler

Vielfraß

Der Vielfraß ist der größte Vertreter der Marder. Seinen Namen hat er nicht bekommen, weil er so viel frisst.

Er leitet sich von dem altnordischen Wort „Fjellfräs" ab, was soviel wie „Gebirgs-(„Fjell")-Katze" bedeutet. Der Vielfraß wird oft auch Järv genannt, wie er auf Skandinavisch heißt. Von seinem kurzen, buschigen Schwanz einmal abgesehen, ähnelt der Vielfraß eher einem kleinen Braunbären. Sein Fell ist dunkelbraun mit einem breiten, helleren Band, das von der Schulter über die Seiten bis zur Schwanzwurzel reicht. Der tag- und nachtaktive Einzelgänger kann gut klettern, hält sich aber meistens am Boden auf. Zur Ruhe zieht er sich zwischendurch in sein Nest zurück. Dieses baut er in Höhlen oder Felsspalten aus Gräsern und Blättern. Der Vielfraß ernährt sich im Sommer hauptsächlich von Aas, aber auch von Vogeleiern, Beeren und Baumtrieben. Im Winter jagt er Schneehasen, Mäuse, Eichhörnchen und Schneehühner. Das Weibchen bringt im Winter in einer Schneehöhle zwei bis drei blinde Junge zur Welt.

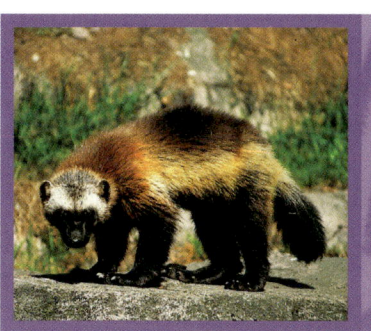

Der Vielfraß hält sich meist am Boden auf, kann aber auch gut klettern.

Kopf-Rumpf-Länge: 70–90 cm
Schwanz: 15–20 cm
Verbreitung: Eurasien, Nordamerika
Farbe: dunkelbraun
Familie: Marder

Vogelspinnen orientieren sich mithilfe ihrer Tasthaare.

Vogelspinnen

Vogelspinnen sind in den Tropen lebende, große, meist stark behaarte Spinnen. Trotz ihres Namens erbeuten sie höchstens junge oder kranke Vögel.

Die Vogelspinne gehört zu den Gliederfüßern. Daher ist ihr Körper in mehrere Abschnitte gegliedert. Der Hinterleib ist sackförmig, der gesamte Körper braun bis schwarz behaart. Vogelspinnen haben dichte Haarbüschel am Ende der Beine, die wie ein Saugnapf wirken. Die Männchen sind kleiner als die Weibchen, haben dafür aber längere Beine. Die nachtaktiven Bodentiere verstecken sich tagsüber unter Holz, Steinen oder in selbst gegrabenen Wohnröhren. Sie orientieren sich mithilfe der Tasthaare, die sie an den Beinen und Mundteilen tragen; diese Tasthaare sprechen selbst auf leiseste Luftbewegungen an. Vogelspinnen haben Beißklauen mit einer Giftdrüse, die sie bei der Beutejagd einsetzen. Sie sind selten angriffslustig. Vogelspinnen ernähren sich von Insekten, Fröschen, Eidechsen und kleinen Säugetieren. Vogelspinnen entwickeln sich in drei Abschnitten: vom Ei beziehungsweise der Larve im Kokon über die Nymphe bis hin zum erwachsenen Tier.

Vogelspinnen leben in den Tropen und werden meist ziemlich groß.

Größe: bis 12 cm
Spannweite: 30 cm
Verbreitung: tropische Länder
Farbe: braun bis schwarz
Familie: Vogelspinnen

Wadenstecher

Der Wadenstecher ist die häufigste einheimische Stechfliege. Man nennt ihn auch Wadenbeißer oder Gemeine Stechfliege.

Der Wadenstecher lässt sich nur bei genauem Hinsehen von der Stubenfliege unterscheiden. Im Gegensatz zu ihr trägt er einen nach vorn gerichteten, zugespitzten Stechrüssel, der deutlich über den Kopf hinausragt. Der braune Körper ist gedrungen. Der Wadenstecher sitzt an der Wand – anders als die Stubenfliege – mit dem Kopf nach oben. In der Nähe von Bauernhöfen kommt er sehr häufig vor, dringt jedoch

auch in Wohnräume ein. Die Weibchen saugen über mehrere Tage Blut und legen dann 600 bis 800 Eier an Rinder- oder Pferdekot oder auf Mist-haufen ab. Darin entwickeln sich die Larven. Wadenstecher ernähren sich von verrottenden organischen Stoffen sowie vom Blut von Säugetieren.

SCHON GEWUSST?
Der Wadenstecher kann gefährliche Krankheits-erreger übertragen.

Wadenstecher haben einen gedrungenen braunen Körper.

Größe: 5–8 mm
Verbreitung: weltweit
Farbe: braun
Familie: Echte Fliegen

Waldameisen

Es gibt etwa 6000 bekannte Ameisenarten, von denen rund 200 in Europa vorkommen. Sie sind nur sehr schwer voneinander zu unterscheiden.

Darunter bilden die Waldameisen eine eigene Gattung, von denen die Rote Waldameise weit verbreitet ist. Der Kopf und der Hinterleib der Waldameisen sind schwarz, der Rest rot gefärbt. Der Hinterleib ist unbehaart. Die Königin und die Männchen sind geflügelt, die Arbeiterinnen ungeflügelt. Die Waldameisen bauen die bekannten Ameisenhaufen aus Bodenstreu. Darin befinden sich viele Nester, in denen oft Hunderte von Königinnen und Millionen von Arbeiterinnen leben. Im Mai beginnen die Königinnen und Männchen mit ih-rem Hochzeitsflug. Bei der Paarung bekommt die Königin Samen, der für ihr ganzes Leben ausreicht. Sie bewahrt den Samen in einer besonderen Samentasche auf. So können die Eier bei der Ablage von der Königin selbst befruchtet werden. Nach der Begattung wirft die Königin ihre Flügel ab und lebt von nun an im Ameisenbau. Die Männchen sterben. Ameisen ernähren sich von Honigtau, den Blattläuse ausscheiden. Sie fressen jedoch auch Insekten und andere Kleintiere.

SCHON GEWUSST?
Ein lästiger Gast am und im Haus – vor allem in Vorratskammern – ist die Wegameise.

Die Rote Waldmeise

Größe: 5–10 mm
Verbreitung: weltweit
Farbe: schwarz, rot
Familie: Ameisen

Die Rote Waldameise

Waldhunde fressen am liebsten Wasserschweine.

Waldhund

Der Waldhund ist ein südamerikanischer Wildhund, der äußerlich eher einem Marder ähnelt als einem Hund.

Der Waldhund hat einen gedrungenen Körper, einen kurzen Schwanz und kurze Beine. An den Füßen trägt er Schwimmhäute, die das Laufen auf sumpfigem Gelände erleichtern. Denn der Waldhund hält sich am liebsten im dichten Pflanzenwuchs der Fluss-, Sumpf- und Seeufer auf. Sein Fell ist hell- bis dunkelbraun gefärbt. Noch junge Waldhunde haben ein ganz schwarzes Fell. Waldhunde leben in Rudeln mit bis zu zehn Tieren. Die tag- und dämmerungsaktiven Tiere übernachten meist in Bauen, die von Gürteltieren und Ameisenbären gegraben wurden. Sonst ruhen sie auch unter Baumstämmen und Felsen. Waldhunde haben für uns einen ungewöhnlichen Speiseplan: Sie ernähren sich hauptsächlich von Wasserschweinen, Agutis und Pakas (das sind südamerikanische Nagetiere). Sie jagen aber auch Gürteltiere, Nasenbären und Opossums. Das Weibchen bringt bei jedem Wurf drei bis sechs kleine Welpen zur Welt.

Kopf-Rumpf-Länge: 70–95 cm
Schwanz: 10–15 cm
Verbreitung: Südamerika
Farbe: hell- oder dunkelbraun
Familie: Hunde

Waldkauz

Der Waldkauz ist eine einheimische Eulenart und die am häufigsten vorkommende Eule in Mitteleuropa.

Der Waldkauz trägt ein Federkleid, das auf braunem bis graubraunem Grund längs gestreift ist. Er hat einen großen, runden Kopf mit schwarzen Augen. Im Gegensatz zu anderen Eulen hat er wie alle Käuze keine Federohren. Er kann seinen Kopf bis zu 270 Grad drehen und so seine gesamte Umgebung überblicken. Der typische Ruf des Waldkauzes ist das lang gezogene „Huu-hu-hu-huuh" des Männchens, das vorwiegend in der Paarungszeit zu hören ist. Der Waldkauz bewohnt Wälder, Parks und Gärten mit alten Bäumen. Der dämmerungs- und nachtaktive Vogel spürt seine Beutetiere vor allem mithilfe seines fabelhaften Gehörs auf und jagt sie von einer Sitzwarte aus. Seine Hauptnahrung sind Mäuse und Wühlmäuse, aber auch Vögel, Frösche und Regenwürmer. Waldkauz-Paare bleiben ein

Leben lang zusammen. Das Weibchen legt in Baumhöhlen drei bis fünf Eier, die etwa einen Monat lang bebrütet werden.

Der Waldkauz bewohnt am liebsten alte Bäume.

Größe: etwa 38 cm
Flügelspannweite: bis 96 cm
Verbreitung: Europa, Nordwestafrika, West- und Südasien
Farbe: braun bis graubraun
Familie: Eigentliche Eulen

Waldmaus

Entgegen ihrem Namen kommt die Waldmaus vorwiegend in offenem Gelände vor und meidet den tiefen, geschlossenen Wald. Sie ist eines der häufigsten Nagetiere Europas.

Waldmäuse haben ein braunes Fell und einen körperlangen Schwanz, der spärlich behaart ist. Die runden Ohren sind sehr groß. Waldmäuse halten sich auf Feldern, an Wegböschungen, Waldrändern und Lichtungen, in Parks, im Winter auch gern in Gebäuden auf. Die dämmerungs- und nachtaktiven Tiere klettern gut, bleiben aber meist in Bodennähe. Sie graben tiefe Erdgänge mit Nest- und Vorratskammern oder benutzen verlassene Wühlmausbaue. Drei- bis viermal im Jahr werden jeweils drei bis acht nackte und blinde Junge geboren. Auf dem Speiseplan der Waldmaus stehen vor allem Samen von Gräsern, Kräutern und Bäumen, Knospen, Triebe, Beeren, Pilze, aber auch leckere Insekten, Würmer und Schnecken.

SCHON GEWUSST?

Die kleine Waldmaus macht sich bei Gefahr mit großen Sprüngen auf und davon. Sie schafft dabei Sätze von bis zu 80 Zentimeter Weite.

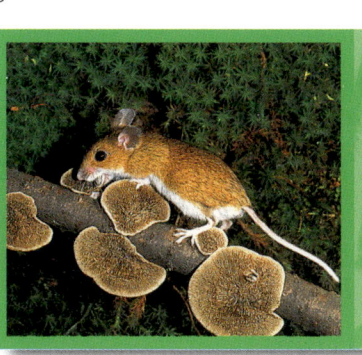

Eine Waldmaus

Kopf-Rumpf-Länge: 8–11 cm
Schwanz: 7–10 cm
Verbreitung: Europa, außer Skandinavien, Nordwestafrika, Vorderasien
Farbe: braun
Familie: Langschwanzmäuse

Waldschnepfe

Die Waldschnepfe bewohnt als eine der wenigen Watvogelarten vor allem Waldgebiete. Sie hält sich am liebsten in feuchten Laub- und Mischwäldern auf.

Die Waldschnepfe hat ein Tarngefieder: Die Rückseite ist braun, schwarz und grau gemustert. Sie hat einen gedrungene Körperbau, kurze Beine und einen langen Schnabel. Die großen, hoch liegenden Augen können einen Blickwinkel von 180 Grad erreichen. Das be-deutet, dass die Waldschnepfe auch nach hinten sehen kann. Der dämmerungs- und nachtaktive Vogel sucht am Boden stochernd nach Nahrung. Er verspeist gern Würmer, Insekten, deren Larven und Spinnen. Tagsüber versteckt er sich. Das Nest baut er im dichten Pflanzenwuchs in einer Bodenmulde und polstert es mit Moos, Laub und Gras aus. Das Weibchen legt vier Eier, die es allein bebrütet. Die Jungen sind Nestflüchter, werden aber von der Mutter mit Futter versorgt. Sie werden nach etwa einem Monat flügge.

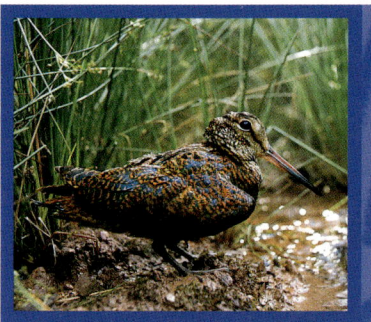

Die Waldschnepfe hat einen langen Schnabel.

Größe: bis 38 cm
Flügelspannweite: bis 65 cm
Verbreitung: Mittel- und Osteuropa, Ostasien
Farbe: braun, schwarz
Familie: Schnepfenvögel

Walross

Das unverwechselbare Walross ist die einzige Art einer eigenen Familie. Die Walross-Bullen sind nach den männlichen Seeelefanten die größten Robben der Welt.

Das Walross ist ein Raubtier. Während die ganz jungen Walrosse noch ein dichtes, rotbraunes Fell haben, werden erwachsene Tiere zunehmend kahler. Die gelbbraun gefärbte, faltige Haut ist etwa vier Zentimeter dick. Darunter liegt eine fünf bis acht Zentimeter dicke Fettschicht. Sie schützt die Tiere vor Verletzungen. Das auffälligste Merkmal der Walrosse sind die langen Stoßzähne bei beiden Geschlechtern. Es handelt sich um die verlängerten oberen Eckzähne. Damit können sich die Tiere gegen Fressfeinde verteidigen und auch Atemlöcher ins Eis schlagen. Walrosse leben in Haremsgruppen mit einem Männchen, zwei bis drei Weibchen und deren Jungen. Es gibt auch reine Bullenherden. Walrosse sind gute, ausdauernde Schwimmer, bewegen sich an Land jedoch sehr schwerfällig. Das Weibchen bringt alle zwei Jahre nach einem Jahr Tragezeit ein Junges zur Welt, das gleich nach der Geburt schwimmen kann. Walrosse ernähren sich von Muscheln, Meereswürmern und -schnecken, Seeigeln und gelegentlich auch von Fischen oder toten Robben.

Walrosse beim Sonnenbad

Kopf-Rumpf-Länge: 3–3,5 m
Verbreitung: nördliches Eismeer, Nordatlantik
Farbe: gelbbraun
Familie: Walrosse

Wanderfalke

Der Wanderfalke ist der schnellste aller Vögel. Im Sturzflug erreicht er Geschwindigkeiten von 300 Kilometern in der Stunde.

Der Wanderfalke ist der größte Vertreter der Familie der Falken. Die Oberseite des Gefieders ist dunkelblaugrau. Die Unterseite ist weiß bis cremefarben und quer gebändert. Charakteristisch ist die Kopfmaske. Die beiden Geschlechter ähneln sich äußerlich sehr, die Weibchen sind jedoch größer als die Männchen. Als kraftvoller Flieger stößt der Wanderfalke aus großer Höhe im senkrechten Sturzflug auf die Beute und greift sie in der Luft. Er ernährt sich ausschließlich von kleinen bis mittelgroßen Vögeln, die nicht schwerer sind als 500 Gramm. Der Wanderfalke ist ein Felsbrüter und nutzt kleine Höhlen und alte Horste von anderen Greifvögeln. Das Weibchen legt meist drei bis vier Eier, die etwa 35 Tage bebrütet werden. Wanderfalken aus Mittel- und Nordeuropa ziehen im Winter nach West- und Südeuropa.

Größe: 35–50 cm
Flügelspannweite: 80–115 cm
Verbreitung: fast weltweit
Farbe: blaugrau, weiß oder cremefarben
Familie: Falkenartige

Der Wanderfalke ist der schnellste aller Vögel.

Warane

Warane sind Reptilien, die bis auf zwei Arten Fleischfresser sind. Es gibt 31 Arten, die trotz beträchtlicher Größenunterschiede im Körperbau sehr einheitlich sind.

Warane gehören zu den größten Echsen der Welt. Der Komodowaran ist die größte Echse überhaupt. Der Körper der Warane ist meist recht massig. Die vier kräftigen Beine tragen je fünf scharfkrallige Zehen. Der Schwanz ist bei Wüstenbewohnern rundlich, bei Baumbewohnern als Greifschwanz entwickelt, bei Wasserbewohnern (zum Beispiel beim Bindenwaran) seitlich abgeplattet. Die tagaktiven Tiere benutzen ihre Krallen und Zähne zur Feindabwehr. Die meisten Warane sind Bodenbewohner. Sie stemmen sich zum Laufen vom Boden ab. Aufgrund ihrer Krallen sind sie oft geschickte Kletterer (zum Beispiel der Buntwaran). Viele Arten sind auch wendige Schwimmer, wobei sie den Kopf über die Wasseroberfläche heben und sich schlängelnd vorwärtsbewegen. Als Riechorgan dienen ihre lange, tief gespaltene Zunge und ein besonderes Organ, das Jacobson-Organ genannt wird. Warane legen Eier, die sie vergraben. Auf dem Speiseplan stehen Wirbeltiere aller Art. Die Größe der Beutetiere richtet sich nach der eigenen Körpergröße.

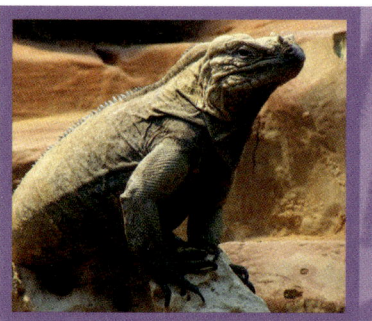

Warane sind Fleischfresser.

**Größe: 20–300 cm
Verbreitung: Afrika, Asien, Australien
Farbe: verschieden
Familie: Warane**

Warzenschwein

Das Warzenschwein ist eine Säugetierart aus der Familie der Echten Schweine wie unser Wildschwein auch. Es ist in Afrika beheimatet.

Das Warzenschwein bietet wahrlich keinen schönen Anblick. Es hat lange Beine und einen langen, breiten Kopf. Um Augen und Maul herum stehen große, knollige Warzen, die beim Weibchen viel kleiner sind. Die oberen Eckzähne des Männchens sind verlängert, ragen nach oben und sind stark gekrümmt. Das schüttere, borstige Fell ist graubraun oder rötlich braun mit langer Nacken- und Rücken-mähne. Die tagaktiven Tiere ruhen nachts in verlassenen Bauen von Erdferkeln. Sie bilden kleine Gruppen aus ein bis zwei Weibchen und deren Jungen. Die Männchen leben meist als Einzelgänger oder in Junggesellentrupps. Das Weibchen bringt in einem Erdbau meist ein bis vier Junge zur Welt. Die Jungtiere sind dicht behaart und ungestreift. Warzenschweine ernähren sich haupt-sächlich von Gras, Wurzeln, Samen, gelegentlich auch von Früchten sowie von tierischer Kost.

Das Warzenschwein bietet wahrlich keinen schönen Anblick.

Kopf-Rumpf-Länge: 90–150 cm
Schwanz: 25–50 cm
Verbreitung: Afrika
Farbe: graubraun oder rötlich braun
Familie: Echte Schweine

Waschbär

Der Waschbär ist die am weitesten verbreitete Familie der Kleinbären und war ursprünglich in Mittel- und Nordamerika heimisch.

Typisch für den Waschbären ist seine schwarz-weiße Gesichtsmaske. Er trägt ein graubraunes Fell und einen schwarz geringelten Schwanz. Waschbären können ihre Vorderpfoten als Greifwerkzeuge einsetzen. Sie klettern und schwimmen ausgezeichnet. Die nachtaktiven Tiere leben in Laub- und Mischwäldern, aber auch in Parkanlagen. Dabei sollte sich aber immer ein Gewässer in der Nähe befinden. Tagsüber schlafen sie in alten Baumhöhlen. Bei der Nahrungssuche tastet der Waschbär im flachen Wasser mit seinen geschickten Vorderpfoten unter Steinen oder im Schlick nach Beutetie-ren. Das sieht aus, als wasche er seine Nahrung, was ihm seinen deutschen Namen einbrachte. Am liebsten verspeist er Fische und Amphibien, aber auch Insekten, Regenwürmer, Vogeleier und Jungvögel, im Herbst hauptsächlich Beeren, Baum- und Feldfrüchte. Das Weibchen bringt vier blinde Junge zur Welt, die schon ein dünnes Fell tragen.

SCHON GEWUSST?
Waschbären wurden wegen ihres Pelzes Anfang des 20. Jahrhunderts nach Europa gebracht.

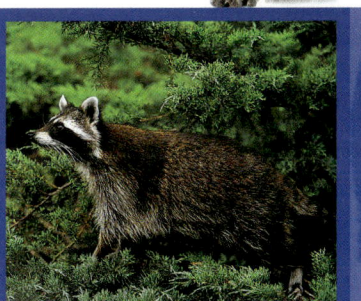

Waschbären haben eine schwarz-weiße Gesichtsmaske.

Kopf-Rumpf-Länge: 50–70 cm
Schwanz: 20–30 cm
Verbreitung: Mittel- und Nordamerika, in Europa eingebürgert
Farbe: graubraun, schwarz, weiß
Familie: Kleinbären

Wasserbüffel liegen tagsüber meist bewegungslos im Wasser.

Wasserbüffel

Beim Wasserbüffel unterscheidet man sechs Unterarten. Wilde Wasserbüffel waren ursprünglich über Süd- und Südostasien bis nach China verbreitet. Doch heute sind sie selten geworden.

Der Wasserbüffel ist ein Rind von massigem Körperbau, wobei die Männchen deutlich größer und schwerer sind als die Weibchen. Das spärliche Fell ist dunkelgrau bis braun. Beide Geschlechter tragen Hörner, die sich entweder gerade zur Seite ausbreiten oder sich halbkreisförmig nach innen krümmen. Sie erreichen eine Spannweite von mehr als zwei Metern. Der Wasserbüffel ist vorwiegend dämmerungsaktiv und frisst morgens und abends Gräser und Kräuter sowie Sumpf- und Wasserpflanzen. Tagsüber liegt er gerne bewegungslos im Wasser oder in einer Schlammsuhle. Er lebt in kleinen Herden von 20 bis 30 Tieren. Das Weibchen bringt nach etwa elf Monaten Tragezeit in der Regel ein Kalb zur Welt.

Wasserbüffel sind heute selten geworden.

Kopf-Rumpf-Länge: 240–280 cm
Schwanz: 60–85 cm
Verbreitung: Süd- und Südostasien
Farbe: dunkelgrau bis braun
Familie: Hornträger

Wasserläufer

Die auf der Wasseroberfläche gewandt dahingleitenden Wasserläufer gehören zu den Wasser liebenden Wanzen.

Die verschiedenen europäischen Arten sind äußerlich schwer voneinander zu unterscheiden. Wasserläufer haben einen sehr schlanken und lang gestreckten Körper, der vollständig mit feinen, Wasser abweisenden Härchen bedeckt ist. Die Härchen an den Fußenden ermöglichen es den Tieren, sich schnell auf der Wasseroberfläche zu bewegen, ohne zu versinken: Die Fußenden bilden auf der Wasserhaut rundliche Dellen, durchstoßen sie jedoch nicht, weil sich zwischen ihnen Luft fängt und die Härchen Wasser abweisend sind. Der Wasserläufer verteilt sein Gewicht auf die extrem langen Mittel- und Hinterbeine und gleitet wie ein Schlittschuhläufer über die Wasserfläche dahin. Er lebt in Teichen und Tümpeln und ernährt sich von verschiedenen Insekten, die ins Wasser fallen. Die Weibchen legen ihre Eier über mehrere Monate verteilt dicht unter der Wasseroberfläche an Pflanzen ab. Die Junglarven sinken zunächst zum Grund hinab, rudern aber nach einiger Zeit zur Oberfläche zurück und leben dort.

Der Wasserläufer lebt in Teichen und Tümpeln.

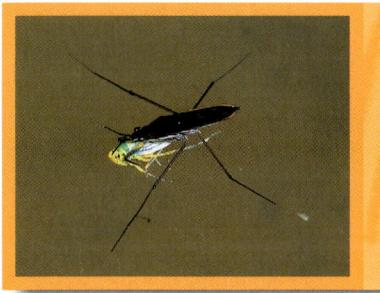

Wasserläufer können tatsächlich übers Wasser laufen.

Größe: 8–10 mm
Verbreitung: Mittel- und Südeuropa
Farbe: hellbraun
Unterordnung: Wanzen

Wasserschwein

Das Wasserschwein oder Capybara ist keineswegs ein Schwein, sondern ein Nagetier – und zwar das größte der Welt.

Es ist eng mit dem Meerschweinchen verwandt und erinnert auch an ein übergroßes, hochbeiniges Meerschweinchen. Sein plumper Körper trägt ein derbes, gelblich braunes Fell. Die hufähnlichen Zehen sind durch Schwimmhäute verbunden. Das überwiegend tagaktive Wasserschwein bewohnt Wälder aller Art, Savannen und Grasland. Es ist jedoch immer in Wassernähe zu finden, da es über Mittag gern im Wasser ruht. Als ausgezeichneter Schwimmer und Taucher flüchtet es bei Gefahr laut quiekend ins Wasser. Wasserschweine leben in Familientrupps, die sich meist zu kleinen Herden zusammenschließen. Sie verbringen die Nacht in einer Bodenkuhle oder Pflanzendeckung. Das Weibchen bekommt pro Wurf drei bis vier Junge, die vollständig entwickelt sind und der Mutter sogleich folgen können. Wasserschweine ernähren sich vor allem von Gras und Wasserpflanzen.

SCHON GEWUSST?
Das Wasserschwein wird wegen seines Fleischs und insbesondere seines angeblich heilkräftigen Fetts in manchen Gebieten stark bejagt.

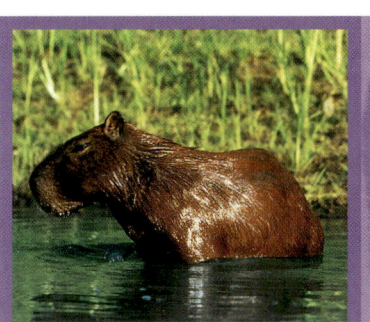

Wasserschweine werden auch Capybara genannt.

Kopf-Rumpf-Länge: 100–130 cm
Verbreitung: Nord- und Mittelamerika
Farbe: gelblich braun
Familie: Meerschweinchen

Wasserspinne

Die Wasserspinne gehört zu den faszinierendsten heimischen Spinnen, denn sie ist die einzige Spinne, die ihr gesamtes Leben im Wasser verbringt.

Dazu baut sie ein besonderes Unterwasserhaus, in dem sie Luft atmen kann. Zuerst spinnt sie eine Art glockenförmiges Nest aus Seidenfäden, die sie an Wasserpflanzen befestigt. Dann taucht sie auf, streckt Hinterleib und Hinterbeine aus dem Wasser und nimmt beim Abtauchen eine große Luftblase mit, die sie unter der Glocke loslässt. Sie wiederholt das Ganze, bis eine geräumige Luftblase entstanden ist. Schließlich hockt sie in ihrer Wohnglocke und wartet auf näherkommende Beutetiere. Sie frisst am liebsten Flohkrebse, Wasserasseln, Kaulquappen und Jungfische. Diese stolpern über die Fäden der Luftblase. Die Spinne bemerkt das sofort, überwältigt die Beute mit einem giftigen Biss und verspeist sie genüsslich in der Glocke. Die Wasserspinne bekommt sogar ihre Kinder in der Luftblase. Das Weibchen legt 50 bis 100 Eier in einem Kokon ab, der die Hälfte der Wohnglocke einnimmt.

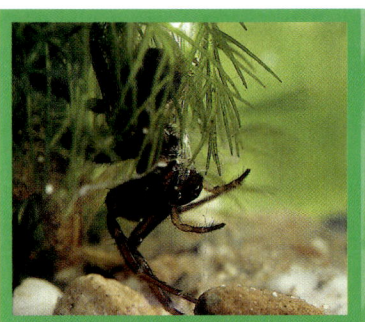

Die Wasserspinne hat ein Unterwasserhaus.

Größe: 8–15 mm
Verbreitung: Nord- und Mitteleuropa, Asien
Farbe: dunkelbraun, grau
Familie: Trichterspinnen

SCHON GEWUSST?
Weberknechte können bei Gefahr Teile ihrer Beine abwerfen und so ihren Fressfeinden entkommen.

Weberknechte

Weberknechte, auch Kanker genannt, unterscheiden sich von echten Spinnen dadurch, dass sie keine „Taille" haben und sehr lange, leicht abbrechende Beine besitzen.

Weltweit sind etwa 4000 Arten bekannt. Diese Verwandten der Spinnen haben einen runden Körper und wie alle Spinnentiere acht Beine, die aber bis zu sechs Zentimeter lang sein können. Sie haben kleine Kieferklauen. Ihre Augen sitzen erhöht auf einem Hügel. Weberknechte besitzen keine Spinn- und Giftdrüsen. Sie sind meist nachts unterwegs und fangen kleine Würmer, geflügelte Insekten, Insektenlarven, Tausendfüßer und Spinnen.

Das Weibchen versenkt seine Eier mithilfe einer langen Legeröhre in den feuchten Boden.

Dort bleiben sie den Winter über, bis die jungen Weberknechte im Frühjahr schlüpfen.

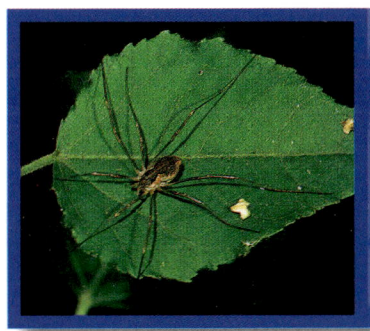

Weberknechte haben lange, sehr dünne Beine.

Größe: 1–20 mm
Verbreitung: weltweit
Farbe: bräunlich
Klasse: Spinnentiere

Webervögel

Die Webervögel sind eine Familie der Singvögel, die hauptsächlich in Afrika vorkommt. Sie sind berühmt für ihre zum Teil riesigen Nester.

Webervögel leben oft in der Nähe menschlicher Siedlungen. Die männlichen Webervögel haben meist ein gelbschwarzes, grau-schwarzes oder schwarz-weißes Brautkleid, das aber bei manchen Arten wie beim Oryxweber auch leuchtend rotorange sein kann. Die Weibchen sind unscheinbarer gefärbt. Außerhalb der Paarungszeit ähnelt das Männchen dem Weibchen. Webervögel haben einen kurzen, kräftigen Schnabel, mit dem sie Früchte und Körner picken können. Auch Früchte und Insekten stehen auf dem Speiseplan. Viele Arten der Webervögel brüten in Kolonien mit Tausenden von Artgenossen. Die kunstvollen Nester, die bei manchen Arten riesige Ausmaße annehmen können, werden von den Männchen meist in Bäumen gebaut.

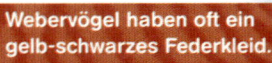

Weberknechte haben oft ein gelb-schwarzes Federkleid.

Webervögel haben oft ein gelb-schwarzes Federkleid.

Größe: 8–24 cm
Verbreitung: Afrika, tropische Gebiete Asiens
Farbe: verschieden
Ordnung: Sperlingsvögel

Webervögel bauen riesige Nester.

Wellensittich

Der Wellensittich ist ein kleiner Papagei und als Haustier bestens bekannt. Seinen Namen erhielt er aufgrund des wellenförmigen Musters seines Gefieders.

Wellensittiche sind in Australien beheimatet. In der Natur sind sie grün gefärbt und haben ein hellgelbes Gesicht und eine ebenso gefärbte Kehle. Durch das grüne Gefieder mit der Zeichnung sind die Vögel hervorragend getarnt. Heute gibt es aber Züchtungen in vielen verschiedenen Farben: Von Hell- und Dunkelgrün über Hell- und Dunkelblau bis Gelb ist alles dabei. Wellensittiche sind sehr gesellige Tiere und ziehen in ihrer Heimat auf Nahrungs- und Wassersuche oft in großen Schwärmen umher. Sie ernähren sich hauptsächlich von Samen, ab und zu verspeisen sie jedoch auch Insekten. Wellensittiche brüten am liebsten gesellig, oft in Höhlen des gleichen Baums. Die Weibchen legen jeweils vier bis sechs Eier.

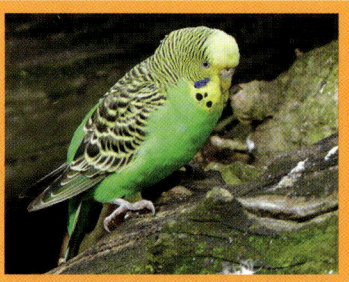

Der Wellensittich ist ein kleiner Papagei.

Größe: 18 cm
Verbreitung: Australien, weltweit als Haustier eingeführt
Farbe: grün, hellgelb
Familie: Eigentliche Papageien

Welse

Welse sind weltweit verbreitete, große, hauptsächlich im Süßwasser lebende Fische, die am Maul Barteln (Bartfäden) tragen. Der größte Wels Europas ist der Flusswels oder Waller.

Der Flusswels hat einen lang gestreckten Körper und einen breiten, flachen Kopf mit weitem Maul, zwei lange Barteln am Oberkiefer und vier kürzere Barteln am Unterkiefer. Die lange Schwanzflosse reicht bis zur Afterflosse. Die Haut ist schuppenlos und schleimig. Der Rücken ist schwarz bis grünlich gefärbt, die Seiten sind heller marmoriert, der Bauch ist rötlich weiß gefärbt. Der träge Bodenfisch wird nachts munter, tagsüber versteckt er sich in selbst gegrabenen Höhlen. Der Flusswels ernährt sich hauptsächlich von Fischen, Krebstieren, Fröschen sowie von kleinen Wasservögeln. Das Männchen reinigt den Laichplatz und umgibt ihn

mit einem Wall aus Pflanzenteilen. Ein oder mehrere Weibchen legen darin ihre Eier ab.

Die Brut wird vom Männchen bewacht und ständig mit Frischwasser befächelt.

Welse tragen Barteln.

Größe: 1–2 m
Verbreitung: Mittel- und Osteuropa
Farbe: schwärzlich bis grünlich
Familie: Echte Welse

Wespen

Unter dem Begriff „Wespen" wird eine ganze Reihe von Familien zusammengefasst (zum Beispiel Falten-, Weg- und Grabwespen), die sich in Gestalt und Lebensweise voneinander unterscheiden.

Zu den sozial lebenden Faltenwespen gehört die Deutsche Wespe, die bei uns bekannteste und häufigste Art. Die Deutsche Wespe hat die für Wespen typische gelb-schwarze Warnzeichnung. Die Vorderflügel sind in Ruhestellung längs zusammengefaltet, was den Faltenwespen ihren Namen eingebracht hat. Der Legebohrer ist zu einem giftigen Wehrstachel umgebildet. Die Deutsche Wespe kommt im Wald, auf Wiesen und in Gärten vor. Sie baut ihr Nest unterirdisch oder in Gebäuden. Ihre Staaten sind einjährig. Die frisch geschlüpfte Königin, die überwin-

tert hat, beginnt im Frühjahr mit dem Nestbau meist in verlassen Tierhöhlen. Die Arbeiterinnen vergrößern später das Nest. In einem Staat leben 3000 bis 4000 Wespen. Wenn die alte Königin stirbt, löst sich der Staat auf. Die junge Königin überwintert ... und das Ganze beginnt wieder von vorn! Die Deutsche Wespe ernährt sich von Insekten und Kleintieren, die im Flug erbeutet werden, saugt an Pflanzen- und Baumsäften sowie bevorzugt an Obst, Wein und Marmelade.

Wespen leben in Staaten.

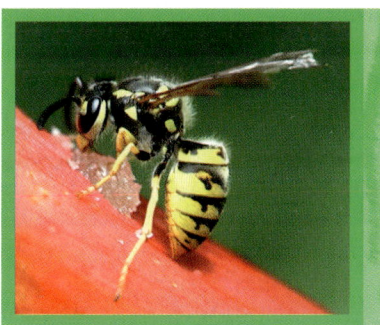

Eine Wespe

Größe: bis 20 mm
Verbreitung: Europa, Asien, Nordamerika
Farbe: gelb-schwarz
Familie: Faltenwespen

Das Widderchen wird auch Blutströpfchen genannt.

Widderchen

Die Widderchen oder Blutströpfchen sind die Sonne liebende Schmetterlinge mit sehr unterschiedlichem Fleckenmuster auf den Flügeln.

Eine in Europa häufige Art ist das Sechsfleck-Widderchen oder Blutströpfchen. Die Vorderflügel des Blutströpfchens sind schwarz mit blaugrünem Metallglanz und je sechs roten Flecken. Die Hinterflügel sind rot mit schwarzem Rand. Diese auffällige Färbung der Flügel signalisiert den Fressfeinden, dass der Schmetterling giftig ist. Das tagaktive Tier lebt auf Magerwiesen und im Brachland, aber auch im Moor- und Heideland. Es fliegt von Juni bis September. Bei Gefahr lässt es sich auf dem Boden nieder und stellt sich tot. Abends schlafen die Widderchen in großen Gruppen an Blüten oder Pflanzenstängeln. Die erwachsenen Falter saugen bevorzugt an violetten Blüten, zum Beispiel Disteln. Das Weibchen legt die Eier auf den Blattoberseiten von Hornklee und Kronwicken ab, an denen die gelbgrünen, schwarz und gelb geflecken Raupen am liebsten fressen.

Widderchen lieben Sonnenschein.

Flügelspannweite: 3–4 cm
Verbreitung: Europa
Farbe: schwarz, rot
Familie: Widderchen

Wiedehopf

Der Wiedehopf, die einzige Art seiner Familie, gehört zu den schönsten Vögeln Mitteleuropas, ist aber heute selten geworden.

Mit seinem zimtfarbenen Federkleid, den schwarz-weiß gemusterten Flügeln und dem schwarzen Schwanz mit dem weißen Band ist der Wiedehopf mit keinem anderen Vogel zu verwechseln. Am Kopf trägt er eine aufstellbare Federhaube. Sein langer dünner Schnabel ist abwärts gebogen. Er bewohnt lichtes Waldland, Parklandschaften und große Gärten sowie Savannen. Sein Nest baut er in einem Baum- oder Mauerloch oder auf dem Boden. Das Weibchen legt fünf bis acht Eier. Während es die Eier ausbrütet, wird es vom Männchen gefüttert. Der Wiedehopf ernährt sich von Insekten wie Grillen und Käfer sowie deren Larven, Würmern, Schnecken, Fröschen und kleineren Eidechsen.

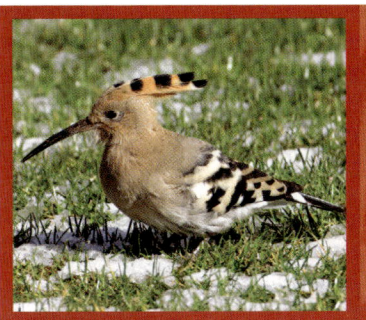

Den Wiedehopf findet man heute selten.

Größe: 28 cm
Flügelspannweite: 45–50 cm
Verbreitung: Europa, Afrika, Mittel- und Südasien
Farbe: zimtfarben, schwarz-weiß
Familie: Wiedehopfe

Wildesel

Wildesel sind überaus genügsame Huftiere, die sogar in den trockensten Wüstenregionen zu überleben wissen.

Der Afrikanische Wildesel mit seinen drei Unterarten (Nordafrikanischer, Nubischer und Somali-Wildesel) ist der Vorfahre unseres Hausesels. Das Fell ist bei allen graubraun mit dunklem Aalstrich entlang dem Rücken. Bauch und Maul sind weißlich gefärbt. Die kurze Stehmähne ist dunkel, die Ohren sind lang. Die Beine des Somali-Wildesels haben zebraartige Streifen. Der Nubische Wildesel lebt in trockenen Küstengebirgen des Roten Meers, der Somali-Wildesel in der äthiopischen Wüste und Somalia. Afrikanische Esel sind dämmerungs- und nachtaktiv und suchen dann in erster Linie Gräser, aber auch dornige Wüstenpflanzen. In der Tageshitze ruhen die Tiere meist im Schatten. Sie leben in kleineren Gruppen von etwa fünf Tieren. Die Stute bringt nach einjähriger Tragezeit ein Fohlen zur Welt, das sogleich mit der Mutter mitlaufen kann.

Die Beine des Somali-Wildesels haben zebraartige Streifen.

Kopf-Rumpf-Länge: etwa 200 cm
Schwanz: 45 cm
Verbreitung: Afrika
Farbe: graubraun
Familie: Pferde

Wildhund

Beim bunt gescheckten Afrikanischen Wildhund gleicht kein Tier dem anderen. Früher wurde er auch „Hyänenhund" genannt, weil er äußerlich Hyänen ähnelt.

Die Grundfarbe des Fells ist schwarz. Doch es ist am ganzen Körper mit braunen, rötlichen, gelben und weißen Flecken besetzt. Da es kurz und spärlich ist, blitzt an mehreren Stellen die nackte, schwarze Haut durch. Die Gestalt des Wildhunds ähnelt der eines hochbeinigen, schlanken Schäferhunds. Die Ohren sind sehr groß. Der Wildhund wird in der Dämmerung munter. Er lebt in Gruppen von meist fünf bis 20 Tieren und jagt grundsätzlich im Rudel, wobei Beutetiere oft über weite Strecken gehetzt werden. Wildhunde ernähren sich hauptsächlich von Gazellen oder anderen Antilopen sowie von Warzenschweinen. Das Weibchen bringt nach etwa 70 Tagen Tragezeit pro Wurf durchschnittlich sieben Junge in einem Erdbau zur Welt. Die Kleinen werden später von allen erwachsenen Rudelmitgliedern betreut.

Wildhunde haben große Ohren.

Kopf-Rumpf-Länge: 90 cm
Schwanz: 35 cm
Verbreitung: Afrika
Farbe: schwarz und braun, rötlich, gelb und weiß
Familie: Hunde

SCHON GEWUSST?
Unsere Hauskatzen stammen in erster Linie von der nahe verwandten, nordafrikanischen Falbkatze ab.

Wildkatze

Wildkatzen sind die wild lebenden Verwandten unserer Hauskatze. Sie sind aber etwas größer und molliger als ihre Vettern und leben in Europa, Afrika und Asien.

Die Wildkatze sieht einer graubraun getigerten Hauskatze ähnlich. Der Schwanz ist aber buschiger, das Ende immer stumpf und schwarz gefärbt. Auch ihr Fell ist dicker. Die Wildkatze braucht einen Lebensraum mit viel

Wildkatzen sehen einer graubraun getigerten Hauskatze ähnlich.

Kopf-Rumpf-Länge: 50–80 cm
Schwanz: 25–35 cm
Verbreitung: Europa, Afrika, Vorderasien, Indien
Farbe: graubraun getigert
Familie: Katzen

Gebüsch und Felsen, in dem sie gute Verstecke und reichlich Nahrung findet. Der Einzelgänger ist überwiegend dämmerungs- und nachtaktiv, kann gut klettern, jagt aber gewöhnlich am Boden. Er hat ein festes Jagdrevier, das er mit verschiedensten Duftmarken kennzeichnet. Auf der Speisekarte stehen vor allem Mäuse, Kaninchen, Hasen und kleine Vögel, aber auch Wühlmäuse, Maikäfer und Heuschrecken. Ihr Lager hat die Wildkatze in hohlen Baumstämmen oder Felsspalten. Das Weibchen bringt pro Wurf zwei bis sechs blinde Junge zur Welt, die ein dünnes gelblich braunes, dunkel gesprenkeltes Fell haben.

Wildmeerschweinchen

Die wild lebende Stammform des heute weit verbreiteten Hausmeerschweinchens ist in Südamerika ein häufig vorkommendes Tier.

Das Wildmeerschweinchen hat einen stämmigen Körper, kurze Beine und kleine Ohren. Es ist schlanker als das Hausmeerschweinchen. Sein Fell ist derb und einheitlich graubraun gefärbt. Die dämmerungsaktiven Bodenbewohner leben in Familiengruppen, die sich manchmal zu Kolonien mit bis zu 50 Tieren zusammenschließen. Sie verständigen sich untereinander durch Duftmarkierungen und Lautäußerungen wie Quieken, Pfeifen, Knurren oder Zähneklappern. In der Morgen- und Abenddämmerung kommen die Wildmeerschweinchen aus ihrem Bau, um Gras und Blätter zu fressen. Das Weibchen bringt mehrmals im Jahr jeweils ein bis vier vollständig entwickelte Junge zur Welt, die sogleich laufen und sogar schon Gras fressen können. Sie können bald eigene Familien gründen.

Wildmeerschweinchen können quieken, pfeifen und knurren.

Ein Hausmeerschweinchen

Kopf-Rumpf-Länge: 20–30 cm
Schwanz: keiner
Verbreitung: Südamerika
Farbe: dunkel graubraun
Familie: Meerschweinchen

Wildschafe

Neuerdings unterteilt man die Wildschafe in die Orientalischen Wildschafe, zu denen auch der Mufflon gehört, und in das Riesenwildschaf oder Argali.

Das Fell der Wildschafe ist dunkelbraun bis strohfarben mit weißen Bereichen. Die Männchen haben eine stattliche Halsmähne. Beide Geschlechter tragen Hörner, die beim Männchen über einen Meter lang werden. Sie sind entweder schneckenförmig gewunden oder halbkreisförmig gebogen. Die Hörner der Weibchen werden nur etwa 30 Zentimeter lang. Das Orientalische Wildschaf kommt im südwestlichen Asien sowie auf einigen Mittelmeerinseln vor, das Riesenwildschaf lebt in Zentralasien. Alle bewohnen offenes hügeliges Gelände vom Tiefland bis in 4000 Meter Höhe, das Riesenwildschaf vor allem Hochgebirge und Hochlagen kalter Wüsten. Die tagaktiven Tiere sind sehr gesellig. Weibchen und Männchen leben außerhalb der Paarungszeit in getrennten Rudeln. Das Weibchen bringt nach fünf Monaten Tragezeit ein bis zwei Junge zur Welt. Die Wildschafe verspeisen am liebsten Gras und Kräuter, mögen aber auch Laub.

Wildschafe leben in oft großen Herden.

Kopf-Rumpf-Länge: 130 cm
Schwanz: 5–13 cm
Verbreitung: Europa, Asien
Farbe: dunkelbraun bis strohfarben
Familie: Hornträger

Wildschwein

Das Wildschwein ist der Vorfahre des Hausschweins. Es gehört zu den größten Tieren, die in Mitteleuropa noch in freier Wildbahn vorkommen.

Das Wildschwein hat einen massigen Körper mit einem borstigen Fell, das schwarzbraun bis ockerfarben ist. Die erwachsenen Männchen (Keiler) haben lange, nach oben ragende, außen sichtbare Eckzähne, die man Hauer nennt. Auch die Weibchen (Bachen) besitzen Eckzähne, die aber viel kürzer sind als bei den Männchen. Wildschweine halten sich am liebsten in Laub- und Mischwäldern mit Wiesen und

Weibliche Wildschweine und ihre Jungtiere leben in Familienverbänden.

Sumpfgebieten auf. Mit der langen Schnauze wühlen sie im Waldboden nach Wurzeln, Knollen, aber auch nach Würmern und Insekten. Baum- und Feldfrüchte, Blätter, Vogeleier und Mäuse schmecken ihnen ebenfalls gut. Wildschweine sind gleichermaßen tag- wie nachtaktiv. Weibchen und Jungtiere leben in Familienverbänden, erwachsene Männchen sind außerhalb der Paarungszeit Einzelgänger oder leben in Junggesellentrupps. Das Weibchen bringt zumeist vier bis sechs Junge in einer mit Moos und Laub gepolsterten Mulde im Dickicht zur Welt. Die Jungtiere (Frischlinge) haben ein Fell mit hell-dunkler Längsstreifung.

Ein Wildschwein im Winter

Kopf-Rumpf-Länge: 90–200 cm
Schwanz: 15–40 cm
Verbreitung: Süd- und Mitteleuropa, Mittel- und Südasien, Nordafrika
Farbe: schwarzbraun bis ockerfarben
Familie: Echte Schweine

Winkerkrabben

Die Winkerkrabben sind Krebstiere mit etwa 70 verschiedenen Arten. Sie bewohnen tropische Strände.

Die Winkerkrabben haben einen breiten Panzer auf dem Vorderkörper. Der Kopf befindet sich unter dem Vorderkörper und trägt lang gestielte Augen. Beim Männchen ist eine der beiden Scheren stark vergrößert und bunt gefärbt. In der Paarungszeit sitzt es am Meeresstrand und winkt mit seiner großen Schere, um die Weibchen auf sich aufmerksam zu machen. So kam die Winkerkrabbe zu ihrem Namen. Die kleinere Schere dient zum Fressen. Das Weibchen trägt nur zwei kleine Scheren. Winkerkrabben nehmen Sand auf und filtern essbare tierische und pflanzliche Teile heraus. Aus dem unverdaulichen Rest formen sie Kugeln, die sie um sich herum verteilen. Die Winkerkrabben graben Höhlen im Sand und Schlick, in denen sie leben. Bei Flut verschließen sie die Eingänge ihrer Höhlen. Das Weibchen legt seine Eier ab, trägt sie jedoch so lange an der Körperunterseite, bis die Larven im Wasser schlüpfen.

Winkerkrabben wohnen in den Tropen.

Verbreitung: Atlantik- und Pazifikküste
Farbe: bräunlich
Familie: Winkerkrabben

Wisent

Der Wisent, das mächtige Wildrind, ist das größte Landsäugetier Europas und das europäische Gegenstück zum amerikanischen Bison.

Er wurde durch Jagd und Abholzung ausgerottet, später aber nachgezüchtet und ausgewildert. Heute leben wieder Herden in Russland und Polen. Der Wisent hat einen langen, wollig behaarten Kopf und Vorderkörper. Das Fell ist rötlich braun bis ockerbraun, im Winter schwarzbraun. Beide Geschlechter tragen kurze Hörner, deren Spitzen nach oben und innen gekrümmt sind. Die Tiere sind tagaktiv, ruhen aber im Sommer in den heißen Stunden. Der Wisent lebt in kleinen Herden aus Kühen und Jungtieren. Die Bullen sind außerhalb der Paarungszeit meist Einzelgänger. Der Wisent ist Pflanzenfresser und ernährt sich von Gras, Kräutern, Zweigen, Baumfrüchten und Rinde. Das Weibchen bringt alle zwei Jahre ein Kalb zur Welt, das nach wenigen Stunden laufen kann.

Der Wisent ist ein mächtiges Wildrind.

Kopf-Rumpf-Länge: bis 3 m
Schwanz: 90 cm
Verbreitung: Osteuropa
Farbe: braun
Familie: Hornträger

Wolf

Der Wolf ist der wilde Vorfahre unserer Haushunde und der größte aller wild lebenden Hunde.

Der Wolf sieht dem Schäferhund ziemlich ähnlich, ist aber massiger gebaut und hat kräftigere, längere Beine und einen kürzeren Hals. Die Färbung seines Fells kann sich unterscheiden – von grau über graubraun bis schwarz und sogar weiß. Der dämmerungs- und nachtaktive Wolf lebt und jagt außerhalb der Fortpflanzungszeit in Rudeln. In einem Rudel herrscht strenge Rangordnung. Jeder Wolf hat seinen Platz. Jedes Rudel hat ein eigenes Revier, das bis zu 10.000 Quadratkilometer groß sein kann. Dort jagen die Wölfe Huftiere wie Elche, Hirsche, Wildschweine oder Steinböcke, aber auch Hasen und Mäuse. Die Paare bleiben meist ein Leben lang zusammen. Das Weibchen bringt pro Wurf vier bis sechs blinde Junge zur Welt, die

Der Wolf ist der wilde Vorfahre unserer Haushunde.

schon bei der Geburt grau-braun behaart sind. Sie werden in einer Höhle geboren und großgezogen.

Der Wolf sieht dem Schäferhund ziemlich ähnlich.

Kopf-Rumpf-Länge: 100–160 cm
Schwanz: 30–50 cm
Verbreitung: Osteuropa, Nord-amerika, Asien
Farbe: grau, graubraun
Familie: Hunde

Wombats

Wombats sind eine Familie von Beutelsäugern, die in Australien leben. Sie wurden erstmals im Jahre 1707 entdeckt.

Wombats haben ein bärenähnliches Aussehen. Ihr Körper ist stämmig gebaut, die Beine sind kurz. Sie haben breitsohlige Füße mit fünf Zehen, von denen die Vorderfüße fünf und die Hinterfüße vier große, sichelförmig gekrümmte Grabkrallen tragen. Dadurch sind Wombats ausgezeichnete Gräber und verschwinden bei Gefahr mit erstaunlicher Geschwindigkeit im Boden. Sie errichten komplizierte Erdbauten, die bis zu 20 Meter lang und über drei Meter tief sein können. Die vor allem am Abend aktiven Tiere ernähren sich vom Gras, das sie in Wäldern und im Buschland finden. Das Weibchen bringt ein Junges zur Welt, das bei der Geburt nur zwei Zentimeter groß und zwei Gramm schwer ist. Es kriecht in den Beutel der Mutter, trinkt dort Milch und verlässt den Beutel nach etwa sechs Monaten. Das Junge bleibt aber noch ein Jahr bei der Mutter. Man unterscheidet Nacktnasenwombats und Haarnasenwombats.

Ein Wombat hält ein Nickerchen.

Kopf-Rumpf-Länge: 70–120 cm
Schwanz: 23–30 cm
Verbreitung: Australien, Tasmanien
Farbe: gelb-, grau- bis schwarz-braun.
Familie: Wombats

Wüstenfuchs

Der Wüstenfuchs oder Fennek ist die kleinste Fuchsart und auch der kleinste aller Wildhunde. Er ist besonders gut an ein Leben in der Wüste angepasst.

Sein Fell ist hellsandfarben, das Gesicht weiß gezeichnet. Er trägt einen buschigen Schwanz, der an der Spitze schwarz ist. Außerdem hat der Wüstenfuchs große Nachttieraugen und besonders große Ohren, die bis zu 15 Zentimeter lang sein können. Die Ohren haben die Aufgabe, die Hitze von seinem Körper abzuleiten.

So kann sich der Fennek in der heißen Wüste etwas abkühlen. Der Wüstenfuchs wird nachts munter und lebt gesellig, jagt aber allein. Er gräbt verzweigte unterirdische Baue, in die er sich während der Tageshitze zurückzieht und in denen die Jungen großgezogen werden. Das Weibchen bringt pro Wurf meist zwei bis vier blinde Junge zur Welt. Der Vater und oft auch ältere Geschwister beteiligen sich an der Aufzucht und tragen Futter herbei. Wüstenfüchse verspeisen für ihr Leben gerne Insekten, kleine Reptilien und Mäuse, aber auch Pflanzen, wenn sie welche finden.

Der Wüstenfuchs hat sich gut an ein Leben in der Wüste angepasst.

Kopf-Rumpf-Länge: 30–40 cm
Schwanz: 18–30 cm
Verbreitung: Nordafrika, Vorderasien
Farbe: sandfarben
Familie: Hunde

Wüstenrennmäuse werden auch gerne als Haustiere gehalten.

Wüstenrennmaus

Die Wüstenrennmaus wird auch Mongolische Rennmaus genannt und ist ein Nagetier. Sie lebt hauptsächlich in der mongolischen Steppe.

Trotz ihres Namens ist die Wüstenrennmaus mit dem Hamster näher verwandt als mit unseren normalen Hausmäusen. Dennoch sieht sie wie eine Maus aus. Ihr langer Schwanz hat eine Quaste am Ende. Ihr Fell ist braun. Die Vorderpfoten benutzt sie zum Graben, Fressen und für die Fellpflege. Besonders auffällig sind die großen Knopfaugen. Die Wüstenrennmaus heißt so, weil sie ein superschneller Flitzer ist. Wittert sie Gefahr, trommelt sie kurz mit den Hinterfüßen auf den Boden und verschwindet dann blitzschnell in ihrem Bau.

Die Wüstenrennmaus kann gut sehen und noch besser hören und riechen. Sie erkennt die Familienmitglieder am Geruch. Das Weibchen bringt mehrmals im Jahr ein bis fünf nackte, blinde und taube Junge zur Welt, die abwechselnd von den Eltern gewärmt werden, bis sie groß genug sind. Die Vegetarier fressen nur Samen und Getreide.

Wüstenrennmäuse haben große Knopfaugen.

Kopf-Rumpf-Länge: 10–12 cm
Schwanz: 10–12 cm
Verbreitung: Asien
Farbe: braun
Familie: Langschwanzmäuse

Wüsten-springmaus

Die drollige Wüstenspring-maus macht ihrem Namen alle Ehre. Sie springt wie ein Känguru auf den Hinterbeinen. Bei Gefahr legt sie sogar mehrere Meter pro Sprung zurück.

Trotz ihres Namens lebt sie nicht ausschließlich in Wüsten. Die Hinterbeine der Wüstenspringmaus sind stark verlängert. Der Schwanz ist lang und dünn. Am Ende befindet sich eine Quaste. Der Kopf trägt sehr lange Tasthaare und große, schwarze Nachttieraugen. Das Fell ist an der Oberseite sandfarben, am Bauch weißlich. Die nachtaktiven Tiere halten sich am Tag in selbst gegrabenen Bauen mit Wohn- und Schlafzimmern auf. Diese sind meist einige Meter lang und bis zu zwei Meter tief. Den Zugang verstopfen sie zum Schutz gegen die Hitze mit Erde. Die Einzelgänger ernähren sich von Wurzeln, Samen und anderen Pflanzenteilen. Sie trinken kein Wasser und beziehen ihren gesamten Wasserbedarf aus der Nahrung. Das Weibchen bringt bis zu viermal im Jahr zwei bis fünf nackte und blinde Junge im heugepolsterten Wohnzimmer zur Welt.

SCHON GEWUSST?

Die Wüstenspringmaus nimmt gerne ausgiebige Sandbäder, um ihr Fell zu pflegen.

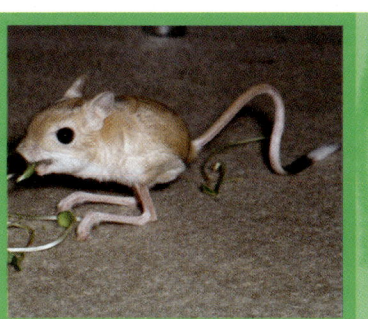

Die Wüstenspringmaus springt wie ein Känguru.

Kopf-Rumpf-Länge: 10–16 cm
Schwanz: 15–20 cm
Verbreitung: Nordafrika, Arabische Halbinsel, Vorderasien
Farbe: sandfarben
Familie: Springmäuse

Wüstenteufel

Der Wüstenteufel heißt auch Dornteufel, weil sein Körper mit großen, harten Stachelschuppen besetzt ist. Ein weiterer Name ist Moloch.

Der Wüstenteufel ist ein Bodenbewohner der Wüstengebiete Inneraustraliens. Mit seinen langen Dornen sieht er aus wie eine stachelige Eidechse. Zwei besonders kräftige Stacheln sitzen nebeneinander direkt über den Augen. Im Nacken trägt das Tier einen stacheligen Fettbuckel. Durch sein Aussehen will er Fressfeinde abschrecken, denn der Wüstenteufel ist eigentlich harmlos und nicht giftig. Seine Beine sind so lang, dass der Körper den heißen Wüstenboden nicht berührt. Auf dem Speiseplan stehen hauptsächlich Ameisen und Termiten, die er mit seiner flinken klebrigen Zunge in großen Mengen aufleckt und mit seinen breiten Backenzähnen zermalmt. Das Weibchen legt drei bis zehn Eier in einem Erdgang ab. Die jungen Wüstenteufel haben bereits ihre Dornen, wenn sie schlüpfen.

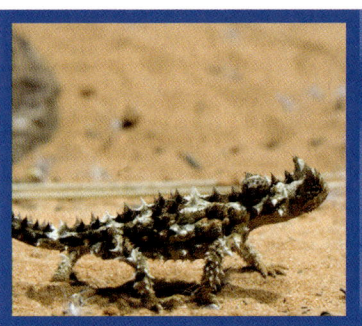

Der Wüstenteufel besitzt große Stachelschuppen.

Größe: 18–20 cm
Verbreitung: Australien
Farbe: braun, weißlich
Familie: Agamen

Yak

Der Yak ist eine Rinderart, die in Zentralasien verbreitet ist. In seiner Heimat ist der Yak ein wichtiges Nutztier. Er dient als Last- und Reittier, gibt Milch, Wolle, Leder und Fleisch.

Der Yak hat einen starken Schulterbuckel und trägt den Kopf gesenkt. Sein zottiges langhaariges Fell ist dunkelbraun bis schwarz und reicht fast bis zum Boden. Es schützt ihn vor eisigen Temperaturen. Die Hörner sind beim Männchen bis zu 90 Zentimeter lang und breit ausladend. Beim Weibchen sind sie viel kürzer. Die Weibchen und Jungtiere leben in Herden von 20 bis 200 Tieren, die Bullen außerhalb der Paarungszeit in kleineren, getrennten Trupps. Im Hochsommer zieht sich der gegen Wärme empfindliche Yak bis in höchste Schneeregionen in 4000 bis 5000 Metern zurück. Trotz seiner Größe ist er erstaunlich trittsicher, wenn er auf steilen Berghängen grast.

Auf seinem Speiseplan stehen vor allem Kräuter, Gräser, Moose und Flechten. Das Weibchen bringt alle zwei Jahre ein Junges zur Welt.

In seiner Heimat ist der Yak ein wichtiges Nutztier.

Kopf-Rumpf-Länge: bis 3,25 m
Schwanz: 50–80 cm
Verbreitung: Himalaja
Farbe: dunkelbraun bis schwarz
Familie: Hornträger

Zauneidechse

Die Zauneidechse ist eine der häufigsten einheimischen Eidechsen. Sie hat einen etwas plumpen Körper mit kurzen Beinen und einen ziemlich langen Schwanz.

Das Männchen ist am Rücken bräunlich und an den Seiten grünlich mit dunklen Flecken. Das Weibchen ist braun mit dunkler Zeichnung. Die Zauneidechse lebt an warmen Böschungen sowie auf trockenen Wiesen und kommt auch in Gärten vor. Die wechselwarme Zauneidechse nimmt morgens ausgiebige Sonnenbäder, um sich aufzuwärmen. Denn sie hat keine gleich bleibende Körpertemperatur wie wir und muss sich erst der Außentemperatur anpassen. Die Hauptnahrung der Zauneidechse sind Insekten, Spinnen und Schnecken. Die Beute spürt sie durch das sogenannte Züngeln auf. Das Weibchen legt vier bis 14 Eier meist in einer selbst gegrabenen Erdhöhle ab. Die Jungen schlüpfen nach etwa acht Wochen und sind sofort selbstständig. Die Zauneidechse verbringt die kalte Jahreszeit in Erdlöchern und frostfreien Spalten in sogenannter Winterstarre.

Die Zauneidechse nimmt morgens ausgiebige Sonnenbäder.

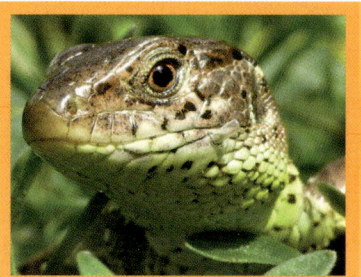

Die Zauneidechse spürt ihre Beute durch das Züngeln auf.

Größe: 15–20 cm
Verbreitung: Europa, Westasien
Farbe: braun, grün
Familie: Echte Eidechsen

Zaunkönig

Der Zaunkönig gehört zu den kleinsten Vögeln unserer Heimat. Früher wurde er „Schneekönig" genannt, weil er auch im Winter ein lebhafter Sänger ist.

Der Winzling hat einen rundlichen Körper und einen kurzen Schwanz, den er fast immer hochstellt. Sein Federkleid ist an der Oberseite rötlich braun, an Bauch und Kehle heller gefärbt und schwach dunkel gebändert. Über den Augen hat er einen hellen Streifen. Der Zaunkönig ist ein tag- und dämmerungsaktiver Einzelgänger. Er ernährt sich hauptsächlich von Insekten und Spinnen, die er in Pflanzen findet. Würmer, Kaulquappen und Weichtiere sowie Samen und Beeren stehen ebenfalls auf seinem Speiseplan. Das Männchen baut in Höhlen oder Spalten mehrere kugelige Moosnester mit seitlichem Eingang. Das Weibchen vervollständigt eines davon und legt darin fünf bis sieben Eier ab, die es allein bebrütet.

Der Zaunkönig gehört zu den kleinsten Vögeln unserer Heimat.

Größe: 8–10 cm
Verbreitung: Europa, Nordafrika, Asien, Nordamerika
Farbe: rötlich braun
Familie: Zaunkönige

Zebrafink

Der Zebrafink, eine Art der Prachtfinken, ist in Australien sehr häufig und bei uns ein beliebter Ziervogel.

Das Männchen ist an der Oberseite graubraun, an der Unterseite weißlich. Der Kopf ist grau mit orangefarbenen Wangen, einem roten Schnabel und rötlichen Augen. Die Kehle zeigt die typische Zebrazeichnung bis unter den Schnabel. Das Weibchen ist am Bauch beige bis weiß und auf dem Rücken dunkel- bis schiefergrau. Zebrafinken sind sehr gesellige Vögel, die am Boden nach Nahrung suchen und dabei hoch hüpfen, um Grasrispen herunterzuziehen. Denn Sämereien und Insekten gehören zu ihren Lieblingsgerichten. Zum Trinken versammeln sich die Vögel in großen Schwärmen an Wasserstellen. Der Zebrafink baut kleine Schlafnester. In Trockengebieten

Die Kehle des Zebrafinken zeigt die typische Zebrazeichnung.

wartet er mit der Brut, bis es regnet. Er brütet in lockeren Kolonien und baut ein gewölbtes Nest in dornigen Büschen. Er bezieht aber auch Baum-höhlen, Erdlöcher oder Nischen an Gebäuden. Das Weibchen legt vier bis sechs Eier, die von beiden Elternteilen abwechselnd bebrütet werden.

Der Zebrafink lebt eigentlich in Australien.

Größe: 9 cm
Verbreitung: Australien
Farbe: graubraun, grau, orange
Familie: Prachtfinken

Zebras

Zebras umfassen drei Arten aus der Familie der Pferde. Es sind das Grevy-Zebra, das Bergzebra und das Steppenzebra.

Das besondere Kennzeichen der Zebras ist die Streifenzeichnung. Dadurch sind die Tiere in ihrer Heimat, der Savanne, für ihre Feinde schwer zu erspähen. Denn aus einiger Entfernung betrachtet, lösen sich die Konturen seiner Gestalt so weit auf, dass das Tier kaum noch gesehen werden kann. Am weitesten verbreitet ist heute das Steppenzebra. Es ist variabel gefärbt. Der hintere Bereich seines Rumpfs ist häufig eher waagerecht gestreift. Das Grevy-Zebra kommt nur noch in einem kleinen Gebiet in Ostafrika vor. Es trägt sehr enge Streifen. Sein Bauch ist weiß. Das Bergzebra lebt in Südwestafrika. Es hat breitere Streifen. Am hinteren Teil des Rückens trägt es eine gitterähnliche Zeichnung. Alle Zebras sind wie unsere Pferde Pflanzenfresser und ernähren sich hauptsächlich von Gräsern.

Das besondere Kennzeichen der Zebras ist die Streifenzeichnung.

Kopf-Rumpf-Länge: 2–3 m
Schwanz: 40–60 cm
Verbreitung: Afrika
Farbe: schwarz-weiß
Familie: Pferde

Zecken haben eine dehnbare Haut.

Zecken

Zecken sind Spinnentiere und gehören zur Ordnung der Milben. Sie haben eine lederartig dehnbare Haut. Die meisten sind Außenparasiten an Wirbeltieren.

Als Wirte dienen Vögel, Reptilien und Säugetiere. Dadurch können viele Zeckenarten Krankheiten übertragen. In Europa ist der Gemeine Holzbock am weitesten verbreitet. Zu seinen bevorzugten Wirten zählen nicht nur Wild- und Haustiere, sondern auch der Mensch. Das Weibchen trägt einen festen Rückenschild, der den vorderen Teil des Körpers überzieht. Beim Männchen ist der ganze Körper mit dem Rückenschild bedeckt. Das vorderste Beinpaar trägt kleine Widerhaken an den Enden, mit denen sich der Holzbock am Untergrund festkrallen kann. Der Holzbock ernährt sich vom Blut der Wirtstiere. Dazu hat er ein Rohr zum Saugen. Das Weibchen legt 500 bis 5000 Eier. Die Entwicklung läuft über drei Stadien, die jeweils an einem anderen Wirtstier stattfinden. Der gesamte Entwicklungszyklus dauert zwei bis drei Jahre. Der Holzbock lebt in Wäldern, an Waldrändern, auf Feuchtwiesen und in Gärten. Er verbringt die meiste Zeit seines Lebens unabhängig von einem Wirt am Boden zwischen Gras und Wurzeln.

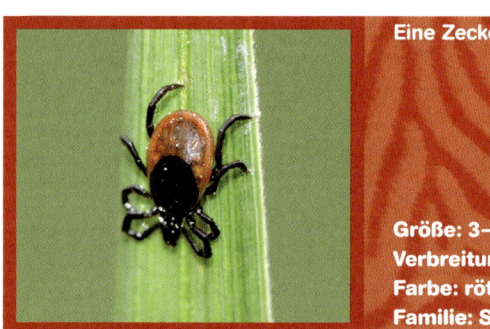

Eine Zecke auf Wanderschaft

Größe: 3–4 mm
Verbreitung: Europa
Farbe: rötlich braun
Familie: Schildzecken

Zikaden

Von den bislang 30.000 bekannten Zikadenarten sind die meisten in den Tropen und Subtropen beheimatet. Etwa 500 kommen in Mitteleuropa vor.

Die meist kleinen Insekten tragen kurze Fühler. Ihre dünnhäutigen Flügel sind gut ausgebildet und werden in Ruhe dachartig über dem Rücken gefaltet. Die meisten Zikaden sind sehr auffällig gefärbt, können sich aber ausgezeichnet tarnen, da sie in ihren Lebensräumen durch ihre Farbgebung an den jeweiligen Untergrund sehr angepasst sind. Alle Zikaden saugen an Pflanzensäften, die sie mit einem Saugrüssel aufnehmen. Die Entwicklung der Zikaden verläuft über fünf Larvenstadien, wobei die Dauer unterschiedlich sein kann. Die Larven der Wiesenschaumzikade und der Blutzikade zum Beispiel erzeugen Schaumhüllen, den sogenannten Kuckucksspeichel, um sich vor Fressfeinden zu schützen. Die Singzikaden können durch ein Trommelorgan Laute erzeugen, die auch für uns Menschen hörbar sind.

Zikaden besitzen dünnhäutige Flügel.

Die meisten Zikaden leben in den Tropen und Subtropen.

Größe: 18–38 mm
Verbreitung: weltweit
Farbe: verschieden
Ordnung: Schnabelkerfen

Zitronenfalter

Der Zitronenfalter ist der erste Schmetterling, den die Frühjahrssonne hervorlockt. Denn dann erwacht er aus der Winterstarre und beginnt herumzufliegen.

Die Flügel des Zitronenfalters haben kleine, spitze Zipfel. Die Grundfarbe bei den Männchen ist zitronengelb, beim Weibchen weißlich. Beide haben orangerote Punkte in der Flügelmitte. Der Zitronenfalter kommt in Wäldern, buschigem Gelände, in Gärten und Parks vor. Die Männchen gehen im Frühjahr auf „Brautschau". Beim Hochzeitsflug folgt das Männchen dem Weibchen im gleich bleibenden Abstand. Das Weibchen legt seine Eier an den Blättern der Raupenfutterpflanzen (Faulbaum und Kreuzdorn) ab. Die Raupen sind grün, seitlich weiß gestreift und unbehaart. Der Zitronenfalter überwintert als einziger mitteleuropäischer Falter ohne geschütztes Versteck und wird durch eine besondere Körperflüssigkeit vor dem Erfrieren bewahrt.

SCHON GEWUSST?
Der Zitronenfalter ist mit einer Lebenserwartung von zehn bis elf Monaten der langlebigste einheimische Falter.

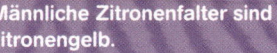

Männliche Zitronenfalter sind zitronengelb.

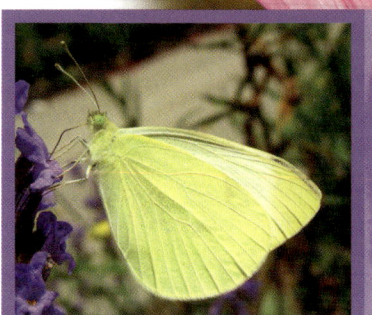

Flügelspannweite: 5–6 cm
Verbreitung: Europa, gemäßigtes Asien, Nordafrika
Farbe: zitronengelb, weißlich
Familie: Weißlinge

Zitteraal

Zitteraale sind besondere Süßwasserfische: Sie können starke elektrische Schläge abgeben, um ihre Beute zu fangen und Fressfeinde abzuwehren.

Zitteraale haben einen langen, schlangenförmigen Körper mit einem breiten, abgeflachten Kopf und einem mächtigen Maul. Sie besitzen keine Bauchflosse, aber kleine Brustflossen, eine unscheinbare Schwanzflosse sowie eine auffällig verlängerte Afterflosse mit etwa 350 Flossenstrahlen. Der Zitteraal lebt in trüben, schlammigen Süßgewässern.

Der nachtaktive Jäger schwimmt durch wellenförmige Bewegungen der Afterflosse vor- und rück-, auf- und abwärts. Er muss alle 15 Minuten an die Wasseroberfläche, um Sauerstoff aufzunehmen. Denn die Kiemen des Zitteraals sind im Laufe ihrer Entwicklung so stark verkümmert, dass er den Sauerstoff über die Haut in der Mundhöhle aufnehmen muss. Der Zitteraal kann elektrische Ladungen von 600 Volt aussenden. In Ruhe gibt er 20 bis 30 Stromstöße ab, in Erregung 50 pro Sekunde. So fängt er seine Beutetiere – vor allem Fische und Amphibien, aber auch kleine Säugetiere sowie Süßwassergarnelen.

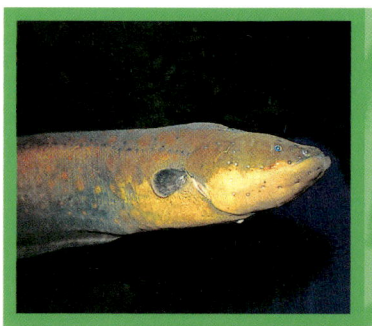

Zitteraale können Stromschläge verteilen.

Größe: bis 2,4 m
Verbreitung: Südamerika
Farbe: bräunlich
Familie: Messeraale

SCHON GEWUSST?

Der Zitterrochen bringt Stromstöße von durchschnittlich 75 bis 80 Volt hervor, kann bei Erregung aber auch mehr als 200 Volt Spannung entladen. Der Fisch ist an seiner Oberseite positiv geladen, auf der Unterseite negativ.

Zitterrochen

Die Familie der Zitterrochen oder Elektrischen Rochen umfasst 14 Arten. Die auffälligste Art ist der Augenfleck-Zitterrochen oder Gefleckte Zitterrochen.

Der Körper des Zitterrochens ist abgeplattet und eine fast kreisrunde Scheibe mit kurzem, kräftigem Schwanzstiel, der zwei Rückenflossen trägt. Breite, fleischige Brustflossen bilden den Außenrand der Körperscheibe. Die Schwanzflosse ist gut entwickelt. Der kleine Mund liegt auf der Bauchseite. Zitterrochen besitzen in Kopfnähe ein elektrisches Organ in den schwingenartigen Flossen.

Die Körperoberseite ist hell- bis dunkelbraun mit einem bis sieben blauen, schwarz oder gelb umrandeten Flecken; die Unterseite ist weißlich. Der Gefleckte Zitterrochen lebt auf Sand- und Schlammböden und in Seegraswiesen. Der nachtaktive Einzelgänger gräbt sich tagsüber im Boden ein. Auf seinem Speiseplan stehen vor allem kleine Bodenfische und Krebstiere. Das Weibchen ist lebend gebärend und bringt drei bis 20 fertig entwickelte Junge zur Welt.

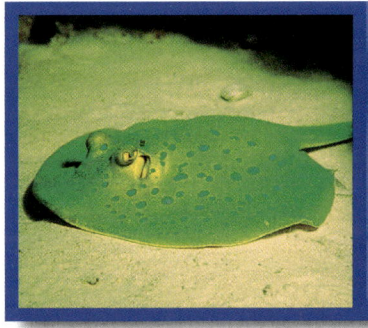

Die Familie der Zitterrochen umfasst 14 Arten.

Größe: 1,5 m
Verbreitung: Südamerika
Farbe: blau, schwarz, gelb
Familie: Echte Zitterrochen

Zobel

Der Zobel ist eine Raubtierart und gehört zu den Mardern. Er ist hauptsächlich wegen seines wertvollen Pelzes bekannt und wurde beinahe ausgerottet.

Der Körper des Zobels ist wie bei allen Mardern lang gestreckt und schlank, die Beine eher kurz. Das Fell ist dunkelbraun, im Sommer kurz und derb, im Winter langhaarig und sehr seidig. Der Zobel bewohnt unberührte Nadelwälder der Taiga, aber auch Waldtundra und Moore. Der am Tag und in der Nacht aktive Einzelgänger kann gut klettern, hält sich aber meist am Boden auf. Sein Lager baut er am liebsten unter Baumwurzeln und polstert es mit Pflanzen und Federn aus. Er ist ein Allesfresser, bevorzugt aber Mäuse, Erdhörnchen und Eichhörnchen. Vögel, Eidechsen sowie die Beeren und Früchte der Zirbelkiefer munden ihm jedoch auch. Das Weibchen bringt pro Wurf meist drei bis vier blinde und völlig hilflose Junge zur Welt.

Der Zobel gehört zu den Mardern.

Kopf-Rumpf-Länge: 35–55 cm
Schwanz: 10–15 cm
Verbreitung: heute nur noch östlich des Uralgebirges
Farbe: dunkelbraun
Familie: Marder

SCHON GEWUSST?

In Russland wird der Zobel vielfach in Pelzfarmen gehalten und gezüchtet.

TIERQUIZ

Bei dem folgenden Quiz gibt es zu jeder Frage drei Antwortmöglichkeiten. Du musst dich jeweils für eine Möglichkeit entscheiden. Die richtigen Antworten findest du am Ende des Tests auf der Seite „Lösungen". So kannst du kontrollieren, ob du auch alle Fragen richtig beantwortet hast.

Ein Hirschkäfer auf Wanderung

1) Woran erkennt man ein Hirschkäfer-Männchen?
a) An seinen rotbraunen Deckflügeln.
✓b) An seinem gewaltigen Oberkiefer.
c) An seiner Nahrung.

2) Was macht der Feuersalamander bei Gefahr?
a) Er zeigt dem Feind die Zähne.
b) Er schlägt mit dem Schwanz um sich.
✓c) Er verspritzt einen giftigen Stoff aus den Hautdrüsen, die er am Rücken und hinter den Ohren hat.

3) Welche Waldameisen tragen Flügel?
a) Die Königinnen und die Männchen.
b) Die Arbeiterinnen.
✗c) Ameisen haben niemals Flügel.

4) Was dient dem Specht beim Klettern als Stütze?
a) Der Schnabel.
b) Der Schwanz.
✗c) Die Krallen.

5) Welches Muster hat das Fell der jungen Wildschweine (Frischlinge)?
a) Es ist hell-dunkel längs gestreift.
✗b) Es hat auf dem Rücken weiße Punkte.
c) Es ist einfarbig hellbraun.

6) Wo befinden sich die Augen der Schnecken?
a) Mitten auf der Stirn.
b) Auf dem Mantel.
✓c) An den Enden der vorderen Fühler.

7) Welcher Vogel hat mit 3,5 Metern die größte Flügelspannweite?
a) Der Albatros.
b) Der Andenkondor.
✗c) Der Steinadler.

8) Was ist eine Ameisenjungfer?
a) Ein Vogel.
b) Ein Insekt.
✗c) Ein Spinne.

Ein junges Wildschwein

9) Wozu benutzt der Fuchs seinen buschigen Schwanz?
a) Zur Abwehr seiner Fressfeinde.
b) Bei Kälte als kuschelige Decke.
c) Der Fuchs hat seinen Schwanz nur zur Zierde.

10) Wie warnt der Biber seine Familie vor Gefahren?
a) Er schlägt laut platschend mit dem abgeplatteten Schwanz auf die Wasseroberfläche.
b) Er pfeift.
c) Er warnt seine Familie gar nicht.

11) Was ist die Schwarze Witwe?
a) Ein Vogel.
b) Eine Eidechse.
c) Eine giftige Spinne.

12) Wie hält der Wüstenfuchs die Hitze in der Wüste aus?
a) Er fächelt mit seinem Schwanz, um die Luft abzukühlen.
b) Mithilfe seiner sehr großen Ohren.
c) Man weiß es nicht.

13) Was ist das Besondere an einem Zitterrochen?
a) Sein ganzer Körper zittert, wenn ihn ein Feind angreift.
b) Er muss öfter an die Wasseroberfläche, um Luft zu holen.
c) Er kann elektrische Ladungen aussenden, um seine Feinde zu vertreiben.

14) Warum kann die Makrele auf der Flucht sehr rasch abtauchen und ebenso schnell wieder hochkommen?
a) Sie hat eine zusätzliche Bauchflosse.
b) Sie hat keine Schwimmblase.
c) Man weiß es nicht.

15) Wann werfen die Hirsch-Männchen ihr Geweih ab?
a) Nur im Winter, wenn es kalt wird.
b) Nach der Paarungszeit.
c) Sie werfen ihr Geweih nie ab.

16) Welcher Vogel hat die kürzesten Beine im ganzen Vogelreich?
a) Der Kolibri.
b) Der Mauersegler.
c) Der Haussperling.

17) Wie können Glühwürmchen leuchten?
a) Sie haben am Hinterleib besondere Zellen, in denen chemische Reaktionen stattfinden.
b) Sie reiben ihre Flügel aneinander.
c) Sie tragen Lichtfühler am Kopf.

Hirsch-Männchen haben ein Geweih.

Ein Wüstenfuchs hat mit der Hitze keine Probleme.

Lamas werden in ihrer Heimat oft als Nutztiere eingesetzt.

Ein Dachs auf Futtersuche

18) Was machen Lamas, wenn sie sich gestört fühlen?
a) Sie stampfen mit den Vorderfüßen.
b) Sie geben grunzende Laute von sich.
c) Sie spucken den Störenfried an.

19) Was ist ein Katta?
a) Ein Maki, also eine Affenart.
b) Eine Fledermausart.
c) Ein Vogel aus tropischen Gebieten.

20) Wo baut das Eichhörnchen sein Nest?
a) Auf dem Boden.
b) In Felsspalten.
c) In Astgabeln oder Baumhöhlen.

21) Wie kam der Goliathfrosch zu seinem Namen?
a) Er hat sehr große Schallblasen.
b) Er hat besonders breite Schwimmhäute.
c) Er ist der größte bekannte Frosch.

22) Welcher Vogel kann als Einziger auch mit dem Kopf voran den Baum hinunterlaufen?
a) Der Buntspecht.
b) Der Kleiber.
c) Die Blaumeise.

23) Wie verständigen sich Schweinswale untereinander?
a) Sie geben Klicklaute von sich.
b) Sie wedeln mit den Brust- und Rückenflossen.
c) Darüber ist nichts bekannt.

24) Wovon ernährt sich der Blauwal?
a) Von sehr großen Fischen.
b) Von winzigen garnelenartigen Krebstieren, die man Krill nennt.
c) Von anderen, kleineren Walen.

25) Welches Tier kann seine Augen unabhängig voneinander bewegen?
a) Das Chamäleon.
b) Die Zauneidechse.
c) Der Komodowaran.

26) Womit gräbt der Dachs seine Erdhöhlen?
a) Mit seinen langen, kräftigen Krallen.
b) Mit seiner langen Schnauze.
c) Das weiß man nicht.

LÖSUNGEN

Hast du alle Fragen richtig beantwortet? Hier kannst du deine Lösungen überprüfen.

1) Woran erkennt man ein Hirschkäfer-Männchen?
b) An seinem gewaltigen Oberkiefer. (siehe Hirschkäfer S. 104)

2) Was macht der Feuersalamander bei Gefahr?
c) Er verspritzt einen giftigen Stoff aus den Hautdrüsen, die er am Rücken und hinter den Ohren hat. (siehe Feuersalamander S. 56)

3) Welche Waldameisen tragen Flügel?
a) Die Königinnen und die Männchen. (siehe Waldameisen S. 312)

4) Was dient dem Specht beim Klettern als Stütze?
b) Der Schwanz. (siehe Spechte S. 277)

5) Welches Muster hat das Fell der jungen Wildschweine (Frischlinge)?
a) Es ist hell-dunkel längs gestreift. (siehe Wildschwein S. 328)

6) Wo befinden sich die Augen der Schnecken?
c) An den Enden der vorderen Fühler. (siehe Schnecken S. 251)

7) Welcher Vogel hat mit 3,5 Metern die größte Flügelspannweite?
a) Der Albatros. (siehe Albatrosse S. 7)

8) Was ist eine Ameisenjungfer?
b) Ein Insekt. (siehe Ameisenjungfer S. 10)

9) Wozu benutzt der Fuchs seinen buschigen Schwanz?
b) Bei Kälte als kuschelige Decke. (siehe Fuchs S. 66)

10) Wie warnt der Biber seine Familie vor Gefahren?
a) Er schlägt laut platschend mit dem abgeplatteten Schwanz auf die Wasseroberfläche. (siehe Biber S. 22)

11) Was ist die Schwarze Witwe?
c) Eine giftige Spinne. (siehe Schwarze Witwe S. 260)

12) Wie hält der Wüstenfuchs die Hitze in der Wüste aus?
b) Mithilfe seiner sehr großen Ohren. (siehe Wüstenfuchs S. 322)

Ein Specht auf Nahrungssuche

Füchse haben einen buschigen Schwanz.

Das Chamäleon hat ungewöhnliche Augen.

Eichhörnchen sind geschickte Kletterer.

13) Was ist das Besondere an einem Zitterrochen?
c) Er kann elektrische Ladungen aussenden, um seine Feinde zu vertreiben. (siehe Zitterrochen S. 340)

14) Warum kann die Makrele auf der Flucht sehr rasch abtauchen und ebenso schnell wieder hochkommen?
b) Sie hat keine Schwimmblase. (siehe Makrele S. 167)

15) Wann werfen die Hirsch-Männchen ihr Geweih ab?
b) Nach der Paarungszeit. (siehe Hirsche S. 102)

16) Welcher Vogel hat die kürzesten Beine im ganzen Vogelreich?
b) Der Mauersegler. (siehe Mauersegler S. 172)

17) Wie können Glühwürmchen leuchten?
a) Sie haben am Hinterleib besondere Zellen, in denen chemische Reaktionen stattfinden. (siehe Glühwürmchen S. 79)

18) Was machen Lamas, wenn sie sich gestört fühlen?
c) Sie spucken den Störenfried an. (siehe Lama S. 155)

19) Was ist ein Katta?
a) Ein Maki, also eine Affenart. (siehe Katta S.130)

20) Wo baut das Eichhörnchen sein Nest?
c) In Astgabeln oder Baumhöhlen. (siehe Eichhörnchen S. 44)

21) Wie kam der Goliathfrosch zu seinem Namen?
c) Er ist der größte bekannte Frosch. (siehe Goliathfrosch S. 82

22) Welcher Vogel kann als Einziger auch mit dem Kopf voran den Baum hinunterlaufen?
b) Der Kleiber. (siehe Kleiber S. 134)

23) Wie verständigen sich Schweinswale untereinander?
a) Sie geben Klicklaute von sich. (siehe Schweinswale S. 261)

24) Wovon ernährt sich der Blauwal?
b) Von winzigen garnelenartigen Krebstieren, die man Krill nennt. (siehe Blauwal S. 26)

25) Welches Tier kann seine Augen unabhängig voneinander bewegen?
a) Das Chamäleon. (siehe Chamäleons S. 33)

26) Womit gräbt der Dachs seine Erdhöhlen?
a) Mit seinen langen, kräftigen Krallen. (siehe Dachs S. 35)

Bildnachweis

Alef, Dr. Michaele: 76 o., 77 o.
dpa Picture-Alliance, Frankfurt: 18 l.u., 20, 33 o.,55 o., 58 o., 78 r., 83 o., 93 u., 143 u., 149 o., 152 o., 153 o., 166, 179 o., 205 u., 213 u., 219 o., 226, 246 o., 252, 255 u., 269 u., 273 u., 283 u., 298, 309 o., 333 u., 225 o.
Fotoservice Silvestris: 7 u., 11 u., 12 m., 15 r., 15 u., 16 u., 17 u., 25 o., 26, 27 o., 38, 29 m., 29 u., 30, 31 o., 31 m., 34 u., 36 o., 37 m., 42 r., 43 o., 58 u., 61 u., 62 u., 63 u., 64, 65 u., 67 u., 69 u., 71 o., 71 u., 73 o., 74 r., 75 o., 78 l., 79 o., 79 u., 80 o., 81 o., 81 u., 82 r., 83 r., 83 u., 84 u., 85 u., 86 m., 87 u., 88, 89 o., 89 u., 90 l., 91 o., 91 u., 92, 94, 97 o., 100 o., 101 o., 104 u., 107 u., 119 o., 119 u., 120 o., 121 u., 122 o., 122 u., 123 u., 126, 127 o., 129 u., 130 m., 131 u., 132 o., 133 m., 134 u., 135 o.r., 135 u., 137 o., 137 u., 140, 141 u., 143 o., 147 m., 149 m., 150 u., 155 o., 157 u., 158 u., 159 u., 160, 161 o., 162, 163 o., 165 u., 170 o., 171 u., 174 u., 175 o., 180 u., 181 m., 185 u., 194 m., 196, 197 o., 197 u., 198 o., 199 o.r., 199 u., 200 u., 201 u., 202 o., 203 u., 204 o., 204 u., 206 u., 209 u., 211 o., 211 u., 212 u., 213 o., 215 u., 216 u., 217 o., 219 u., 221 u., 222 u., 223 o., 223 u., 238 o., 239 o., 239 u., 240., 242 m.l., 243 o., 257 o., 260 o., 261 o., 263 u., 272 o., 275 o., 276 o., 278 o., 279 u., 280 u., 281 o., 282 o., 284 u., 285 u., 286 u., 287 o., 287 u., 290 o., 291 u., 292 u., 296 u., 297 o., 299 o., 300 r., 301 o., 301 m., 305 u., 308 u., 309 u., 310 o., 311 o., 313 o., 313 u.l., 314, 315, 317 u., 318 u., 319 o.l., 319 u., 320, 321 o., 323 o., 324 u., 326 o., 326 u., 327 u., 328 u., 329 u., 330 o., 332, 336 o., 340, 341 o., 341 o., 341 u.
Mauritius Images, Mittenwald: 18 o., 103 u., 157 o., 266 u., 303 o., 333 o.
www.fotolia.de: Abramova, Kseniya 210 o.l., Accent 102 u., Agostini, Sara 321 u.l., aidaricci 107 o., Alford, Clarence 203 o., 260 u., alle 105 o.r., Alysta 193 u., Anyka 307 u., apachelance 256 r., arnowssr 33 m., 232 u., Atlanpic 205 o., Auge, Andre 80 u., 325 o., Bagué, Achim 25 u., Banke, Jeffrey 247 u.r., Barbone, Marilyn 6 l., Behnke, Saskia 263 o., Berg, Martina 63 o., 271 o., 331 o., Berkovich, Hagit 343 u., Bierkämpfer, Heike 42 l., BOND, MARK 344 u., Brunsch, Sandra 76 u., Burkard, Sascha 157 m., Byland, Steve 128 u., Campbell, Tony 21 o.r., Capnord 184, CB94 325 u., Chan, Emils 189 o., chas53 289 o.r., Chernyanskiy, Vladimir 64 l., ChristopheB 279 o.l., Costea, Adrian 53 m., Creative images 23 o.r., Damkier, Mikael 81 m., Davis, Dwight 129 o., 200 o., die fotomacher 76 m., DirkR 162, DJ 167 u., Dmitrij 254 o., 280 o., Dual Aspect 113 u., Duda, Sebastian 234 u., 346 o., Durst, Otto 285 o.r., Dyck, Alan 173 m., Edelmann Andreas 23 u., Ehrhardt, Daniel 173 o., elemental imaging 233 u., 252 u., Eppele, Klaus 342 o., Ersler, Dmitry 161 u., Etchison, Sonya 307 o., ExQuisine 254 u., Fadel, Luiz Gustavo Conte 259 m., Falco 29 o., Farkas, Geza 12 o., 60 u., fivespots 296 o., Flippo, Michale 152 u., fotoreisen 22 u., Fotoskat 217 m., Fourie, Chris 317 o., Frank 182, 185 u., 224, Freehand 95 u., Fuhr, Daniel 98, Führing, Gerhard 257 u., Georgiew, Grischa 90 r., Gnatuk 163 m., Goebel, Annett 199 o.l., 311 u., GOMEZ, LAURA 3, alle Seiten mit geraden Seitenzahlen im Buch, Goos Lar 62 o., Gorden 118 o., Goruppa, Sergij 96 o., 159 u.r., Gradin, Andreas 225 o.l., Gruber, Konstanze 344 o., Gryko, Adam 110 m., Gueldner, Tobias 21 u., Hahn, Sascha 133 o., Harris, Randy 229 u., Howard, Ronnie 345 u., Hu, Honggang 229 m., Hudson, Ronald 231 u., Huszti, Anita 57, Igorr 96 u., Impala 214, Irochka 100 m., Ishmatory,

Vasil 7 u., Isselée, Eric 5, 12 u., 24 o., 34 o., 38 u., 72 o.l., 84 o., 97 m., 108 o., 120 u., 125 o.r., 127 m., 136 l., 164 o., 165 m., 188 u., 194 o., 208 o., 216 o.l., 225 o.r., 236 o., 236 u., 249 m., 282 u.l., 288 o., 299 m., 302 o., 317 m., 327 u.r., 328 u., 330 u., 336 u., 337 m., 342 u., Ivanov, Sergey 322 l., Janeczek, Piotr 142 o., Jimmy 288 u., jscalev 198 u., kameramann 293 o.r., Kaphoto 55 m., Kaulitzki, Sebastian 177 o., kernel 294 o., Keslinka, Liliana 278 u., Kitch Bain 72 u., Klingebiel, Jens 315 u., 343 o., Kloß, Olaf 345 o., Kohlstädt, Peter 201 o., Kohlstädt, Petra 186 o., Kozlovsky, Vadim 129 m., Krasowski, Wiltold 154 u., Kropp, Marty 66 u., 145 m., 289 u., Krumm, Mischa 185 m., Kutsch, Andy 102 o., landi 218 u., Leyrer, Holger 275 u., LFChavier 35 o.r., lichtreiz 128 o., Lindert-Rottke, Antje 70 l., Löhr-Fotografie 338 u., Lucky Dragon 4, alle Seiten mit ungeraden Seitenzahlen im Buch, makuba 158 o., Mandl, Alexander 68 l., manu 271 u., MARCHANT, Xavier 337 o., Marx, Steven 266 o., Matakangana, Atikarn 9 u.r., Meyer, Evan 21 o.l., michael-stifter.de 271 m., Mill, Michael 277 o., Mitov, Pavel 235 o., MOKreations 121 o., Montero, Ismael 61 o., 189 u., Moser, Martina 7 o., Möthrath, Angelika 301 u., mpixs 174 o., 306 o., Mueller, Al 145 u., Münzker, Werner 22 o., Neill, Derrick 208 o., NeptuneTech 172 o., Neumer, Thomas 54, Niccy 332 u., nici.cat 146 o.l., NiDerLander 244 o., NIK 246 u., normnd 274 u., Notebook 59 u., O. M. 145 o., odze 306 u., Okin 104 o.l., Oligo 84 u., orka68 316 o., Otte, Jan Thomas 154 u., Part-Time-Explorer 151 u., Pettigrew, Michael 297 u., Pfingstrose 262 o., photo4emotion 31 u, photosite 292 u., Pichugin, Dmitry 308 o.l., Pionierfilm 321 u., Pollard, Bari 93 o., Prachal, Jan 262 u., Pruter, David 272 u., Redesluk, Joanna 44 o., Richter, Stefan 35 o.l., 261 u., 269 o.r., Rob 77 u., Romanchuck 156 o., Rothstein, Scott 186 u., Sacchetto, Guido 339 o.l., Sadowski, Miroslaw 230 u., Schnepf, Siegfried 241 o., Schoettler, Christian 259 o., Schubbel, Carola 175 u., Schwoah 45 u., Seidel, Daniel 334, Semenov, Adrey 113 m., Shieh, Tersina 237 u., Sidonsphoto 114 u., sk_design 176, Smeets, Freddy 279 o.r., Smiers, Ramona 86 u., Smith, Carolina K. MD 116 u., Smokovski, Ljupco 41 u., Springfield Gallery 267 u.r., StarJumper 75 u., 290 u., Staroseltsev, Alex 16 o., Steinberg, Franck 142 u., 187 u., 262 o., Steiner Carmen, 82 l., Stitt, Jason 292 o., Syler 276 u., Teufel, Thomas 323 m., Tinka 251 m., torugo 92 l., unpict 147 u.r., vchphoto 132 u., vcphoto 329 o., veytalbiz 338 o., Wade Connie 245 o.r., Webgalerist 195 u., Weick, Bernd 183 r., Wild, Geese 46 o., 339 o.r., Will, Jan 124 l., Wrenger, Chris 227 u., Yakosh-Dej 285 o.l., Zalesny, Jeffrey 302 u., Zap-Zero 168 o., Zee 100 u., zimpics 300 o.l.

www.pixelio.de: Aguane 67 o., Albert, Monika 39 u., Aron, Christoph (Pixelmaster-X,deep-pixel) 210 m., Bachler, Elke Barbara 115 o., Barnebeck, Marco (Telemarco) 220, Bast, Peter 206 m., Baumgärtner, Udo 46 u., Bellach, Siegfried 247 u.l., Bernd 167 o.r., bigmama 228, BirgitH 23 o.l., 192, 225 u., Bollinger, Hanspeter 43 u., 68 r., 183 u., 295 u., 324 o.l., Bouda, Kurt 13 o., 138 o., 277 u., Bredehorn, Jens 47 o., Bucher, Ilona 85 o., Cornerstone 264 u., Cornerstone/Sohn 127 u., Dahrmann, Linda 207 u., Dehn, Hans Peter 151 u., 265 o., Dieter 253 m., Domino 53 u., 305 o.r., Domnik, Kurt F. 57 u., 138 u., 172 u., 259 u., Dotzler, Günther 10 o., 13 u., 70 r., 87 u., 105 u., 133 u., 147 o., 212 u., 217 u., 281 u., 269 o.l., 305 o.l., 335 u., Eddy 209 o., felix.foto 159 u.l., Flaisch, Sabine 109 o.r., Fleck, Steffen 117 u., Fröhler, Hans 249 u., Goetzke, Jens 218 o., goflo 114 o., Grieger, Reinhard 146 o.r., Großmann, u. 222 u., guedo 14 o., 105 o., Güllmeister, Franz 170 u., 289 u., Haberecht, Lutz 181 o., Hauck, M. 32, Haugk, Dieter 38 o., 44 u., 69 o., 173 u., 181 u., 197 m., 242 m.r., 246 u.,258 o., 313 u.r., 335 m., Heemeier, Ingo 97 u., Heinecke, Siegbert 149 u., Henke, Lothar 108 u., Heuting, Axel 284 o., Hofschlaeger, Stephanie 49 o., Holger 41 m., Hopp, Katharina 230 o., Jähne, Karin 304, joakant 65 m., 99 o., 150 o., 235 m., 239 m., Jochen 65 o., 124 r., joggeli 19 o., Jonack, Ulrike 310 u., Jordan, Claus 169 o.l., JPW Peters 130 u., JPW.Peters 293 o.l., 323 u., Kardel, Sabine 195 u., Kassens, Heiner 40 u., kathy1276 66 o., katzeschwarz 189 u., Kaute, Regina   153 u., Kaute, Renate 45 o., Kellermeister 24 m., Kerstin 1970 339 m., Kirchhoff, P. 110 o., kklausi 10 u., 27 u., Klemme, Jörg, Hamburg 8 o., Klinger, Beate 156 u., Knaddldaddl 123 o., Krause, R. 52 u., Krumme, Sandra 53 o., Kunstzirkus 175 m., Kunze, Uwe 258 u., Langer, Wolfgang 147 u.l., Lange-Stern, François 135 o.l., Lanznaster, Maria 294 u., laralarissa 9 u.l., Laufersweiler, Ilona 171 m., levis 265 u., liquid_chaos 165 u., Löwenzahn 112, mario(n)ettc 33 u., Marion 163 u., Meckl49 339, Michael.O 267 u.l., Miest 161 m., Miroslaw 92 r., 109 o.l., 125 o.l., 136 r., 249 o., 331 u., Mittag, Jürgen 137 m., modellflieger 164 u., Morales, Petra 56 u., Moser, Gitti 61 m., Müller, Thomas Max 215 u., 295 u., 316 u., 322 r., Namsler, Silvio 283 o., Nießen, Jürgen 24 u., 148, Nowack, Jutta 139 o., Oberguggenberger, Jürgen 183 o.l., paulepei 73 u., Peashooter 48, 95 o., 116 o., 287 m., Pixel-Kings 253 u., 241 u., PixQ 41 o., Prost, Otto F. 9 o., R. B. 319 o.r., Ramm, Henning Hraban 37 o., Reinäcker, Peter 232 o., Richter, Sven 14 u., Rike 273 o., Röhl, Peter 289 o.l., rolando64 188 o., Rose, Ernst 37 u., 99 u., 125 u., 193 m., 202 u.,215 m., 268, 274 o., 312, Röttgen, Dirk 109 u., 178, Rudolph, Ruth 168 u., Santy13 56 u., SarahC. 11 o., Schack, Karl-Heinz 52 o., Scheffler, Jennifer 139 u., Schmadel, Helga 177 u., Schmidt, Christine 190 r., Schoenemann, Gabi 111 m., 194 u., schubalu 17 o., Schüßler, Tilo 39 o., Schütz, Dieter 155 u., Schwarzenbeck, Mike 86 o., Simmen 318 o.l., Sommaruga, Fabio 238 u., strichcode 19 u., Sturm, Rainer 39 m., Suhm, Dirk 206 o., Templermeister 15 l., 35 u., 59 o., 103 o.l., 117 m., 141 o., 171 o., 179 u., 221 u., 235 u., Thost 299 u., Trampert, Ulla 187 u., 270 o., turtlemama 106 u., tutto62 118 u., Verena N. 101 u., W.Imhof 291 o., wave111 303 u., Wengert, Thorben 227 o., WernerB 134 o., Wichert, Brigitte 191 u., Winter, Lutz 144, Wolf, Klaus Peter 131 o., Wolff, Gerd 167 o.l., Wolter, Angelika 6 m., www.BlickReflex.de 130 o., www.JenaFoto24.de 177 m., x-ray-andi 111 o.